자동차보험 보상 실무

한영규

AUTOMOBILE INSURANCE COMPENSATION PRACTICE

구민사

PREFACE

최근 우리나라의 자동차등록 대수가 2,500만대를 돌파함으로써 국민 2명당 자동차 1대를 보유하고 있는 상황이나 보험개발원 자료에 의하면 자동차 사고도 자동차등록 대수 증가에 편승하여 2021년도를 기준으로 약 500만 건이 손해보험회사에 접수된 상황이다.

따라서 자동차등록 대수 증가와 함께 덩달아 증가하고 있는 자동차 사고 건에 대하여 보험사고 여부에 대한 조사, 즉 사고 관련 증거자료들을 근거로 객관적이고 과학적인 사고 조사기법을 동원한 사고해석을 통해 더욱 진실에 가까운 사고원인과 발생한 손해액을 산정하는 일은 보험계약자나 보험회사, 자동차 등의 수리업체 모두가 절실하게 필요로 하는 중요한 업무영역이다.

우리나라에서는 자동차 사고와 관련된 여러 문제를 신속하고 정확하게 해결하기 위하여 '차량손해사정사' 자격 보유자만이 보험사고 처리업무를 수행토록 하고 있다는 점을 감안할 때 손해사정사는 합리적으로 보험금을 산정함으로써 보험산업의 신뢰를 책임지는 중요한 역할을 하고 있음은 물론, 보험사기와 보험금 부당 수급 등의 문제를 사전 예방하는 데까지 기여하는 중요한 전문인력 중 하나라고 할 수 있다.

본서는 보험연수원, 자동차기술연구소, 대학교, 손해보험회사 등에서 다년간 강의를 통해 얻은 자료를 기초로 하여 대학에서 손해사정과 관련한 기초교재로써 사용할 수 있도록 집필하게 되었으며, 다음과 같은 특징이 있다.

1. 교통사고와 관련된 불법행위를 법률적 근거와 사례, 판례 등을 체계적으로 정리하였다.
2. 약관해설과 보험금 지급기준에서는 각 규정의 취지와 배경, 관련 판례 등을 수록하여 쉽게 이해할 수 있도록 하였고,
3. 손상진단, 복원수리기법, 견적기법에서는 교재 내용을 '차량손해사정사' 시험 범위를 충분히 포함, 체계적으로 정리하였다.

끝으로 이 책이 차량 손해사정 분야에 뜻을 가지고 입문하시는 분께 좋은 길잡이가 되기를 바라며, 출간되기까지 많은 도움을 주신 도서출판 구민사 대표 조규백님과 임직원 여러분들께 고마움을 표한다.

2022년 8월

저자 **한 영 규**

01 손해보험 일반

CONTENTS

02 교통사고 관련 불법행위

CONTENTS

CONTENTS

CONTENTS

07 자동차 도장과 견적기법

01 손해보험 일반

1 손해보험 일반

① 보험(insurance)의 의의

보험이란 동질의 우발적인 위험 하에 있는 다수인이 위험단체를 구성하고 그 단체의 구성원이 일정 금액을 갹출, 기금을 형성하여 우연한 사고를 당한 구성원에게 재산적 급여를 제공함으로써 경제적 불안을 제거하고자 하는 경제제도를 말한다.

② 보험의 목적

보험의 목적(대상)은 손해보험의 경우 보험사고발생의 객체가 되는 물건이나 재산(책임보험의 경우)을 말한다.

③ 보험제도의 특징

1) 사고의 우연성(불확실성)

보험사고의 우연성이란 보험사고의 발생여부 또는 발생 시기 및 손해의 정도가 예측 불가능한 것을 뜻하는 것으로서, 필연적인 위험이나 예측 가능한 위험, 의도적인 위험은 보험으로 취급할 수 없다.

2) 위험의 동질성

위험의 동질성이란 보험사고의 성질이 동일한 것을 의미하는 것으로서, 위험이 동질적이어야 위험의 결합이 가능해지며, 위험이 결합되어야만 위험(사고)의 발생 빈도에 대한 통계적인 확률치의 산정이 가능하기 때문이다.

3) 위험의 다수성

위험이 다수 존재하여야만 대수의 법칙에 의한 통계적 확률치의 안정성을 확보할 수 있기 때문이다.

4) 경제생활의 불안정 해소

보험은 위험단체의 구성원이 우연하게 사고를 당할 경우 보험금을 지급함으로써 경제생활의 불안을 제거 또는 경감하는 특징이 있다.

4 보험의 성립요소

손해보험이 성립하기 위해서는 다음과 같은 공통 요소를 필요로 한다.

1) 일정한 우연적 사건(사고)의 존재

손해보험에서 우연한 사고란 사고발생 자체와 발생 시점, 발생규모가 불확실한 것을 의미한다. 예컨대 선박의 침몰과 같이 사고발생 자체가 불확실하거나 풍수해와 같이 특정지역에 있어서의 발생과 시점이 거의 확실하다고 하더라도 발생규모가 불확실한 경우에는 우연한 사고로 인정된다.

2) 경제상의 불안 제거 및 경감

손해보험은 특정하면서 우연한 사고, 즉 화재사고 또는 교통사고 등으로 인하여 재산상의 손실을 입을 가능성에 대한 경제상의 불안을 제거 또는 경감하는 데 목적이 있다.

3) 다수 경제주체의 결합

손해보험은 동질의 위험 하에 있는 다수 경제주체의 결합으로 만들어진 제도로서, 이러한 경제주체가 단체를 구성하려면 다수의 구성원을 필요로 하고, 이들의 사고를 관찰함으로써 사고발생 확률을 예측하는 "대수의 법칙"이 적용 가능하기 때문이다.

4) 보험료의 공평 분담

손해보험은 보험 가입자의 보험사고발생 확률에 따라 보험료를 공평하게 산출하여 부담하도록 하여야 우연한 사고에 대한 경제적 필요를 상호 충족할 수 있기 때문이다.

5) 사회적 경제제도

손해보험은 장래의 예측할 수 없는 사고에 대비하는 것으로서, 기업의 생산 활동이나 개인의 가정을 안정화시키는 사회적 경제제도로서의 역할을 한다.

5 보험의 기본원리

1) 위험분담의 원칙

재난복구의 수단으로 저축만을 가지고는 그 목표액이 적립되기 전에 발생하는 위험(사고)에 대하여 충분히 대처할 수가 없다. 그뿐만 아니라 손해 발생이 고액인 경우에는 그에 대처할 만한 금액을 저축했어야만 하는데, 현실적으로 그 자체가 불가능하다고 할 것이다. 반면, 다수의 사람이 고액의 손해를 서로 분담한다면 사고발생 시기에 관계없이 또한 손해의 크기에 불문하고 충분히 이에 대처할 수 있을 뿐 아니라 각 개인의 경제적 부담도 적게 된다.

이와 같이 동일한 위험에 노출된 다수의 경제단위가 하나의 위험집단을 구성하여 각자가 갹출한 보험료에 의하여 구성원의 일부가 입은 손해를 보상하는 제도, 즉 위험분담의 제도가 손해보험인 것이다.

2) 대수의 법칙(low of large numbers)

보험은 첫째로 「대수의 법칙」을 기초로 성립되었다.

"주사위를 던졌을 때 1이 나오는 확률은 던지는 횟수를 늘리면 늘릴수록 1/6에 가까워진다."라는 예에서와같이 일견 우연이라고 생각되는 사고도 대량으로 관찰하면 그것에도 일정한 법칙이 있다는 원리이다. 따라서 보험사고가 개개인의 경우에는 우연한 사고라고 볼 수도 있겠으나 전체적으로는 발견될 수 있는 것, 즉 대수의 법칙이 적용된다는 것이다.

3) 수지상등의 원칙

보험은 사고로 손해를 입은 위험집단 구성원에게 보험금을 지급하는 대신에 다수의 사람들이 서로 그 보험금을 나누어 분담할 수 있게 만든 제도이다. 따라서 보험료를 P, 구성원 수를 n, 사고 당 평균 지급보험금(손해액)을 Z, 보험금을 수취한 사람의 수를 r로 할 때 보험은 $n \times P = r \times Z$에 기초하여 운영되는 것으로서, 결과적으로는 순 보험료의 총액과 지급 보험금의 합이 일치되어야 한다는 것이다. 이것을 수지상등의 원칙이라 하고, 이 원칙은 보험 가입자 전체의 관점에서 본 원칙이다.

4) 이득 금지의 원칙

보험에 가입한 사람, 즉 피보험자는 사고를 당했을 때 그 손해를 보상받으면서 실제 손해액 이상으로 보상받아서는 안 된다는 손해보험의 기본 원칙을 말한다. 가령 보험에 가입한 피보험자가 보험사고의 발생 결과 그 사고발생 직전의 경제 상태보다 더 나은 상태에 놓인다면 보험 때문에 또 다른 사고가 유발되는 사태를 빚을 것이다. 이 때문에 「보험에 의하여 이득을 보아서는 안 된다」라는 이득 금지의 원칙이 손해보험을 지배하고 있는 것이다(이득 금지의 원칙은 손해보험만의 원칙이며, 실손 보상의 기초 원리이다).

5) 급부, 반대급부 균등의 원칙

통계적 확률 계산에 의해 산정된 보험료를 구성원으로부터 징수하고 보험사고발생 시 정해진 보험금을 지급하는데 과부족이 없어야 한다는 원칙으로서, 결국 위험집단 구성원 각자가 부담하는 보험료(P)는 지급보험금(Z)에 사고발생의 확률(W)을 곱한 것과 같아야 한다는 것이다. 즉, $P = W \times Z$로 나타낼 수 있으며, 「W Lexis의 원칙」이라고도 한다. 이 원칙은 보험 가입자 개개인의 관점에서 본 원칙이라 할 수 있다.

6 보험의 순기능과 역기능

1) 순기능(기능)

① 생활의 안정추구

보험 가입자는 보험자로부터 보험사고로 인한 경제적 불안을 보장받을 수 있어 개인생활이나 기업 경영을 안정되게 추구할 수 있다.

② 투자 자금의 원천

축적된 보험료는 거대한 자금으로 형성되어 기업 자금에 이용된다.

③ 손실 통제

보험료 할인·할증제도, 교통사고 예방 캠페인(campaign) 등

④ 신용 증대

신용대출, 화재보험 가입 등

2) 역기능(폐단)

① 사업비 발생

판매수수료, 인건비, 건물 임차료, 일반관리비, 이윤, 세금 등(약 20~40%)

② 보험 사기(moral risk)

보험금을 노리고 의도적으로 보험사고를 일으키는 경우 또는 발생된 손실의 규모를 의도적으로 과장되게 청구하는 경우 등을 포함한 보험회사를 기망하여 보험금을 청구하는 일체의 행위를 말한다.

⑦ 보험사업의 특성

① 다수 경제주체의 참여 필요하다.
② 국가 감독규제가 강하다.
③ 사회성, 공공성이 강하다.
④ 국제적 성격이 강하다.

❽ 손해보험의 분류

1) 가입대상(피보험이익)에 따른 분류(담보 위험별 분류)

① 재물에 관한 보험

사고로 인하여 멸실 또는 훼손 위험성이 있는 건물, 선박, 화물 등과 같은 물건에 관한 보험

예 화재보험, 선박보험, 적하보험 등

② 채권 또는 이익에 관한 보험

사고로 인하여 취득이 불가능하게 된 운송비, 대부금, 할부대금과 같은 채권이나 희망이익, 영업이익 등 재산관계에 관한 보험

예 간접 기업휴지보험, 할부판매 보증보험 등

③ 인신에 관한 보험

사람의 신체상 상해, 질병의 치료 또는 이로 인한 소득의 감소 등에 관한 보험

예 상해보험, 단체 건강보험 등

④ 책임에 관한 보험

사고로 인하여 제3자에 대하여 부담하게 되는 법률상 배상 책임이나 계약상 발생된 지급 책임에 관한 보험

예 배상책임보험, 근로자 재해보상 책임보험 등

⑤ 비용에 관한 보험

사고발생의 결과로서 지급하게 되는 임시 생활비, 재조달비, 치료비, 변호사 비용, 철거비, 손해 방지비 등 비용에 관한 보험

2) 상법상 분류

① 손해보험

보험사고로 인하여 생긴 피보험자의 재산상의 손해를 보상할 것을 목적으로 하는 보험(상법 제665조)

예 화재, 운송, 해상, 책임보험

② 인보험

사람의 생명 또는 신체에 관하여 보험사고가 생길 경우에 보험금액의 급여를 하기로 하는 보험(상법 제727조)

예 생명, 상해보험

3) 운영 형태에 따른 분류

보험 가입이 법에 의하여 강제되는 보험을 「강제보험」이라 하고, 보험 가입자에게 선택권이 있는 보험을 「임의보험」이라 한다.

① 강제보험

자동차보험 대인배상Ⅰ, 자동차보험 대물배상(보험가입금액 2,000만원), 산업재해보상보험 등

② 임의보험

자동차보험 대인배상Ⅱ, 대물배상Ⅱ, 기타 손해보험회사에서 개발된 상품 등

4) 보험기간에 따른 분류

① 기간보험

날짜를 확정하여 일정 기간을 담보(언제부터 언제까지) → 일반적인 보험계약 형태

② 구간 보험

일정 구간을 담보(어디부터 어디까지) → 적하보험, 항해보험, 운송보험

5) 위험의 분담 관계에 따른 분류

① 원(원수)보험

보험자와 보험계약자 사이의 보험계약

② 재보험

보험자와 보험자(재보험자라 함) 사이의 보험계약

⑨ 손해보험의 보험요율

1) 손해보험 요율의 3원칙

손해보험사업은 가계 또는 기업에 있어 장래의 일정 기간동안 우연한 사고로 인하여 발생된 경제적 손실을 보상하는 사업으로서, 그 보상에 대한 대가가 보험료이다.

보험료는 그 성격상 보험계약이 만료되어야만 확정될 수 있으나, 손해보험을 기업으로서 가능하게 하기 위해서는 대수의 법칙에 따라 동질의 위험을 대량으로 모아 그 위험집단의 위험보험료에 대한 기대치를 확률론적으로 예측하여 정하게 되는데, 이렇게 하여 산출된 위험보험료에 보험사업자의 사업비용과 일정한 영업이익을 가산하여 보험료를 결정하게 된다. 이러한 손해보험요율을 산출하는 데 있어서 기본이념은 보험의 종류와 요율이 다름에도 불구하고 충분하여야 하고 과도하지 않아야 하며, 지나치게 차별적이어서는 안된다는 3원칙에 근거하고 있다.

2) 요율의 종류

① 자유 요율

주무당국의 인가를 필요로 하지 않고 각 보험회사가 독자적인 판단에 따라 결정하는 요율

② 협정 요율

2개 이상의 보험회사가 서로 요율을 협정하는 요율

③ 인가 요율

요율 사용 전에 요율산출 근거자료를 첨부하여 금융위원회에 신청하면 엄격한 심사를 거쳐 인가되는 요율

⑩ 보험의 역사

1) 해상보험

① 14세기 후반

지중해 연안에서 「모험대차」(해상대차) 성행

② 1688년

영국 런던 「로이드커피하우스」에서 해상보험 거래

③ 1720년

회사 형태의 최초 보험회사(royal exchange 보험회사, 런던 어슈어런스사) 설립

2) 화재보험

① 1561년

독일 함부르크에서 100여 명의 양조업자가 「화재계약조합」 설립

② 1677년

1666년 런던 대화재 후 니콜라스·바본의 개인화재보험회사 설립

③ 1683년

상호 화재보험 제도인 「우애조합」(friendly society) 발족(영국)

3) 우리나라

① 1876년

일본과의 강화조약 이후 영국, 일본 등의 보험대리점으로 영업 시작

② 1922년

조선화재해상보험 주식회사(현 메리츠화재) 최초 설립

11 손해보험 기본 용어해설

1) 위험

학자에 따라 정의가 다양하나 "손해 발생의 가능성" 즉 "사고발생 원인이 잠재하고 있는 상태"로서 불확실한 손해 발생의 원인을 말한다. 여기에서 불확실성은 사고발생여부, 시기, 손해의 정도가 불확실한 것을 의미한다.

2) 보험자

보험계약의 당사자로서 보험사고가 생긴 때에 보험금 지급책임을 지는 자로서, 금융위원회 위원장의 허가를 받아 보험사업을 영위하는 자를 말한다.

3) 보험계약자

보험계약의 당사자로서 보험자와 보험계약을 맺는 자를 말한다.

① 의무

보험료 지급의무, 보험계약 전 알릴의무, 보험계약 후 알릴의무, 손해방지의무

② 권리

보험료 반환청구권, 보험계약 해지권, 만기환급금 청구권(장기보험)

4) 피보험자

손해보험에서 피보험자는 보험사고가 생긴 때에 보험자에게 보험금 지급청 구권을 가지는 자이다. 보험계약자는 자기를 피보험자로 하거나 타인을 피보험자로 하여 보험계약을 맺을 수 있는데, 전자를 자기를 위한 손해보험계약 후자를 타인을 위한 손해보험계약이라 한다. 그러나 인보험의 경우 피보험자는 보험의 목적, 즉 보험사고발생의 대상이 되는 자를 말한다.

① 보험계약관계자의 권리·의무 요약

- 보험자
  - 권리
    - 보험료 청구권
    - 계약해지권
    - 대위권(청구권·잔존물 대위)
    - 보험금 반환청구권
    - 보험금액 감액청구권(초과보험의 경우)
  - 의무
    - 보험금 지급의무
    - 보험료 반환의무

    ‣ 보험약관 교부명시 의무
    ‣ 보험증권 교부의무
    ‣ 이익배당의무

• 보험계약자
  - 권리
    ‣ 계약 임의해지권
    ‣ 보험료 감액청구권
    ‣ 보험료 반환청구권
    ‣ 보험증권 교부청구권
    ‣ 보험수익자 지정변경권
  - 의무
    ‣ 보험계약 전 알릴의무
    ‣ 보험계약 후 알릴의무
    ‣ 손해방지의무(상법상 손해보험만의 의무)
    ‣ 위험유지의무
    ‣ 보험료 지급의무

• 피보험자
  - 권리 : 보험금 청구권
  - 의무 : 보험계약자와 동일

5) 보험사고

① 보험사고의 의의

보험사고는 보험자의 보험금 지급책임을 구체화시키는 우연한 사고를 말한다.

② 보험사고의 요건

• 우연성

보험사고는 우연한 것이어야 한다. 즉 보험사고의 발생여부, 발생 시기 및 손해의 정도 등이 불확정적인 것이어야 한다.

• 발생 가능성

보험사고는 발생 가능한 것이어야 한다. 그러므로 보험계약 당시에 보험사고가 이미 발생하였거나 또는 발생할 수 없는 것일 때에는 그 계약을 무효로 한다. 그러나 당사자 쌍방과 피보험자가 이를 알지 못한 때에는 그러하지 아니한다[상법 제644조 (보험사고의 객관적 확정의 효과)].

• 적법성

보험계약은 특성상 수많은 이해관계자가 존재하는 상행위의 일부이므로 민법이나 상법 등의 법 테두리 안에 있어야 하고, 그로 인한 보험사고는 적법하여야 한다. 따라서 도박이나 복권에 관한 계약 등은 불법적인 사행계약이므로 보험사고의 대상이 될 수 없다.

• 한정성(대상성)

보험사고는 일정한 목적에 대하여 일정한 기간 내에 일어나는 일정한 사고이어야 한다. 즉 보험사고는 보험계약에서 정해진 보험의 목적에 관해서 보험기간 중에 생긴 것이어야 하고, 그 사고의 범위는 특정되어 있어야 한다.

③ 보험사고의 제한

• 계약상 제한

일반적으로 보험계약자는 보험자가 미리 만들어 놓은 정형화된 약관에 의해 보험계약을 체결하게 되는데, 그 약관에서 보험사고의 범위와 보험자가 보상하지 않는 사고의 범위를 정하고 있다.

• 상법상 제한

상법에서는 보험사고가 보험계약자·피보험자의 고의 또는 중대한 과실로 인하여 발생한 경우와 전쟁 그 밖의 변란으로 인하여 발생한 경우, 그리고 보험목적의 성질 하자 또는 자연 소모 등으로 인하여 사고가 발생한 때에는 보험금 지급 의무가 없다고 규정하여 보험사고의 범위를 제한하고 있다[상법 제659조[보험자의 면책사유)].

④ 보험사고의 예외

보험사고는 우연성이 있어야 하는데 보증보험의 경우는 고의에 의한 필요성을 전제로 하고 있으며, 상해보험의 경우는 우연성 이외에도 급격성과 외래성을 가진 사고이어야 한다.

6) 보험금(액)

① 보험료(premium)

보험계약에서 보험자가 보험금 지급책임을 지는 대가로서 보험계약자가 보험자에게 지불하는 금액을 말한다.

보험료는 대수의 법칙에 따라 사고발생의 개연율에 의하여 산출되는 순 보험료와 보험계약의 체결비용, 인건비 그 밖의 사업비로 부가되는 부가보험료를 포함한다.

② 보험금(액)

보험사고가 발생하였을 때 보험자가 피보험자 또는 보험수익자에게 지급하여야 할 금액을 말한다. 손해보험에서는 보험자가 지급하는 보험금액의 최고한도액을 말하는 것이 보통이나 현실적으로는 보험사고가 발생하여 보험자가 실제로 지급하는 손해보상액을 의미하기도 한다.

7) 보험료기간, 보험계약기간

① 보험기간

보험자의 책임이 개시·종료하는 기간, 즉 그 기간 안에 보험사고가 발생함으로써 보험자가 책임을 지게 되는 기간을 보험기간이라고 하며, 책임 기간 또는 위험기간이라고도 한다.

② 보험계약기간

보험계약이 성립되어 소멸할 때까지의 기간으로서, 일반적으로 보험기간과 일치하지만 소급보험에서는 보험기간이 보험계약기간 보다 더 길다.

③ 보험료기간

위험을 측정하여 보험료를 산출하는 기초가 되는 단위 기간을 보험료기간이라 한다(보통 1년임). 보험기간, 보험계약기간, 보험료기간은 계약이나 약관을 통해 자유롭게 그 일치 여부를 정할 수 있다.

현재 대부분의 약관은 보험계약이 성립되기 전, 최초 보험료를 지급받은 때로부터 보험 보호를 해주고 있어(소위 소급보험), 보험기간과 보험계약기간은 일치하지 않는 것이 보통이다. 또 상법도 보험자의 책임은 당사자 간에 다른 약정이 없으면 최초의 보험료 지급을 받은 때로부터 하고 있다[상법 제656조(보험료의 지급과 보험자의 책임개시)].

보험료기간은 하나의 단일한 것으로서 더 이상 나눌 수 없다. 따라서 보험자가 그 기간의 일부에 대해서만 위험을 부담하였다 하더라도 그 보험료 전액을 취득할 수 있다(보험료 불가분의 원칙). 그러나 실무에서는 경과일수에 따라 보험료를 돌려주는 것이 보통이다.

8) 보험증권

보험계약 체결 후 그 계약이 성립되었음을 증명하기 위하여 보험회사가 작성, 기명날인 한 후 보험계약자에게 교부하는 증서로서, 증거증권이기 때문에 분실하여도 보험계약의 효력에는 영향을 미치지 않는다.

보험증권은 보험계약자가 작성하여 제출하는 보험계약 청약서의 기재 내용에 따라 작성되며, 계약자의 주소와 성명, 피보험자의 주소와 성명, 보험목적의 소재지와 내용, 보험계약기간, 보험금액, 보험료, 보험계약 체결 일자, 보상하는 손해, 보상하지 않는 손해 등의 계약 내용 등이 기록되어 있다.

9) 보험 약관

보험자와 보험계약자 간에 성립된 약속을 조목별로 나타낸 것이다. 통상적으로 보험자가 미리 계약 내용을 일정한 양식(약관)으로 만들고 이 약관에 의해서 누구든지 평등하게 계약할 수 있도록 한 것이다.

그러나 보험회사가 미리 만든 약관은 계약자에게 불이익을 초래할 가능성이 있기 때문에 약관을 손해보험회사의 경영 기초서류로 지정하여 금융위원회 위원장의 인가를 받도록 규제하고 있다.

2 보험계약 이론

1 보험계약

1) 의의

상법 제638조 규정에 의하면 「보험계약은 당사자 일방이 약정한 보험료를 지급하고 상대방이 재산 또는 생명이나 신체에 관하여 불확정한 사고가 생길 경우에 일정한 보험금액 또는 기타의 급여를 지급할 것을 약정함으로써 효력이 생긴다.」라고 손해보험과 인보험에 대해 이원적으로 정의하고 있다.

2) 법적 성질

① 유상·쌍무 계약성

보험계약은 보험계약자의 보험료 지급에 대하여 보험사고발생 시 보험자가 일정한 급여를 지급할 것을 약속하는 점에서 유상계약이고, 보험계약자의 보험료 지급의무와 보험자의 보험금 지급의무가 대가관계에 있다는 점에서 쌍무계약이다.

② 불요식·낙성 계약성

보험계약은 당사자의 의사표시의 합치만으로 성립하고(상법 제638조 참조), 다른 형식을 요하는 것이 아니므로 불요식·낙성계약이다.
실제 거래에서는 보험계약 체결 시에 정형화된 보험계약 청약서를 이용하는 것이 보통이나 법률상의 요건은 아니다. 또 상법은 보험자의 책임개시 시기를 특약이 없는 한 최초 보험료를 지급받은 때로 정하고 있는데, 이것은 보험계약의 성립과 관계가 있는 것이 아니라 보험자의 책임개시 요건을 정한 것이다.

③ 상사계약성(상행위성)

상법은 보험을 영업적 상행위로 규정하고 있으며(상법 제46조 17호), 이것은 보험자가 보험계약의 체결을 영업으로 하는 것을 말한다. 상호보험회사가 체결하는 계약은 영업적 상행위는 아니나 그 성질이 상반되지 않는 한 상법의 규정이 준용된다.

④ 계속 계약성

보험계약은 보험자가 일정한 기간(보험기간)동안 발생한 사고에 대하여 보험금 지급책임을 지는 것이므로 그 기간 동안 계속적인 관계가 있다.

⑤ 사행 계약성

보험계약은 보험자의 보험금 지급책임이 우연한 사고, 즉 보험사고에 달려 있으므로 사행계약에 속한다. 이러한 사행성은 보험이 존재할 수 있는 본질적 요소(위험의 우연성, 사고의 우연성)로부터 기인된다. 따라서 보험계약자나 피보험자에게 보험 제도를 악용하고자 하는 심리상태가 존재하게 되는데, 이를 도덕적 위험(moral risk)이라 한다.

⑥ 단체 계약성

보험은 대수의 법칙이 적용될 수 있는 다수의 보험계약자가 존재함으로써 통계적 확률에 의하여 산정된 사고발생률의 예측치와 실제치의 편차가 적어지게 되고, 또한 보험계약자가 다수 존재하여야만 위험을 분산할 수 있다. 이것을 보험의 단체성이라고 한다. 보험의 단체성은 보험 제도 존립의 기초가 된다. 따라서 보험계약은 보험계약자와 보험자 간의 계약이지만, 보험계약을 통하여 보험계약자가 가지고 있는 위험을 보험계약자 간에 분산한다는 점에서 단체성을 갖는다.

⑦ 선의 계약성

보험계약이 선의 또는 최대선의에 기초를 둔 계약이라는 말은 보험의 도박화 방지를 위한 데서 시작된 것이다.
보험은 사행계약성이 있기 때문에 도덕적 위험을 규제하고 보험단체의 안정성을 확보하기 위하여 보험계약자나 피보험자에게 보험계약상 여러 가지 의무를 부여하고 있는데, 이러한 의무를 최대 선의에 의하여 이행하여야 하며, 이를 위반한 경우 여러 가지 불이익을 받게 되는 것 역시 모두 보험의 최대선의성과 관련된다.

⑧ 부합 계약성

부합계약이란 보험 사업자가 일방적으로 작성한 계약 내용에 대하여 계약자의 의사가 부합된 경우, 즉 약관에 의하여 체결된 계약을 부합계약이라고 한다.
보험계약은 보험자가 다수·반복 계약을 위하여 일방적으로 작성한 보험약관에 의하여 보험계약이 이루어진다는 점에서 부합계약성을 갖는다.

❷ 보험계약법

1) 보험계약법의 의의

보험계약법이란 보험계약자와 보험자(즉 보험회사) 사이의 관계, 즉 보험계약자는 보험료를 지급하고 보험자는 그 대가로서 위험을 보장하는 보험계약자와 보험회사 사이의 계약관계를 규율하는 사법적 성질을 지닌 법규를 의미한다(좁은 의미 혹은 실질적 의미의 보험계약법).

넓은 뜻으로 보험법을 새길 경우에는 보험에 관한 사법과 공법(보험감독법과 공보험에 관한 법 포함) 전부를 모두 포함한다. 우리나라에는 보험계약법이라는 명칭을 가진 법은 없고, 상법 제4편의 보험에 관한 규정이 보험계약법에 해당된다(형식적 의미의 보험계약법).

이에 반해 보험감독법 또는 보험 행정법이란 보험감독관청인 금융위원회 위원장과 보험감독원이 영리보험회사를 행정적으로 감독·통솔하는 관계를 규율하는 법을 의미하는 바, 우리나라의 경우 보험업법에는 보험감독과 모집단속에 관한 규정이 포함되어 있다.

2) 보험계약법의 특징

① 서언

민법에 계약편이 있음에도 불구하고 보험계약법을 제정한 이유는 보험계약이 일반계약과는 다른 특징이 있기 때문에 민법의 특별법인 보험계약법을 제정한 것이다. 따라서 보험계약법에서 규정한 내용은 민법에 우선하여 적용하되 보험계약법에서 규정하지 않는 민법을 적용한다.

② 윤리성, 선의성

보험계약은 우연한 사고를 전제로 하는 사행계약이라는 점에서 자칫 잘못하면 moral risk가 생길 수 있다. 따라서 보험계약법에서는 계약당사자에게 일반계약에서 요구되는 신의성실의 원칙보다 더 강도 높은 최대선의의 원칙을 요구하고 있으며, 이를 위반하였을 경우 강력한 징계를 하기 때문에 민법에 비하여 윤리성과 선의성이 더욱 강조되고 있다.

③ 단체성, 기술성

보험계약은 하나의 계약으로 보면 보험자와 보험계약자 사이에 이루어지는 개별적인 채권계약이다. 그러나 보험은 동질의 위험 하에 있는 다수인의 공동출재에 의해 재산을 형성하여 현실적으로 사고를 당한 구성원에게 경제적 수요를 충족시키는 것으로서, 보험 가입자는 하나의 단체를 이룬다. 즉 보험은 위험단체를 전제로 하는 것이므로 보험계약법도 단체법적 성격을 가지지 않을 수 없다.

보험의 단체성이 무너지면 보험제도 자체도 성립될 수 없기 때문에 보험단체의 유지는 곧 보험제도의 유지 그 자체라고 해도 과언이 아니다. 따라서 보험계약자나 피보험자가 보험의 단체성에 반하는 행위를 했을 경우, 보험자는 계약상의 불이익을 주거나 또는 보험사고발생 시 보상 책임을 지지 않는다. 한편, 보험제도는 위험단체의 위험을 대수의 법칙에 따라 효율적으로 분산시키고 있는 제도이고, 보험계약법은 보험 관계를 기술적으로 규율하고 있으므로 그 기술적인 기초에 바탕을 두고 있는 보험계약법은 기술법적 성질을 가지고 있다.

④ 부합 계약성, 상대적 강행법성

보험계약은 보험자가 일방적으로 작성한 보통보험약관에 의하여 계약이 체결되므로 부합계약성을 갖는다. 부합계약성이란 당사자 일방이 계약 내용을 미리 만들고 상대방은 그 계약 내용에 뜻이 일치하는 경우 계약을 체결한다는 의미이다.

그러나 보험자가 일방적으로 보통보험약관을 작성하게 되면 보험자 측에 유리한 조항을 기습적으로 삽입할 수 있다. 따라서 보험계약법에서는 보험계약자를 보호하기 위한 최소한의 규정을 두고 이 규정보다 불이익하게 약관이 변경된 경우, 그 약관을 그 범위 내에서 무효로 하고 있다.

상법 제663조 규정에 의하면 「당사자 간의 특약으로 보험계약자 또는 피보험자나 보험수익자에게 불이익하게 변경하지 못한다.」라고 하여 이른바 "보험계약자 등의 불이익변경 금지의 원칙"을 밝혀 보험계약법을 상대적으로 강행법화 하고 있다.

⑤ 사회성, 공공성

보험계약은 널리 일반 대중을 대상으로 이루어지므로 다른 상행위와 같이 대립하는 계약당사자의 개인적 이해관계 뿐 아니라 널리 일반 대중의 이해와도 직결된다. 따라서 보험사업은 사회성과 공공성이 강한 사업이라고 할 수 있다. 이러한 점을 고려하여 보험업법은 보험자의 자격을 제한하거나 보험을 이용하는 일반 대중의 이익을 보호하기 위하여 보통보험약관에 대하여 행정적 지도감독을 요구하고 있으며, 상법은 특약으로도 보험 가입자의 이익을 침해하지 못하도록 하고 있다.

3) 법원(法源 : 존재 형식)

보험계약법의 법원에는 문서화된 것과 문서화되지 않은 것의 두 가지 유형이 있다.

① 성문법원(문서화된 법)의 예

상법 제4편(보험자와 보험계약자 사이의 보험계약관계를 규율하기 위한 계약법 규정), 보험업법(보험감독, 보험모집 단속에 관한 공법 규정과 보험회사의 조직에 관한 사법 규정으로 이루어짐), 자동차 손해배상보장법, 수출보험법 등

② 불문법원(문서화되지 않은 법)의 예

관습, 판례 등

보험계약 내용의 확정순서

강행법규 > 당사자 간의 합의 > 보통보험약관(특약과 일반 약관) > 사실인 관습 > 보험계약법 > 민법

❸ 피보험이익

1) 의의

손해보험계약은 손해의 보상을 목적으로 하는 것이므로 손해의 전제로서 피보험자는 보험의 목적에 대하여 어떠한 이익을 가지고 있어야 하는데, 이 이익을 피보험이익이라 한다. 따라서 피보험이익이란 “피보험자가 보험사고발생여부와 관련하여 보험목적에 대하여 가지는 경제상의 이해관계”라고 정의할 수 있다.

상법상 피보험이익은 보험계약의 목적(상법 제668조)이라고 표현하고 있는데, 이는 보험의 목적과는 구별된다. 즉 후자는 보험계약의 대상이 되는 재산을 의미하고, 전자는 피보험이익을 의미한다. 그러므로 동일한 보험의 목적에 대하여 피보험자가 가지는 경제적 이해관계가 다르면 여러 개의 피보험이익이 있을 수 있고, 각각 다른 피보험이익에 따라 보험계약도 별개의 보험계약이 된다.

2) 요건

피보험이익은 다음과 같이 경제성, 적법성, 확정 가능성이 있어야 한다.

① 경제성

피보험이익은 경제적인 가치를 가지는 것으로서 금전으로 산정할 수 있는 이익이어야 한다[상법 제668조(보험계약의 목적)]. 여기에서 금전으로 산정할 수 있는 이익이란 경제적인 가치가 있는 이익을 뜻하는 것이므로, 경제적인 가치가 없는 이익, 즉 도덕적·종교적인 가치 또는 감정적인 이익 등은 이를 피보험이익으로 하여 보험계약을 체결할 수 없게 된다. 다시 말하면 객관적으로 평가가 가능하여야 하므로, 미술품이나 골동품의 가치도 그것이 객관적인 표준에 의하여 평가할 수 있는 것이면 피보험이익이 될 수 있지만 개인적인 특수가치만이 있는 것은 피보험이익이 될 수 없다.

② 적법성

피보험이익은 선량한 풍속 기타 사회질서에 반하지 않는 적법한 것이어야 한다. 그러므로 밀무역에 의한 희망이익, 절도, 도박 등에 의한 이익, 기타 불법에 의한 이익 등을 피보험이익으로 한 보험계약은 당연히 무효가 된다. 피보험이익의 적법성은 당사자의 선의·악의여부를 묻지 않고 객관적인 표준에 따라 결정한다.

③ 확정 가능성

피보험이익은 반드시 현존의 이익일 필요는 없고 장래의 이익도 좋지만 보험사고발생 시에는 확정할 수 있어야 한다. 이익이 확정되지 않으면 손해도 확정할 수 없어 손해에 대한 보상이 불가능하기 때문이다.

3) 효용(기능)

① 보험자의 책임 범위 결정

손해보험은 피보험이익에 대하여 생긴 손해를 보상할 것을 목적으로 하므로 보험자의 보험금 지급책임의 최고 한도는 이 피보험이익의 가액을 기준으로 하여 결정한다.

② 보험의 도박화, 인위적 위험 방지

보험계약은 사행성을 띠고 있으므로 피보험이익이 없으면 도박과 다를 것이 없게 되는데, 피보험이익의 존재가 이것을 방지해 주고 있다.
그러므로 피보험자는 피보험이익의 평가액을 한도로 보상받게 되므로 보험금을 타내기 위해 인위적으로 사고를 유발시키는 일이 없게 된다.

③ 초과보험, 중복보험의 판정 기준

보험금이 피보험이익의 가액을 초과하는 경우에는 불로소득을 목적으로 악용될 염려가 있다. 따라서 초과보험이나 중복보험은 원칙적으로 인정하지 않고 특별히 규제를 하고 있는데, 이것을 판정하는 기준이 되는 것이 바로 피보험이익의 가액이다.

④ 일부보험의 보상액 결정

보험 가액의 일부를 보험에 붙인 경우 보험자는 보험금액의 보험 가액에 대한 비율에 따라 보상할 책임을 진다[상법 제674조(일부보험)]. 따라서 보험금액이 보험 가액에 미달하는 이른바 일부보험에서 손해가 피보험이익의 일부에 대해서만 발생한 때에는 보험금액의 보험 가액에 대한 비율에 따라 보상액이 결정된다.

⑤ 보험계약의 동일성 인식 기준

보험계약의 동일성을 인식하는 기준은 보험에 붙여지는 재산 자체가 아니라 그 피보험이익이다. 따라서 동일인 또는 다수인은 동일한 보험의 목적에 관하여 수개의 피보험이익을 가질 수 있으므로 그에 따라 각각 다른 수개의 보험계약을 체결할 수 있다.

3) 소멸

손해보험에서 피보험이익이 없으면 보험은 존재하지 않으므로 계약 당시 존재하게 될 것으로 예정한 피보험이익이 존재하지 않게 된 경우, 예컨대 화재보험의 목적인 가옥이 홍수로 인하여 멸실한 경우라든가 운송보험에서 운송 중지의 경우와 같이 피보험이익이 소멸하게 되면 보험계약은 당연히 종료된다.

④ 보험가액

1) 의의

보험가액이란 손해보험에 있어서 피보험이익의 평가액을 말한다.

보험가액은 피보험자가 손해를 입게 될 이익에 대하여 금전으로 평가한 가액이므로 피보험자가 입은 손해는 이 평가액, 즉 보험가액을 초과할 수 없고 결국 피보험자의 손해에 대한 보험자의 보상책임도 보험가액을 한도로 하여 제한받게 된다. 그러므로 보험가액은 보험자가 보상책임을 지는 법률상의 최고한도를 뜻하고, 약정 최고한도인 보험금액은 보험가액을 초과할 수 없는 것이 원칙이다.

2) 평가

손해보험계약은 보험사고로 인한 피보험이익에 대한 손해를 보상할 것을 목적으로 하므로 피보험이익을 정확하게 평가하는 것이 매우 중요하다. 보험가액의 평가를 피보험자의 주관적인 판단에 맡기게 되면 피보험자가 부당이득을 꾀할 우려가 있으므로 객관적이고 보편적인 판단에 따라 평가하여야 한다.

보험가액은 시기와 장소에 따라 다르므로 손해보험에 있어서 보험가액을 산정하는 방법은 각 보험의 특성에 따라 서로 다를 수 있다. 따라서 보험가액을 산정하는 방법에는 당사자 간의 합의에 따라 정하는 기 평가보험과 아무런 약정을 하지 않는 미 평가보험으로 나누어진다.

① 기 평가보험

보험가액의 결정을 객관적 기준에 따라 한다고 하더라도 실제로는 곤란한 점이 많으므로, 보험사고발생시 손해액 산정과 관련된 분쟁을 사전에 예방하고 피보험자에 대한 신속한 보상을 가능토록 하기 위하여 상법은 보험자와 보험계약자간 합의로 미리 보험가액을 정할 수 있게 하고 있다.

이러한 보험가액을 협정 보험가액이라고 하고 그 보험을 기 평가보험이라고 한다. 이 경우 보험가액은 사고발생시의 가액으로 정한 것으로 추정한다. 그러나 기 평가된 가액이 사고가 발생한 곳과 때의 가액을 현저하게 초과할 때에는 사고가 발생한 곳과 때의 가액을 보험가액으로 한다.

② 미 평가보험

당사자 간에 보험가액을 정하지 않는 보험을 미 평가보험이라 하고, 이 경우 보험가액은 사고가 발생한 곳과 때의 가액을 보험가액으로 한다.

3) 보험금액과의 관계

물 보험계약에 있어서 보험금액과 보험가액은 통상 일치하는 것이 기대되지만 반드시 일치하는 것은 아니다. 상호 일치하는 경우를 전부보험이라 하고, 양자가 일치하지 않는 경우에는 초과보험, 중복보험 및 일부보험의 문제가 생긴다.

⑤ 보험금액

손해가 발생하였을 때 보상을 받을 수 있는 최고한도액을 보험금액이라 한다. 물보험에 있어서의 보험금액은 보험가액을 초과하지 않는 범위 내에서 정하는 것이 원칙이나 생명보험과 같은 인보험에 있어서는 사실상 보험가액이란 개념이 없기 때문에 경제적인 여건에 따라 보험금액을 정하게 된다.

⑥ 일부보험(under insurance)

보험금액이 보험가액에 미달되게 계약 체결된 경우를 말한다. 즉 보험금액 〈 보험가액인 경우이며, 원인으로는 계약자가 보험료 부담을 적게 하기 위한 경우, 계약 체결 후 물가 상승으로 인한 보험가액의 상승 등 여러 가지가 있다.

일부보험에 있어서 손해의 보상은 전손인 경우 보험금액 전액이 지급되나 분손의 경우에는 보험금액의 보험가액에 대한 비율에 따라 지급된다. 그러나 당사자 간에 다른 약정이 있는 때 보험자는 보험금액의 한도 내에서 그 손해를 전액 보상할 책임을 진다(제1차 위험 담보 또는 실손해보상계약)

보험자의 보상액 = 손해액×보험금액/보험가액

⑦ 전부보험

보험가액의 전부를 보험금액으로 계약 체결한 경우를 말한다. 즉 보험금액 = 보험가액인 경우이며, 보험사고로 손해가 발생되면 손해액을 전부 보상받게 된다.

⑧ 초과보험(over insurance)

보험금액을 보험가액보다 초과되게 계약 체결한 경우를 말한다. 즉, 보험금액 〉 보험가액인 경우로서, 만일 초과보험을 인정한다면 사고가 생겼을 때 오히려 이득을 얻을 수도 있기 때문에 고의사고 유발 등 나쁜 목적인 경우 초과보험은 무효이며, 그 외에는 보험금액을 감액 청구할 수 있도록 하고 있다.

⑨ 중복보험(double insurance)

넓은 의미로는 동일한 보험목적에 대하여 여러 보험회사에 보험계약이 체결되어 있는 경우를 말하고, 좁은 의미로는 여러 계약의 보험금액의 합계가 보험가액을 초과하는 경우를 말한다.

중복보험은 여러 개의 보험계약이 동시에 체결될 때와 수차례에 걸쳐 순차적으로 체결되는 경우가 있는데, 어느 경우나 보험사고가 발생하여 보험금을 지급할 때에는 보험계약을 인수한 모든 보험회사가 보험가액을 한도로 각각 인수한 보험금액의 비율에 따라 산출된 보험금을 분담, 지급한다.

⑩ 계약 전 알릴의무

1) 의의

계약 전 알릴의무는 보험계약자 또는 피보험자가 보험계약을 체결함에 있어 중요한 사항을 보험회사에 알려야 하고, 중요한 사항에 대하여 고의 또는 중대한 과실로 인하여 알리지 아니하거나 또는 사실과 다르게 알리지 않아야 할 의무를 지게 되는데 이를 계약 전 알릴의무라 한다[상법 제651조(고지의무위반으로 인한 계약해지)].

2) 법적성질

계약 전 알릴의무는 보험자가 그 이행을 강요하거나 불이행 시 손해배상을 청구할 수 있는 것이 아니고, 다만 통지의무자가 이를 위반하면 보험자에게 계약 해지권이 인정될 뿐이므로 보험계약자나 피보험자가 계약 해지에 의한 불이익을 받지 않기 위하여 이행하는 의무, 즉 보험계약상의 청구권을 유지하기 위한 전제조건이 되는 자기의무 또는 간접의무라고 할 수 있다.

3) 계약 전 알릴의무 제도의 근거

계약 전 알릴의무 제도의 근거에 대하여는 여러 학설이 대립되고 있으나 보험자가 계약의 인수여부 및 인수 조건을 결정하기 위한 위험평가 자료를 보험계약자나 피보험자로부터 얻기 위하여 계약 전 알릴의무가 존재한다는 위험측정설 또는 기술설이 오늘날의 통설이다.

언더라이팅에 필요한 자료는 본래 보험을 인수하는 보험자가 자기 책임 하에 스스로 조사하여야 할 것이지만, 실제 보험자가 그 전부를 적극적으로 조사하기는 곤란하다. 따라서 법은 가입자로 하여금 언더라이팅에 영향을 미치는 중요한 사실을 보험자에게 알리도록 한 것으로서, 위험선택에 있어 자료가 되는 사실에 관하여 알리지 않거나 사실과 다르게 알리는 경우에 계약이 해지돼는 것은 이른바 불량 위험을 배제하기 위한 목적이라고 할 수 있다.

4) 계약 전 알릴의무 당사자

① 계약 전 알릴의무자

보험계약자, 피보험자와 그들의 대리인

② 계약 전 알릴의무 수령권자

보험자, 보험대리인과 인보험의 경우 보험의(중개인, 보험설계사는 제외)

5) 계약 전 알릴의무 내용

① 시기와 방법

• 시기

통상 보험계약 청약 시에 하는 것이 보통이나 계약이 성립되기 전까지 알려도 된다. 이점이 계약 성립 후에 발생하는 위험 변경 증가 통지의무와 구별된다.

• 방법

실무에서는 청약서 상의 질문서에 답하는 방식, 즉 서면으로 하는 것이 보통이나 방법에는 특별한 제한이 없기 때문에 서면이든, 구두이든, 명시적이든, 묵시적이든 관계없으나, 실제로는 보험청약서에 질문란을 두어 기재하도록 하는 것이 일반적이다.

보험계약은 불요식 낙성계약이고 상법상 규정도 없으므로 질문표의 제시가 없는 보험계약도 유효하다. 그러나 보험자가 서면으로 혹은 질문표에서 질문한 사항은 중요한 사항으로 추정한다(제651조의 2). '추정'은 반대의 증거가 제출되면 규정의 적용을 면할 수 있는 경우로서, 반대의 증거 제출을 허용하지 않고 법률이 정한 효력을 당연히 생기게 하는 '간주'와 구별된다.

② 보험자에게 알려야 할 사항

• 중요한 사항

보험자에게 알려야 할 사항은 중요한 사항이다. 중요한 사항이란 보험료 산정의 기초자료가 되는 것으로서, 객관적으로 보아 보험자가 그 사실을 알았다면 계약 체결을 거절했거나 동일한 조건으로는 계약을 체결하지 않을 것으로 판단되는 사항을 말한다.

판 례

기명피보험자의 피보험차량 소유 여부가 고지의무의 대상이 되는 상법 제651조의 '중요한 사항'의 의미 및 판단 기준

보험계약자 또는 피보험자가 보험계약 당시에 보험자에게 고지할 의무를 지는 상법 제651조상의 '중요한 사항'이란 보험자가 보험사고의 발생과 그로 인한 책임 부담의 개연율을 측정하여 보험계약의 체결 여부 또는 보험료나 특별한 면책조항의 부과와 같은 보험계약의 내용을 결정하기 위한 표준이 되는 사항으로서, 객관적으로 보험자가 그 사실을 안다면 그 계약을 체결하지 아니하거나 적어도 동일한 조건으로 계약을 체결하지 아니할 것인 사항을 가리킨다.
어떠한 사실이 이에 해당하는가는 보험의 종류에 따라 달라질 수밖에 없는 것으로서, 보험의 기술에 비추어 객관적으로 관찰하여 판단되어야 한다.

→ 이 사건 보험계약에서 기명피보험자의 자격을 피보험 차량의 소유자로 제한하지 아니하였고, 아울러 기명피보험자 이외에 기명피보험자와 같이 살거나 살림을 같이 하는 친족으로서 피보험자동차를 사용 또는 관리 중인 사람 및 기명피보험자의 승낙을 얻어 피보험자동차를 사용하거나 관리 중인 사람 등도 피보험자에 포함시킴으로써 피보험자를 폭넓게 규정하고 있는 점 등에 비추어 보면, 이 사건 보험계약에서 보험료율의 산정은 피보험 차량의 소유 여부에 따라 달라지는 것이 아니라 기명피보험자의 연령, 성향, 운전 및 사고경력 등에 따라 달라진다고 볼 수 있으므로, 기명피보험자인 김OO이 피보험 차량인 이 사건 차량을 실제 소유하고 있는지 여부는 상법 제651조에서 정한 '중요한 사항'에 해당한다고 볼 수 없다고 본 사례(대법원 선고 2011.11.10. 2009다80309)

• 질문표의 관용

보험계약자가 실제 무엇을 보험자에게 알려야 할 중요한 사항인지를 알 수 없기 때문에 실무에서는 질문표를 사용한다. 상법에는 질문표에 관한 규정이 없으나 질문표는 전문적 지식을 가진 보험자가 작성한 것이므로, 질문표에 기재한 사항은 중요한 사항으로 추정하고 질문표에 기재되지 않은 사항에 대해 알리지 않는 것은 악의의 묵비가 아닌 한 계약 전 알릴의무를 위반하지 않은 것으로 해석하여야 할 것이다.

6) 계약 전 알릴의무 위반의 요건

계약 전 알릴의무 위반이 되려면 계약 성립 시에 다음과 같은 객관적·주관적 요건을 필요로 한다.

① 객관적 요건

중요한 사실에 관한 보험계약자의 보험자에 대한 알려야 할 사항을 알리지 않았거나 사실과 다르게 알린 점이 있어야 한다. '알리지 않았다'라는 것은 중요한 사실을 알고 있으면서 은닉한 것을 말하며, '사실과 다르게 알렸다'라는 것은 사실과 다르게 진술한 것을 말한다.

② 주관적 요건

계약 전 알릴의무 위반이 성립되려면 보험계약자 또는 피보험자의 고의 또는 중대한 과실이 있어야 한다. 여기서 고의란 중요한 사실을 알면서 알리지 아니하거나 또는 사실과 다르게 알린 것을 말한다. 그러면 보험계약자나 피보험자가 중대한 과실로 알려야 할 내용을 알지 못한 경우도 계약 전 알릴의무 위반에 해당되느냐에 대하여는 긍정설과 부정설이 대립되고 있다.

• 부정설

중과실로 인하여 알려야 할 사항을 알지 못한 경우까지 계약 전 알릴의무 위반이 된다고 하면 보험자가 부담하여야 할 중요사항에 대한 조사 의무를 보험계약자에게 전가하는 결과가 되어 부당하기 때문에 이 경우에는 계약 전 알릴의무 위반이 성립되지 않는다는 설이다(정희철, 양승규).

• 긍정설

중과실로 알리지 않은 사람과 중과실로 알려야 할 사항을 알지 못하여 중요한 사항을 알리지 않은 사람과의 구별이 곤란하고, 고의와 거의 동일시 되는 중과실로 중요한 사항을 몰랐던 사람까지 법이 보호해야 할 필요가 없다는 이유를 들어, 중과실로 알려야 할 사항을 알지 못한 자도 계약 전 알릴의무 위반이 된다는 설이다(손수찬, 서돈각, 최기원, 채이식).

7) 계약 전 알릴의무 위반의 효과

① 계약해지권의 발생과 해지의 효과

• 계약해지권의 발생

계약 전 알릴의무 위반이 있는 경우 보험자는 계약을 해지할 수 있고 해지권은 보험자 일방의 의사표시에 의하여 발생된다.

• 해지권의 행사시기

해지권은 계약의 성립과 동시에 발생하므로 보험사고의 발생 전후를 불문하고 행사할 수 있다.

• 해지권의 행사 효과

보험사고가 발생하기 전에 보험자가 보험계약을 해지한 때에는 계약은 그 통지가 도달된 때로부터 장래에 대하여 그 효력을 잃는다. 보험사고가 발생한 후에 계약을 해지한 때에는 보험자의 책임은 소급하여 소멸하므로 보험금을 지급할 책임도 없고, 이미 지급한 보험금이 있다면 그 반환을 청구할 수 있다.

그러나 계약 전 알릴의무 위반 사실이 보험사고에 직접적인 영향을 미치지 않음이 증명된 때에는 그러하지 않다.

② 해지권의 배제

다음의 경우에는 계약 전 알릴의무 위반을 이유로 계약을 해지할 수 없다.

• 보험자의 악의 또는 중과실

보험자가 계약체결 당시 계약 전 알릴의무 위반 사실을 알았거나 중대한 과실로 인하여 알지 못한 때에는 보험자는 계약을 해지할 수 없다.

• 제척기간의 경과

보험자가 계약 전 알릴의무 위반 사실을 안 날로부터 1개월, 계약을 체결한 날로부터 6개월이 경과되면 계약을 해지할 수 없다. 이 기간은 시효기간이 아니라 법률상 일정한 권리가 존속하는 제척기간이기 때문이다.

• 인과관계의 결여

알려야 할 사항과 보험사고 사이에 상당한 인과관계가 없다는 것을 보험계약자 측에서 입증한 때에는 보험자는 계약을 해지할 수 없다.

⑪ 계약 후 알릴의무

1) 의의

보험계약자 또는 피보험자가 보험기간 중에 위험이 현저하게 변경 또는 증가된 사실을 안 때에는 지체 없이 이를 보험자에게 알려야 하는 의무를 계약 후 알릴의무라 한다.

2) 종류

위험 변경·증가 통지의무와 사고발생 통지의무가 있다.

3) 위험 변경·증가 통지의무

① 위험 변경·증가 통지의무의 뜻

보험기간 중 보험계약자 또는 피보험자가 사고발생의 위험이 현저하게 변경 또는 증가된 사실을 안 때에는 지체 없이 보험자에게 알려야 하는데(상법 제652조 제1항) 이것을 위험 변경·증가 통지의무라 한다.

"지체 없이"의 의미

"지체 없이"의 의미는 '자기의 책임 있는 사유로 늦춤이 없이'란 의미이다.

② 법적성질

위험 변경·증가 통지의무를 게을리한 경우에 보험자의 계약 해지에 의하여 보험처리를 받을 수 없다는 점에서 계약 전 알릴의무와 마찬가지로 간접의무 또는 자기의무라 할 수 있다.

③ 통지의 시기와 방법

위험의 현저한 변경 또는 증가의 통지는 의무자가 그 사실을 안 때에 지체 없이 하여야 한다. 통지 방법은 구두에 의하든 서면에 의하든 관계없다.

④ 위험 변경·증가 통지의무 해태의 효과

보험계약자 또는 피보험자가 위험변경·증가 사실을 알면서 지체 없이 보험자에게 통지하지 않았을 때에는 보험자는 그 사실을 안 날로부터 1개월내에 한하여 보험계약을 해지할 수 있다.

만약 보험자가 위험 변경·증가통지를 받은 때에는 1개월 내에 보험료를 더 받거나 계약을 해지할 수 있다. 이 계약 후 알릴의무 위반으로 계약이 해지된 때에는 해지 이후의 사고에 대하여 보험자의 보험금 지급책임이 발생하지 않으며, 해지 이전의 사고라 할지라도 그 사고가 위험 변경·증가의 사실과 인과관계가 없다는 증명이 없는 한 보험금 지급책임을 지지 않는다.

4) 보험사고발생의 통지의무

① 사고발생 통지의무의 뜻

보험계약자 또는 피보험자는 보험사고의 발생을 안 때에는 지체 없이 보험자에게 그 사실을 통지하여야 한다. 이것을 사고발생 통지의무라 한다.

② 법적성질

보험계약자 등의 보험사고발생 통지의무는 보험금 청구를 위한 전제조건인 동시에 보험자에 대한 진정한 의무라고 할 수 있다.

③ 통지의 시기와 방법

보험사고의 발생을 안 때에는 지체 없이 보험자에게 통지하여야 하며, 그 통지 방법은 구두에 의하든 서면에 의하든 관계없다.

④ 사고발생 통지의무 위반의 효과

보험계약자 등이 보험사고발생의 통지의무를 게을리함으로써 손해가 증가된 때에는 보험자는 그 증가된 손해에 대하여 보상할 책임이 없다.

5) 계약 전 알릴의무와 계약 후 알릴의무 요약

| 계약 전 알릴의무와 계약 후 알릴의무 |

구분	계약 전 알릴의무 (상법 651조)	위험변경 증가 통지의무 (상법 652조)	사고발생통지의무 (상법 657조)
알려야 할 사항	• 중요한 사항 : 보험의 인수여부 및 보험료를 판단하는데 영향을 미치는 사실 • 질문표제도 : 중요한 사항으로 추정	사고발생의 위험이 현저하게 변경 ·증가된 사실 : 그 정도의 위험이 있으면 계약을 체결하지 않았거나, 적어도 동일한 조건으로는 보험을 인수하지 않았을 정도	상법의 규정은 없으나 대체로 사고발생일시, 장소, 피해자 성명, 주소 등
의의	보험계약 당시 보험자에게 중요한 사실을 알리지 아니하거나 또는 사실과 다르게 알리지 않아야 할 의무	보험기간 중에 사고발생의 위험이 현저하게 변경·증가된 사실을 안 때 지체 없이 보험자에게 통지하여야 할 의무	보험사고발생을 안 때 지체 없이 보험자에게 통지하여야 할 의무
시기	보험계약 당시	통지하여야 할 사실을 안 때 지체 없이	사고발생을 안 때 지체 없이
의무위반의 효과	의무위반 사실을 안 날로부터 1개월, 계약을 체결한 날로부터 6개월 이내 해지 가능 → 장래에 향하여 효력상실 〈해지의 제한〉 ① 제척기간이 경과된 때 ② 보험계약 당시 그 사실을 알았거나 중대한 과실로 알지 못한 때 ③ 계약 전 알릴의무 위반 사항과 보험사고 사이에 상당인과 관계가 없음이 증명된 때 ④ 당사자 사이에 특약이 있을 때	① 위험 변경증가 통지의무 위반 사실을 안 날로부터 1개월 이내에 한하여 계약해지 ② 사고발생 전후를 불문하고 해지 ③ 해지 이후의 사고에 대해 책임을 지지 않고 이미 지급한 보험금이 있을 때 반환청구 가능	보험금 지급이 유예되고 의무불이행으로 증가된 손해는 보상할 책임이 없음. 또는 지급할 보험금에서 공제 후 지급

⑫ 보험계약의 효과

1) 보험자의 의무

① 보험증권 교부의무

보험자는 보험계약이 성립한 때에는 지체 없이 보험증권을 작성하여 보험계약자에게 교부하여야 한다. 그러나 보험계약자가 보험료의 전부 또는 최초의 보험료를 지급하지 아니한 때에는 그러하지 아니하다(제640조 제1항). 또한 기존의 보험계약을 연장하거나 변경한 경우 보험자는 그 보험증권에 그 사실을 기재함으로써 보험증권의 교부에 갈음할 수 있다(제640조 제2항). 또 보험계약의 당사자는 보험증권의 교부가 있은 날로부터 일정한 기간 내에 한하여 그 증권 내용의 정부에 관한 이의를 할 수 있음을 약정할 수 있다. 이 기간은 1월을 내리지 못한다(제641조). 그리고 보험증권을 멸실 또는 현저하게 훼손한 때에는 보험계약자는 자기 비용으로 보험자에 대하여 증권의 재교부를 청구할 수 있다(제642조).

② 보험금 지급의무

보험자는 보험기간 내에 보험계약에서 약정된 보험사고가 발생한 경우에 피보험자 또는 보험수익자에게 보험금을 지급할 의무를 진다(제638조). 보험자는 원칙적으로 최초의 보험료를 지급받은 때부터 발생한 사고에 대해서만 책임을 진다(제656조).

그러나 보험자가 보험기간이 개시한 후에 보험료를 받기로 하고 계약을 체결하였거나 그 계약전의 어느 시기를 보험기간의 시기로 정한 소급보험에 있어서는 그 시기를 정한 때로부터 보험자는 책임을 지게 된다. 또 다른 약정이 없으면 보험자는 보험사고발생의 통지를 받은 후 지체 없이 지급할 보험금을 정하고 그 정하여진 날로부터 10일 이내에 피보험자 또는 보험수익자에게 지급하여야 한다(제658조).

보험자가 부담하는 손해액은 사고가 발생한 때와 장소의 가액에 의하여 산정하며, 이에 소요된 비용은 보험자가 부담한다. 또한 보험자는 보험가액의 범위 내에서 보험금액을 최고 한도로 하여 실 손해액에 따라 보상하며, 손해방지비용은 손해액과의 합계액이 보험금액을 초과한 경우라도 보험자가 부담하게 된다. 그러나 보험기간 내 사고라도 면책사유에 해당되면 보험자가 책임을 지지 않는다.

• 면책사유란

- 보험사고가 보험계약자 또는 피보험자나 보험수익자의 고의 또는 중대한 과실로 인하여 생긴 때에는 보험자는 보험금을 지급할 책임이 없다.
- 전쟁 기타 변란으로 인하여 생긴 때에는 당사자 간에 다른 약정이 없으면 보험자는 보험금을 지급할 책임이 없다.
- 보험목적의 성질, 하자 또는 자연소모로 인한 때에는 보험자는 책임을 면한다. 또한 보험계약이 해지되거나(계약 전 알릴의무나 계약 후 알릴의무 위반, 보험료지급 지체 등), 보험계약이 취소된 때(약관교부 명시 의무의 위반, 사기에 의한 보험계약 등)에도 보험자는 책임을 지지 아니한다.

보험자의 보험금 지급의무는 3년의 시효에 의하여 소멸하는데(제662조), 그 기산점은 '보험사고가 발생한 때'라고 해석하는 것이 다수설이다.

③ 보험료 반환 의무

• 보험계약의 일부 또는 전부가 무효인 경우

손해보험에서 보험계약의 전부 또는 일부가 무효인 경우에 보험계약자와 피보험자가 선의이며 중대한 과실이 없는 때에는 보험자에 대하여 보험료의 전부 또는 일부의 반환을 청구할 수 있다. 그리고 생명보험의 경우에 보험계약자와 보험수익자가 선의이며 중대한 과실이 없는 때에도 동일하다(제648조).

• 보험계약자의 임의 해지

보험사고가 발생하기 전에 보험계약자는 언제든지 계약의 전부 또는 일부를 해지할 수 있는데(제649조 제1항), 이 경우에는 당사자 간의 다른 약정이 없으면 미경과 보험료의 반환을 청구할 수 있다(제649조 제3항).

• 보험료 또는 적립금의 반환청구권

보험료 또는 적립금의 반환청구권은 3년간 행사하지 않으면 소멸시효가 완성한다(제662조) [전문개정 2014. 3. 11 시행일 2015. 3. 12].

• 이익 배당의무

보험자는 약관으로써 그 이익의 일부를 보험계약자에게 배당할 것을 정한 경우에는 그 조항에 따라 이익배당을 할 의무를 부담하고, 이 경우 보험자는 그 지급을 위하여 준비금을 적립하여야 한다.

2) 보험계약자·피보험자의 의무

① 보험료 지급의무

- 보험계약자는 보험자의 위험부담에 대하여 계약에서 정한 보험료를 지급할 의무가 있다(제638조). 보험료 지급의무는 보험계약자가 일차적으로 부담하며, 타인을 위한 보험계약의 경우에는 보험계약자가 파산선고를 받거나 보험료 지급을 지체한 때에는 피보험자 또는 보험수익자가 그 권리를 포기하지 않는 한 보험료 지급의무를 진다(제639조 제3항).
- 보험계약자가 최초 보험료를 납입하지 않으면 다른 약정이 없는 한 보험자의 책임이 개시하지 않는다(제656조). 그렇기 때문에 보험계약자는 계약 체결 후 지체 없이 보험료의 전부 또는 제1회 보험료를 지급하여야 하며, 보험계약자가 이를 지급하지 아니하는 경우에는 다른 약정이 없는 한 계약 성립 후 2월이 경과하면 그 계약은 해제된 것으로 본다(제650조 제1항). 여기에서 해제라는 용어에 유의할 필요가 있다. 본래 해제 시에는 각 당사자가 그 상대방에 대하여 원상 회복의 의무를 지게 된다.
  따라서 보험계약이 해제되면 보험자는 이미 받은 보험료를 되돌려 줘야 되기 때문에 계속적 계약의 특성을 갖는 보험계약에 있어서는 해제라는 용어를 사용하지 않고 장래에 대해서만 효력을 잃게 되는 해지라는 용어를 사용하는 것이 일반적이다.
- 보험료는 당사자 간의 약정에 의해서 정하여지는 것이 원칙이나 보험금액을 기초로 하여 위험률에 따라 정하며, 일시 지급, 분할지급의 방법에 의한다. 또 보험료기간 내의 보험료는 불가분의 성질을 가지므로, 보험료기간 중 계약이 소멸하더라도 보험계약자는 그 기간 내의 보험료를 전부 지급하여야 한다.
- 보험료 청구권의 소멸시효는 2년이다(제662조).

② 손해방지의무

보험계약자와 피보험자는 보험사고가 발생한 때에 적극적으로 손해의 방지와 경감을 위하여 노력하여야 하는데, 이것을 보험계약자 등의 손해방지의무라 한다.

보험계약자와 피보험자가 이미 보험사고가 발생한 후에 고의 또는 중대한 과실로 손해의 방지와 경감에 노력하지 아니하고, 보험자의 부담을 더하게 한 것을 부작위에 의한 손해의 확장이라 할 수 있을 것이다. 그러므로 보험계약자 등의 손해방지의무는 보험사고의 우연성과 신의성실의 원칙, 나아가서는 손해방지에 노력하여야 할 공익상의 요청에 의하여 인정된 의무라 할 수 있다.

그러나 손해방지의무는 보험사고가 발생한 때로부터 지게 되므로, 사고의 발생 자체를 방지하는 것은 포함되지 않는다. 또 손해의 방지와 감소는 행위의 목적으로서 존재하면 되고, 반드시 보험자를 위한 것임을 의식할 필요는 없으며, 그 효과가 반드시 생겨야 하는 것도 아니다.

③ 위험유지의무

보험기간 중 보험계약자, 피보험자 또는 보험수익자의 고의 또는 중대한 과실로 인하여 사고발생의 위험이 현저하게 변경 또는 증가한 때 보험자는 그 사실을 안 날로부터 1월 내에 보험료의 증액을 청구하거나, 계약을 해지할 수 있다(제653조). 그러므로 보험계약자 등은 그 위험을 변경 또는 증가시키고자 할 때 보험자의 동의를 얻어야 한다고 풀이한다.

보험자는 보험사고가 발생한 후에도 이 의무가 보험사고의 발생에 영향을 미치지 않았음이 증명되지 않는 한 보험금액을 지급할 책임이 없고, 이미 지급한 보험금액의 반환을 청구할 수 있다(제655조).

⑬ 금반언의 원칙(표현대리 책임)

1) 의의

금반언의 원칙이란 이미 표명한 자기의 행동이나 말이 있을 때 그것과 모순된 언행을 가지고 자기의 권리만을 주장할 수 없다는 원칙이다. 금반언의 원칙은 상거래의 안전을 위한 영미법상의 법리이나 우리나라 상법에서는 금반언의 원칙과 거의 동일한 개념인 표현대리 책임을 규정하고 있다.

보험계약에서 금반언의 원칙은 보험자가 어떤 행위나 표시를 한 뒤 그 행위나 표시를 신뢰한 보험계약자나 피보험자에게 그 행위나 표시가 진실이 아님을 이유로 하여 이를 번복하여 자기만의 권리를 주장하는 것을 금한다는 것이다.

2) 보험계약에서 금반언의 필요성

보험계약은 상행위에 속하므로 일반적인 상행위의 안전을 위하여 금반언의 원칙이 지켜져야 한다. 특히 보험계약은 사행계약성 때문에 보험 제도를 악용하려고 하는 도덕적 위험이 상존한다.

보험은 보험자와 보험계약자 간의 계약이지만 보험단체의 기초 위에서 존재하고 있기 때문에 보험계약자나 피보험자에게 일정한 의무를 부여하고 있으며, 이러한 의무를 최대선의에 의하여 이행토록 하고 있다. 이처럼 보험계약의 일방인 보험계약자 또는 피보험자에게는 계약상의 의무를 이행토록 하는 한편 보험자도 자신의 말과 행동에 책임을 지도록 하고 있다.

3) 금반언의 종류

① 기록에 의한 금반언
② 행위에 의한 금반언
③ 날인증서에 의한 금반언
④ 표시에 의한 금반언 : 가장 중요하며 명시적으로 이루어지는 경우가 많으나 묵시적으로 이루어 질 수도 있다.

4) 금반언의 원칙 적용

보험자, 보험 대리인이 약관의 내용을 잘못 설명하고서는 보험사고가 발생하였을 때 약관을 잘못 설명했었다는 이유를 들어 원래의 약관 내용을 주장하는 것은 금반언의 원칙에 위배된다.

① 보험설계사의 표현대리

보험설계사에게는 계약 체결권이 없음에도 불구하고, 영수증을 지참하고 청약서에 설계사의 이름을 기록하는 등 대리권이 있는 것처럼 보이게 하고서는 계약 체결이 잘못 되었을 때 설계사는 계약 체결권이 없다는 이유를 들어 보험자가 유리한 주장을 하는 것은 금반언의 원칙에 반한다.

※ 보험자는 보험설계사의 계약체결상의 과실에 대하여 무과실책임을 진다.

② 보험자의 권리포기와 최대선의

계약 전 알릴의무 위반이나 위험증가 통지의무 위반을 보험자가 알고 있음에도 불구하고 계약을 체결하거나 해지하지 않고 있다가 사고발생 후 해지하는 것은 금반언의 원칙에 반하고 최대선의에 위배된다. 따라서 이 경우에는 보험자가 해지할 수 있는 기간(제척기간)을 두고 그 기간 내에 해지하지 않을 경우 권리포기로 간주한다.

③ 보험 안내장과 약관이 상이한 경우 계약자에게 유리한 내용으로 보험계약 성립

보험회사가 배포한 안내장 등(팸플릿, 사진, 도화, 서류 등 모든 자료)이 약관 내용과 다른 경우 보험계약자에게 유리한 내용으로 보험계약이 성립된 것으로 인정한다.

보험안내장의 등의 효력[약관 규정]

회사(점포, 보험설계사 및 보험대리점을 포함)가 보험 모집 과정에서 제작·사용한 보험안내장(서류, 사진, 도화 등 모든 안내 자료를 포함)의 내용이 이 약관의 내용과 다른 경우에는 보험계약자에게 유리한 내용으로 보험계약이 성립된 것으로 본다.

관계법규

상법 제24조 [명의 대여자의 책임]

타인에게 자기의 성명 또는 상호를 사용하여 영업을 할 것을 허락한 자는 자기를 영업주로 오인하여 거래한 제3자에 대하여 그 타인과 연대하여 변제할 책임이 있다.

보험업법 제158조

보험 사업자는 그 임원, 직원, 보험설계사 또는 보험대리점이 모집을 함에 있어서 보험계약자에게 가한 손해를 배상할 책임을 진다. 다만 보험설계사와 보험대리점에 있어서는 모집을 위탁한 보험사업자가 당해 보험설계사 또는 보험대리점의 위탁을 함에 있어 상당한 주의를 하였고 또 이들이 행하는 모집에 있어서 보험계약자에게 가한 손해의 방지에 노력한 때에는 그러하지 아니한다.

⑭ 원상회복

1) 원상회복의 의의

① 계약법에서의 원상회복

계약법에서 원상회복이란 계약의 해제 시 계약전의 상태로 복구하는 것을 의미한다.(민법 제548조)

② 손해배상이나 손해보험에서의 원상회복

손해배상이나 손해보험에서 원상회복이란 사고의 결과로 발생된 현재의 상태를 사고전의 상태로 회복하는 것을 말한다.

2) 원상회복과 실손 보상의 원칙

① 원상회복

손해보상에서 원상회복이라는 용어는 피보험자나 배상책임보험에 있어서 피해자의 손해에 대하여 사고전의 상태로 회복하는 것을 의미하지만, 한편으로는 원상회복이상으로 보상하지 않기 때문에 보상의 한도라고도 할 수 있다.

② 실손 보상의 원칙

손해보험에 있어서의 보상원칙의 하나로서 보험사고가 생긴 경우, 그로 인하여 입은 실제 손해만을 보상한다는 의미이다.

3) 원상회복의 방법

① 금전보상

우리 민법(제394조)은 금전배상주의를 택하고 있다. 보험사고에 있어서도 금전배상에 의한 원상회복이 원칙이다.

② 현물보상

보험의 목적이나 배상책임에서 피해물을 수리·복구하여 사고전의 상태로 회복하는 방법을 말한다. 수리나 복구의 정도는 현재의 기술상으로 기능상, 외관상 사고전의 상태로 회복되었다고 볼 수 있는 상태까지를 의미한다.

③ 대용품의 교부

피해물과 동종·동일가액의 대용품으로 교부하는 방법으로서 소유권의 이전에 소요되는 비용까지를 포함한다.

⑮ 비례보상

보험사고가 생긴 경우에 보험금액을 한도로 하여 손해액 전액을 보상하는 전부 보상과 대비되는 것으로서, 보험금액이 보험가액에 미달할 경우 보험가액에 대한 가입 비율에 따라 손해를 보상하는 것을 말한다. 전부보험이나 초과보험의 경우에는 실손 보상이 적용되고 비례보상 방식은 일부보험의 경우에 적용된다.

$$\text{보상액} = \frac{\text{보험금액}}{\text{보험가액}} \times \text{손해액}$$

⑯ 해지

보험계약을 계약 당사자 간의 합의에 의하여 해지할 수 있는 것은 다른 계약과 마찬가지이다. 그러나 상법은 보험계약자를 보호하기 위하여 보험회사가 해지할 수 있는 경우는 반드시 일정한 사실이 있어야만 해지할 수 있도록 규정하고 있다. 물론 보험계약자 측에서는 언제라도 보험계약을 해지할 수 있다.

보험회사가 계약을 해지할 수 있는 경우는

① 보험계약자가 보험료를 정하여진 기일까지 납입하지 않은 때
② 계약 전 알릴의무나 계약 후 알릴의무를 위반한 때
③ 보험계약자나 피보험자의 고의나 과실로 인하여 사고발생 위험이 현저하게 변경되거나 증가된 때
④ 보험의 목적 또는 이들이 들어있는 건물의 구내를 조사하고자 할 때 보험계약자가 정당한 이유 없이 조사를 거부하거나 회피할 때 등이다.

⑰ 도덕적 위험

보험이란 원래부터 악용될 수 있는 위험을 안고 있으므로 보험계약은 신의와 성실을 바탕으로 이루어져야 한다. 그러나 보험계약자 또는 피보험자의 정신적 또는 심리적 상태에 따라 보험사고의 발생 가능성이 커지거나 손해가 확대될 수 있으므로 이들의 불성실, 악의 또는 고의로 인하여 위험이 초래될 가능성을 전제로 한 위험을 통틀어 도덕적 위험(moral risk)이라 한다.

⑱ 역 선택

보험회사 측에 불리한 보험사고발생 가능성이 매우 높은 위험을 보험계약자가 자진하여 보험의 목적으로 선택하는 것으로서, 자기선택 또는 역 선택이라고도 한다. 통상적으로는 보험회사가 보험목적의 소유자를 설득하여 보험계약 체결을 유도, 즉 보험의 목적을 선택하는데 반하여 역 선택은 높은 위험을 가진 보험목적의 소유자가 보험회사를 선택하게 된다. 이러한 역 선택의 위험이 집중되면 대수의 법칙에 의한 수지상등의 원칙이 무너져 보험사업 경영에 악화를 초래하게 된다.

⑲ 보험목적의 양도

1) 개념 및 인정 사유

보험목적의 양도란 피보험자가 이미 체결한 보험계약의 대상인 목적물을 그 의사표시에 의하여 개별적으로 타인에게 넘겨주는 것을 말한다(상법 제679조). 따라서 개별적인 양도라는 점에서 보험의 목적과 함께 손해보험 계약상의 권리 의무관계가 포괄적으로 승계되는 상속이나 회사의 합병과 구별되고, 피보험자의 지위를 승계하는 점에서 단순한 채권양도인 보험금 청구권 양도와 구별된다.

손해보험계약은 피보험이익을 전제로 하고 있으며, 피보험이익과 피보험자의 동일성은 바로 그 보험계약의 동일성을 나타내며, 피보험자가 달라지면 보험계약의 효력도 달라지는 것이다. 따라서 보험목적의 양도는 이론적으로 볼 때에 양도인이 그 목적에 관하여 가진 피보험이익은 소멸하고, 또 양수인은 보험자와 아무런 관계를 가진 것이 아니므로 원칙적으로 그 보험 관계를 종료시키는 것이다.

그러나 위와 같은 이론에 따르면 양도인이 지급한 보험료가 헛일이 되고 피보험이익이 일시적으로 무보험 상태에 놓일 위험이 있으므로, 이들의 불이익을 피하기 위하여 피보험자가 보험의 목적을 양도한 때에는 보험계약상의 권리와 의무를 승계한 것으로 추정하고 있는 것이다(상법 제679조 제1항).

2) 보험목적의 양도 요건

보험목적의 양도로 보험계약상의 권리 의무가 양수인에게 승계되는 것으로 추정하기 위해서는 몇 가지 요건을 갖추어야 한다. 먼저 보험목적물의 양도 당시 양도인과 보험자 사이에 유효한 보험계약이 있어야 한다. 따라서 면책사유가 있더라도 보험계약은 양수인에게 일단 이전하고 보험자는 양수인에 대하여 면책을 주장할 수 있다. 그리고 보험목적의 양도는 물권적 양도이어야 한다. 즉 양도의 채권계약만이 있는 것으로는 부족하고, 소유권이 양수인에게 이전한 때 비로소 보험관계가 이전하게 된다.

3) 보험목적의 양도 효과

보험의 목적이 양도된 때에는 양도인 또는 양수인으로 하여금 보험자에 대하여 지체 없이 그 사실을 통지하도록 하였다.

이것은 보험계약상의 지위가 양도인으로부터 양수인에게 승계된 것으로 추정하므로, 이러한 양도 사실은 보험자가 알아야 할 중요한 사항이기 때문이다. 예컨대 보험목적의 양도로 위험이 현저하게 변경 또는 증가한 때, 양도의 통지를 받은 보험자로 하여금 보험료의 증액을 청구하거나 계약을 해지할 수 있도록 하기 위함이다.

그러나 양도인과 양수인이 모두 보험목적의 양도에 관한 통지를 하지 않았을 때의 효과에 관한 규정은 마련되어 있지 않다. 따라서 이와 같은 경우는 상법 제652조(위험 변경 증가의 통지와 계약 해지) 등을 준용하여 구체적인 사안에 따라 처리해야 할 것이다.

4) 선박보험과 자동차보험에서의 예외규정

선박보험과 자동차보험에서는 소유자의 개성이 위험에 큰 영향을 미치는 중요한 변수가 되기 때문에 선박을 양도한 때에 보험자의 동의가 없으면 그 계약은 종료하게 되며(제703조의 2), 자동차를 양도한 때에 양수인은 보험자의 승낙을 얻어야만 보험계약으로 인하여 생긴 권리와 의무를 승계하게 된다(제726조의 4).

⑳ 보험자 대위

1) 보험자 대위의 개요

보험사고로 인하여 손해가 생긴 경우에 보험자가 피보험자에 대하여 보험금을 지급하는 것은 보험료 지급에 대한 반대급부이기 때문에 보험사고가 보험 관계 밖에서 어떻게 피보험자에게 영향을 주는가는 보험계약과는 관계가 없는 일이다. 하지만 보험사고발생 시 피보험자가 보험의 목적에 관하여 잔존물을 가지고 있거나 또는 제3자에 대하여 손해배상청구권을 취득하는 일이 있다. 이런 경우 보험자가 이에 개의치 않고 보험금을 지급한다면 오히려 피보험자에게 이중의 이득을 주는 결과가 된다.

따라서 상법은 보험자가 피보험자에게 보험금을 지급한 때에는 일정한 요건 아래 보험계약자 또는 피보험자가 가지는 권리를 보험자에게 이전하는 것으로 하고 있다. 이를 '보험자 대위'라 하는데 상법은 제681조에서 보험의 목적에 관한 보험자 대위, 즉 목적물 대위 또는 잔존물 대위에 관해 규정하고 있고, 제682조에서 제3자에 대한 보험자 대위, 즉 청구권 대위에 관해 규정하고 있다. 보험자 대위는 당사자의 의사표시에 따른 양도행위의 효과가 아니라 법률이 인정한 당연한 효과이다.

그러므로 대위의 요건이 충족되면 당사자의 의사표시와는 상관없이 당연히 권리가 보험자에게 이전된다는 점에서 목적물에 대한 권리를 보험자에게 이전하는데, 피보험자의 특별한 의사표시를 요하는 보험위부와 구별된다. 또한 보험자는 보험목적(잔존물)에 대한 대위의 경우는 물권변동의 절차(민법 제188조)가 필요하지 않으며, 피보험자가 제3자에 대하여 가지는 권리(청구권)를 대위하는 때에도 채권자 기타 제3자에 대항하기 위한 대항요건(민법 제451조)을 필요로 하지 않는다. 그리고 보험자가 대위에 의하여 취득한 권리에 대하여는 상법 제662조가 적용되지 않고, 본래의 각 채권의 소멸시효에 관한 규정이 적용된다.

예컨대 불법행위에 의거한 것이면 3년 또는 10년(민법 제766조)의 시효가, 물건운송계약에 의하여 생긴 것이면 1년(상법 제147조, 제812조)의 단기시효가 적용된다.

2) 보험의 목적에 관한 보험자 대위(목적물 대위)

보험의 목적이 전부 멸실한 경우 보험금액의 전부를 지급한 보험자는 그 목적에 대한 피보험자의 권리를 취득하는데(제681조), 이것을 보험의 목적에 관한 보험자 대위라 한다. 목적물 대위의 요건으로는 먼저 보험목적의 전부가 멸실하여야 한다.

전부 멸실이란 보험의 목적이 종래의 용법에 따른 경제적 가치가 모두 상실된 것을 말한다. 따라서 잔존물이 어느 정도의 금전적 가치를 가지고 있더라도 그 가치를 무시할 수 있을 정도인 때에는 전부 멸실로 본다. 또한 보험자가 보험금액의 전부를 피보험자에게 지급하여야 한다. 따라서 보험금액의 일부만을 지급한 때에는 그 지급 부분에 대해서 권리가 이전하는 것은 아니다.

위 요건이 갖추어지면, 보험자는 보험의 목적에 대하여 피보험자가 가졌던 권리를 취득하게 된다. 이러한 보험자의 권리취득은 법률이 인정하는 당연한 효과이며, 피보험자의 권리이전에 대한 의사표시를 필요로 하지 않는다. 보험자에 이전되는 권리는 보험목적(잔존물)의 소유권 등 모든 권리이나 일부보험의 경우는 보험금액의 보험 가액에 대한 비율에 따라 정한다.

3) 제3자에 대한 보험대위(청구권대위)

손해가 제3자의 행위로 인하여 발생한 경우 보험금을 지급한 보험자는 그 지급한 금액의 한도 안에서 제3자에 대한 보험계약자 또는 피보험자의 권리를 취득하게 되는데 이것을 제3자에 대한 보험자대위라 한다.

제3자에 대한 보험대위에서는 보험자가 보상할 보험금액의 일부를 지급한 때 보험자는 피보험자의 권리를 해하지 않는 범위 내에서 그 권리를 행사할 수 있도록 하고 있다.

3 보험약관 총설

① 보험약관의 의의

보험약관은 같은 위험에 처해 있는 다수의 보험계약자와 보험계약을 체결하기 위하여 보험자가 미리 작성한 일반적, 보편적, 표준적인 계약조항을 말하며, 보통 보험약관과 특별 보험약관이 있다.

1) 보통 보험약관

특정 보험계약에 획일적으로 적용할 목적으로 보험자에 의하여 미리 작성된 정형적인 계약 조항으로서, 기본적인 것을 말한다.

2) 특별 보험약관

보통 보험약관에 대하여 보충적으로 세부적인 내용을 필요로 할 때 이용되는 계약 조항이며, 통상적으로 특별약관이라고 한다.

② 보험약관의 특성

① 의사결정의 부자유성

보험은 동질의 위험에 처해있는 다수에 대하여 기술적으로 위험을 종합, 평균화하여 위험을 분산하는 제도로서, 이것을 가능하게 하기 위해서는 보험계약의 내용이 각 가입자에게 동일하여야 하므로 보험약관은 계약 내용으로서 당사자를 구속한다.

② 내용의 복잡성·전문성

③ 대량거래의 목적

④ 일반 계약과는 다른 법원리 적용

❸ 보험약관의 기재사항

1) 기재사항에 대한 법제화 이유

계약의 필수요건이나 보험계약자가 반드시 알아야 할 사항을 보험약관에 기재하도록 보험업법 시행규칙에 법제화 한 이유는 보험계약자를 보호하기 위해서다.

2) 기재사항

① 보험약관의 기재사항(보험업 감독규정 제7-59조)

- 보험회사가 보험금을 지급하여야 할 사유
- 보험계약의 무효원인
- 보험회사의 면책사유
- 보험회사의 의무의 범위 및 그 의무이행의 시기
- 보험계약자 또는 피보험자가 그 의무를 이행하지 아니한 경우에 받는 손실
- 보험계약의 전부 또는 일부의 해지 원인과 해지한 경우 당사자의 권리의무
- 보험계약자·피보험자 또는 보험금액을 취득할 자가 이익 또는 잉여금의 배당을 받을 권리가 있는 경우에는 그 범위
- 적용이율 또는 자산운용 실적에 따라 보험금 등이 변동되는 경우 그 이율 및 실적의 계산 및 공시방법 등
- 예금자보호 등 보험계약자 권익 보호에 관한 사항[전문개정 2011. 1. 24]

❹ 보험약관의 성질과 효력

보통보험약관은 보험자가 일방적으로 작성한 것으로서, 계약을 체결할 때 계약 내용으로서 당사자를 구속한다. 그러나 보험계약의 내용을 모르고 계약 체결한 보험계약자에게도 보험이 갖는 단체성 때문에 약관의 구속력을 인정하게 되는데 그 이론적 근거는 다음과 같다.

1) 구속력의 근거

① 학설

• 의사설(계약설)

계약 당사자 사이에 약관의 내용을 계약내용으로 한다는 합의가 있었기 때문에 약관은 당사자 사이에 구속력이 있다는 설로서, 약관규제법이 제정된 이후 학설의 지배적 입장이다.

• 법규범설

보험약관은 감독관청의 인가를 얻게 되어 있고, 사회적으로 합리성이 인정되고 있으므로 당사자의 구체적인 의사와는 관계없이 위험단체를 유지하기 위하여 법규와 같이 구속력을 갖게 된다는 입장을 말한다.

② 법원의 입장

계약 당사자 사이에 약관의 내용을 계약 내용으로 한다는 합의가 있었기 때문에 당사자를 구속한다는 의사설을 채택하고 있다.

2) 보통보험약관의 구속력

① 보험자가 설명·교부 의무를 이행한 경우

양자의 의사가 일치되어 보험계약이 성립되었기 때문에 착오를 이유로 계약을 취소할 수 없으며, 보험약관은 양 당사자를 구속한다.

② 보험자가 설명·교부 의무를 이행하지 않은 경우

보험계약이 성립한 날로부터 3개월 이내에 보험계약자는 보험자가 약관을 교부, 설명하지 않았다는 이유로 계약을 취소할 수 있고, 취소할 경우 보험계약은 계약 체결 시까지 소급하여 효력을 잃게 된다. 3개월이 지나면 계약을 취소할 수 없으며, 보험계약자가 약관의 내용을 모르고 계약한 경우라도 구속력을 갖는다(시행일 2015. 3. 12).

3) 인가받지 않은 약관의 사법적 효력

미풍양속이나 사회질서에 반하지 않는 한 또는 상법 제4편 보험편에 비추어 약관의 내용이 보험계약자 등에 불리하게 적용되지 않는 한 금융위원회 위원장의 인가를 받지 않았더라도 약관의 효력은 인정된다.

4) 약관 변경과 소급적용

변경된 약관은 당사자 간의 합의나 금융위원회 위원장이 보험계약자 등에 유리하다고 인정되어 소급 명령이 있는 경우에 한하여 개정 전에 체결된 약관도 약관 개정 이후 기간에 대하여 효력을 미친다.

① 원칙

소급 적용 불가(불소급의 원칙)

② 예외

금융위원회는 제2항에 따라 기초서류의 변경을 명하는 경우 보험계약자·피보험자 또는 보험금을 취득할 자의 이익을 보호하기 위하여 특히 필요하다고 인정하면 이미 체결된 보험계약에 대하여도 장래에 향하여 그 변경의 효력이 미치게 할 수 있다.[보험업법 제131조(금융위원회의 명령권) 제3항].

관계법규

보험업법 제131조 [금융위원회의 명령권]

① 금융위원회는 보험회사의 업무 운영이 적당하지 아니하거나 자산상황이 불량하여 보험계약자 및 피보험자 등의 권익을 해칠 우려가 있다고 인정되는 경우에는 다음 각 호의 어느 하나에 해당하는 조치를 명할 수 있다.

1. 업무 집행방법의 변경
2. 금융위원회가 지정하는 기관에의 자산 예탁
3. 자산의 장부가격 변경
4. 불건전한 자산에 대한 적립금의 보유
5. 가치가 없다고 인정되는 자산의 손실처리
6. 그 밖에 대통령령으로 정하는 필요한 조치

② 금융위원회는 보험회사의 업무 및 자산상황, 그 밖의 사정의 변경으로 공익 또는 보험계약자의 보호와 보험회사의 건전한 경영을 크게 해칠 우려가 있거나 보험회사의 기초서류에 법령을 위반하거나 보험계약자에게 불리한 내용이 있다고 인정되는 경우에는 청문을 거쳐 기초서류의 변경 또는 그 사용의 정지를 명할 수 있다. 다만, 대통령령으로 정하는 경미한 사항에 관하여 기초서류의 변경을 명하는 경우에는 청문을 하지 아니할 수 있다.

③ 금융위원회는 제2항에 따라 기초서류의 변경을 명하는 경우 보험계약자·피보험자 또는 보험금을 취득할 자의 이익을 보호하기 위하여 특히 필요하다고 인정하면 이미 체결된 보험계약에 대하여도 장래에 향하여 그 변경의 효력이 미치게 할 수 있다.

④ 금융위원회는 제3항에도 불구하고 제2항에 따라 변경 명령을 받은 기초서류 때문에 보험계약자·피보험자 또는 보험금을 취득할 자가 부당한 불이익을 받을 것이 명백하다고 인정되는 경우에는 이미 체결된 보험계약에 따라 납입된 보험료의 일부를 되돌려주거나 보험금을 증액하도록 할 수 있다.

⑤ 보험회사는 제2항에 따른 명령을 받은 경우에는 대통령령으로 정하는 바에 따라 그 요지를 공고하여야 한다.[전문개정 2010.7.23.(시행일 2011.1.24)]

⑤ 보험약관에 대한 규제

1) 필요성

보통보험약관은 보험자가 일방적으로 작성한 것이고, 그 내용이 복잡하고 기술적이기 때문에 보험 가입자 등의 이익을 해할 우려가 있고, 또한 보험자는 경제적으로 우월한 지위에 있으므로 보험약관에 부당한 내용을 삽입하게 되면 보험계약자는 불리한 조건에 처할 수 있다.

그러므로 시장 통찰력이 부족한 보험계약자를 보호하고, 건전한 보험계약 관계를 유지하도록 하기 위해 보험약관에 대한 규제가 요구되는 것이다.

2) 입법적 규제

사전적, 예방적 효과

관계법규

상법 제663조 [보험계약자 등의 불이익 변경금지]

당사자 간의 특약으로 보험계약자 또는 피보험자나 보험수익자의 불이익으로 변경하지 못한다.

상법 제638조의 3 [보험약관의 교부·명시 의무]

① 보험자는 보험계약을 체결할 때에 보험계약자에게 보험약관을 교부하고 그 약관의 중요한 내용을 설명하여야 한다.

② 보험계약자는 보험자가 제1항을 위반한 경우 보험계약이 성립한 날로부터 3개월 이내에 그 계약을 취소할 수 있다.(시행일 2015. 3. 12)

3) 행정적 규제(보험업법상 사전인가제도)

보통보험약관은 사전인가에 의한 행정적 규제로서, 공익 위반 또는 강행 법규 위반이 배제되게끔 제도화되고 있다.

> 인가를 받지 않은 약관에 의해 보험계약이 체결된 경우 인가를 받지 아니한 약관도 그 내용이 강행법규나 공익에 반하는 것이 아닌 한 사법상 당연 무효로 되는 것이 아니므로 그 계약은 유효하고, 인가를 받은 약관은 보험계약의 내용으로서 당사자를 구속하는 효력이 있다(통설, 판례의 입장).

4) 사법적 규제

법원은 약관 해석을 통하여 간접적으로 보험사업을 규제하고 있다. 보험약관이 감독관청의 인가를 받아 사용되고 있다 하더라도 법원은 그 약관의 내용이 불공정하거나 불합리한 경우에 강행법규나 사회질서 또는 신의칙에 어긋난다는 점을 들어 이를 무효로 풀이해서 통제를 가할 수 있다.

6 보통 보험약관의 해석 원칙

1) 일반원리

약관 해석은 일반적으로 보편적인 원칙에 따라야 한다. 즉 개개의 보험계약자는 위험집단의 구성원으로 취급되어야 한다.

관계법규

약관의 규제에 관한 법률 제5조 [약관의 해석]

① 약관은 신의성실의 원칙에 따라 공정하게 해석되어야 하며, 고객에 따라 다르게 해석되어서는 아니 된다.

② 약관의 뜻이 명백하지 아니한 경우에는 고객에게 유리하게 해석되어야 한다.

2) 신의성실에 따라 공정하게 해석

합리적인 기대의 원칙에 따라 해석하여야 한다.

3) 개별약정 우선의 원칙

보험약관의 인쇄된 조항과 써넣은 조항 사이에 충돌이 있는 경우에는 써넣은 조항이 우선적으로 고려되어야 한다.

4) 객관적 해석의 원칙

보험은 단체성이 있기 때문에 구체적인 진의, 진의의 탐구, 당사자의 약관이해 등 개별적인 사정을 고려하지 않은 약관의 문언이나 내용은 객관적으로 해석하여야 한다.

5) 작성자 불이익의 원칙

보험계약자의 부합계약성으로부터 보험계약자를 보호하기 위하여 약관의 내용이 모호하여 객관적 해석이 곤란할 때에는 보험자에게 불이익하도록 해석하여야 한다.

6) 확대해석 금지의 원칙

면책조항의 해석은 보험자에게 유리하게 확장해석하거나 유추해석을 해서는 안된다.

7) 보험계약의 단체성, 기술성 고려

① 목적론적 해석

약관의 목적(정신, 취지)을 이해하고, 그 목적에 적합한 방법으로 해석하여야 한다.

② 계약 해석의 기본 원칙

조항을 따로따로 떼어서 해석해서는 안 되고, 다른 조항과의 관련 속에서 조화 있게 해석하여야 한다.

③ 약관 해석에 관한 상고 가능성

가능하다.

❼ 약관해석의 적용순서

보험약관은 다음과 같은 순으로 적용한다.

① 신의성실의 원칙에 따라 공정하게 우선 적용한다. 따라서 당사자 간 협의에 의한 개별약정이라도 그것이 신의성실의 원칙에 위배된다면 그 조항은 무효이다.

② 개별약정 우선 적용의 원칙

③ 객관적 해석의 원칙

④ 작성자 불이익의 원칙

01 연습문제

선택형

01 보험 제도가 성립하기 위한 조건 중 틀린 것은?

① 대수의 법칙 ② 다수의 계약 당사자
③ 이질적인 위험 ④ 수지상등의 원칙

02 보험의 여러 기능 중 가장 본질적이고 궁극적인 것은?

① 산업자금의 공급 ② 생활의 안정 보장
③ 신용 수단 ④ 고용증진

03 다음 중 그 가입이 강제되지 않은 보험은?

① 산재보험 ② 원자력 보험
③ 자동차손해배상책임보험 ④ 화재보험

04 현행 상법에 있어서 보험계약의 분류는?

① 손해보험과 생명보험 ② 재산보험과 정액보험
③ 손해보험과 인보험 ④ 손해보험과 정액보험

01 ③ 02 ② 03 ④ 04 ③

05 보험계약의 특성이 아닌 것은?

① 단체성
② 기술성
③ 사회성
④ 절대적 강행법규성

06 보통보험약관에 대한 설명이다. 틀린 것은?

① 인가받지 않은 약관에 의한 보험계약은 무효이다
② 보통보험약관은 보험계약의 당사자 쌍방을 구속하는 힘이 있다.
③ 개정 약관은 소급 적용하지 않는 것이 원칙이다.
④ 구속력의 근거에 대해서는 의사설과 규범설이 대립되어 있다.

07 보험계약에 대한 설명이다. 맞는 것은?

① 보험계약은 보험사고의 발생을 조건으로 한 유상·쌍무계약이라고 할 수 있다.
② 상법상 보험자의 책임은 원칙적으로 보험계약이 성립된 때로부터 개시된다.
③ 보험계약은 최초 보험료 지급 시부터 그 효력이 발생한다.
④ 보험모집인도 보험계약의 당사자이다.

08 손해보험계약에 있어서 보험금 청구권자는?

① 보험자
② 보험수익자
③ 보험계약자
④ 피보험자

09 손해보험사고에 대한 설명이다. 틀린 것은?

① 보험사고발생의 가능성이 있어야 한다.
② 보험사고발생은 적법한 것이어야 한다.
③ 보험사고발생이 주관적, 객관적으로 불확실해야 한다.
④ 보험사고발생에 대하여 주관적으로 불확실하면 된다.

05 ④ 06 ① 07 ② 08 ④ 09 ③

10 다음 중 보험기간과 동일한 뜻으로 사용되는 용어는?

① 위험기간　　② 제척기간
③ 보험료기간　　④ 보험계약기간

11 고지의무에 대한 설명이다. 틀린 것은?

① 보험자는 계약을 체결한 날부터 3년이 경과된 때에는 고지의무 위반을 이유로 계약을 해지할 수 없다.
② 보험계약자 또는 피보험자가 고의 또는 과실로 중요한 사항을 고지하지 아니한 때에는 보험자는 보험계약을 해지할 수 없다.
③ 보험자가 질문표로 질문한 사항은 고지하여야 할 중요사항으로 추정된다.
④ 보험계약자 또는 피보험자는 상법상 고지의무자이다.

12 고지의무 위반의 효과에 대한 설명이다. 틀린 것은?

① 계약은 당연히 무효가 되는 것이 아니고 보험자가 해지할 수 있을 뿐이다.
② 계약 해지 시 지나간 보험료기간에 대한 보험료는 보험계약자에게 반환할 필요가 없다.
③ 보험사고발생 전 계약을 해지하게 되면 지나간 보험료 기간에 지급한 보험료는 보험계약자에게 반환해야 된다.
④ 보험사고발생 후 계약을 해지하게 되면 지나간 보험료 기간에 지급한 보험금액이 있으면 그 반환을 청구할 수 있다.

13 특약이 없는 한 상법상 보험자의 책임개시 시기는?

① 최초의 보험료를 지급받은 때
② 보험료 전액을 지급받은 때
③ 보험계약이 성립한 때
④ 보험증권을 보험계약자에게 교부한 때

10 ① 11 ② 12 ③ 13 ①

14 보험자가 계약을 해지할 수 있는 경우에 대한 설명이다. 틀린 것은?

① 보험료의 지급이 없는 경우
② 보험계약자의 중과실로 위험이 증가한 경우
③ 고지의무 위반이 있는 경우
④ 보험사고발생의 위험이 객관적으로 현저하게 증가한 경우

15 피보험이익에 대한 설명이다. 틀린 것은?

① 피보험이익은 적법성을 요건으로 하므로 탈세에 의한 이익은 피보험이익이 될 수 없다.
② 상실 이익도 피보험이익이 될 수 있으나, 당사자 간의 특약이 없으면 피보험자의 손해보상에 포함시키지 않는다.
③ 피보험이익은 보험계약의 목적이라고 한다.
④ 피보험이익은 상법에 보험의 목적으로 규정되어 있다.

16 중복보험의 요건에 대한 설명이다. 틀린 것은?

① 수개의 계약을 수인의 보험자와 체결할 것
② 보험기간이 동일하지 않을 것
③ 동일한 피보험이익에 관한 것일 것
④ 보험사고가 동일할 것

17 손해방지의무에 대한 설명이다. 틀린 것은?

① 보험계약자와 피보험자가 보험사고발생 후에 지는 의무이다.
② 보험사고가 생긴 때에 손해 방지에 노력하여야 하는 의무이다.
③ 보험계약에 따른 의무이다.
④ 보험자가 담보하고 있지 않는 보험사고가 발생한 때에는 이 의무가 성립하지 않는다.

14 ④ 15 ④ 16 ② 17 ③

18 손해 방지 비용에 대한 설명이다. 틀린 것은?

① 보험자는 약관으로 손해 방지 비용의 부담을 언제나 면할 수 있다.
② 손해 방지 비용은 보험금액을 초과한 경우라도 보험자가 이를 부담한다.
③ 일부보험의 경우 손해 방지 비용은 보험자가 손해보상액의 비율에 따라 부담한다.
④ 손해 방지 비용에 관한 규정에는 공익적 고려가 포함되어 있다.

19 보험자 대위에 대한 설명이다. 틀린 것은?

① 보험의 목적에 대한 대위(잔존물 대위)와 제3자에 대한 청구권 대위가 있다.
② 원칙적으로 인보험에 있어서는 인정되지 않지만 상해보험과 같은 경우에는 이를 인정해야 된다는 주장도 유력하다.
③ 대위에 의한 보험자의 권리취득은 당사자 간의 의사표시에 의한 것이다.
④ 보험자 대위권의 행사는 피보험자의 이익을 침해하지 않도록 하여야 한다.

20 청구권 대위에 대한 설명이다. 틀린 것은?

① 손해가 제3자의 행위로 인하여 발생되어야 한다.
② 보험자가 보험금액을 지급하여야 한다.
③ 피보험자가 제3자에 대하여 손해배상청구권 등의 권리를 가져야 한다.
④ 보험자는 보험금액을 지급하기 전에 제3자에 대한 피보험자의 권리를 취득한다.

21 다음은 이미 체결된 손해보험계약을 당연히 변경 또는 소멸시키는 사유에 대한 설명이다. 틀린 것은?

① 보험기간의 만료 ② 부실고지
③ 피보험이익의 소멸 ④ 사기에 의한 초과보험

18 ① 19 ③ 20 ④ 21 ②

22 보험의 목적의 양도에 대한 설명이다. 틀린 것은?

① 피보험자가 사망하여 상속인에게 보험의 목적이 승계되는 것도 보험의 목적의 양도이다.
② 보험계약자가 반대 의사를 표시하면 그 계약은 실효된다.
③ 보험의 목적의 양도는 피보험자가 타인에게 의사표시에 의하여 양도하는 것이다.
④ 보험의 목적이 양도되면 보험계약상의 피보험자의 지위가 모두 양수인에게 이전된다.

논술형

23 보험료기간과 보험기간을 설명하시오.

24 보험계약의 성립 시기는?

25 보험 가액의 일부를 보험에 붙인 경우 보험금액의 범위 안에서 모든 손해를 보상하기로 한 보험은?

22 ①
23 • 보험료기간 : 보험료 산정의 기초가 되는 일정한 기간
• 보험기간 : 보험자가 책임을 지는 기간
24 보험자와 보험계약의 의사표시가 합치된 때, 즉 보험계약자의 청약에 대하여 보험자가 승낙한 때
25 제1차 위험 담보 또는 실 손해보상 계약

02 교통사고 관련 불법행위

1 민법상 불법행위[민법 제750조 이하]

① 불법행위의 의의

1) 의의

법률의 근본 목적에 어긋나고 법률질서를 깨트리는 행위로서 법률이 그 본질상 허용할 수 없는 행위, 즉 고의 또는 과실로 인한 위법한 행위로 타인에게 손해를 주는 행위를 말하며, 행위자는 그 행위로 말미암아 생긴 손해를 배상하여야 한다. 따라서 불법행위는 손해배상책임의 발생 원인이 된다.

예 ① 자동차 사고로 사람을 죽게 하거나 다치게 하는 행위
② 타인의 생명·신체에 폭행, 감금, 살인 등 위해를 가한 행위
③ 의사가 수술 또는 진료상의 과실로 타인을 사상케 한 행위
④ 국가 공권력의 부당한 행사나 영조물의 하자로 인하여 타인에게 손해를 입히는 행위

또한 위법한 행위를 한 행위자는 형사상의 책임을 지기도 하는데, 형사책임은 사회에 대한 책임으로서 형벌로 과해지며, 범죄를 범한 행위자에 대하여 국가가 제재를 가함으로써 사회질서를 유지하기 위한 목적으로 그 당사자에게 부과하는 책임을 의미한다. 불법행위자 책임은 피해자가 입은 손해를 채워주는데 목적을 둔 피해자에 대한 책임이라는 점에서 양자는 구별된다.

2) 과실 책임과 무과실 책임

과실 책임이라 함은 고의 또는 과실로 인한 위법한 행위로 타인에게 손해를 끼친 경우에만 행위자가 손해배상책임을 지는 것을 말한다.

우리나라의 민법은 과실책임주의를 채택하고 있다. 즉 민법에서는 고의 또는 과실로 인한 위법한 행위로 타인에게 손해를 가한 경우에만 행위자가 피해자에 대하여 책임을 지게 되고, 행위가 입증되지 않을 경우에는 책임을 지지 않게 된다.

무과실 책임이라 함은 과실 책임에 대립되는 개념으로서, 가해자에게 과실이 없다고 하더라도 그 가해자의 행위에 의해 손해가 생기면 피해자에게 그에 따른 배상 책임을 지는 것을 말한다. 예컨대, 과실이 전혀 없는 자동차에 탑승 중인 승객이 중앙선 침범한 다른 차에 의해 다친 경우 그 자동차의 보유자가 자기 차의 승객에 대하여 손해를 배상하는 것 등이 그러한 예이다.

❷ 일반 불법행위의 성립요건

1) 요건

요건	구분
• 가해자의 고의 또는 과실이 있을 것 • 행위자에게 책임능력이 있을 것	**주관적 요건**
• 행위가 위법할 것 • 위법한 행위에 의하여 손해가 생길 것	**객관적 요건**

현행법은 타인의 행위에 대하여 책임을 지는 것이 아니라 자기 자신의 행위에 대하여 책임을 진다는 원칙이 확립되어 있다. 이것을 자기책임의 원칙이라 한다. 그런데 민법에서는 친권자가 자녀의 행위에 대하여 또는 사용자가 피용자의 행위에 대하여 책임을 지는 경우가 있는데(민법 제755조, 제756조), 이는 타인의 행위에 대하여 책임을 지는 것이 아니고 타인을 감독할 의무가 있는 자가 그 감독상의 주의를 게을리하였다는 자기의 과실에 따라 책임을 지는 것이다.

고의와 과실

1. 고의

일정한 결과가 발생하리라는 것을 알면서 감히 어떠한 행위를 하는 심리상태를 말한다. 즉 행위자가 위법의 인식 없이 정당한 행위라고 믿었다 하더라도 객관적으로 위법이라고 보이는 사실이 발생한다는 인식이 있었으면 고의라고 보는 것이 통설이다. 또한 일정한 결과가 생길지도 모른다는 것을 인식하면서 감히 어떠한 행위를 하는 때에는 미필적 고의로서 역시 고의가 된다.

2. 과실

일정한 결과가 발생할 것을 알아야 함에도 주의를 다하지 못하여 그것을 알지 못하고서 어떠한 행위를 하는 심리상태를 말한다.

3. 고의와 과실의 차이

고의는 결과 발생을 인식하고 있었다는 것이고, 과실은 결과 발생을 인식하지 못한 상태였다는 것이다.

2) 입증책임

고의·과실은 불법행위의 성립요건이므로 그 입증책임은 불법행위의 성립을 주장하는 손해배상 청구권자, 즉 피해자에게 있다.

3) 책임능력

① 의의

가해자가 손해배상책임을 지기 위해서는 책임능력이 있어야 한다. 책임능력이란 자기의 행위가 위법하다는 것을 인식할 수 있는 능력을 말하는데, 민법 제753조와 제 754조에서 「그 행위의 책임을 변식할 지능이 없는 때」 또는 「심신상실」인 때에 가한 손해에 대하여는 배상책임이 없다고 규정하고 있는데서 책임능력의 근거를 찾을 수 있다. 여기에서 「책임을 변식한다」라는 의미는 자기 행동의 결과를 인식하고 그 행위가 법률적으로 허용되지 않으며, 그것을 감히 행한다면 법률상 책임을 지게 된다는 것을 인식할 수 있는 정신능력을 말한다.

② 미성년자의 책임능력(민법 제753조)

미성년자가 타인에게 손해를 가한 경우에 그 행위의 책임을 변식할 지능이 없는 때에는 배상의 책임이 없다.

③ 심신상실자의 책임능력(민법 제754조)

심신상실 중에 타인에게 손해를 가한 자는 배상의 책임이 없다. 그러나 고의 또는 과실로 인하여 심신상실을 초래한 때에는 그러하지 아니하다.

4) 위법성

가해행위에는 위법성이 있어야 한다.

① 위법의 뜻

위법이란 법규 위반 뿐만 아니라 선량한 풍속, 기타 사회질서를 어지러트리는 행위 등을 포함한다. 따라서 가해행위에 대한 위법 여부에 대한 판단은 '피침해 이익'과 '침해행위'의 두 가지 측면에서 고찰하여야 한다.

- 피침해 이익

피침해 이익은 소유권과 같이 절대적으로 강한 권리로부터 무형적인 권리에 이르기까지 각양각색으로서 물권적인 것, 채권적인 것, 인격적인 것으로 나눌 수 있다.

- 침해행위의 형태
  - 형법 법규 위반행위
  - 단속 법규 위반행위
  - 사회질서 위반
  - 권리도용
  - 부작위에 의한 불법행위 : 작위와 대응하는 것으로서, 보통 범죄는 적극적인 작위에 의해 실현되는 작위범이 일반적이나 특수한 경우에는 소극적으로 아무런 행위를 하지 않는 부작위로서 범죄가 성립되는 경우가 있다.

  예 산모가 아기에게 젖을 먹이지 않아 아기가 굶어 죽게 하는 경우, 남의 집에서 퇴거 요구를 받고도 불응하고 퇴거하지 않는 경우 등

② 위법성의 조각

보통은 위법성이 있는 경우라 하더라도 어떤 특수한 사유로 인하여 위법성이 없는 것으로 되는 경우가 있는데 이를 위법성의 조각이라 한다.

- 정당방위

타인의 불법행위에 대하여 자기 또는 제3자의 이익을 방위하기 위하여 부득이 손해를 가한 자는 그 손해를 배상할 책임이 없다. 또한 정당한 사무관리 및 법령에 바탕을 둔 정당한 업무행위는 위법성을 조각한다.

예 A가 B의 폭행을 피하기 위하여 C 소유의 자동차를 손상시키고 도주한 경우 A의 행위는 C에 대하여 불법행위가 성립되지 않는데 반하여 C는 B에 대하여 손해배상청구가 가능하다.

관계법규

민법 제761조 [정당방위, 긴급피난]

① 타인의 불법행위에 대하여 자기 또는 제3자의 이익을 방위하기 위하여 부득이 타인에게 손해를 가한 자는 배상할 책임이 없다. 그러나 피해자는 불법행위 자에 대하여 손해의 배상을 청구할 수 있다.

② 전항의 규정은 급박한 위난을 피하기 위하여 부득이 타인에게 손해를 가한 경우에 준용한다.

- 긴급피난

  급박한 위난을 피하기 위하여 부득이 타인에게 손해를 가한 경우 그 가해행위는 위법성이 없다.

- 자력구제

  청구권을 보전하기 위하여 국가기관의 구제를 기다릴 여유가 없는 경우 권리자가 스스로 구제행위를 하는 것을 말한다.

- 피해자의 승낙

  법에 규정은 없으나 피해자의 승낙이 있으면 원칙적으로 위법성이 조각된다.

5) 손해의 발생과 상당인과관계

① 손해의 발생

- 손해의 개념

  불법행위가 성립하려면 가해행위에 의해 손해가 발생하여야 하고, 여기에서 손해는 법익에 관하여 받은 불이익을 뜻하는 것으로서, 재산적 손해이건 비 재산적 손해이건 묻지 않는다(민법 제750조).

- 입증책임

  손해배상 청구권자, 즉 피해자에게 있다.

② 인과관계

가해자가 배상하는 손해는 가해행위로서 피해자에게 입힌 손해이므로 가해행위와 손해 발생과의 사이에는 인과관계가 있어야 된다. 여기에서 인과관계의 범위는 이른바 상당인과관계를 의미한다.

상당인과관계

일정한 원인이 존재할 때 일정한 결과를 발생케 하는 것이 보통인 경우, 즉 A라는 사실과 B라는 사실이 원인과 결과의 관계에 있을 때 A와 B는 인과관계가 있다고 하고 이러한 인과관계는 무한히 계속적으로 연결될 수 있다. 이렇게 무한히 연결되는 모든 원인들을 사고의 원인으로 보기에는 문제가 있으므로 이를 한정할 필요가 있다.

따라서 민법에서는 원인과 결과 사이에 상당인과관계가 있는 경우에 한하여 그 원인을 사고원인으로 하고 있으며, 그 원인 행위자가 피해자에 대하여 손해배상책임을 짐과 동시에 사고와 상당인과관계가 있는 손해에 대하여 배상책임을 지게 되는데 이를 손해배상의 범위라고 한다. 즉 상당인과관계란 인과관계의 정도가 상당한 것을 의미하는 것으로서, 선행 사실이 있을 때 그 결과 발생이 일반적이고 통상적인 경우 "상당인과관계가 있다"라고 한다.

③ 통상 손해와 특별손해

• 통상 손해

어떠한 불법행위가 있으면 사회 일반의 관념에 따라 통상(보통) 발생할 것으로 생각되는 범위의 손해를 말하며, 채무불이행이나 불법행위로 인한 손해배상은 통상의 손해를 한도로 한다(민법 제393조).

• 특별손해

다른 동종의 사건의 경우에는 반드시 발생한다고 할 수 없으나, 그 불법행위 외의 특별한 사정이 있었기 때문에, 그 특별한 사정이 경합하여 원인을 이룸으로써 발생된 손해를 특별손해라 한다. 우리나라 민법에서는 "특별한 사정으로 인한 손해는 채무자가 그 사정을 알았거나 알 수 있었을 때에 한하여 배상 책임이 있다"라고 규정(민법 제393조)하고 있다.

관계법규

민법 제393조 [손해배상의 범위]

① 채무불이행으로 인한 손해배상은 통상의 손해를 그 한도로 한다.

② 특별한 사정으로 인한 손해는 채무자가 그 사정을 알았거나 알 수 있었을 때에 한하여 배상의 책임이 있다.

판 례

공장지대에 위치한 전신주를 충격하여 전선이 절단됨으로써 그 전선을 통하여 전기를 공급받아 공장을 가동하는 피해자가 전력 공급의 중단으로 공장의 가동이 상당한 기간 동안 중지되어 영업상의 손실을 입게 될지는 불확실하며, 또 이러한 손실은 가해행위와 너무 먼 손해라고 할 것이므로 이 사건 전주 충격 당시 이와 같은 소극적인 영업상 손실이 발생할 것이라는 것을 알았거나 알 수 있었다고 보기 어렵다고 할 것이지만, 예고 없는 불시의 전력 공급의 중단으로 인하여 갑자기 공장의 가동이 중단되는 바람에 당시 공장 내 가동 중이던 기계에 고장이 발생한다든지, 작업 중인 자료가 못쓰게 되는 것과 같은 등의 적극적인 손해가 발생할 수 있을 것이라는 사정은 이를 알거나 알 수 있었을 것이라고 봄이 상당하다.(대법원 1996. 01. 25, 선고94다5472 판결)

판 례

비닐하우스가 밀집한 농촌지역에 위치한 전신주를 충격하여 전선을 절단케 함으로써 그 전선으로부터 전력을 공급받아 비닐하우스 내 전기온풍기를 가동하던 피해자가 정전으로 전기온풍기의 작동이 약 12시간 30분가량 중지됨으로 인하여 화초가 동해를 입은 손해는, 가해자가 전신주는 비닐하우스가 밀집한 농촌지역에 위치하고 있고, 통상 비닐하우스에는 전기 설비 내지 전기 비품 등이 설치 또는 비치될 수 있으므로 이 전신주의 전선을 통하여 인근 비닐하우스 내에 전력이 공급된다는 사정 및 비닐하우스 내에는 보온 유지가 필수적인 농작물이 재배되고, 이러한 농작물의 보온 유지에 필요한 전기용품이 비치되어 작동되리라는 사정은 알았거나 알 수 있었다고 하더라도, 전력 공급이 중단된 부근의 같은 종류의 농작물을 재배하고 있던 다른 비닐하우스에는 1시간 만에 절단된 전선이 복구되어 아무런 피해를 입지아니한 사정에 비추어 보아, 동 농작물의 동해는 전기온풍기의 작동이 중단된 상태로 장시간 방치되고 달리 보온 유지에 필요한 적절한 조치를 취하지 아니함으로 인한 것인 바(통상 전력의 공급은 여러 가지 사정으로 인하여 중단될 수 있으므로 보온 유지를 하는 수용가로서는 불시에 전력의 공급이 중단되는 사태에 대비하여 필요한 대비책을 강구할 것이 요구된다), 이러한 사정까지 가해자가 알았거나 알 수 있었다고 보기는 어려워 배상 책임이 없다.(대법원 1995. 12. 12, 선고 95다 11233판결)

③ 불법행위의 효과

불법행위의 요건이 충족되면 그 효과로서 피해자는 가해자에 대하여 손해배상청구권을 가진다.(민법 제750조 참조)

관계법규

민법 제750조 [불법행위의 내용]

고의 또는 과실로 인한 위법행위로 타인에게 손해를 가한 자는 그 손해를 배상할 책임이 있다.

판 례

불법행위로 인한 손해배상청구권은 현실적으로 손해가 발생한 때에 성립하는 것이고, 현실적으로 손해가 발생하였는지는 사회통념에 비추어 객관적이고 합리적으로 판단하여야 한다. (대법원 2003.4.8 선고 2000다 53038)

1) 손해배상청구권 발생

피해자는 가해자에 대해 손해배상청구권을 가진다.

2) 손해배상 방법

① 금전배상 원칙

우리나라는 민법상 재산적 손해와 정신적 손해까지도 금전배상을 하도록 하고 있다(민법 제394조, 민법 제763조 참조). 금전배상은 손해를 평가함에 있어서 당사자에게도 편리할 뿐 아니라 모든 가치의 평가는 금전으로 하는 것이 일반적이기 때문이다.

관계법규

민법 제394조 [손해배상의 방법]

다른 의사 표시가 없으면 손해는 금전으로 배상한다.

② 원상회복

다음과 같이 예외적으로 금전배상이 아닌 원상 회복의 방법이 인정되는 경우가 있다.(민법 제764조 참조)

• 명예훼손에 대한 손해배상과 명예 회복
• 부정경쟁방지법 규정에 따른 상표·상호 도용에 대한 원상회복
• 당사자 사이의 의사합치 등

3) 손해배상의 종류

① 재산적 손해

• 소극적 손해
장래에 얻을 수 있었던 이익, 즉 그 목적물로 인하여 새로운 이익을 얻을 수 있었던 것을 못 얻음으로써 발생된 손해(기대이익 등)

• 적극적 손해
기존의 이익을 상실하거나 감소시킴으로써 발생된 손해

② 정신적 손해(비재산적 손해)

위자료 등(정신적 손해는 경우에 따라 특별한 손해, 즉 특별손해로서 인정되지 않는 경우가 많다)

4) 과실상계

불법행위로 인하여 손해가 발생한 경우 그 불법행위의 성립이나 손해의 발생 또는 손해의 확대 등에 있어 피해자의 과실(또는 기여도)이 있게 되면 손해배상책임이나 그 금액을 정함에 있어서 피해자의 과실만큼 참작하는 것을 말한다.

관계법규

민법 제396조 [과실상계]

채무이행에 관하여 채권자에게 과실이 있는 경우 손해배상의 책임 및 금액을 정함에 있어 이를 참작하여야 한다.

민법 제763조 [준용규정]

제393조, 제394조, 제396조, 제399조는 불법행위로 인한 손해배상에 준용한다.

④ 민법상 특수한 불법행위

민법상 특수한 불법행위라 함은 민법 제750조에서 정하고 있는 일반 불법행위의 성립요건과는 다른 특수한 성립요건이 정해져 있는 불법행위를 말한다.

즉 일반 불법행위에 있어서는 과실책임주의 또는 자기책임의 원칙이 적용되어 자기의 고의·과실에 의해 타인에게 손해가 발생되었을 때 그에 대한 배상 책임이 불법행위자에게 발생되는데 반하여 특수한 불법행위에서는 몇 가지 예외규정을 두어 손해 배상 책임의 주체를 확대시킴으로써 피해자를 보호하고 있다. 특수한 불법행위는 민법의 규정에 의한 것과 특별법의 규정(자배법, 국가배상법)에 의한 것이 있다.

1) 책임 무능력자와 감독자의 책임

① 책임의 성질

자기의 행위에 대한 책임을 변식할 만한 지능을 가지지 못한 미성년자 또는 심신상실 중에 있는 자가 불법행위로 인하여 타인에게 손해를 가한 때에는 책임 무능력자로서, 배상책임 능력이 없기 때문에 위법행위에 대하여 책임을 지지 않으며, 이러한 경우 책임 무능력자를 감독할 의무가 있는 자와 감독의무자에 갈음하여 무능력자를 감독하는 자가 감독을 게을리하지 않았다는 것을 입증하지 못하는 한 그 손해를 배상할 책임을 진다.(민법 제753조, 제754조, 제755조 참조)

② 감독자

민법 제755조에 의하면 감독자는 책임 무능력자를 감독할 법정의무자와 감독의무자에 갈음하여 무능력자를 감독하는 자로 규정하고 있다.

책임 무능력자의 법정 감독의무자는 미성년자의 경우 친권자(민법 제909조, 제911조), 후견인(민법 제928조)이고 피성년 후견인의 경우는 성년 후견인(민법 제936조)이다.

관계법규

민법 제755조 [감독자의 책임]

① 무능력자에게 책임이 없는 경우 이를 감독할 법정의무가 있는 자는 그 무능력자가 제3자에게 가한 손해를 배상할 책임이 있다. 그러나 감독 의무를 해태하지 아니한 때에는 그러하지 아니하다.

② 감독의무자에 갈음하여 무능력자를 감독하는 자도 전항의 책임이 있다.

⊘ 용어해설

친권자

친권을 행사할 권리·의무를 가지는 자를 말한다. 미성년자인 자는 부모의 친권에 복종하여야 하는데, 친권은 부모가 혼인 중인 때에는 부모가 공동으로 이를 행사하나, 부모의 의견이 일치하지 아니하는 경우에는 당사자의 청구에 의하여 가정법원이 이를 정하고, 부모의 일방이 친권을 행사할 수 없을 때에는 다른 일방이 이를 행사한다.

후견인

심신상실의 상태에서는 자기 행위에 대한 결과를 판단할 능력이 없기 때문에 미성년자·금치산자·한정치산자를 보호·감호하고 그의 법률행위 대리 및 재산을 관리하는 사람으로서, 우리나라 민법은 후견인을 두도록 규정하고 있다(민법 제928조, 민법 제929조, 민법 제936조 참조)[전문개정 2011.3.7. 시행일 2013.7.1]

2) 사용자의 배상 책임(민법 제756조)

피용자의 불법행위에 대하여 사용자에게 배상 책임을 지도록 하는 것은 피해자를 보호하기 위함이며, 이익이 있는 곳에 손실도 귀속되어야 한다는 「보상책임의 원리」에도 부합된다고 할 수 있다.

관계법규

민법 제756조 [사용자의 배상 책임]

타인을 사용하여 어떤 사무에 종사하게 한 자 및 사용자에 갈음하여 그 사무를 감독하는 자는 피용자가 사무집행에 관하여 제3자에게 가한 손해를 배상할 책임이 있다.

① 성립요건

- 타인을 사용하여 어떤 사무에 종사케 할 것
  - 사용자책임이 발생하려면 사용자와 피용자 사이에 사용관계가 존재하여야 한다. 사용관계란 고용관계뿐 아니라 사용자가 피용자에 대하여 실질적인 지휘·감독 관계를 가지고 있었느냐에 따라 판단한다.
  - 사무란 통상적으로 일의 개념과 같다고 보면 된다.

• 피용자가 사무집행에 관하여 손해를 가했을 것

피용자의 행위가 객관적·외형적으로 사무와 관련된 것이면 사무집행으로 본다.

• 피용자의 불법행위에 의해 제3자가 손해를 입었을 것

여기에서 제3자란 사용자와 불법행위자인 가해 피용인 이외의 자를 말한다. 따라서 동일사용자의 종사자인 다른 피용인 역시 제3자의 범위에 포함된다.

• 사용자가 면책사유를 입증하지 못할 것

"사용자는 피용자의 선임 및 사무 감독을 게을리하지 않았음을 입증하는 경우 그 책임을 지지 아니한다."라는 민법 제756조 제1항 단서 규정에 의해 사용자책임을 면할 수 있으나, 사실상 그에 대한 입증을 사용자가 하여야 하므로 거의 무과실책임에 가까운 엄격한 책임을 지고 있다고 보아야 한다.

② 배상 책임 의무자

- 사용자와 사용자에 갈음하여 그 사무를 감독하는 자. 사용자가 법인인 경우에 이사와 감사를 포함한다.
- 불법행위의 직접 당사자인 피용자는 사용자책임이 발생한다고 하더라도 불법행위자 책임을 당연히 지게 된다. 따라서 피해자가 어느 한편으로부터 손해의 일부 또는 전부를 배상받게 되면 그 범위 내에서 다른 쪽의 배상 책임은 없게 되는데 이러한 관계를 부진정연대채무라고 한다.

3) 공작물 등 점유자·소유자의 책임

관계법규

민법 제758조 [공작물 등의 점유자, 소유자의 책임]

공작물의 설치 또는 보존의 하자로 인하여 타인에게 손해를 가한 때에는 공작물 점유자가 손해를 배상할 책임이 있다. 그러나 점유자가 손해의 방지에 필요한 주의를 해태하지 아니한 때에는 그 소유자가 손해를 배상할 책임이 있다

점유자에게는 중간적 책임을 묻고 있으나 소유자에게는 면책사유를 인정하지 않고 무과실책임을 묻는다.

① 공작물의 정의

인공적 작업에 의하여 제작한 물건이나 재료에 기계적인 가공을 통해 조립하여 만든 물건 등을 말한다.

② 영조물의 정의

국가 또는 공공단체에 의하여 공공의 목적에 공용되는 인적·물적 시설의 통일체를 말하며, 실정법에서는 행정주체에 의하여 공공의 목적에 사용되는 건조물 등의 물적 설비를 의미한다.

③ 점유자

유체물을 사실상 사용·수익하고 있는 자.

예컨대 아파트 축대가 무너져 사람이 다치고 차량이 파손되었을 때 점유자가 일차적으로 책임을 지고, 점유자의 책임이 없는 경우에는 소유자가 배상책임을 지게 된다. 이 경우 점유자 또는 소유자는 사고 발생에 대하여 책임이 있는 자가 있으면 그에 대하여 구상권을 행사할 수 있다. (동조 3항 참조) 따라서 이러한 공작물 등의 점유자·소유자의 책임은 경제발전과 각종 시설물 등이 주변에 폭넓게 산재하여 있음을 고려할 때 시사하는 바가 크다고 할 수 있다.

④ 소유자

유체물을 사실상 사용·수익 처분할 수 있는 자.

판 례

물건에 대한 점유란 사회 관념상 어떤 사람의 사실적 지배에 있다고 보이는 객관적 상태를 말하는 것으로서, 사실적 지배가 있다고 하기 위해서는 반드시 물건을 물리적·현실적으로 지배해야만 하는 것은 아니고 물건과 사람과의 시간적·공간적 관계와 본권 관계(물건을 정당하게 지배할 수 있는 권리), 타인 지배의 가능성 등을 고려하여 사회 관념에 따라 합목적적으로 판단하여야 한다. (대법원 1996. 12. 23. 선고 95다31317 참조, 대법원 2011 선고 다7674)

판 례

민법 제758조 제1항에서 말하는 공작물의 설치·보존상의 하자란 공작물이 그 용도에 따라 통상 갖추어야 할 안전성을 갖추지 못한 상태에 있음을 말하는 것으로서, 이와 같은 안전성의 구비 여부를 판단함에 있어서는 당해 공작물의 설치·보존자가 그 공작물의 위험성에 비례하여 사회통념상 일반적으로 요구되는 정도의 방호조치의무를 다하였는지를 기준으로 판단하여야 할 것이므로, 공작물에서 발생한 사고라도 그것이 공작물 통상의 용법에 따르지 아니한 이례적인 행동의 결과 발생한 사고라면, 특별한 사정이 없으면 공작물의 설치·보존자에게 그러한 사고에까지 대비하여야 할 방호조치의무가 있다고 할 수는 없다. (대법원 2006. 01. 26. 선고 2004다21053)

4) 동물점유자의 책임

관계법규

민법 제759조 [동물의 점유자의 책임]

동물의 점유자는 그 동물이 타인에게 가한 손해를 배상할 책임이 있다. 그러나 동물의 종류와 성질에 따라 그 보관에 상당한 주의를 해태하지 아니한 때에는 그러하지 아니하다.

도로를 주행하다 보면 개나 고양이 등 동물들이 도로를 가로질러 횡단하거나 때로는 죽어있는 동물들이 도로상에 방치되어 있는 경우를 가끔 목격할 때가 있다. 이러한 개나 고양이, 노루 등 가축이나 야생동물의 출현은 운전자를 크게 당황하게 하고, 당황한 운전자는 이들 동물을 피하기 위해 핸들을 과대조작 하거나 급제동하여 대형 교통사고를 야기 시키기도 한다.

도로상에 출현하는 동물들로 인하여 교통사고가 발생하면 그에 대한 책임을 누가 부담하여야 할 것인가에 대해 피해자와 동물의 점유자 또는 피해자와 도로관리자 간에 그 책임비율과 관련하여 다툼이 있게 된다. 주의할 것은 우리나라 법원에서는 피해자, 동물의 점유자, 도로관리자의 과실비율에 대하여 사건마다 개별적으로 각각 판단하고 있다는 점이다.

5) 공동 불법행위자의 책임

관계법규

민법 제760조 [공동불법행위자의 책임]

① 수인이 공동의 불법행위로 타인에게 손해를 가한 때에는 연대하여 그 손해를 배상할 책임이 있다.
② 공동 아닌 수인의 행위 중 어느 자의 행위가 그 손해를 가한 것인지를 알 수 없는 때에도 전항과 같다.

① 공동 불법행위의 의의

공동 불법행위라 함은 수인이 공동의 불법행위로 타인에게 손해를 가하는 것을 말한다. 예컨대 두 대의 차량이 쌍방 과실로 인하여 교차로 내에서 충돌하여 보도 위의 사람을 다치게 하거나 가판대의 타인 소유 물건을 파손시키는 것 등이 그것이다.

② 공동 불법행위의 형태

• 좁은 의미의 공동 불법행위

수인이 공동의 불법행위로 인하여 타인에게 손해를 가하는 것을 말한다. 요건으로는 각자의 행위가 각각 독립적이어야 하며, 행위에 있어서 연대·공동성이 있어야 한다.

• 가해자 불명의 공동 불법행위

수인의 행위자 가운데 누군가가 위법행위를 한 것은 확실하나 그들 중 누구의 행위에 의한 것인지 알 수 없는 경우를 말한다. 이런 경우 피해자가 불법행위자를 찾아 입증하기가 현실적으로 곤란하므로 민법 제760조 제2항 규정에서는 피해자가 손해배상을 받을 수 있도록 행위자의 범위를 확대한 것이다.

• 교사자나 방조자의 공동 불법행위

교사자나 방조자도 공동 불법행위자로 본다(민법 제760조 제3항). 교사는 타인에게 불법행위의 의사결정을 하게 하는 것이고, 방조는 불법행위의 보조적 행위를 의미한다.

③ 공동 불법행위의 효과

• 책임의 연대성

공동 불법행위자는 피해자에 대하여 각자 연대하여 배상할 책임이 있다(민법 제760조). 여기에서 연대채무라 함은 수인의 채무자(손해배상의무자)가 채무에 대하여 각자 이행하여야 할 의무가 있고, 그중 1인 또는 수인이 채무를 전부 이행하면 모든 채무자의 채무가 소멸되는 것을 말한다(민법 제413조 참조).

• 공동 불법행위자 간 책임분담

공동 불법행위 책임은 부진정연대책임이므로 자기부담금 초과분에 대해서만 구상할 수 있다. 공동불법행위자는 각각의 과실비율에 따라 책임을 분담하며, 과실비율의 판단이 곤란한 경우에는 균등하게 분담한다.

⑤ 소멸시효

1) 소멸시효의 의의

소멸시효란 권리자가 권리를 행사할 수 있음에도 일정 기간(시효기간) 동안 권리를 행사하지 아니하는 상태가 계속되는 경우, 그 권리를 처음부터(시효기간 기산점부터) 없었던 것으로 인정하는 제도를 말한다.

2) 소멸시효의 기산점

권리를 행사할 수 있는 최초의 시점, 즉 불법행위를 한 날이 소멸시효의 기산점이 된다.

① '불법행위를 한 날'의 의미

가해행위가 있었던 날이 아니라 현실적으로 손해의 결과가 발생한 날, 즉 피해자가 손해의 결과 발생을 알았거나 예상할 수 있는지에 관계 없이 가해행위로 인한 손해가 현실적인 것으로 볼 수 있는 때를 의미한다. (대법원 2019.08.29. 선고 2017다276679 판결)

② '손해 및 가해자를 안 날'의 의미

위법한 가해행위의 존재, 손해의 발생, 가해행위와 손해 발생 사이에 상당인과관계가 있다는 사실 등 불법행위의 요건 사실에 대하여 현실적이고도 구체적으로 인식하였을 때를 의미한다. (대법원 2022.06.30. 선고 2022다 206384 판결)

3) 소멸시효의 완성기간별 주요 유형

① 소멸시효가 10년인 경우

- 공동 불법행위자 간 구상권(대인·대물보상처리 건의 대차를 상대로 한 구상권)
- 판결 등으로 확정된 채권

② 소멸시효가 3년인 경우

- 불법행위로 인한 손해배상청구권

피해자나 그 법정대리인이 그 손해 및 가해자를 안 날부터 기산

- 보험자의 대위권
  - 차량 손해 및 무보험 자동차에 의한 상해담보 건을 보상처리 후 구상하는 경우
  - 피보험자 개별 적용에 따라 보험자가 피해자에게 손해보상을 한 후 배상 책임이 있는 피보험자에게 구상하는 경우
- 보험금 청구권
- 보험계약자의 보험회사에 대한 보험료 또한 환급금 반환 청구권

③ 소멸시효가 2년인 경우

- 공동 불법행위로 인한 보험회사에 대한 구상금청구권
- 판결에 따른 채권으로 청구 상대방이 보험회사인 경우

4) 소멸시효의 중단과 정지

① 존재 이유

소멸시효는 권리를 행사할 수 있음에도 그 권리를 행사하지 않는 자. 즉 '권리 안에서 잠자는 자'의 보호를 거부하고 권리를 소멸시킴으로써 그로 인한 법적 안정을 기하고자 정해진 법률이므로, 그와는 반대로 권리를 행사할 수 있음에도 시효 완성의 위험에 처한 권리자를 보호하기 위해서는 시효를 중단 또는 정지시키는 등의 법적인 제도장치가 필요하기 때문이다.

② 소멸시효의 중단과 정지의 차이

- 시효의 중단

  시효중단의 사유가 있으면 그동안 진행되었던 소멸시효기간의 효력이 없어지고 그 때로부터 다시 소멸시효가 기산된다.

- 시효의 정지

  시효정지의 사유가 있으면 시효의 진행이 정지되었다가 그 사유가 없어진 때로부터 나머지 시효기간에 대하여 소멸시효가 진행된다.

③ 시효의 중단 사유

- 청구
  - 재판상 청구
  - 파산절차 참가
  - 지급명령
  - 화해를 위한 소환
  - 최고
- 압류, 가압류, 가처분
- 승인

| 중단 후 시효의 진행시기 |

재판상 청구시기	압류, 가압류, 가처분 시기	승인시기
재판이 확정된 때	절차가 끝났을 때	승인이 상대방에게 도달되었을 때

- 시효의 정지 사유
  - 무능력자를 위한 정지(6개월)
  - 상속에 관한 정지(6개월)
  - 사변에 의한 정지(1개월)

- 소멸시효 이익의 포기

시효가 완성된 후 시효 완성으로 인해 이익을 받을 자가 시효 완성의 이익을 받지 않겠다는 의사표시로서 시효 이익을 포기할 수 있다(시효완성전의 포기는 허용되지 않는다).

5) 보험종목별 보험금 청구권자의 소멸시효 기산점

① 대인·대물배상 책임보험

배상책임보험에서 피보험자의 보험금 청구권 기산점은 판결의 확정, 재판상의 화해·중재 또는 서면에 의한 합의로 배상액이 확정되었을 때이다.

② 자기차량손해

자기차량손해에서 피보험자의 보험금청구권 기산점은 보험사고가 발생한 때이다. 그러나 차량 도난사고의 경우는 도난 사실을 경찰관서에 신고한 후 30일이 지난 때에 보험금을 청구할 수 있다.

6 제척기간

제척기간이란 권리관계를 신속히 확정하기 위하여 법률이 정한 존속기간으로서, 법정기간이 경과되면 당연히 권리가 소멸된다. 제척기간은 소멸시효와는 달리 중단, 정지의 문제가 발생되지 않는다.

2 교통사고 관련 책임

교통사고를 발생시킨 사고 운전자는 민사상의 책임, 형사상의 책임, 행정상의 책임 등 모두 세 가지 부분에서 책임을 져야 한다.

❶ 책임의 종류

1) 민사상의 책임

민사상의 책임이란 손해배상책임을 말한다. 즉 가해자인 운전자는 자신의 불법행위에 대한 책임으로 손해배상책임을 부담하게 된다.

2) 형사상의 책임

형사상의 책임이란 교통사고에 있어서 사고 운전자에게 형법 제268조에 따라 형사적 책임을 지우는 것을 말한다.

3) 행정상의 책임

행정상의 책임이란 운전면허의 정지·취소 등의 책임을 지우는 것을 말한다.

❷ 민사상 책임

교통사고에 있어서 가해자는 형사상의 책임 정도에 따라 처벌이나 제재를 받지만 그와는 별도로 손해배상책임, 이른바 민사상의 책임을 지게 된다. 과거에는 형사책임과 민사책임의 구별이 없었지만 오늘날에는 완전히 분리되어 민사책임의 경우 반드시 손해 발생을 요건으로 하고 객관적 손해를 중시하여 고의, 과실을 구별하지 않으며, 또한 무과실책임도 인정된다. 이 때문에 사고 운전자가 구속되지 않고 풀려나왔다고 하여 피해자가 손해배상을 받지 못하는 것이 아니며, 또한 손해배상을 모두 해주었다고 하여 형사적 처벌이 면제되는 것도 아니다. 즉 민사책임과 형사책임은 별개이다.

가해자인 운전자는 자신의 불법행위에 대한 책임으로 손해배상책임을 부담하게 되며, 이때 손해배상책임에 따른 손해배상채무는 금전배상이 원칙이다(민법 제394조, 제763조).

1) 배상의무자

① 운전자

운전자는 본인의 과실로 인하여 자동차 사고를 야기한 자이므로 직접 불법행위자로서 민사상의 배상 책임을 부담하게 된다.

② 운전자의 사용자

민법 제756조는 타인을 사용하여 어떤 업무에 종사케 하여 피용자가 제3자에게 손해를 입힌 경우 사용자의 배상 책임을 규정하고 있으므로, 피용자로 하여금 자동차를 사용하여 업무에 종사케 하던 중 피용자가 업무로서 교통사고를 야기하였다면 사용자(사업주)도 피용자(운전자)와 함께 손해배상책임을 부담하게 된다(다만 "사용자가 피용자에 대하여 선임 및 관리의무를 다했다."라는 것을 입증한 경우에는 그렇지 않다).

③ 운행자

자동차 손해배상보장법은 교통사고로 인하여 피해를 입은 피해자를 폭넓게 구제하기 위하여 배상 책임의 주체를 운행자(자기를 위하여 자동차를 운행하는 자)로 규정하고 있다.
위 운행자는 자동차 소유자, 명의 대여자, 명의 잔존자도 특별한 사유가 없는 한 배상 책임의무자가 된다.

④ 부진정 연대책임

부진정 연대채무는 계약 등에 의해 채무를 연대하여 책임지기로 한 연대채무와는 달리 자신의 의사와 관계없이 채무가 확정되는 채무를 말하는 것으로서, 여러 명의 채무자가 동일한 내용의 급부에 관하여 각각 독립해서 전부를 급부하여야 할 채무를 부담하고, 그중 한 사람 또는 여러 명이 변제를 하면 모든 채무자의 채무가 소멸하는 다수 당사자의 채권관계로서, 민법이 규율하는 연대채무에 속하지 않는 것을 말한다. 예를 들어 사용자인 A와 피용자의 1명인 B가 개인적인 입장에서 C로부터 20만원을 연대하여 차용하였다고 하자. 이런 경우에는 연대채무이다.

그러나 피용자인 B가 작업 중에 제3자인 C에게 부상을 입혔을 때, B는 불법행위로 인하여 손해배상채무를 부담하지만, 사용자인 A도 민법 제756조에 의하여 그 손해배상을 부담하여야 하는데, 이러한 경우가 부진정 연대채무이다.

2) 타 책임과의 관계

교통사고는 자동차 운전자의 과실에 의하여 발생하는 것이 일반적이나 운전자의 과실과 교통시설물 또는 도로의 결함 등이 원인이 되어 발생하는 경우도 많이 있다.

따라서 신호등의 고장, 도로 관리상의 하자 등이 원인이 되어 교통사고가 발생한 경우에는 이들을 소유 또는 관리하는 국가나 지방자치단체에 손해배상을 청구할 수 있다.

3) 손해배상의 범위

① 인적손해

• 피해자 사망의 경우

피해자가 사망한 경우 손해배상은 사망할 때까지의 입원비, 치료비, 장례비 등 적극적 손해에 대한 비용과 평균수명을 기초로 하여 통상 얻을 수 있는 일실수익, 그리고 본인 및 가족들의 정신적 고통에 따른 위자료를 청구할 수 있다.

• 피해자 부상의 경우

피해자가 부상을 당한 경우 손해배상은 우선 치료비, 치료받는 기간 동안의 잡비, 향후 치료비, 그리고 노동력을 상실했을 경우 이에 상응하여 장래 얻지 못할 소득, 이른바 일실수익 등과 부상에 따른 본인과 가족들의 정신적 고통에 따른 위자료를 청구할 수 있다.

② 물질적 손해

교통사고로 생명, 신체의 인적사고 이외에 물질적 손해를 입은 경우, 즉 재물이 파손된 경우에 파괴된 물건가액이나 수리에 따른 손해액을 청구할 수 있다. 예컨대 차량 충돌사고로 인한 차량의 손상, 가옥이나 상가 등이 파손된 경우 사고 나기 전의 상태로 원상복구하는데 소요되는 필요 타당한 비용을 청구할 수 있다.

③ 형사적 책임

형사적 책임이란 불법행위자에게 국가가 제재를 가함으로써 사회질서를 유지하기 위한 목적으로 책임을 묻는 것으로서, 교통사고에 관하여 과실이 있는 운전자에게는 형법 제268조에 따라 형사적 책임을 지우는 것을 원칙으로 하고 있다. 그러나 교통사고는 대부분 고의사고가 아닌 과실 사고인 만큼 피해자와 합의하거나 또는 피해자와 원만히 합의한 것으로 간주할 때(대인배상 Ⅰ, Ⅱ 및 대물배상에 가입한 경우 또는 공제에 가입된 경우)에는 "공소권 없음"으로 처리되어 형사적 처벌을 면제받게 된다.

그러나 사망사고, 뺑소니 사고와 신호위반 등 12대 중대사고는 교통사고처리특례법의 예외 규정에 해당되어 피해자와의 합의 여부와 자동차보험 가입 여부에 관계없이 형사적 처벌을 받게 된다.

1) 교통사고의 형사처리 절차

① 경찰의 수사

- 교통사고의 신고

  교통사고라 함은 차의 교통으로 인하여 사람을 사망 또는 부상케 하거나 물건을 손괴하는 것을 말하며, 사고 신고란 응급조치가 끝난 후 현장에 있는 경찰 공무원이나 가까운 국가경찰관서(지구대, 파출소 및 출장소)에 다음 사항을 신고하는 것을 말한다.

  - 사고가 일어난 곳
  - 사상자 수 및 부상 정도
  - 손괴된 물건 및 손괴 정도
  - 그 밖의 조치상황 등이다.

  신고의무를 잊어버리고 신고하지 않았다가 나중에 발각되면 신고 불이행에 따른 벌금 또는 징역형에 처해진다(도로교통법 제148조).

instance

교통사고로 어린이를 다치게 하여 운전자가 어린이를 약국까지 데려가 피해 부위에 치료할 수 있는 약과 함께 소정의 차비를 주고 그대로 운행한 경우 도주 해당 여부?

10세의 어린이를 충격 후 즉시 하차하여 치료에 필요한 약을 구입, 발라주고 소정의 차비를 지급한 후 운행하였다 하더라도 피해 어린이는 10세로써 사리를 판단할 능력을 완벽히 갖추었다 할 수 없을 뿐 아니라 위험성에 대한 인식이나 또는 자기 자신을 보호하는 방법 따위에 관하여 충분한 능력이 있는 자라고 볼 수 없어 도주로 처벌됨.

다만, 다음과 같은 경우에는 불입건에 해당된다.

- 단순한 대물을 손괴 한 사고로서 당사자 간에 쉽게 합의가 이루어지고 차량이 장시간 노상에 방치되지 아니하여 교통소통이나 타인의 통행을 방해하지 않는 경우와 같이 피해자의 구호 및 교통질서 회복을 위하여 경찰관이 굳이 새로운 조치를 강구할 필요가 없는 경우
- 교통이 거의 없는 도로에서의 경미한 교통사고의 경우와 같이 경찰 공무원에 의한 교통질서 회복 조치 등이 반드시 필요한 것이 아닌 경우

• 사고 현장 조사

교통사고가 발생하였을 때 경찰관은 가장 먼저 사고 현장과 주위 상황을 정확하게 확인하는 동시에 그 사고 현장을 보존한다. 사고 현장에서 경찰관은 조사를 통하여 현장검증조서와 사고현장도면 등의 서류를 작성하게 된다.

• 진술서 등 사고조서의 작성

현장의 경찰관은 교통사고를 발생시킨 가해자에 대하여 피의자 신문조서를 작성한다. 이때의 진술은 사건 수사에 있어서 매우 중요한 의미를 갖는다.

② 가해자 구속과 즉결심판

• 가해자의 구속

구속이란 피고인 또는 피의자에 대하여 신체의 자유를 제한하는 대인적인 강제 처분을 말한다. 이는 구인과 구금을 포함하는 말이다. 가해자가 발생시킨 사고가 불가항력적 사고라면 불구속 입건하기도 하지만, 교통사고처리특례법 제3조에 명시된 12대 중대 사고에 해당되고 상해의 정도가 중한 경우에는 구속수사하게 된다.

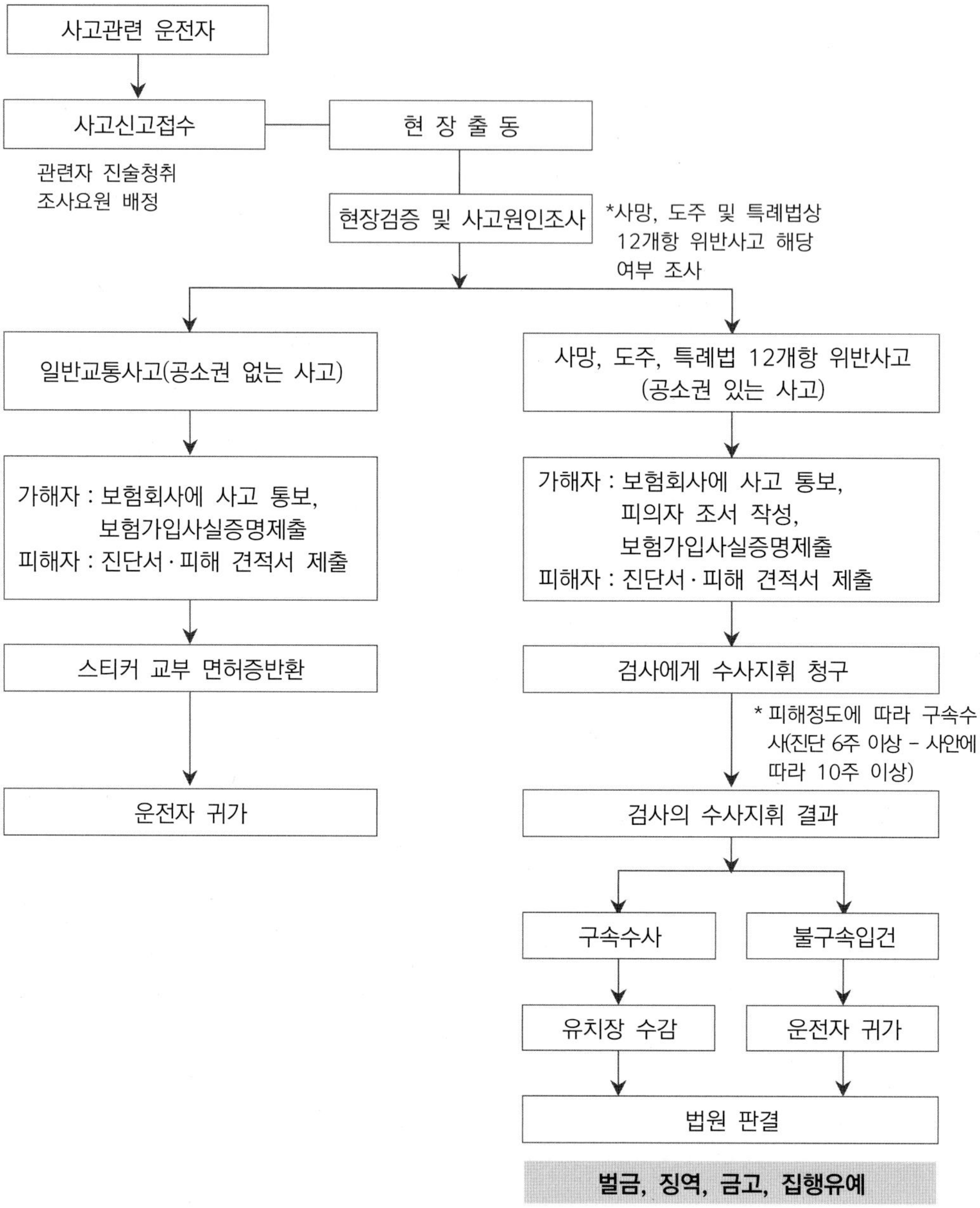
사고관련 운전자
사고신고접수
관련자 진술청취
조사요원 배정
현 장 출 동
현장검증 및 사고원인조사
*사망, 도주 및 특례법상
12개항 위반사고 해당
여부 조사
일반교통사고(공소권 없는 사고)
사망, 도주, 특례법 12개항 위반사고
(공소권 있는 사고)
가해자 : 보험회사에 사고 통보,
보험가입사실증명제출
피해자 : 진단서 · 피해 견적서 제출
가해자 : 보험회사에 사고 통보,
피의자 조서 작성,
보험가입사실증명제출
피해자 : 진단서 · 피해 견적서 제출
스티커 교부 면허증반환
검사에게 수사지휘 청구
* 피해정도에 따라 구속수
사(진단 6주 이상 - 사안에
따라 10주 이상)
운전자 귀가
검사의 수사지휘 결과
구속수사
불구속입건
유치장 수감
운전자 귀가
법원 판결
벌금, 징역, 금고, 집행유예

교통사고 처리과정

• 즉결심판

즉결심판이란 지방법원, 지원 또는 시, 군법원의 판사가 20만원 이하의 벌금, 구류 또는 과료에 처할 경미한 범죄에 대하여 공판절차에 의하지 않고 즉결하는 심판을 말한다(즉결심판에 관한 절차법 제2조). 일반적으로 교통법규위반 사건이나 경범죄 등에 의한 경미한 사건의 경우에는 즉결심판에 의하여 처리되는 경우가 많다.

용어해설

구인
법원이 신문할 목적으로 피고인이나 그 밖의 관계인이 소환에 응하지 아니할 때 일정한 장소에 인치하는 강제처분을 말한다. 구속영장이 있어야 하며, 구금의 불필요를 인정하면 24시간이내에 석방하여야 함

구금
구치소나 교도소 등에 유치하는 일

벌금
재산형의 하나. 범죄의 처벌로써 부과하는 돈

구류
자유형의 하나. 1일 이상 30일 미만의 기간 동안 교도소에 가두어 자유를 속박하는 형벌

과료
행정적 처벌(벌금과 같이 재산형의 일종으로 범죄인에게 일정한 금액의 지급을 강제적으로 부담 지우는 형벌을 말한다. 그러나 과료는 벌금에 비해 그 금액이 적고 또한 비교적 경미한 범죄의 경우에 부과된다)

과태료
금전 벌의 일종으로서 과료와 달리 형법상의 형벌이 아니다.

난폭운전
자동차 등의 운전자가 다음 각 호 중 둘 이상의 행위를 연달아 하거나, 하나의 행위를 지속 또는 반복하여 다른 사람에게 위협 또는 위해를 가하거나 교통상의 위험을 발생하게 하는 행위로서, 도로교통법 제46조의 3(난폭운전의 금지)에 저촉되는 운전을 의미한다.

1. 제5조에 따른 신호 또는 지시 위반
2. 제13조제3항에 따른 중앙선 침범
3. 제17조제3항에 따른 속도의 위반
4. 제18조제1항에 따른 횡단·유턴·후진 금지 위반
5. 제19조에 따른 안전거리 미확보, 진로변경 금지 위반, 급제동 금지 위반
6. 제21조제1항·제3항 및 제4항에 따른 앞지르기 방법 또는 앞지르기의 방해금지 위반
7. 제49조제1항제8호에 따른 정당한 사유 없는 소음 발생
8. 제60조제2항에 따른 고속도로에서의 앞지르기 방법 위반
9. 제62조에 따른 고속도로 등에서의 횡단·유턴·후진 금지 위반

자동차 등의 운전자가 제46조의 3(난폭운전 금지)을 위반하여 난폭운전을 한 경우에는 1년 이하의 징역이나 500만원 이하의 벌금에 처한다.(본조신설 2015. 8. 11, 시행일 2016. 2. 12)

③ 대검찰청 구속수사 기준에 관한 지침

관계법규

교통사범 제15조 [일반형사 사범]

① 교통사고 피의자에 대한 구속 여부를 판단할 때에는 과실과 피해 정도, 피의자의 보험 가입 여부, 범죄 전력, 피해 회복 여부 등을 고려하여야 한다.

② 교통사고로 사망의 결과 발생, 중상자 또는 다수의 부상자 발생 등 큰 피해를 야기하고 과실이 중한 피의자는 원칙적으로 구속 대상으로 본다.

③ 음주운전 피의자에 대한 구속 여부를 판단할 때에는 주취 정도, 운전 거리와 시간, 운전 종료의 자발성 여부, 동종 범죄 전력, 재범의 위험성 등을 고려하여야 한다.

④ 주취 정도가 중한 음주 운전으로 교통사고를 일으키거나 일으킬 위험성이 높은 피의자, 동종 범죄 전력이 있고 단기간 내에 다시 음주 운전을 하여 동종의 죄를 범할 우려가 현저한 피의자는 원칙적으로 구속 대상으로 본다.(시행 2012.1.2, 대검찰청 예규 제584호 2011.12.26. 일부개정)

④ 검찰의 수사

- 검찰 송치 및 검찰 조사

  검찰로 사건이 송치되면 담당 검사는 사건에 관계된 기록을 검토하고 종합적으로 피의자 신문조서나 참고인 진술조서 등을 작성 또는 검토하게 된다. 검사 앞에서의 진술은 진정 성립과 임의성만 있으면 증거능력이 인정된다. 따라서 정확하게 진술하고 증거능력이 있는 자료를 제출하되 피해자와 합의가 이루어진 경우에는 합의서나 탄원서 등을 제출하는 것이 유리하다.

- 검사의 사건 처리
  - 기소, 불기소처분 : 검사는 국가 소추기관으로서 경찰의 수사를 지휘함과 동시에 경찰로부터 송치되어 온 사건을 조사, 신문하여 기소, 불기소 등의 처분을 결정하게 된다.
    기소란 검사가 일정한 형사사건에 대하여 법원의 심판을 구하는 행위를 말한다. 이를 공소의 제기라고 한다.(형사소송법 제246조) 현재 우리나라는 검사만이 공소를 제기할 수 있다.
  - 약식명령의 청구 : 검사는 자신이 직접 사건을 처리하기도 한다. 즉 검사가 벌금형에 상당하다고 인정될 때에는 법원에 약식명령의 청구를 하게 된다. 즉 교통사고를 일으켜 경찰의 조사를 받고, 이어 검찰에 송치되고 나면 그 후에 검사에 의하여 기소 또는 불기소의 처분을 받게 되어 있다. 이때 검사가 비교적 경미한 교통범죄라고 판단을 내리게 되면 약식명령의 처분을 내리게 되어 벌금형에 처하게 된다.

약식명령

약식명령이란 교통위반과 같이 경미한 범죄에 대하여 정규 공판절차를 거치지 않고 서면심리만으로 벌금 또는 과료를 과하게 되는 재판을 말한다. 이는 즉결 심판과 함께 정식 공판절차에 대한 특별절차에 속한다. 약식명령의 청구는 검사만이 할 수 있으며, 사법경찰관은 약식명령을 청구할 수 없다.

④ 기소 후 재판

• 공판절차

- 공판절차의 의의 : 공판절차는 협의로는 공판기일에서의 절차, 즉 심리와 판결절차만을 의미하지만, 광의로는 공소제기 이후 종국재판의 확정에 의하여 소송절차가 종결되기까지 공판 법원에 의하여 행하여진 모든 절차를 말한다.
- 소송주체 : 공판절차는 당사자의 공격, 방어를 중심으로 전개된다. 즉 법원은 심판자로서의 역할을 담당하며, 검사는 공소 유지자로서 공소의 유지를 위한 소송 활동을 한다. 피고인은 검사의 반대 당사자로서 자기의 이익을 보호하기 위하여 각종 소송 활동을 전개한다. 일단 재판이 개시되면 법정에서의 검찰측과 법적인 공판이 있은 이후에 판결을 받게 된다.
- 공판기일 : 공판기일에는 공판정에서 심리함을 원칙으로 한다. 따라서 소송주체 기타 소송 관계인은 공판정으로 출석함을 요한다. 공판기일의 지정은 재판장이 한다. 공판기일이 정해지면 법원은 공판기일을 검사, 변호인과 보조인에게 통지하여야 한다(형사소송법 제267조 3항).
- 판결 : 공판절차가 끝나면 법원은 피고인에 대한 판결을 선고한다. 물론 그 선고는 즉시 내려질 때도 있지만 보통은 1주 내지 2주 후에 선고기일을 정하여 선고한다. 판결에 대한 불복이 있으면 불복하는 측은 7일 이내에 항소하여야 하며, 그렇지 않을 때는 항소기간 7일의 경과와 함께 판결이 확정된다.

• 소년법에 의한 절차

소년은 심신의 발달이 완전하지 않다. 따라서 소년에 대하여는 처벌보다는 소년의 환경 정비나 성행 교정 등 보호 선도에 중점을 둔다.

• 형의 선고와 집행

- 형의 선고 : 형벌이란 국가가 범죄에 대한 법률상의 효과로서, 범죄자에 대하여 그의 책임을 전제로 하여 과하는 법익의 박탈을 말한다.
- 형의 집행 : 유죄판결의 선고를 받고 재판이 확정된 때에는 집행유예를 선고받은 경우가

아닌 한 형의 종류에 따라 그 재판이 집행된다.

- 집행유예 : 집행유예는 형을 선고함에 있어서 일정한 기간 동안 형의 집행을 유예하고, 그 집행기간을 경과한 때에는 형의 선고 효력을 잃게 하는 제도이다(형법 제62조).
- 보석 : 보석이란 보증금의 납부를 조건으로 하여 구속 집행을 정지하고 구속된 피고인을 석방하는 제도이다.
- 상소 : 상소란 미확정의 재판에 대하여 상급법원에 구제와 재판을 구하는 불복신청의 제도를 말한다. 상소제도는 사실판단의 잘못이나 법령의 해석 및 적용에 오류가 있는 경우에 그 오판의 시정을 위하여 마련된 것이다.

2) 교통사고의 형사상 책임

① 사망사고

형사입건(5년 이하의 금고 또는 2,000만원 이하의 벌금)

② 부상사고

- 12개 항목 위반

  형사입건(5년 이하의 금고 또는 2,000만원 이하의 벌금)

- 12개 항목 이외의 사고

  대인배상II에 가입하였거나 피해자와 합의가 이루어지면 '공소권 없음'으로 형사상 처벌이 면제된다(행정적 처벌은 별도). 단, 12개 항목 이외의 사고라 할지라도 대인배상II에 가입하지 않았거나 피해자와 합의가 안 되면 동일하게 형사입건 처리된다.

③ 물적 사고

- 합의 불가의 경우

  형사입건(2년 이하의 금고 또는 200만원 이하의 벌금) 단, 피해액 80만원 이하는 즉심

- 대물배상보험에 가입하였거나 합의가 되면

  '공소권 없음'으로 형사상 처벌 면제(행정적 처벌은 별도)

④ **사고를 내고 피해자 구호조치 없이 도주**

- 피해자 사망의 경우
  무기 또는 5년 이상의 징역

- 피해자 부상의 경우
  1년 이상의 징역

⑤ **피해자를 유기 후 도주**

- 피해자 사망의 경우
  사형, 무기, 5년 이상의 징역

- 피해자 부상의 경우
  3년 이상의 징역

❹ 행정상의 책임

행정상의 책임은 형벌이 아니라 운전면허의 정지·취소 등의 책임을 지우는 것으로서 일반적으로 행정처분이라 한다.

1) 운전면허의 정지·취소 처분

운전면허의 정지·취소 처분은 도로교통 법규 위반이 있는 경우, 지방경찰청장이 면허의 효력을 일시 정지시키거나 장래에 대하여 효력을 잃게 하는 처분을 말한다.

교통법규를 자주 위반하거나 교통사고로 합산된 벌점이 기준치를 넘게 되면 행정처분을 받게 되는데, 이 기간 동안은 운전면허가 정지 또는 취소되어 무면허 상태가 되는 불이익 처분을 받게 된다.

2) 운전면허 행정처분 기준

① 항목별 내용

<table>
<tr><th>항목</th><th>내용</th><th>비고</th></tr>
<tr><td>정지처분 집행시기</td><td>처분벌점 40점 이상이 되는 면허증을 회수한 날로부터 기산</td><td>1점을 1일로계산</td></tr>
<tr><td>누산점수 초과로 인한 면허취소기준</td><td><table><tr><th>기간</th><th>벌점 또는 누산점수</th></tr><tr><td>1년간</td><td>121점 이상</td></tr><tr><td>2년간</td><td>201점 이상</td></tr><tr><td>3년간</td><td>271점 이상</td></tr></table></td><td>3년간 관리함</td></tr>
<tr><td>처분벌점의 소멸
(무 위반 및 무사고자 특혜 부여)</td><td>처분 벌점이 40점 미만인 경우에, 최종 위반일 또는 사고일로부터 위반 및 사고없이 1년이 경과한 때</td><td>누산 점수에서 공제함</td></tr>
<tr><td>도주차량 검거로 인한 누산점수 공제(특혜부여)</td><td>도주차량을 검거하거나 신고하여 검거하게 한때에는 기간에 관계없이 40점의 특혜 점수를 부여함</td><td>취소처분 받게 될 경우 누산점수에서 공제</td></tr>
<tr><td>모범운전자
정지처분 집행일수 감경</td><td>모범운전자(무사고 운전자 - 10년 이상 무사고, 유공운전자의 표시 장을 받고 교통안전봉사활동에 종사중인 자)에 대하여는 면허 정지 처분의 집행기간을 2분의 1로 감경한다.</td><td>교통사고야기로 인한 벌점이 있는 경우 제외</td></tr>
<tr><td>특별 교통안전교육에 따른 처분벌점 및 정지처분 집행일수의 감경</td><td>면허 정지 처분을 받은 사람이 교통법규 교육을 마친 경우에는 경찰서장에게 교육필증을 제출한 날부터 정지 처분기간에서 20일을 감경함</td><td></td></tr>
</table>

② 운전면허 취소처분 기준(시행규칙 제91조 제1항)

일련번호	위반 사항	적용법조(도로교통법)	내용
1	교통사고를 일으키고 구호조치를 하지 아니한 때	제93조	교통사고로 사람을 죽게 하거나 다치게 하고, 구호조치를 하지 아니한 때
2	술에 취한 상태에서 운전한 때	제93조	• 술에 취한 상태의 기준(혈중 알코올 농도 0.03% 이상)을 넘어서 운전을 하다가 교통사고로 사람을 죽게 하거나 다치게 할 때 • 술에 만취한 상태(혈중 알코올 농도 0.08% 이상)에서 운전할 때 • 2회 이상 술에 취한 상태의 기준을 넘어 운전하거나 술에 취한 상태의 측정에 불응한 사람이 다시 술에 취한 상태(혈중 알코올 농도 0.03% 이상)에서 운전할 때
3	술에 취한 상태에서 측정에 불응한 때	제93조	술에 취한 상태에서 운전하거나 술에 취한 상태에서 운전하였다고 인정할 만한 상당한 이유가 있음에도 불구하고 경찰공무원의 측정 요구에 불응할 때
10	운전면허 행정처분 기간 중 운전행위	제93조	운전면허 행정처분 기간 중에 운전할 때
12	등록 또는 임시운행 허가를 받지 아니한 자동차를 운전한 때	제93조	「자동차관리법」에 따라 등록되지 아니하거나 임시운행 허가를 받지 아니한 자동차(이륜자동차를 제외한다)를 운전한 때
13	자동차 등을 이용하여 범죄행위를 한 때	제93조	• 국가보안법을 위반한 범죄에 이용된 때 • 형법을 위반한 다음 범죄에 이용된 때 - 살인, 사체유기, 방화, 강도, 강간, 강제추행 - 약취, 유인, 감금, 상습절도(절취한 물건을 운반한 경우에 한한다) - 교통방해(단체에 소속되거나 다수인에 포함되어 교통을 방해한 경우에 한한다)
14	다른 사람의 자동차 등을 훔치거나 빼앗은 때	제93조	운전면허를 가진 사람이 자동차 등을 훔치거나 빼앗아 이를 운전한 때
16	운전자가 단속 경찰공무원 등에 대한 폭행	제93조	단속하는 경찰공무원 등 시·군·구 공무원을 폭행하여 구속된 때

※ 일련번호 중 4~9, 11, 15, 17번은 생략함

③ 위반내용에 따른 벌점기준

위반내용	벌점
술에 취한 상태의 기준을 넘어서 운전한 때(혈중 알코올 농도 0.03% 이상 0.08% 미만) 자동차 등을 이용하여 형법상 특수상해(보복운전) 등을 하여 입건된 때	100점
속도위반(60km/h 초과)	60점
신호, 지시위반	15점
중앙선 침범	30점
속도위반(20km/h 초과 40km/h 이하)	15점
속도위반(40km/h 초과 60km/h 이하)	30점
앞지르기금지 위반	15점
앞지르기방법 위반	10점
보행자보호의무 위반	10점
철길건널목 통과방법 위반	30점
면허증 등의 제시의무위반 또는 운전자 신원확인을 위한 경찰공무원의 질문에 불응	30점
고속도로·자동차 전용도로 갓길통행 또는 버스전용차로 다인승 전용차로 통행위반	30점
안전운전 의무 위반, 도로를 통행하고 있는 차마에서 밖으로 물건을 던지는 행위	10점

④ 사고결과에 따른 벌점기준

구분		벌점	내용
인적피해 교통사고	사망 1명마다	90점	사고발생 시부터 72시간 이내에 사망한 때
	중상 1명마다	15점	3주 이상의 치료를 요하는 의사의 진단이 있는 사고
	경상 1명마다	5점	3주 미만 5일 이상의 치료를 요하는 의사의 진단이 있는 사고
	부상신고 1명마다	2점	5일 미만의 치료를 요하는 의사의 진단이 있는 사고
교통사고 야기 후 조치 불이행		30점	교통사고를 일으킨 즉시(그때, 그 자리에서 곧) 사상자를 구호하는 등의 조치를 하지 아니하였으나, 그후 자진신고를 한 때 가. 고속도로, 특별시·광역시 및 시의 관할구역과 군(광역시의 군을 제외한다)의 관할구역 중 경찰관서가 위치하는 리 또는 동지역에서 3시간(그밖의 지역에서는 12시간) 이내에 자진신고를 한 때 나. 가목에 따른 시간 후 48시간 이내에 자진신고를 한 때
		60점	신고시한을 넘어서 자진신고를 한 때
		15점	물적 피해 교통사고를 야기한 후 도주한 때

[비고] 1. 교통사고발생 원인이 불가항력이거나 명백한 과실인 때에는 행정처분을 하지 아니한다.
2. 자동차 등 대 사람 교통사고의 경우 쌍방 과실인 때에는 그 벌점을 2분의 1로 감경한다.
3. 자동차 등 대 자동차 등 교통사고의 경우에는 그 사고 원인 중 중한 위반행위를 한 운전자만 적용한다.
4. 교통사고로 인한 벌점 산정에 있어서 처분 받을 운전자 본인의 피해에 대하여는 벌점을 산정하지 아니한다.

5. 누산점수의 관리
법규 위반 또는 교통사고로 인한 벌점은 행정처분 기준을 적용하고자 하는 당해 위반 또는 사고가 있었던 날을 기준하여 과거 3년간의 모든 벌점을 누산하여 관리한다.(1년간 121점 이상, 2년간 201점 이상, 3년간 271점 이상인 때에는 운전면허를 취소한다)
6. 무 위반·무사고 기간 경과로 인한 벌점 소멸
처분벌점이 40점 미만인 경우에, 최종의 위반일 또는 사고 일로부터 위반 및 사고 없이 1년이 경과한 때에는 그 처분 벌점은 소멸한다.
7. 벌점 공제
- 인적 피해 있는 교통사고를 야기하고 도주한 차량의 운전자를 검거하거나 신고하여 검거하게 한 운전자(교통사고의 피해자가 아닌 경우로 한정한다)에게는 검거 또는 신고할 때마다 40점의 특혜 점수를 부여하여 기간에 관계없이 그 운전자가 정지 또는 취소 처분을 받게 될 경우 누산점수에서 이를 공제한다. 이 경우 공제되는 점수는 40점 단위로 한다.
- 경찰청장이 정하여 고시하는 바에 따라 무위반, 무사고 서약을 하고 1년간 이를 실천한 운전자에게는 실천할 때마다 10점의 특혜 점수를 부여하여 기간에 관계없이 그 운전자가 정지 처분을 받게 될 경우 누산점수에서 이를 공제한다. 이 경우 공제되는 점수는 10점 단위로 한다.

8. 운전면허정지 처분은 1회의 위반·사고로 인한 벌점 또는 처분 벌점이 40점 이상이 된 때부터 결정하여 집행하되, 원칙적으로 1점을 1일로 계산하여 집행한다.

3 교통사고처리특례법

① 제정 목적

① 교통사고로 인한 피해의 신속한 회복 촉진
② 일반적 과실에 의한 교통사고를 일으킨 자에 대한 형사상 처벌 특례

이 법이 제정되기 전에는 교통사고를 일으킨 자에 대해 형법 제268조(업무상 과실·중과실 치사상) 또는 도로교통법 제151조 등을 적용하여 처벌하였으며, 피해자와의 합의 여부 등에 따라 그 처벌에 있어 정상참작을 하였을 뿐이다.

그러나 자동차 운전이 일반화된 현대에 있어 교통사고를 낸 모든 사람을 처벌한다면 거의 모든 국민을 전과자로 만들 우려가 있어 교통사고를 낸 운전자에 대한 형사상 처벌 특례를 정함과 동시에 교통사고로 인한 피해의 신속한 회복을 촉진하고, 국민 생활의 편의를 증진함을 목적으로 이 법이 제정되었다.

관계법규

형법 제268조 [업무상과실· 중과실 치사상]

업무상 과실 또는 중대한 과실로 인하여 사람을 사상에 이르게 한 자는 5년 이하의 금고 또는 2천만 원 이하의 벌금에 처한다.(개정 1995.12. 29)

교통사고처리특례법 제3조 [처벌의 특례]

① 차의 운전자가 교통사고로 인하여 「형법」제268조의 죄를 범한 경우에는 5년 이하의 금고 또는 2천만원 이하의 벌금에 처한다.
② 차의 교통으로 제1항의 죄 중 업무상과실치상죄 또는 중과실치 상죄와 「도로교통법」제151조의 죄를 범한 운전자에 대하여는 피해자의 명시적인 의사에 반하여 공소를 제기할 수 없다. 다만, 차의 운전자가 제1항의 죄 중 업무상과실치상죄 또는 중과실치 상죄를 범하고도 피해자를 구호하는 등 「도로교통법」제54조제1항에 따른 조치를 하지 아니하고 도주하거나 피해자를 사고 장소로부터 옮겨 유기하고 도주한 경우, 같은 죄를 범하고 「도로교통법」제44조제2항을 위반하여 음주 측정 요구에 따르지 아니한 경우(운전자가 채혈 측정을 요청하거나 동의한 경우는 제외한다)와 다음 각 호의 어느 하나에 해당하는 행위로 인하여 같은 죄를 범한 경우에는 그러하지 아니하다. 〈시행일 2016.7.28〉
차의 운전자가 업무상 필요한 주의를 게을리하거나 중대한 과실로 다른 사람의 건조물이나 그 밖의 재물을 손괴한 경우에는 2년 이하의 금고나 500만 원 이하의 벌금에 처한다.[(전문개정 2011. 6. 8), 〈시행일 2011.12.9.〉]

❷ 교통사고처리특례법의 특징

사망, 도주, 12개 항의 중과실 사고 이외의 사고 건에 대하여 가·피해자 간의 합의가 이루어지거나 자동차보험 또는 공제에 가입되어 있는 경우에는 공소권 없음으로 불기소 처리한다.

반의사불벌죄

사망, 도주, 12개 항의 중과실 사고 이외의 교통사고인 경우 피해자가 처벌을 원치 않는다는 의사표시를 하면 운전자를 처벌할 수 없다. 또한 사고 차량이 자동차보험 또는 공제에 가입되어 있는 경우에도 처벌되지 않는다.

[처벌불원 의사표시 방법]

조건부(치료비만 해결해 주면 운전자 처벌 불원 등)이거나, 법대로 처리해 달라는 의사표시는 처벌불원 의사표시로 볼 수 없고, 피해자 본인(피해자의 형제자매, 법정대리권이 없는 자의 의사표시는 무효)이 의사표시를 하거나, 재물 피해인 경우는 법인의 대표자나 위임자, 국가나 지방자치단체의 경우는 피해 재물에 대한 관리 책임자가 의사표시를 해야 한다.

관계법규

교통사고처리특례법 제4조 [보험 등에 가입된 경우의 특례]

① 교통사고를 일으킨 차가 「보험업법」제4조, 제126조, 제127조 및 제128조, 여객 자동차 운수사업법」제60조, 제61조 또는 「화물자동차 운수사업법」제51조에 따른 보험 또는 공제에 가입된 경우에는 제3조제2항 본문에 규정된 죄를 범한 차의 운전자에 대하여 공소를 제기할 수 없다. 다만, 다음 각 호의 어느 하나에 해당하는 경우에는 그러하지 아니하다.

㉮ 제3조 제2항 단서에 해당하는 경우

- 교통사고를 내고 도주한 때(피해자를 사고 장소로부터 옮겨 유기하고 도주한 때도 포함)
- 신호위반 등 12개 항의 위반행위로 치상 사고를 낸 때

㉯ 피해자가 신체의 상해로 인하여 생명에 대한 위험이 발생하거나 불구가 되거나 불치 또는 난치의 질병이 생긴 경우

㉰ 보험계약 또는 공제 계약이 무효로 되거나 해지되거나 계약상의 면책 규정 등으로 인하여 보험회사, 공제조합 또는 공제사업자의 보험금 또는 공제금 지급의무가 없어진 경우

보험 또는 공제란?

교통사고의 경우 「보험업법」에 의한 보험사업자 또는 「여객 자동차 운수사업법」 또는 「화물자동차 운수사업법」에 의한 공제사업자가 인가된 보험약관 또는 승인된 공제약관에 의하여 피보험자 또는 공제조합원과 피해자 간의 합의 여부에 불구하고 피보험자 또는 공제조합원에 갈음하여 피해자의 치료비에 관하여는 통상 비용의 전액을, 기타의 손해액에 대하여는 보험약관 또는 공제약관에서

정한 지급기준 금액을 대통령령이 정하는 바에 의하여 우선 지급하되 종국적으로는 확정 판결 기타 이에 준하는 채무명의상 피보험자 또는 공제조합원의 교통사고로 인한 손해배상금 전액을 보상하는 보험 또는 공제를 말한다.

③ 12개항의 위반행위

1) 신호·지시위반

관계법규

교통사고처리특례법 제3조제2항 제1호 [신호위반]

도로교통법 제5조에 따른 신호기가 표시하는 신호 또는 교통정리를 하는 경찰공무원 등의 신호를 위반하거나 통행금지 또는 일시정지를 내용으로 하는 안전표지가 표시하는 지시를 위반하여 운전한 경우

도로교통법 제5조 [신호 또는 지시에 따를 의무]

① 도로를 통행하는 보행자와 차마의 운전자는 교통안전시설이 표시하는 신호 또는 지시와 교통정리를 하는 국가경찰 공무원(전투경찰순경을 포함한다. 이하 같다) 및 제주특별 자치도의 자치 경찰공무원(이하 "자치경찰공무원" 이라 한다)이나 대통령령이 정하는 국가경찰 공무원 및 자치 경찰공무원을 보조하는 사람(이하 "경찰 공무원 등" 이라 한다)의 신호나 지시를 따라야 한다.

② 도로를 통행하는 보행자 및 모든 차마의 운전자는 제1항의 규정에 의한 교통안전시설이 표시하는 신호 또는 지시와 교통정리를 위한 경찰공무원 등의 신호 또는 지시가 다른 경우에는 경찰공무원 등의 신호 또는 지시에 따라야 한다.

① 정의

신호 또는 지시 위반 사고 운전자가 위 규정에 의한 신호기가 표시하는 신호나 경찰공무원 등의 신호를 위반하거나 또는 통행금지나 일시정지를 내용으로 하는 안전표지의 지시에 위반하여 운전하는 것을 말한다.

② 신호·지시위반의 내용

신호기 내용 위반	경찰공무원 등의 수신호 위반	안전표지 지시 위반

• 신호기의 종류와 내용

도로교통법 시행규칙 별표 2(신호기가 표시하는 신호의 종류와 뜻) 참조

- 녹색등화
  - 차마는 직진 또는 우회전할 수 있다.
  - 비보호 좌회전 또는 비보호 좌회전 표시가 있는 곳에서는 좌회전할 수 있다.(개정 2010. 8. 24)

1. 개정 이유

국제 기준에 맞춰 녹색 신호에 조건 없이 우회전할 수 있도록 하고, 좌회전의 경우 비보호 좌회전 표지가 설치된 장소에서만 허용하되, 좌회전 과정에서 다른 교통에 방해가 된 경우라도 신호위반의 과중한 책임을 지지 않도록 하기 위함이다.(조건 및 단서 삭제)

2. 경찰청 처리 지침

녹색 등화 시 비보호 좌회전 표지 또는 비보호 좌회전 표시가 설치된 곳에서 좌회전 중에는 비록 다른 교통을 방해하여 교통사고를 야기한 경우에도 교통사고처리특례법 제3조제2항 단서 제1호(신호위반)의 적용을 배제하고, 개별 도로교통법규 위반 행위에 따라 교차로 통행방법 위반(동법 제25조), 안전운전 의무위반(동법 제48조) 등을 적용·처리한다.

- 황색등화
  - 차마는 정지선이 있거나 횡단보도가 있는 때에는 그 직전이나 교차로의 직전에 정지하여야 하며, 이미 교차로에 차마의 일부라도 진입한 경우에는 신속히 교차로 밖으로 진행하여야 한다.
  - 차마는 우회전할 수 있고, 우회전하는 경우에는 보행자의 횡단을 방해하지 못한다.
- 적색등화
  - 차마는 정지선, 횡단보도 및 교차로의 직전에서 정지하여야 한다.
  - 차마는 신호에 따라 진행하는 다른 차마의 교통을 방해하지 아니하고 우회전할 수 있다.
- 황색등화의 점멸

  차마는 다른 교통 또는 안전표지의 표시에 주의하면서 진행할 수 있다.

• 신호기 위반의 종류

- 사전출발 신호위반
- 정지선 초과 신호위반(현저한 경우)

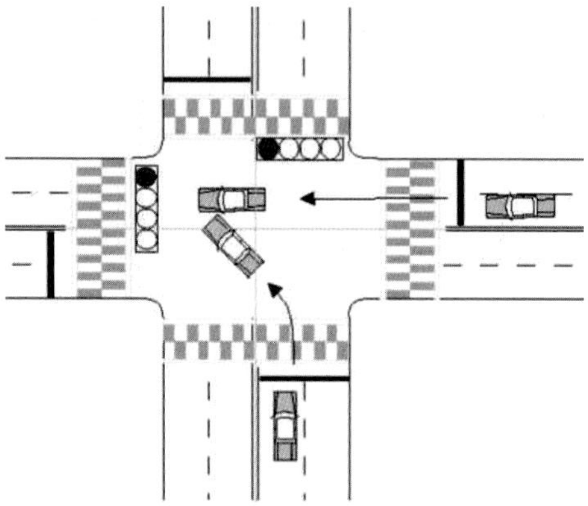

정지신호에 좌회전한 경우

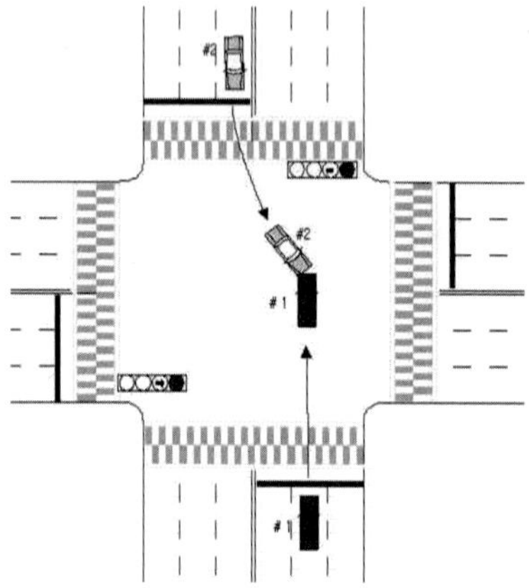

좌회전 신호에 직진한 경우

- 황색주의 신호위반 사고 : 황색등화시 차마는 정지선이 있거나 횡단보도가 있을 때에는 그 직전이나 교차로의 직전에 정지하여야 하며, 이미 교차로에 차마의 일부라도 진입한 경우에는 신속히 교차로 밖으로 진행하여야 한다.

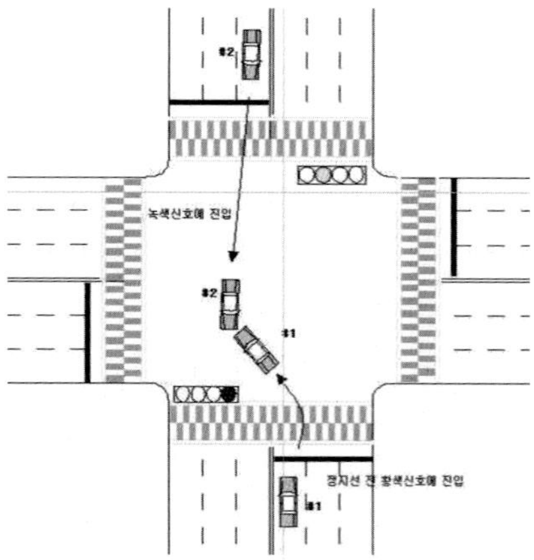

황색신호에 진행한 경우

• 수신호 위반의 종류와 내용

도로교통에 관하여 문자, 기호 또는 등화로써 전기의 힘에 의하여 신호를 표시하는 장치가 신호기이고 이를 사람의 동작으로 표시하는 것이 수신호이다(도로교통법 시행규칙 제9조 별표 7 경찰 공무원 등의 수신호의 종류·표시방법 및 신호 참조).

ⓐ 수신호의 권한

수신호의 권한은 도로교통법 제5조에 국가경찰 공무원(전투경찰순경 포함)과 대통령령이 정하는 국가경찰 공무원 및 자치 경찰 공무원을 보조하는 사람(경찰 공무원 등)으로 정하고 있는데, 여기에서 자치 경찰 공무원 등이라 함은 도로교통법시행령 제6조 1, 2항에서 규정하고 있는 모범운전자와 군 헌병을 말한다.

- 국가경찰 공무원 : 교통경찰과 교통의경, 전경
- 국가경찰 공무원을 보조하는 사람 : 모범운전자와 군 헌병

ⓑ 수신호의 우선권

신호기나 안전표지는 한정된 장소에 일정한 내용으로 대처하므로 급변하는 교통상황에 능동적으로 대처하기가 곤란하다. 따라서 경찰 공무원 등에 수신호의 권한을 부여하여 교통상황에 따라 적기·적소에 효율적으로 대처가 가능토록 하기 위함이다.

ⓒ 수신호 위반 사고의 적용요건

수신호 위반사고	=	반대방향 정지 지시 진행방향 진행유도	➜	수신호 표시방법의 적정(도로교통법 시행규칙 별표)	➜	수신호 위치의 적정(양방향 발견 가능지점

instance

신호기가 설치되어 있는 교차로에서 교통경찰(의경)이 교차로 중앙이 아닌 지점에서 신호 대기 중인 A차량을 출발시켜 운전자가 수신호에 따라 교차로를 진행 중 정상신호를 따라 진행하던 B차량과 교차로 내에서 충돌한 경우

신호기 내용에 따라 진행하던 차량에 대하여 교통의경의 정지 수신호가 없었고 또한 수신호의 위치도 양 차량이 볼 수 있는 적정 장소가 아니었으므로 신호위반 사고처리 불가(경찰청 질의회신)

ⓓ 국가경찰 공무원을 보조하는 사람의 범위(도로교통법 시행령 제6조)

- 무사고 운전자 또는 유공 운전자의 표시장을 받은 사람으로서, 경찰서 모범운전자회에 가입하여 교통안전 봉사활동에 종사하고 있는 사람[모범운전자 선발 및 운용지침(교통안전담당관실-3509) 2004. 5. 20]

  ※ 모범운전자는 엄격한 기준에 따라 선발되어 주소지 관할 경찰서장의 철저한 행정감독 아래 출·퇴근 시간대 등에 교통체증 지역에서 근무 중 수신호를 하고 있을 때 이를 위반하면 수신호 위반을 적용하고, 타 경찰서 관내 또는 지정장소 이외의 지역에서 수신호를 하다가 사고가 발생된 경우에는 수신호 위반 적용을 하지 않는다.

- 군사훈련 및 작전에 동원되는 부대의 이동을 유도하는 헌병

  ‣ 군사훈련 및 작전에 동원되는 부대의 이동을 유도하는 헌병의 수신호를 위반한 경우에 수신호 위반을 적용한다.

  ‣ 기타 보조자의 수신호를 위반한 경우에는 특례단서 적용이 불가하다.

- 본래의 긴급한 용도로 운행하는 소방차·구급차를 유도하는 소방공무원(시행일 2013. 12. 29)

ⓔ 신호위반에 해당하는 규제표지

- 규제표지 일련번호 201~207, 210, 211
- 지시표지 중 일련번호 326, 327, 328과 규제표지 중 일련번호 201, 202, 203, 204, 205, 206, 207, 210, 211은 구간의 시작 및 끝의 보조표지를 부착·설치
- 노면표지 중 510, 511, 512, 513, 514, 521
- 위험물 적재차량 통행금지표지(231)

201 통행금지	202 자동차 통행금지	203 화물자동차 통행금지	204 승합자동차 통행금지	205 2륜자동차 및 원동기장치 자전거 통행금지	206 자동차·2륜자동차 및 원동기장치자전거 통행금지

207 경운기·트랙터 및 손수래 통행금지	208 자전거 통행금지	211 진입금지	212 직진금지	213 우회전금지	214 좌회전금지

216 유턴금지	231 위험물적재차량 통행금지	326 일방통행	327 일방통행	328 일방통행	510 우회전금지
					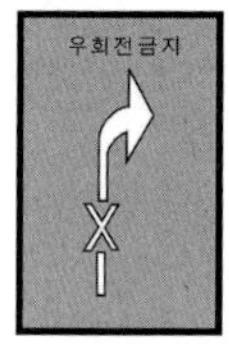

511 좌회전금지	512 직진금지	513 좌우회전금지	514 유턴금지	521 일시정지
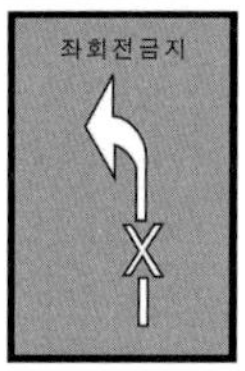	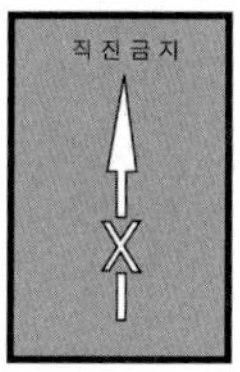	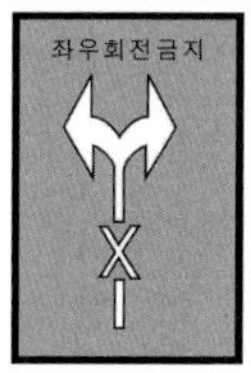	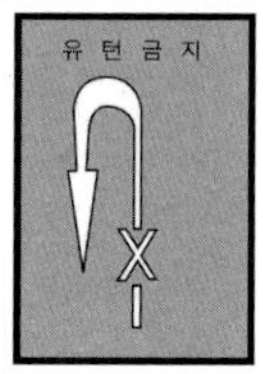	

• 신호·지시위반 사고의 성립

요건	내용	예외사항
장소	• 신호기가 설치되어 있는 교차로나 횡단보도 • 경찰관 등 수신호 지역 • 지시표지판(12가지)이 설치된 구역 내(통행금지, 진입금지, 일시정지)	• 진행방향에 신호기가 설치되지 않은 경우 • 신호기의 고장이나 황색, 적색 점멸신호등의 경우 • 기타 지시표지판(12가지 표지판) 등이 설치된 구역 내
피해자	신호지시위반 차량에 충돌되어 인적피해를 입은 경우	대물피해만 입은 경우는 공소권 없음으로 처리
운전자	• 고의적 과실 • 의도적 과실 • 부주의에 의한 과실	• 불가항력적 과실 • 만부득이한 과실 • 교통 상 적절한 행위는 예외
시설물설치	도로교통법 제3조에 의거 시, 도지사 또는 시장·군수가 설치한 신호기나 안전표지	아파트 단지 등 특정구역 내부의 소통과 안전을 목적으로 자체적으로 설치된 경우는 제외

사고유형

① 가변차선도로 신호위반사고(중앙선침범 적용)
② 보행 신호등만 있는 횡단보도 보행 신호등 위반사고(보행자 보호 의무 위반)
③ 횡단보도에 오토바이를 타고(끌고) 가던 중 신호위반 차량과 충돌한 경우
- 이륜차량을 타고 간 경우(신호위반)
- 이륜차량을 끌고 간 경우(신호위반 및 보행자 보호 의무 위반)

④ 어린이 보호구역 내 사고(지시 위반)
⑤ 통행금지 구역 내에서 사고(지시 위반)
⑥ 신호에 따라 진행하였으나 교통체증으로 빠져나가지 못한 상태에서 신호에 따라 진입한 차량과 충돌한 사고(신호위반 처리 불가)
⑦ 정지신호에 의해 정지하고자 하였으나 정지하지 못하여 계속 진행하다가 발생한 사고(고의 또는 의도적이 아닌 경우 신호위반 적용 불가)
⑧ 적색신호에 우회전 중 정상신호에 따라 진행하는 차량을 충돌한 경우(도교법 제25조. 교차로통행 방법위반 적용. 적색등화시 “차마는 신호에 따라 직진하는 측면 교통을 방해하지 아니하고 우회전할 수 있다.”)
⑨ 신호등 있는 교차로에서 좌회전 신호에 유턴하던 중 정상 우회전하는 차량과 충돌한 경우(도교법 시행규칙 제5조 제2항. 녹색화살표 등화 시 “차마는 화살표 방향으로 진행할 수 있다”라는 뜻으로 유턴 차량에게 신호위반 적용)

판 례

신호등에 의하여 교통정리가 행하여지고 있는 교차로를 진행신호에 따라 진행하는 차량의 운전자는 특별한 사정이 없는 한 다른 차량들도 교통법규를 준수하고 충돌을 피하기 위하여 적절한 조치를 취할 것으로 믿고 운전하면 충분하고, 다른 차량이 신호를 위반하고 자신의 진로를 가로질러 진행하여 오거나 자신의 차량을 들이 받을 경우까지 예상하여 그에 따른 사고발생을 미리 방지할 특별한 조치까지 강구할 주의의무는 없다.
다만 신호를 준수하여 진행하는 차량의 운전자라고 하더라도 이미 교차로에서 진입하고 있는 다른 차량이 있다거나 다른 차량이 그 진행 방향의 신호가 진행신호에서 정지신호로 바뀐 직후에 교차로를 진입하여 계속 진행하고 있는 것을 발견하였다거나 또는 그밖에 신호를 위반하여 교차로를 진입할 것이 예상되는 특별한 경우라면 그러한 차량의 동태를 두루 살피면서 서행하는 등으로 사고를 방지할 태세를 갖추고 운전하여야 할 주의의무는 있다 할 것이지만, 그와 같은 주의의무는 어디까지나 신호가 바뀌기 전이나 그 직후에 교차로에 진입하여 진행하고 있는 차량에 대한 관계에서 인정되는 것이고, 신호가 바뀐 후 다른 차량이 신호를 위반하여 교차로에 새로 진입하여 진행하여 올 경우까지를 예상하여 그에 따른 사고발생을 방지하기 위한 조치까지 강구할 주의의무는 없고, 이러한 법리는 교차로에서 자신의 진행 방향에 대한 별도의 진행신호가 없다고 하여도, 다른 차량들의 진행 방향이 정지신호일 경우를 이용하여 교통법규에 위배되지 않게 진행하는 경우도 마찬가지라고 할 것이다.(대법원 2002. 09. 06 선고2002다 38767 판결)

2) 중앙선 침범사고

관계법규

교통사고처리특례법 제3조제2항 제2호 [중앙선 침범]

도로교통법 제13조 제3항(차마의 통행)을 위반하여 중앙선을 침범하거나 같은 법 제62조의 규정에 위반하여 횡단·유턴 또는 후진한 경우

도로교통법 제62조 [횡단 등의 금지]

자동차의 운전자는 그 차를 운전하여 고속도로 등을 횡단하거나 유턴 또는 후진하여서는 아니 된다. 다만, 긴급자동차 또는 도로의 보수·유지 등의 작업을 하는 자동차 가운데 고속도로 등에서의 위험을 방지·제거하거나 교통사고에 대한 응급조치 작업에 사용되는 자동차로서 그 목적을 위하여 부득이한 경우에는 그러하지 아니하다.

① 정의

"중앙선"이라 함은 차마의 통행을 방향별로 명확하게 구분하기 위하여 도로에 황색실선이나 황색점선 등의 안전표지로 표시한 선 또는 중앙분리대, 철책, 울타리 등으로 설치한 시설을 말하며, 가변차로가 설치된 경우에는 신호기가 지시하는 진행 방향의 제일 왼쪽 황색점선을 말한다.

② 중앙선 침범 행위 내용

- 중앙선을 넘었거나
- 중앙선상에 차체를 걸친 행위

③ 중앙선 침범의 요건(법원의 태도)

- 중앙선 침범의 행위가 있어야 하고
- 중앙선 침범을 할 수밖에 없는 부득이한 사유가 없어야 하며
- 중앙선 침범하여 운행한 행위로 인하여 치사상 결과가 발생되어야 한다.

④ 중앙선침범이 적용되는 경우

- 고의, 의도적 중앙선 침범사고

사고유형

① 주·정차 차량을 피해가기 위해 부득이 중앙선(황색점선 포함)을 침범하여 운행 중 대향차량과 충돌한 사고(단, 줄줄이 주차해 있어 부득이한 경우는 예외임)
② 주·정차 차량을 피해가기 위해 중앙선(황색점선 포함)을 침범 운행 중 대향 차량이 진행해 오는 것을 보고 본 차선으로 복귀 중 후속 뒤 차량이나 앞 차량을 충돌한 사고
③ 소형자전거를 타고 도로를 횡단하다가 대향차선 차량과 충돌한 사고
④ 중앙선을 침범하거나 걸친 상태로 계속 진행하다가 대향차량과 충돌한 사고
⑤ 후진하여 중앙선을 넘었다가 다시 진행차선으로 복귀하다가 후속 뒤 차량이나 앞 차량을 충돌한 사고

- 현저한 부주의에 의한 중앙선 침범사고(중앙선 침범 이전에 선행된 중대한 과실이 있는 경우)
  - 커브 길에서 중앙선 침범한 사고 : 커브 길을 과속으로 운전하면 차체 원심력에 의해 뒷바퀴가 중앙선을 침범케 되며, 고의·의도적은 아니라 하더라도 쉽게 예견될 수 있는 상황이므로 불가항력적, 만부득이한 사항이라고 인정될 수 없으므로 중앙선 침범을 적용한다.
  - 빗길을 과속으로 운행 중 차체가 미끄러지며 중앙선을 침범한 사고 : 빗길을 과속으로 진행하다가 급제동하면 차체가 미끄러져 중앙선을 침범하리라는 것은 쉽게 예견될 수 있으며, 빗길에서 과속하다가 미끄러지는 것을 부득이하다거나 불가항력적이라고는 볼 수 없어 중앙선 침범을 적용한다. 그러나 과속이 아니고 제한 속력 내에서 운행하다가 미끄러졌다면 중앙선 침범 적용이 불가하다.

⑤ 중앙선 침범이 적용되지 않는 경우

- 중앙선이 없는 도로나 교차로에서 발생한 사고
- 중앙선의 도색이 마모되어 식별이 곤란하거나, 흙더미 또는 눈이 쌓여 보이지 않는 상태에서 중앙선을 넘어 발생한 사고
- 유턴 허용 지점에서 발생한 사고 : 고의, 의도적 중앙선 침범 → 중앙선 침범 적용
- 아파트 단지 내 사설 중앙선 침범 사고
- 중앙선을 넘기 전에 충돌되어 그 충격에 의해 중앙선을 넘어 정지한 사고
- 부득이한 중앙선 침범사고

부득이한 중앙선 침범사고

① 도로의 파손·공사로 인한 장애물을 피하기 위해 중앙선을 침범한 사고
② 앞차가 정지하는 것을 보고 추돌을 피하기 위해 중앙선을 침범한 사고
③ 급차선 변경하는 차량을 피하다가 중앙선을 침범한 사고
④ 무단으로 횡단하는 사람을 피하다가 중앙선을 침범한 사고
⑤ 빗길 또는 눈길에 미끄러지며 중앙선을 침범한 사고(제한속도 이내 진행)
위 ②, ③, ④, ⑤의 경우 중앙선을 침범하게 된 이유가 합리적이고 객관적 사실이 입증되어야 한다.

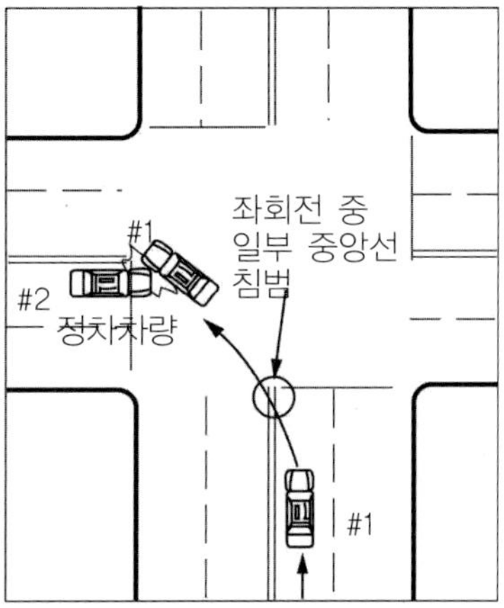

사례 1

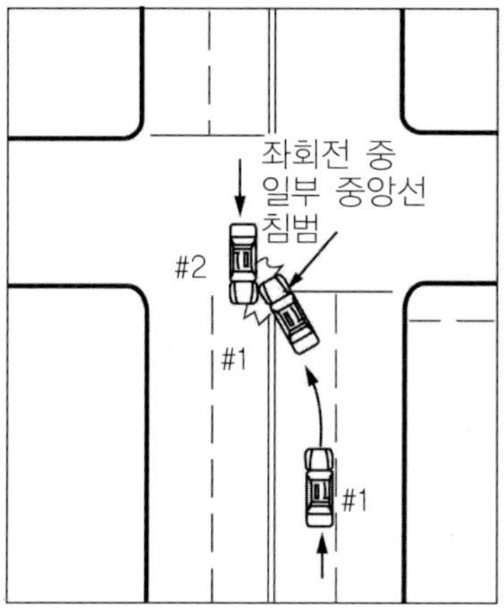

사례 2

\# 1차량 : 도로교통법 제26조(교통정리가 없는 교차로에서의 양보운전) 위반
☞ 좌회전 허용 지점에서 좌회전을 하다 업무상 주의의무를 게을리한 과실로 사고발생한 것일 뿐 중앙선 침범과 충돌사고와의 직접적인 인과관계가 없으므로 중앙선 침범 처리 배제함. 다만, 중앙선 침범 거리가 외견상 상당하고 도로 여건상 부득이한 경우가 아니거나 정상적으로 좌회전하려는 의사가 있었다고 보기 어려운 경우는 중앙선 침범을 적용한다.

⑥ 중앙선이 없어도 중앙선 침범이 인정되는 경우

• 횡단보도에서 불법 유턴(회전)하던 중 발생한 사고
대향차선 신뢰에 어긋나고 무과실 피해자 보호 측면에서 중앙선 침범을 적용한다.

⑦ 동일 방향 중앙선 침범사고

중앙선 침범 행위를 특례법 예외 단서의 하나로 규정한 것은 교통의 기본 원칙인 신뢰의 원칙 사수와 대향차선을 진행 중인 무과실 피해자의 보호에 그 목적이 있기 때문에 동일방향 중앙선을 침범한 경우에는 공소권 없음으로 처리한다(단, 중앙선을 침범하면서 앞지르기한 후 또는 후진한 후 다시 본 차선으로 진입하면서 사고발생한 경우에는 중앙선 침범을 적용한다).

동일방향 뒤 차량이 먼저 중앙선을 침범하여 운행 중 앞 차량이 중앙선을 침범하여 발생된 사고의 경우 뒤 차량을 1차량으로 하는 이유

① 모든 차량의 운전자는 앞지르기를 하고자 할 때에는 전방의 교통을 잘 살피고 방향지시기, 등화를 사용하는 등 안전한 속도와 방법으로 앞지르기를 하여야 한다고 규정되어 있고
② 상대 차량에 대한 주시의무측면에서 볼 때 뒤 차량이 앞 차량의 주시는 용이해도 앞 차량이 뒤 차량을 주시하기는 현실적으로 어려우며
③ 선불법행위의 뒤 차량이 앞 차량의 후불법행위를 예견할 수 있으므로 이에 대한 위험발생 대비 의무가 있다고 보아야 할 것이고
④ 뒤 차량은 앞 차량이 좌·우 진로 변경 또는 정지한다고 해도 충분히 안전거리를 확보하여 사고를 방지하여야 할 의무 등이 있는 점을 감안할 때 뒤 차량이 1차량이다(경찰청 질의회시).

3) 과속운전 사고

① 과속의 개념

- 법정속도나 제한속도를 초과하여 운행하는 경우
- 특례법상 과속 : 제한속도보다 20km/h 초과

관계법규

도로교통법 제17조 [자동차 등의 속도]

① 자동차 등의 도로 통행 속도는 행정자치부령으로 정한다.(개정 2013. 3. 23)
② 경찰청장이나 지방경찰청장은 도로에서 일어나는 위험을 방지하고 교통의 안전과 원활한 소통을 확보하기 위하여 필요하다고 인정하는 경우에는 다음 각 호의 구분에 따라 구역이나 구간을 지정하여 제1항에 따라 정한 속도를 제한할 수 있다.
1. 경찰청장 : 고속도로
2. 지방경찰청장 : 고속도로를 제외한 도로
③ 자동차 등의 운전자는 제1항과 제2항에 따른 최고 속도보다 빠르게 운전하거나 최저속도보다 느리게 운전하여서는 아니 된다. 다만 교통이 밀리거나 그 밖의 부득이한 사유로 최저속도보다 느리게 운전할 수밖에 없는 경우에는 그러하지 아니하다.

② 과속의 추정방법

- 운전자 자백 : 자백만으로는 증거가 되지 않음
- Speed Gun
- Skid Mark
- Yaw Mark
- Tachometer

③ 비, 바람, 안개, 눈 등으로 인한 이상기후 시의 속도

- 최고 속도의 100분의 20을 줄인 속도로 운행하여야 할 경우
  - 비가 내려 노면에 습기가 있을 때
  - 눈이 20mm 미만 쌓인 때
- 최고 속도의 100분의 50을 줄인 속도로 운행하여야 할 경우
  - 폭우·폭설·안개 등으로 가시거리가 100m 이내인 때
  - 노면이 얼어붙은 때
  - 눈이 20mm 이상 쌓인 때

④ 일반도로와 고속도로 등에서의 속도

도로	차로 별	최저 및 최고속도
일반도로	편도 2차로 미만	최고 60km/h
	편도 2차로 이상	최고 80km/h
	자동차 전용도로	최저 30km/h 최고 90km/h
	편도 2차로 이상	최저 50km/h 최고 90km/h(적재중량 1.5톤 초과 화물자동차, 특수차, 건설기계 : 90km/h)
고속도로	편도 1차로	최저 50km/h 최고 80km/h
	중부선	최저 60km/h 최고 110km/h(적재중량 1.5톤 초과 화물자동차, 특수차, 건설기계 : 90km/h)

⑤ 견인자동차가 아닌 자동차로 다른 자동차를 견인하여 도로(고속도로를 제외한다)를 통행하는 때의 속도

- 총중량 2,000kg에 미달하는 자동차를 그의 3배 이상의 총중량인 자동차로 견인하는 때에는 매시 30km 이내

• 위의 경우 및 이륜자동차가 견인하는 때에는 매시 25km 이내

※ 고속도로에서는 견인자동차가 아닌 자동차로 다른 자동차를 견인할 수 없다.

⑥ 안전거리(차와 차 사이의 거리) 확보와 정지거리

• 모든 차는 같은 방향으로 가고 있는 앞차의 뒤를 따르는 때에는 앞차가 갑자기 정지하게 되는 경우에는 그 앞차와의 충돌을 피할 만한 안전거리를 확보하여야 한다.

• 모든 차는 그 진로를 변경하고자 하는 경우에 그 변경하고자 하는 방향으로 오고 있는 모든 뒤차와의 충돌을 피할 수 있는 필요한 거리를 확보할 수 없는 때에는 그 진로를 변경하여서는 아니 된다.

• 정지거리

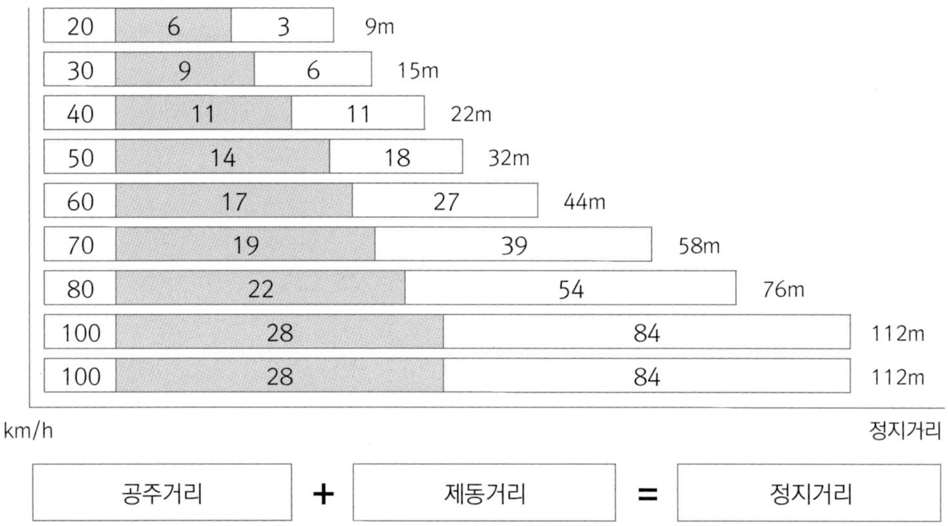

- 이 표의 수치는 건조한 포장도로에서 급브레이크를 밟았을 때의 예이다.
- 비가 올 때에는 이 길이의 1.5배 이상, 빙판길에서는 3배 이상 된다.
- 정지거리는 차종, 중량에 따라 달라진다.

• 공주거리

운전자가 위험을 느끼고 브레이크를 밟아 브레이크가 실제로 듣기 시작하기까지의 사이에 주행하는 거리

• 제동거리

브레이크가 듣기 시작하여 정지할 때까지의 거리

제동거리의 산출

주행속도 v(km/h)의 자동차가 제동력 F(kgf)의 작용으로 제동거리 S(m)에서 정지하였다면 이때 자동차가 한 일은 다음과 같다.

자동차가 한 일 = 제동력(F)×운동거리(S)

이때 자동차가 가지고 있는 에너지는 다음과 같이 표현할 수 있다.

자동차가 가지고 있는 에너지 = 1/2m(질량)×v^2(속도의 제곱)

질량 m은 자동차의 중량 W(kgf)을 중력가속도 g(9.8m/s^2)로 나눈 것과 같으므로 자동차가 가지고 있는 에너지 = 1/2×W/g×v^2(속도의 제곱)이 된다.
결론적으로 자동차가 한 일과 자동차가 가지고 있는 에너지는 같으므로

F×S = 1/2×W/g×v^2으로 표현할 수 있고, 1km/h = 1/3.6m/s이므로
= 1/2×W/9.8×(v/3.6)^2 = W·v^2/254

∴ 제동거리 S = v^2/254×W/F로 산출할 수 있다.

이외에 자동차에 제동을 가하면 자동차 자체의 운동을 정지시키는 한편, 자동차에 장착되어 있는 각종 기어 및 바퀴 등의 회전체 등도 정지시키지 않으면 안된다.
따라서 이들 회전체에 대한 중량을 '회전 부분 상당 중량'이라 하고 통상 승용차의 경우 차량 중량의 5%, 화물차의 경우 차량 중량의 7%를 회전 부분 상당 중량으로 계산한다.
또한 자동차가 정지할 때 발생하는 노면과의 마찰이나 구배 값(오르막, 내리막)을 적용하게 되는데 대체적으로 빙판길의 경우 0.2미만, 보통의 아스팔트 도로의 경우 0.7 정도의 마찰계수를 감안하여 계산한다.
즉 S = v^2/254×(W+W')/F×($\mu \pm i$)이 되고 속도를 구하면
$v = \sqrt{254 \times S \times F \times (\mu \pm i) / W+W}$ 이 된다.

- v : 급제동 시점에서의 속력(km/h)
- S : 급제동하여 미끄러진 거리(m)
- μ : 노면과 타이어의 마찰계수
- i : 구배 값(+오르막, -내리막)
- F : 제동력(kgf)
- W : 차량중량(kgf)

[공주거리 산출]
주행속도 $v$km/h, 즉 v/3.6m/s의 자동차가 공주시간 동안 진행한 거리는
거리 = 속도×시간이므로
공주거리(S_1) = v/3.6×공주시간(t) 이 된다.
※ 운전자의 공주시간은 통상 0.7초~1초를 적용한다.

[정지거리 산출]
정지거리 = 공주거리 + 제동거리
= v^2/254×W/F + v/3.6×t가 된다.

4) 앞지르기 방법·금지 위반 사고

① 앞지르기의 개념

앞지르기의 방법·금지시기·금지장소 또는 끼어들기의 금지를 위반하거나 고속도로에서의 앞지르기 방법을 위반하여 운전한 경우를 말한다.

- 앞지르기의 내용
  앞차의 측면을 통과하여 앞으로 나아가는 행위

- 앞지르기와 차로변경의 차이
  - 차로변경 : 차로를 바꿔 곧바로 진행하는 상황
  - 앞지르기 : 중앙선을 넘어 앞차의 좌측으로 진행하다가 앞차의 앞으로 나아가는 상황

관계법규

도로교통법 제21조 [앞지르기 방법 등]

① 모든 차의 운전자는 다른 차를 앞지르려면 앞차의 좌측을 통행하여야 한다.
② 제1항의 경우 앞지르려고 하는 모든 차의 운전자는 반대 방향의 교통과 앞차 앞쪽의 교통에도 주의를 충분히 기울여야 하며, 앞차의 속도·진로와 그 밖의 도로 상황에 따라 방향지시기·등화 또는 경음기를 사용하는 등 안전한 속도와 방법으로 앞지르기를 하여야 한다.
③ 모든 차의 운전자는 앞지르기를 하려는 차가 제1항, 제2항 또는 제60조 제2항의 규정에 의한 방법으로 앞지르기를 하는 차가 있는 때에는 속도를 높여 경쟁하거나 앞지르기를 하는 차의 앞을 가로막는 등의 방법으로 앞지르기를 방해하여서는 아니 된다.

도로교통법 제22조 [앞지르기 금지의 시기 및 장소]

① 모든 차의 운전자는 다음 각 호의 어느 하나에 해당하는 경우에는 앞차를 앞지르지 못한다.
  1. 앞차의 좌측에 다른 차가 앞차와 나란히 가고 있는 경우
  2. 앞차가 다른 차를 앞지르고 있거나 앞지르려고 하는 경우
② 모든 차의 운전자는 다음 각 호의 어느 하나에 해당하는 다른 차를 앞지르지 못한다.
  1. 이 법이나 이 법에 따른 명령에 따라 정지하거나 서행하고 있는 차
  2. 경찰 공무원의 지시에 따라 정지하거나 서행하고 있는 차
  3. 위험을 방지하기 위하여 정지하거나 서행하고 있는 차
③ 모든 차의 운전자는 다음 각 호의 어느 하나에 해당하는 곳에서는 다른 차를 앞지르지 못한다.
  1. 교차로
  2. 터널 안
  3. 다리 위
  4. 도로의 구부러진 곳, 비탈길의 고갯마루 부근 또는 가파른 비탈길의 내리막 등 지방경찰청장이 도로에서의 위험을 방지하고 교통의 안전과 원활한 소통을 확보하기 위하여 필요하다고 인정하는 곳으로서 안전표지에 의하여 지정한 곳

② **장소적 금지 상황**

- 교차로
- 터널 안
- 다리 위
- 도로의 구부러진 곳, 비탈길의 고갯마루 부근 또는 가파른 비탈길의 내리막 등 지방경찰청장이 도로에서의 위험을 방지하고, 교통의 안전과 원활한 소통을 확보하기 위하여 필요하다고 인정하는 곳으로서 안전표지로 지정한 곳[전문개정 2011. 6. 8(시행일 2011. 12. 9)]

5) 철길 건널목 통과방법 위반

철길 건널목 통과방법을 위반하여 운전한 경우로서, 건널목이라 함은 철도와 도로법에서 정한 도로가 평면 교차하는 곳을 말하며, 철도 정거장 구내에서 직원 또는 여객의 통행과 화물의 운반을 목적으로 사용되는 구내 통로는 제외된다.

6) 횡단보도의 보행자 보호 의무 위반

횡단보도라 함은 보행자로 하여금 도로를 횡단하기 위하여 안전표지에 의하여 표시된 도로의 부분을 말하며, 보행자가 횡단보도를 통행하고 있는 때에는 일시정지하거나 그 통행을 방해하지 않도록 하여야 한다.

① 뒤차의 추돌에 의해 앞차가 밀려나가 횡단보도의 보행자를 충격한 경우에는 뒤 차량이 보행자 보호 의무 위반이 된다.

② 횡단보도와 정지선 사이의 사고

- 신호등이 없는 경우 : 안전운전 불이행
- 신호등이 있는 경우 : 정지신호면 신호위반 적용(현저한 경우)

③ 횡단보도에서 자전거(이륜차)를 타고 가거나 끌고 가던 중 발생한 사고

형태	결과	조치
자전거를 타고 횡단보도 통과 중 발생한 사고	제차로 간주	안전운전 불이행 적용
자전거를 끌고 횡단보도 보행 중 발생한 사고	보행자로 간주	보행자보호의무 위반적용
자전거를 타고 가다가 멈추고 한 발을 페달에, 한발은 노면을 딛고 서 있던 중 발생한 사고	보행자로 간주	보행자보호의무 위반

④ 학교·아파트단지 내 등의 사설 횡단보도 : 교통사고처리특례법 단서 제6호 보행자 보호의무 위반 적용 불가

7) 무면허 운전

① 무면허운전의 정의

무면허 운전이란 도로교통법 또는 건설기계관리법의 운전(조종) 면허에 관한 규정에 위반하는 무면허 또는 무자격 운전을 말하며, 운전면허의 효력이 정지 중에 있거나 운전의 금지 중에 있을 때에 운전하는 것을 포함한다.

운전이라 함은 도로(도로교통법 제44조(술에 취한 상태에서의 운전금지), 제45조(과로한 때의 운전금지), 제54조 제1항(사고발생기 조치), 제148조(벌칙) 및 제148조의 2(벌칙)에 한하여 도로 외의 곳을 포함한다)에서 자동차를 그 본래의 사용방법에 따라 사용하는 것을 말한다.(시행일 2011. 01. 24)

- 도로교통법 제43조(무면허 운전 등의 금지)
- 건설기계 관리법 제26조 제1항(건설기계 조종사면허)
- 도로교통법 제96조(국제운전면허증)

→ **취득하지 아니하고 운전한 경우**

무면허의 성립요건

① 면허 없이 운전한다는 인식 필요

② 취소·정지 사실을 알지 못하고 운전하였으며, 취소, 정지사실을 알지 못한데 대하여 잘못이 없으면 무면허 운전 적용이 불가하다.

관계법규

도로교통법 제43조 [무면허 운전 등의 금지]

누구든지 제80조(운전면허)에 따라 지방경찰청장으로부터 운전면허를 받지 아니하거나 운전면허의 효력이 정지된 경우에는 자동차 등을 운전하여서는 아니 된다.

② 무면허 운전의 종류

- 면허를 취득하지 않고 운전
  - 도교법 제43조(운전면허를 받지 아니하거나, 면허의 효력이 정지된 기간)
  - 건설기계 관리법 제26조 제1항(국토교통부령으로 정하는 건설기계는 대형 1종으로 운전)
  - 도교법 제96조(국내에 입국한 날로부터 1년) : 외국인이 국제운전면허를 받지 아니하고 운전하였거나 받았다 하더라도 입국일로부터 1년을 초과한 경우와 비사업용자동차 이외의 자동차를 운전한 경우(도로교통법 제96조 참조)

    ※ 국제운전면허증을 외국에서 발급받은 사람은 입국일로부터 1년 이내라 하더라도 면허 유효기간을 초과할 수 없다.
- 유효기간이 지난 면허증으로 운전
- 면허취소 처분을 받은 자가 운전
- 면허정지 기간 중에 운전
- 시험 합격 후 면허증 교부 전에 운전
- 면허 종별 외 차량 운전(면허 종별 위반)
- 적성검사기간 만료일로부터 1년간 최소 유예기간 경과 후 운전한 경우
- 군부대에서 운전면허를 받은 현역 군인이 군용차량 또는 현역 장성 등이 사용하고 있는 자동차(자동차등록증에 군용 표시가 된 자동차) 이외의 자동차를 운전한 경우
- 관할 경찰서장의 허가 없이 운전연습을 위하여 운전하는 경우

| 운전할 수 있는 차의 종류(별표 18, 개정 2018.4.25) |

종별	구분	운전할 수 있는 차량	비고
제1종	대형면허	• 승용자동차 • 승합자동차 • 화물자동차 • 긴급자동차(삭제, 2018.4.25) • 건설기계 - 덤프트럭, 아스팔트살포기, 노상안정기 - 콘크리트믹서트럭, 콘크리트 펌프, 천공기(트럭 적재식) - 콘크리트믹서트레일러, 아스팔트콘크리트재생기 - 도로보수트럭, 3톤 미만의 지게차 • 특수자동차[대형견인차, 소형 견인차 및 구난차(이하 "구난차 등"이라 한다)는 제외한다] • 원동기장치자전거	
	보통면허	• 승용자동차 • 승차정원 15명 이하의 승합자동차 • 적재중량 12톤 미만의 화물자동차 • 건설기계(도로를 운행하는 3톤 미만의 지게차로 한정한다) • 총중량 10톤 미만의 특수자동차(구난차 등은 제외한다) • 원동기장치자전거	
	소형면허	• 3륜 화물자동차 • 3륜 승용자동차 • 원동기장치자전거	

종별	구분	운전할 수 있는 차량		비고
제1종	특수면허	대형 견인차	• 견인형 특수자동차 • 제2종 보통면허로 운전할 수 있는 차량	
		소형 견인차	• 총중량 3.5톤 이하의 견인형 특수자동차 • 제2종 보통면허로 운전할 수 있는 차량	
		구난차	• 구난형 특수자동차 • 제2종 보통면허로 운전할 수 있는 차량	
제2종	보통면허	• 승용자동차 • 승차정원 10명 이하의 승합자동차 • 적재중량 4톤 이하의 화물자동차 • 총중량 3.5톤 이하의 특수자동차(구난차 등은 제외한다) • 원동기장치자전거		
	소형면허	• 이륜자동차(측차부를 포함한다) • 원동기장치자전거		
	원동기장치자전거면허	• 원동기장치자전거		
연습면허	제1종 보통	• 승용자동차 • 승차정원 15명 이하의 승합자동차 • 적재중량 12톤 미만의 화물자동차		
	제2종 보통	• 승용자동차 • 승차정원 10명 이하의 승합자동차 • 적재중량 4톤 이하의 화물자동차		

주 : 1. 자동차 관리법 제30조에 따라 자동차의 형식이 변경 승인되거나 같은 법 제34조에 따라 자동차의 구조 또는 장치가 변경 승인된 경우에는 다음의 구분에 따른 기준에 따라 이 표를 적용한다.

가. 자동차의 형식이 변경된 경우 : 다음의 구분에 따른 정원 또는 중량 기준

(1) 차종이 변경되거나 승차정원 또는 적재중량이 증가한 경우 : 변경 승인 후의 차종이나 승차정원 또는 적재중량

(2) 차종의 변경 없이 승차정원 또는 적재중량이 감소된 경우 : 변경 승인 전의 승차정원 또는 적재중량

나. 자동차의 구조 또는 장치가 변경된 경우 : 변경승인 전의 승차정원 또는 적재중량

2. 별표 9 (주) 제6호 각 목에 따른 위험물 등을 운반하는 적재중량 3톤 이하 또는 적재용량 3,000리터 이하의 화물자동차는 제1종 보통면허가 있어야 운전을 할 수 있고, 적재중량 3톤 초과 또는 적재용량 3,000리터 초과의 화물자동차는 제1종 대형면허가 있어야 운전할 수 있다.

3. 피견인자동차는 제1종 대형면허, 제1종 보통면허 또는 제2종 보통면허를 가지고 있는 사람이 그 면허로 운전할 수 있는 자동차(「자동차관리법」 제3조에 따른 이륜자동차는 제외한다)로 견인할 수 있다.
이 경우 총중량 750kg을 초과하는 피견인자동차를 견인하기 위해서는 견인하는 자동차를 운전할 수 있는 면허와 소형 견인차면허 또는 대형 견인차면허를 가지고 있어야 하고, 3톤을 초과하는 피견인자동차를 견인하기 위해서는 견인하는 자동차를 운전할 수 있는 면허와 대형 견인차면허를 가지고 있어야 한다.

※ 원동기장치자전거 : 자동차관리법 제3조의 규정에 의한 이륜자동차 중 배기량 125cc 이하의 이륜자동차와 50cc 미만의 원동기를 단 차

③ 운전에 해당되지 않는 경우 무면허 적용 여부

instance

내리막길에 주차되어 있는 차량을 무면허 운전자가 운전하려 하자 친구인 차주가 키를 가지고 피했는데 무면허 운전자가 키가 없어 시동을 걸지 못한 채 기기를 조작하다가 Side Brake가 풀려 차가 미끄러져 내려가 사고발생

운전이란 도로에서 차를 그 본래의 사용방법에 따라 사용하는 것으로 사고 장소가 내리막길 인도이므로 도로에는 해당되나 차를 그 본래의 사용 방법에 따라 사용하였는지를 판단하여야 함.

사례의 경우에는 자동차 키를 조작하여 Engine을 작동치 않았으며, 단순히 기기를 조작하다가 Side Brake만 풀은 상황에서 차가 미끄러져 내려갔으므로 그 본래의 사용방법에 따라 사용하였다고 볼 수 없다.

판 례

도로교통법 위반(무면허 운전)죄는 도로교통법 제43조를 위반하여 운전면허를 받지 아니하고 자동차를 운전하는 경우에 성립하는 범죄로, 유효한 운전면허가 없음을 알면서도 자동차를 운전하는 경우에만 성립하는 고의범이다. 교통사고처리 특례법 제3조 제2항 단서 제7호는 도로교통법 위반(무면허 운전)죄와 동일하게 도로교통법 제43조를 위반하여 운전면허를 받지 아니하고 자동차를 운전하는 행위를 대상으로 교통사고 처벌 특례를 적용하지 않도록 하고 있다. 따라서 위 단서 제7호에서 말하는 '도로교통법 제43조를 위반'한 행위는 도로교통법 위반(무면허 운전)죄와 마찬가지로 유효한 운전면허가 없음을 알면서도 자동차를 운전하는 경우만을 의미한다고 보아야 한다. (대법원 2023.06.29. 선고 2021도 17733)

④ 운전면허의 효력 정지(취소) 절차

- 운전면허 정지(취소) 시기

  발급관서의 취소 결정 후 운전면허 정지·취소 처분 통지서를 본인에게 통지하여 도착이 확인된 때

  - 면허취소 과정

취소 결정	➜	통 지	➜	본인확인	➜	면허 효력정지
		↓ 구두통지 불가		↓ 도달원칙적용		

  - 통지가 반송된 경우

도로교통안전협회에서 등기로 발송	➜	주소불명 등 전달불능으로 반송	➜	주소지 관할 경찰서 공고 게시판에 14일간 공고 (통지에 갈음)	➜	면허효력 정지 (취소)

관계법규

도로교통법 시행규칙 제93조 [운전면허 정지·취소 처분 절차]

① 지방경찰청장 또는 경찰서장이 법 제93조의 규정에 의하여 운전면허의 취소 또는 정지처분을 하려는 때에는 별지 제81호 서식의 운전면허 정지·취소 처분 사전통지서를 그 대상자에게 발송 또는 발급하여야 한다. 다만, 그 대상자의 주소 등을 통상적인 방법으로 확인할 수 없거나 발송이 불가능한 경우에는 운전면허 대장에 기재된 그 대상자의 주소지를 관할하는 경찰관서의 게시판에 14일간 이를 공고함으로써 통지를 대신할 수 있다.

② 제1항에 따라 통지를 받은 처분의 상대방 또는 그 대리인은 지정된 일시에 출석하거나 서면으로 이의를 제기할 수 있다. 이 경우 지정된 기일까지 이의를 제기하지 아니한 때에는 이의가 없는 것으로 본다.

③ 지방경찰청장 또는 경찰서장은 법 제93조에 따라 운전면허의 정지 또는 취소 처분을 결정한 때에는 별지 제82호 서식의 운전면허 취소·정지처분결정통지서를 그 처분의 대상자에게 발송 또는 발급하여야 한다. 다만, 그 처분의 대상자가 소재불명으로 통지를 할 수 없는 때에는 운전면허대장에 기재된 그 대상자의 주소지를 관할하는 경찰관서의 게시판에 14일간 이를 공고함으로써 통지를 대신할 수 있다.

도로교통법 제95조 [면허증 반납]

① 운전면허증을 받은 사람이 다음 각 호의 어느 하나에 해당하면 그 사유가 발생한 날부터 7일 이내에 주소지를 관할하는 지방경찰청장에게 운전면허증을 반납하여야 한다.

1. 운전면허 취소 처분을 받은 경우
2. 운전면허 효력 정지 처분을 받은 경우
3. 운전면허증을 잃어버리고 다시 발급받은 후 그 잃어버린 운전면허증을 찾은 경우
4. 연습 운전면허증을 받은 사람이 제1종 보통면허증 또는 제2종 보통면허증을 받은 경우
5. 운전면허증 갱신을 받은 경우

② 경찰 공무원은 제1항을 위반하여 운전면허증을 반납하지 아니한 사람이 소지한 운전면허증을 직접 회수할 수 있다.

③ 지방경찰청장이 제1항제2호에 따라 운전면허증을 반납 받았거나 제2항에 따라 제1항제2호에 해당하는 사람으로부터 운전면허증을 회수하였을 때에는 이를 보관하였다가 정지 기간이 끝난 즉시 돌려주어야 한다.[전문개정 2011.6.8. 〈시행일 2011.12.9〉]

⑤ 적성검사 미필에 대한 처리

- 지방경찰청장은 정기적성검사 또는 운전면허증의 갱신 교부를 받지 아니한 때 정지·취소 처분 전에 기간 만료일로부터 10월이 경과되기 전에 그 대상자에게 운전면허조건부 취소 결정통지서를 발송하여야 한다.[도로교통법 시행규칙 제94조(운전면허 취소 사고 처분 절차의 특례)참조]
- 적성검사 유효기간이 만료되어도 1년 간 유예기간을 주었다가 그 기간이 지나도록 적성검사를 받지 않았을 때 면허가 취소된다.
- 적성검사를 받지 않은 경우 3만원의 과태료 부과

⑥ 연습 운전면허

- 연습 운전면허의 효력

  연습 운전면허는 그 면허를 받은 날로부터 1년간만 효력을 가진다.

- 연습 운전면허를 받은 사람의 준수사항
  - 제1종 및 2종 보통 연습 운전면허를 받은 사람은 사업용 자동차를 운전할 수 없다.
  - 운전연습자 또는 운전연습 지도원은 운전연습이나 운전연습 지도를 하는 때에는 운전연습용 자동차에 "운전연습 표지"를 붙여야 한다.

관계법규

도로교통법 시행규칙 제55조 [연습 운전면허를 받은 사람의 준수 사항]

법 제80조 제2항 제3호에 따른 연습 운전면허를 받은 사람이 도로에서 주행연습을 하는 때에는 다음 각 호의 사항을 지켜야 한다.

① 운전면허(연습하고자 하는 자동차를 운전할 수 있는 운전면허에 한한다)를 받은 날부터 2년이 경과된 사람(소지하고 있는 운전면허의 효력이 정지 기간 중인 사람을 제외한다)과 함께 승차하여 그 사람의 지도를 받아야 한다.

② 여객 자동차 운수사업법 또는 화물자동차 운수사업법에 따른 사업용 자동차를 운전하는 등 주행연습 외의 목적으로 운전하여서는 아니 된다.

③ 주행연습 중이라는 사실을 다른 차의 운전자가 알 수 있도록 연습 중인 자동차에 별표 21의 표지를 붙여야 한다.

• 연습운전면허 취소처분 기준

일련번호	위반사항	내용
1	교통사고	교통사고를 야기한 때
2	술에 취한 상태에서 운전	술에 취한 상태의 기준(혈중알코올 농도 0.03% 이상)을 넘어서 운전을 한 때
3	술에 취한 상태의 측정에 불응한 때	술에 취한 상태에서 운전하거나 술에 취한 상태에 있다고 인정할 만한 상당한 이유가 있음에도 불구하고 경찰 공무원의 측정요구에 불응한 때
4	다른 사람에게 연습운전 중 대여(도난, 분실제외)	• 다른 사람에게 연습운전 증을 대여하여 운전하게 한 때 • 다른 사람의 면허증을 대여 받거나 그 밖의 부정한 방법으로 입수한 면허증으로 운전한 때
5	결격사유에 해당	• 정신병자, 정신미약자, 간질 병자 • 앞을 보지 못하는 사람, 듣지 못하는 사람(제1종 보통 연습 운전면허에 한한다) • 대통령령이 정하는 신체장애인 - 양팔의 팔꿈치 관절 이상을 잃은 사람 - 양팔을 전혀 쓸 수 없는 사람 - 다리, 머리, 척추 그 밖의 신체장애로 인하여 앉아 있을 수 없는 사람 • 마약, 대마, 향정신성 의약품 또는 알코올 중독자
6	허위, 부정수단으로 연습운전면허를 취득한 경우	허위 또는 부정한 수단으로 연습운전면허를 받은 사실이 드러난 때
7	행정처분기간 중인 자동차 운전(무적차량 운전 포함)	운행정지처분 중에 자동차 운전(무적차량운전포함)한 때(고의·과실 불문)
8	자동차를 이용하여 범죄행위를 한 때	• 국가보안법을 위반한 범죄에 이용된 때 • 형법을 위반하여 다음 범죄에 이용한 때 - 살인 및 시체유기에 이용한 때 - 강도, 강간, 방화에 이용된 때 - 유괴·불법감금에 이용된 때
9	다른 사람의 자동차 등을 훔치거나 빼앗은 때	다른 사람의 자동차 등을 훔치거나 빼앗은 때
10	다른 사람을 위하여 운전면허시험에 응시한 때	다른 사람을 부정하게 합격시키기 위하여 운전면허 시험에 응시한 때
11	단속 경찰공무원 등에 대한 폭행	단속하는 경찰공무원 및 시, 군, 구 공무원 등을 폭행한 때
12	준수사항을 위반한 때	• 연습면허로 운전할 수 없는 자동차를 운전한 때 • 제26조의 2제1호 내지 제3호의 각 1의 규정에 위반한 때

⑦ 기타

• 외국인 자국 면허는 자국에서만 유효하며, 국제운전면허증의 유효기간은 다음과 같다.(도교법 개정 공표 2011.12.09)
- 제네바에서 체결된 「도로교통에 관한 협약」에 따른 운전면허증 : 1년
- 비엔나에서 체결된 「도로교통에 관한 협약」에 따른 운전면허증 : 3년
- 국제운전면허증을 외국에서 발급받은 사람은 「여객 자동차 운수사업법」 또는 「화물자동차 운수사업법」에 따른 사업용 자동차를 운전할 수 없다. 다만, 「여객 자동차 운수사업법」에 따른 대여사업용 자동차를 임차하여 운전하는 경우에는 운전이 허용된다.

• SOFA(status of forces agreement, 주한미군 주둔 국 지위 협정) 운전면허로 운전 가능한 자동차 등의 범위
- SOFA 차량
- SOFA 운전면허 소지자의 공무차량(우리나라 관청에 등록, 번호판을 부착하고 운행해야 함)
- 기타 일반 자동차 및 렌터카
- 국내 면허로 교환 불가. 단, SOFA 협정에 의한 군속 등이 외국의 권한 있는 행정청에서 발행한 정식 자동차 운전면허증을 소지한 경우 국내 면허로 교환 가능

SOFA 협정 제24조 제1항

대한민국은 미합중국이나 그 하부 행정기관이 합중국 군대의 구성원, 군속 및 그들의 가족에 대하여 발급한 운전 허가증이나 운전면허증 또는 군의 운전 허가증을 운전시험 또는 수수료를 과하지 아니하고 유효한 것으로 승인한다.

• 긴급자동차 운전 가능 면허

긴급자동차로 지정된 차량(소방 자동차, 구급 자동차, 혈액 공급차량 그밖에 대통령령이 정하는 자동차)은 운행 목적이나 사용형태에 관계없이 상시 대형 1종 면허로 운전하여야 했으나 도로교통법이 개정(2018. 4. 25)되어 긴급자동차로 지정받은 차량이라고 하더라도 그 차량에 해당하는 운전면허로도 운전할 수 있다. 예컨대 승차정원 10인 이하의 긴급자동차(승용 및 승합자동차에 한함)는 제2종 보통면허로 운전 가능하다.

관계법규

도로교통법시행령 제2조 [긴급자동차의 정의][전문개정 2013.6.28.(시행일 2013.12.29)]

① 「도로교통법」(이하 "법"이라 한다) 제2조제22호라목에서 "대통령령으로 정하는 자동차"란 긴급한 용도로 사용되는 다음 각 호의 어느 하나에 해당하는 자동차를 말한다. 다만, 제6호 내지 제11호까지의 자동차는 이를 사용하는 사람 또는 기관 등의 신청에 의하여 지방경찰청장이 지정하는 경우로 한정한다.

1. 경찰용 자동차 중 범죄수사, 교통단속, 그 밖의 긴급한 경찰 업무 수행에 사용되는 자동차
2. 국군 및 주한 국제연합군용 자동차 중 군 내부의 질서 유지나 부대의 질서 있는 이동을 유도(誘導)하는데 사용되는 자동차
3. 수사기관의 자동차 중 범죄수사를 위하여 사용되는 자동차
4. 다음 각 목의 어느 하나에 해당하는 시설 또는 기관의 자동차 중 도주자의 체포 또는 수용자, 보호관찰 대상자의 호송·경비를 위하여 사용되는 자동차
   가. 교도소·소년교도소 또는 구치소
   나. 소년원 또는 소년분류심사원
   다. 보호관찰소
5. 국내외 요인(要人)에 대한 경호업무 수행에 공무(公務)로 사용되는 자동차
6. 전기사업, 가스사업, 그 밖의 공익사업을 하는 기관에서 위험 방지를 위한 응급작업에 사용되는 자동차
7. 민방위 업무를 수행하는 기관에서 긴급 예방 또는 복구를 위한 출동에 사용되는 자동차
8. 도로관리를 위하여 사용되는 자동차 중 도로상의 위험을 방지하기 위한 응급 작업에 사용되거나 운행이 제한되는 자동차를 단속하기 위하여 사용되는 자동차
9. 전신·전화의 수리 공사 등 응급 작업에 사용되는 자동차

10. 긴급한 우편물의 운송에 사용되는 자동차

11. 전파감시업무에 사용되는 자동차

② 제1항 각 호에 따른 자동차 외에 다음 각 호의 어느 하나에 해당하는 자동차는 긴급자동차로 본다.

1. 제1항제1호에 따른 경찰용 긴급자동차에 의하여 유도되고 있는 자동차
2. 제1항제2호에 따른 국군 및 주한 국제연합군용의 긴급자동차에 의하여 유도되고 있는 국군 및 주한 국제연합군의 자동차

③ 생명이 위급한 환자 또는 부상자나 수혈을 위한 혈액을 운송 중인 자동차

도로교통법 제29조 [긴급자동차의 우선 통행]

① 긴급자동차는 제13조제3항에도 불구하고 긴급하고 부득이한 경우에는 도로의 중앙이나 좌측 부분을 통행할 수 있다.

② 긴급자동차는 이 법이나 이 법에 따른 명령에 따라 정지하여야 하는 경우에도 불구하고 긴급하고 부득이한 경우에는 정지하지 아니할 수 있다.

③ 긴급자동차의 운전자는 제1항이나 제2항의 경우에 교통안전에 특히 주의하면서 통행하여야 한다.

④ 모든 차의 운전자는 교차로나 그 부근에서 긴급자동차가 접근하는 경우에는 교차로를 피하여 도로의 우측 가장자리에 일시정지하여야 한다. 다만, 일방통행으로 된 도로에서 우측 가장자리로 피하여 정지하는 것이 긴급자동차의 통행에 지장을 주는 경우에는 좌측 가장자리로 피하여 정지할 수 있다.

⑤ 모든 차의 운전자는 제4항에 따른 곳 외의 곳에서 긴급자동차가 접근한 경우에는 긴급자동차가 우선 통행할 수 있도록 진로를 양보하여야 한다〈개정 2016.12.2.〉.

⑥ 제2조제22호 각 목의 자동차 운전자는 해당 자동차를 그 본래의 긴급한 용도로 운행하지 아니하는 경우에는 「자동차관리법」에 따라 설치된 경광등을 켜거나 사이렌을 작동하여서는 아니 된다. 다만, 대통령령으로 정하는 바에 따라 범죄 및 화재 예방 등을 위한 순찰 훈련 등을 실시하는 경우에는 그러하지 아니하다.〈시행일 2016.7.28.〉

도로교통법 제30조 [긴급자동차의 특례]

긴급자동차에 대하여는 다음 각 호의 사항을 적용하지 아니한다.

1. 제17조에 따른 자동차 등의 속도 제한. 다만, 제17조에 따라 긴급자동차에 대하여 속도를 제한한 경우에는 같은 조의 규정을 적용한다.
2. 제22조에 따른 앞지르기의 금지
3. 제23조에 따른 끼어들기의 금지

• 건설기계 면허

국토 교통부령으로 정하는 건설기계를 조정하려는 사람은 「도로교통법」제80조에 따른 운전면허로 운전하여야 한다.

- 덤프트럭
- 아스팔트 살포기
- 노상 안정기
- 콘크리트 믹서 트럭
- 콘크리트 펌프
- 천공기(트럭 적재식)
- 콘크리트믹서 트레일러
- 아스팔트 콘크리트 재생기
- 도로 보수 트럭
- 3t 이상의 지게차

기타 건설기계는 건설기계 조종사 면허로 운전해야 된다.

8) 주취·약물복용 운전 중 사고

① 운전의 개념

"운전"이란 도로에서 차를 그 본래의 사용방법에 따라 사용하는 것을 말한다.

② 음주 운전의 정의

도로교통법 제44조(술에 취한 상태에서의 운전 금지)에서 규정한 주취 한계치(혈중 알코올농도 0.03%) 이상의 술을 마신 상태에서 운전하는 것을 의미하며, 여기에서 운전이라 함은 도로 및 도로 이외의 장소에서 자동차를 그 본래의 사용방법에 따라 사용하는 것을 말한다.

관계법규

도로교통법 제44조 [술에 취한 상태에서의 운전 금지]

① 누구든지 술에 취한 상태에서 자동차 등(「건설기계관리법」제26조 제1항 단서에 따른 건설기계 외의 건설기계를 포함한다. 이하 이 조, 제45조, 제47조, 제93조 제1항 제1호부터 제4호까지 및 제148조의 2에서 같다)을 운전하여서는 아니된다.

② 경찰 공무원은 교통의 안전과 위험 방지를 위하여 필요하다고 인정하거나 제1항을 위반하여 술에 취한 상태에서 자동차 등을 운전하였다고 인정할 만한 상당한 이유가 있는 경우에는 운전자가 술에 취하였는지를 호흡 조사로 측정할 수 있다. 이 경우 운전자는 경찰 공무원의 측정에 응하여야 한다.〈시행일 2015.7.1.〉

③ 제2항에 따른 측정 결과에 불복하는 운전자에 대하여는 그 운전자의 동의를 받아 혈액 채취 등의 방법으로 다시 측정할 수 있다.

④ 제1항에 따라 운전이 금지되는 술에 취한 상태의 기준은 운전자의 혈중 알코올 농도가 0.03% 이상인 경우로 한다.〈시행일 2019.6.25〉

도로교통법 제45조 [과로한 때 등의 운전 금지]

자동차 또는 노면전차 등의 운전자는 제44조에 따른 술에 취한 상태 외에 과로, 질병 또는 약물(마약, 대마 및 향정신성의약품과 그 밖에 안전행정 부령으로 정하는 것을 말한다. 이하 같다)의 영향과 그 밖의 사유로 정상적으로 운전하지 못할 우려가 있는 상태에서 자동차 등을 운전하여서는 아니 된다.〈시행일 2019.3.28〉

도로교통법 시행규칙 제28조 [운전이 금지되는 약물의 종류]

법 제45조에 따라 자동차 등의 운전자가 그 영향으로 인하여 운전이 금지되는 약물은 흥분·환각 또는 마취의 작용을 일으키는 유해화학물질로서 「화학물질관리법 시행령」 제11조에 따른 환각물질로 한다.〈시행일 2019.3.28.〉

유해화학물질 관리법 시행령 제11조 [환각물질]

법 제22조제1항에서 "대통령령으로 정하는 물질"이란 다음 각 호의 어느 하나에 해당하는 물질을 말한다.

1. 톨루엔, 초산에틸 또는 메틸알코올
2. 제1호의 물질이 들어 있는 시너(도료의 점도를 감소시키기 위하여 사용되는 유기용제를 말한다), 접착제, 풍선류 또는 도료
3. 부탄가스

9) 보도침범·통행방법 위반 사고

① 보도침범사고의 개념

보도침범 사고란 도로교통법 제13조 제1항의 규정에 위반하여 보도가 설치된 도로의 보도를 침범하거나 같은 법 제13조제2항에 따른 보도 횡단 방법을 위반하여 운전한 경우로서, 여기에서 보도라 함은 연석선, 안전표지, 그 밖의 이와 비슷한 공작물 등으로 그 경계를 표시하여 보행자의 통행에 사용하도록 된 도로의 부분을 말한다.

예 차량 견인 중 피견인 차량이 분리되어 인도로 돌진, 보행자를 충격한 사고는 보도침범사고에 해당하지 않는다.

관계법규

교통사고처리특례법 제3조 제9호 [처벌의 특례, 보도침범·통행방법 위반 사고]

도로교통법 제13조 제1항의 규정에 위반하여 보도가 설치된 도로의 보도를 침범하거나 동법 제13조 제2항의 규정에 의한 보도 통행방법에 위반하여 운전한 경우

도로교통법 제13조 제1·2항 [차마의 통행]

1. 차마의 운전자는 보도와 차도가 구분된 도로에서는 차도로 통행하여야 한다. 다만, 도로 외의 곳으로 출입할 때에는 보도를 횡단하여 통행할 수 있다.
2. 제1항 단서의 경우 차마의 운전자는 보도를 횡단하기 직전에 일시정지하여 좌측과 우측 부분 등을 살핀 후 보행자의 통행을 방해하지 아니하도록 횡단하여야 한다.

② 보도침범·통행방법 위반 사고의 성립요건

- 장소적 요건

보·차도가 구분된 도로의 보도 내에서 사고(보·차도 구분 없는 도로는 제외)가 발생되어야 한다.

- 피해자적 요건

보도를 보행 중인 피해자가 치상 사고를 당해야 된다.

예 자전거(이륜차)를 타고 가던 중 사고는 제차로 처리

- 운전자 과실

고의적, 의도적, 현저한 부주의가 있으면 해당된다(불가항력, 만부득이한 과실은 제외).

- 시설물

보도 설치 권한이 있는 행정관서에서 설치하여 관리 중인 보도를 침범하여야 한다(학교·아파트단지 등 특정구역 내부의 소통과 안전을 목적으로 설치된 보도의 경우는 제외).

10) 승객 추락방지 의무위반 사고

① 개념

운전자의 승객 추락방지 의무위반과 승객 추락으로 인한 상해 발생 간에 인과관계가 성립되는 것을 말한다.

관계법규

교통사고처리특례법 제3조 제2항 제10호 [처벌의 특례, 승객 추락방지의 의무 위반]

도로교통법 제39조 제2항의 규정에 의한 승객의 추락방지 의무를 위반하여 운전한 경우

도로교통법 제39조 제3항 [승차 또는 적재의 방법과 제한]

모든 차의 운전자는 운전 중 타고 있는 사람 또는 타고 내리는 사람이 떨어지지 아니하도록 하기 위하여 문을 정확히 여닫는 등 필요한 조치를 하여야 한다.

② 승객 추락 방지의무 위반 사고의 성립요건

- 자동차 요건

  승합, 승용, 화물, 건설기기 등 자동차에만 적용(이륜, 자전거 등은 제외)

- 피해자 요건

  탑승 승객이 승하차 중 개문된 상태로 발차하여 승객이 추락 피해를 입은 경우(적재했던 화물의 추락 사고는 제외)

- 운전자 과실

  차의 문이 열려있는 상태로 발차한 행위(차량 정차 중 사고는 제외)

11) 어린이 보호구역 내 사고

① 개념

교통사고의 위험으로부터 어린이를 보호하기 위하여 특정 시설의 주변 도로 가운데 일정구간을 어린이 보호구역으로 지정하여 차의 통행을 제한하거나 금지하는 등의 조치를 하는 것으로서, 어린이 보호구역에서 도로교통법 제12조 제1항[어린이 보호구역의 지정 및 관리]에 따른 조치를 준수하고, 어린이의 안전에 유의하면서 운전하여야 할 의무를 위반하여 어린이의 신체를 상해에 이르게 한 경우를 말한다.

관계법규

교통사고처리특례법 제3조 제2항 제11호 [처벌의 특례, 어린이 보호구역 내 안전운전의무]

도로교통법 제12조 제3항에 따른 어린이 보호구역에서 같은 조 제1항에 따른 조치를 준수하고 어린이의 안전에 유의하면서 운전하여야 할 의무를 위반하여 어린이의 신체를 상해에 이르게 한 경우

도로교통법 제12조 제1항 [어린이 보호구역의 지정 및 관리]

시장 등은 교통사고의 위험으로부터 어린이를 보호하기 위하여 필요하다고 인정하는 경우에는 다음 각 호의 어느 하나에 해당하는 시설의 주변 도로 가운데 일정 구간을 어린이 보호구역으로 지정하여 자동차 등의 통행속도를 시속 30km 이내로 제한할 수 있다.〈시행일 2016.1.25〉

1. 「유아교육법」제2조에 따른 유치원, 「초·중등교육법」제38조 및 제55조에 따른 초등학교 또는 특수학교
2. 「영유아보육법」제10조에 따른 어린이집 가운데 행정자치부령으로 정하는 어린이집
3. 「학원의 설립·운영 및 과외교습에 관한 법률」제2조에 따른 학원 가운데 행정자치부령으로 정하는 학원

도로교통법 제12조 제3항

차마의 운전자는 어린이 보호구역에서 제1항에 따른 조치를 준수하고 어린이의 안전에 유의하면서 운행하여야 한다.〈시행일 2011.12.09〉

12) 화물 적재 방법 위반사고(도로교통법 제39조제4항)

모든 차의 운전자는 운전 중 실은 화물이 떨어지지 않도록 덮개를 씌우거나 묶는 등 확실하게 고정될 수 있도록 필요한 조치를 하지 않은 시설과 교통사고발생 간에 인과관계가 성립되는 것을 말한다.

관계법규

도로교통법 제39조제4항 [승차 또는 적재의 방법과 제한]

모든 차의 운전자는 운전 중 실은 화물이 떨어지지 아니하도록 덮개를 씌우거나 묶는 등 확실하게 고정될 수 있도록 필요한 조치를 하여야 한다.〈시행일 2017.12.3〉

4 사망·도주(뺑소니)사고

1) 사망사고

① 사망의 개념

사망은 맥박이 멈춰있는 경우를 말하며 교통사고에서는 행정적으로 사고에 기인하여 72시간 이내 사망한 경우를 말한다.[도로교통법 시행규칙 제91조(운전면허의 취소·정지 처분 등), 별표 28 참조]

2) 도주(뺑소니)·미신고사고

① 도주(뺑소니)의 성립요건

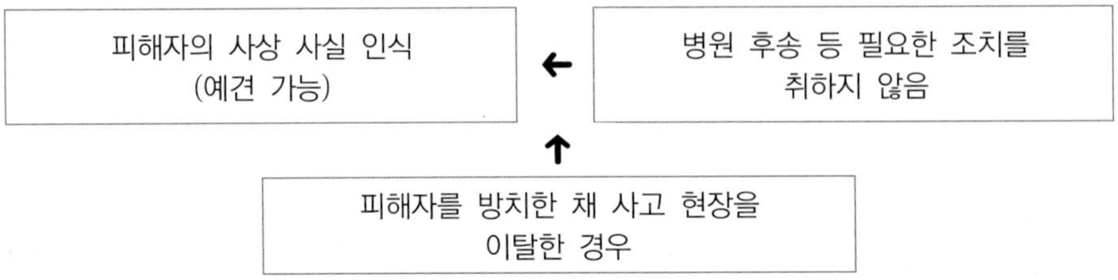

관계법규

도로교통법 제54조 [사고발생 시의 조치]

① 차의 운전 등 교통으로 인하여 사람을 사상하거나 물건을 손괴(이하 "교통사고" 라 한다)한 경우에는 그 차의 운전자나 그 밖의 승무원(이하 "운전자 등" 이라 한다)은 즉시 정차하여 다음 각 호의 조치를 하여야 한다. 〈시행일 2017.6.3.〉

1. 사상자를 구호하는 등 필요한 조치
2. 피해자에게 인적 사항(성명·전화번호·주소 등을 말한다. 이하 제148조 및 제156조제10호에서 같다) 제공

② 제1항의 경우 그 차의 운전자 등은 경찰 공무원이 현장에 있을 때에는 그 경찰 공무원에게, 경찰 공무원이 현장에 없을 때에는 가장 가까운 국가경찰관서(지구대, 파출소 및 출장소를 포함한다. 이하 같다)에 다음 각 호의 사항을 지체 없이 신고하여야 한다. 다만, 차만 손괴 된 것이 분명하고 도로에서의 위험 방지와 원활한 소통을 위하여 필요한 조치를 한 경우에는 그러하지 아니하다.〈시행일 2017.6.3.〉

1. 사고가 일어난 곳
2. 사상자 수 및 부상 정도
3. 손괴한 물건 및 손괴 정도
4. 그 밖의 조치사항 등

③ 제2항에 따라 신고를 받은 국가경찰관서의 경찰공무원은 부상자의 구호와 그 밖의 교통위험 방지를 위하여 필요하다고 인정하면 경찰 공무원(자치 경찰 공무원은 제외한다)이 현장에 도착할 때까지 신고한 운전자등에게 현장에서 대기할 것을 명할 수 있다.

④ 경찰 공무원은 교통사고를 낸 차의 운전자 등에 대하여 그 현장에서 부상자의 구호와 교통안전을 위하여 필요한 지시를 명할 수 있다.

⑤ 긴급자동차, 부상자를 운반 중인 차 및 우편물 자동차 등의 운전자는 긴급한 경우에는 동승자로 하여금 제1항에 따른 조치나 제2항에 따른 신고를 하도록 하고 운전을 계속할 수 있다.

⑥ 경찰 공무원(자치 경찰 공무원은 제외한다)은 교통사고가 발생한 경우에는 대통령령으로 정하는 바에 따라 필요한 조사를 하여야 한다.〈시행일 2011.12.9〉

도로교통법 제148조 [벌칙]

제54조제1항에 따른 교통사고발생 시의 조치를 하지 아니한 사람(주·정차된 차만 손괴한 것이 분명한 경우에 제54조제1항제2호에 따라 피해자에게 인적 사항을 제공하지 아니한 사람은 제외한다)은 5년 이하의 징역이나 1천500만원 이하의 벌금에 처한다.〈시행일 2017.6.3〉

도로교통법 제156조 [벌칙]

다음 각 호의 어느 하나에 해당하는 사람은 20만원 이하의 벌금이나 구류 또는 과료에 처한다.〈시행일 2017.6.3〉

10. 주정차된 차만 손괴한 것이 분명한 경우에 제54조 제1항 제2호에 따라 피해자에게 인적 사항을 제공하지 아니한 사람

② 사고처리 절차

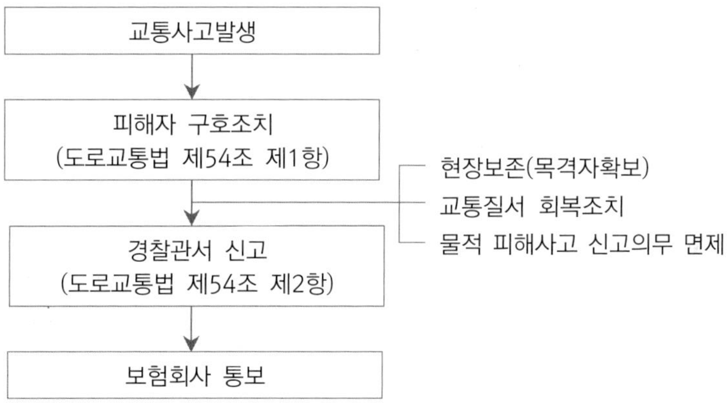

③ 신고 불이행(미신고·지연신고) 사고

피해자의 구호 및 교통질서의 회복을 위한 경찰관의 조직적인 조치가 필요한 상황일 경우 신고의무 발생(도로교통법 제54조 제2항, 교통사고 신고의무)

4 자동차 손해배상보장법상 불법행위

① 자동차 손해배상보장법의 제정 목적

자동차 사고로 인한 손해배상 제도에 관한 특별법인 자배법은 자동차 운행이란 사회적 위험성이 큰 요소로 인하여 발생하는 인적 손해의 배상 책임을 그 운행자에게 용이하게 귀속시킴으로써 피해자를 보호하고, 자동차 측의 배상능력을 확보(책임 보험·공제·보장사업 제도화)함으로써 자동차 운송의 건전한 발전을 도모하기 위한 것이다.

1) 구조

① 총칙(자동차 손해배상보장법 제1조~제4조)

목적, 용어의 정리, 자동차손해배상책임, 민법의 적용

② 손해배상을 위한 보험 가입(제5조~제14조)

보험 가입 의무자, 미가입자에 대한 조치, 운행의 금지, 보험 가입 증명서, 발급청구, 보험금 등의 청구, 피해자에 대한 가불금, 자동차보험 진료수가의 청구 및 지급, 진료 기록의 열람 등

관계법규

자동차손해배상보장법 제5조 [보험 등의 가입 의무]

① 자동차 보유자는 자동차의 운행으로 다른 사람이 사망하거나 부상한 경우에 피해자(피해자가 사망한 경우에는 손해배상을 받을 권리를 가진 자를 말한다. 이하 같다)에게 대통령령으로 정하는 금액을 지급할 책임을 지는 책임보험이나 책임공제(이하 "책임보험 등"이라 한다)에 가입하여야 한다.

② 자동차 보유자는 책임보험 등에 가입하는 것 외에 자동차의 운행으로 다른 사람의 재물이 멸실되거나 훼손된 경우에 피해자에게 대통령령으로 정하는 금액을 지급할 책임을 지는 「보험업법」에 따른 보험이나 「여객 자동차 운수사업법」, 「화물자동차 운수사업법」 및 「건설기계관리법」에 따른 공제에 가입하여야 한다.

③ 다음 각 호의 어느 하나에 해당하는 자는 책임보험 등에 가입하는 것 외에 자동차 운행으로 인하여 다른 사람이 사망하거나 부상한 경우에 피해자에게 책임보험 등의 배상 책임한도를 초과하여 대통령령으로 정하는 금액을 지급할 책임을 지는 「보험업법」에 따른 보험이나 「여객 자동차 운수사업법」, 「화물자동차 운수사업법」 및 「건설기계관리법」에 따른 공제에 가입하여야 한다.

1. 「여객 자동차 운수사업법」 제4조제1항에 따라 면허를 받거나 등록한 여객 자동차 운송사업자

2. 「여객 자동차 운수사업법」제28조 제1항에 따라 등록한 자동차 대여사업자
3. 「화물자동차 운수사업법」제3조 및 제29조에 따라 허가를 받은 화물자동차 운송 사업자 및 화물자동차 운송가맹사업자
4. 「건설기계관리법」제21조제1항에 따라 등록한 건설기계 대여업자

④ 제1항 및 제2항은 대통령령으로 정하는 자동차와 도로(「도로교통법」제2조 제1호에 따른 도로를 말한다. 이하 같다)가 아닌 장소에서만 운행하는 자동차에 대하여는 적용하지 아니한다.

⑤ 제1항의 책임보험 등과 제2항 및 제3항의 보험 또는 공제에는 각 자동차별로 가입하여야 한다.

③ 자동차보험 진료수가 기준 및 분쟁 조정(제15조~제23조)

자동차보험 진료수가, 진료수가분쟁심의회, 진료수가의 심사청구, 심사·결정 절차, 심사결정의 효력, 심의회의 권한, 위법사실의 통보, 심의회 운영에 대한 점검

④ 책임보험 등 사업(제24조~제29조)

책임보험 등 계약의 체결 의무, 보험계약의 해제, 강제보험 등 계약의 승계, 책임보험 등 사업의 구분경리, 사전협의, 보험금 등의 지급 등

⑤ 자동차 사고 피해 지원 사업(제30조~제39조)

보장 사업의 규정, 다른 법률에 의한 배상 등과의 조정, 보장사업 분담금, 청구권의 대위 등

⑥ 자동차 손해배상 진흥원(제39조의3~제39조의 10, 시행일 2015. 12. 23)

자동차 손해배상 진흥원의 설립, 업무 등

⑦ 보칙(제40조~제45조)

압류 등의 금지, 시효, 미가입자에 대한 등록증 처분의 금지, 검사·질문, 권한의 위임, 권한의 위탁 등

⑧ 벌칙(제46조~제49조)

벌칙, 양벌규정, 과태료

⑨ 범칙 행위에 관한 처리의 특례(제50조~제53조. 시행일 2015. 12. 23)

통칙, 통고처분, 범칙금의 납부, 통고처분의 효과 등

② 손해배상 책임의 주체

관계법규

자동차손해배상보장법 제3조 [자동차 손해배상책임]

자기를 위하여 자동차를 운행하는 자는 그 운행으로 다른 사람을 사망하게 하거나 부상하게 한 경우에는 그 손해를 배상할 책임을 진다. 다만, 다음 각 호의 어느 하나에 해당하면 그러하지 아니하다.

1. 승객이 아닌 자가 사망하거나 부상한 경우에 자기와 운전자가 자동차의 운행에 주의를 게을리 하지 아니하였고, 피해자 또는 자기 및 운전자 외의 제3자에게 고의 또는 과실이 있으며, 자동차의 구조상의 결함이나 기능상의 장해가 없었다는 것을 증명한 경우
2. 승객이 고의나 자살행위로 사망하거나 부상한 경우

1) 배상 책임의 주체(운행자)

① 운행자의 개념

자기를 위하여 자동차를 운행하는 자, 즉 사회통념상 당해 자동차에 대한 운행을 지배하여 그 이익을 향수하는 책임주체로서의 지위에 있다고 할 수 있는 자를 말한다.

② 구별해야 할 개념

- 보유자

자동차의 소유자 또는 자동차를 사용할 권리가 있는 자로서 자기를 위하여 자동차를 운행하는 자를 말한다(운행자는 보유자와 같은 정당한 권리를 갖고 있지 않은 무단운전자, 절취운전자도 자기를 위하여 자동차를 운행하는 자에 포함되어 결국 보유자 보다 범위가 넓은 개념임).

- 운전자

타인을 위하여(즉, 자동차 사용에 있어서의 지배권과 그로 인한 이익이 타인에게 귀속되는 것을 의미) 자동차의 운전 또는 운전의 보조에 종사하는 자를 말한다.

③ 보유자 책임의 구체적 검토

- 절취 운전

차량 보유자와 아무런 인적관계가 없는 제3자가 보유자의 의사에 반하여 운전하는 것을 말한다.

절취 운전의 경우 자동차 보유의 운행자성 인정기준

원칙적으로 자동차를 절취 당하였을 때 특별한 사정이 없는 한 운행지배와 운행이익을 잃어버렸다고 보아야 한다.

- 무단운전

보유자와 친인척, 고용관계 등 일정한 인적관계에 있는 자가 보유자의 의사에 반하여 운전하는 것을 말한다. 차량 보유자는 무단 운행 당시 운행자로서의 지위, 즉 운행지배와 운행이익을 상실하였다는 특별한 사정을 주장, 입증하지 못하는 한 운행자 책임을 부담하게 된다.

- 명의대여

일반적으로 차량을 등록할 때 단순히 명의를 빌려준 것에 불과한 자는 실질적인 소유권 또는 사용권을 갖지 않으므로 운행자 책임을 부담하지 않는다.

명의 대여자에게 운행자책임을 지우기 위해서는 지휘감독관 계 혹은 사업협동 관계 등 실질 관계를 따져 사회통념상 명의대여자가 차량에 대하여 운행지배 내지 운행 이익을 가지고 있음이 인정되어야 한다(통상 아무런 이익 없이 단순히 차량의 명의만을 대여하는 경우가 드물다는 점에서 일단 대여된 명의는 이러한 실질 관계의 존재를 추인하는 하나의 징표가 될 수 있다).

- 명의 잔존

매매 또는 증여 등에 의하여 자동차의 실질적인 소유권을 넘겼음에도 불구하고 등록명의 이전 절차가 종료되지 않음으로써 등록 원부에 매도인의 소유로 남아 있는 경우를 말한다. 법원에서는 매매 대금의 완납여부와 매도인과 매수인 사이의 실질 관계를 고려하여 운행자 책임을 인정하고 있다.

- 자동차 취급업자(세차업자, 정비업자, 보관업자, 자동차 매매 업자 등)

자동차 정비업자, 대리운전업자. 세차업자, 급유업자, 주차장업자 등도 각기 계약에 의하여 제한된 범위 내에서 위탁받은 자동차를 사용할 수 있으므로 보유자로 보는 것이 상당하다. 문제는 차량 소유자(의뢰자)에게 운행자성이 있느냐의 문제인데 의뢰자는 위탁한 때로부터 특단의 사정이 없는 한 그 자동차에 대한 운행지배를 잃고 취급업자에게 운행지배가 넘어가므로 취급업자만이 운행자 책임을 부담한다(다만, 차량이 인도된 경우에 있어서도 의뢰자측이 차량의 운행 상황에 대하여 지도할 수 있는 「특별한 사정」이 있는 경우 의뢰자에게도 운행자 책임이 인정된다).

2) 운행

① 운행의 정의

사람 또는 물건의 운송 여부에 관계없이 자동차를 그 용법에 따라 사용하는 것을 말한다.

② 운행의 개념에 관한 학설

• 원동기설

당해장치를 원동기장치로 보아 운행이란 원동기에 의하여 육상을 이동하는 것으로 해석

• 주행장치설

원동기장치에 중점을 두지만 원동기장치 이외의 조향장치 및 제동장치, 주행장치 등도 포함한 각종 장치의 조정에 의하여 육상을 이동하는 것으로 해석

• 고유장치설(통설, 판례)

자동차의 구조상 설치되어 있는 각 장치를 당해 장치로 해석하고 이러한 장치를 사용하던 중 사고는 운행 중 사고로 해석

※ 주차자체를 운행으로 볼 것인지는 문제임

• 차고 출입설

자동차가 차고를 출발하여 다시 차고에 들어갈 때까지의 일련의 운전 행위, 즉 그것이 운행 중의 한 태양으로 보이는 한 운행으로 해석

③ 운행기인성(인과관계)

"운행"과 "타인의 생명 또는 신체의 사상"사이에 상당 인과관계가 있어야 한다.

• 운행으로 볼 수 있는 유형

- 주행의 전후 단계로서 주정차 상태에서 문을 열고 닫는 등 각종 부수적인 장치를 사용하는 행위(대법원 94. 05. 23. 선고93다 59595)
- 주차한 화물차의 적재함에 목재를 적재하는 행위(대법원 93. 04. 27. 선고 92다 8101)
- 로프에 의해 타 자동차로 견인되어 주행하고 있는 경우

• 운행으로 볼 수 없는 경우

자동차를 도로에서 끌어내 길 옆 잔디밭에 주차시키고 잠을 자다가 자동차가 미끄러져 내려가 물에 빠져 익사한 사고는 운행 중 사고가 아니다.(대법원 94. 4. 29. 선고93다 55180)

④ **비접촉 사고**

피해자와 자동차 간에 직접 접촉 없이 피해자가 사상된 경우에는 원칙적으로 사고와 사상과의 사이에 인과관계가 없으나, 단지 접촉사고에 못지않게 자동차 운전자가 통상 요구되는 주의의무를 다하지 못하여 운전자에게 과실이 있는 경우에만 상당 인과관계가 있다고 본다.

❸ 손해배상 책임의 주체(타인성)

1) 개념

자배법에서 「타인」이라 함은 보유자와 운전자(운전보조자 포함)를 제외한 자로서, 보유자에 대하여 손해배상을 청구할 수 있는 사람을 말한다.

2) 유형

① **공동 운행자**

- 의의
  - 자동차가 여러 사람에 의해 운행되고 있는 경우 그들을 공동 운행자라 한다.
  - 「타인」중에 운행자가 포함되지 않는다는 일반적 정의에 따른다면 공동운행자의 1인이 피해자가 된 경우 그는 「타인」으로부터 제외된다. 그러나 공동 운행자라고 하더라도 그 운행목적, 운행경비, 이익의 분담관계 등의 차이에 따라 여러 형태가 있고 공동 운행자 중 1인이 피해를 입은 경우 타 공동 운행자에 대한 관계에 있어서는 타인으로서 보호받을 여지가 있다.
- 공동 운행자의 「타인성」인정기준
  - 직접적, 현재적, 구체적인 경우 : 타인성 배제
  - 간접적, 추상적인 경우 : 타인성 인정
  - 판단요소 : 운행, 목적, 운행 경비, 이익 분담 관계

② **운전자 및 운전보조자**

- 타인(운행자, 보유자)을 위함과 동시에 자기도 위한 경우
  타인성 배제

• 현실적으로 운전하지 않는 경우
  - 원칙 : 타인성 인정
  - 예외 : 법령상, 직무상 임무에 위반하여 타인에게 운전을 위탁한 경우
  ※ 타인성 배제

❹ 면책요건(자배법 제3조 단서조항)

입증책임의 전환 : 피해자 → 가해자

1) 피해자가 승객 이외의 자인 경우

운행자는

① 자기 및 운전자가 자동차의 운행에 관하여 주의를 게을리하지 않았을 것
② 피해자 또는 자기 및 운전자 이외의 제3자에게 고의 또는 과실이 있을 것
③ 자동차의 구조상의 결함 또는 기능에 장애가 없었다는 것을 증명할 것

2) 피해자가 승객인 경우

승객의 고의 또는 자살행위를 입증하여야 한다.

❺ 자배법의 효과

1) 운행자 책임주의 확립(자배법 제3조)

면책요건을 모두 입증하지 못하는 한 운행자의 배상 책임 발생(조건부 무과실 책임 주의)

2) 손해배상의 범위

손해배상의 범위, 방법, 과실상계, 배상액의 경감 등은 민법을 적용한다.

| 민법상 불법행위와의 차이점 |

구분	민법	자배법
책임 원칙	과실책임주의	조건부 무과실 책임주의
입증 책임	손해배상청구권자	가해자
배상책임의 주체	불법행위자, 사용자 등	운행자
적용범위	대인·대물사고	대인·대물사고
법 적용 순위	일반법	특별법(우선적용)

| 자동차 손해배상 보장법 개정내용 |

구분	현행	시행일
자기부담금제도 확대	·음주운전(피해자 1인당) (대인Ⅰ: 1억5천·만원, 대인Ⅱ:1억 원) ·음주사고(사고 1건당 대물) 의무가입(2천만 원) : 2천만 원, 임의가입(2천만 원 초과) : 5천만 원	2022. 07. 28. 책임개시 건부터

02 연습문제

선택형

01 다음은 교통사고처리특례법상 중앙선 침범에 관한 설명이다. 틀린 것은?

① 빗길 또는 눈길에 미끄러지며 중앙선을 침범하여 마주 오는 차량과 충돌한 사고는 중앙선 침범으로 처리된다.
② 주차된 차량을 피해 가기 위해 부득이 중앙선을 침범하여 마주 오는 차량과 충돌한 사고는 중앙선 침범으로 처리된다.
③ 정차된 차량을 피해 가기 위해 중앙선을 침범하였다가 마주 오는 차량이 있어 다시 본 차선으로 복귀 중 후속하던 뒤 차량과 충돌한 사고는 중앙선 침범으로 처리된다.
④ 후진하여 중앙선을 넘었다가 다시 진행차선으로 복귀하다가 후속하던 뒤 차량과 충돌한 사고는 중앙선 침범으로 처리된다.

02 교통사고 시 대처요령에 대한 설명 중 틀린 것은?

① 우선적으로 피해자를 구호하여야 한다.
② 사고 현장을 확인할 수 있도록 스프레이 등으로 차량 위치를 표시한다.
③ 차량이 제힘으로 움직일 수 있는 경우에는 교통소통에 방해가 되지 않도록 사고 차량을 도로변으로 신속히 이동시킨다.
④ 가까운 경찰서에만 신고하면 보험회사에 자동적으로 통보가 되므로 경찰서에 신속히 사고신고를 한다.

01 ① 02 ④

03 경찰서 신고요령에 대한 설명 중 틀린 것은?

① 사고 신고는 사고발생 후 3시간 이내에 하여야 한다.
② 사고 신고는 사고 장소에서 가까운 관내 경찰관서로 한다.
③ 가급적 사고 운전자가 직접 신고하여야 하나 부득이한 경우 운전자 측 대리인이 하면 된다.
④ 꼭 피해자와 같이 신고하러 갈 필요는 없다.

04 가벼운 접촉사고 시 가해자의 처리요령에 대한 설명 중 틀린 것은?

① 경미한 접촉사고라도 경찰서에 신고하여야 보험처리를 받을 수 있다.
② 운전면허증이나 등록증을 함부로 건네지 말아야 한다.
③ 피해 차량의 견적은 가능한 양측이 동행하여 받는 것이 좋다.
④ 대차료, 영업손실 금액 등도 가해자 측에서 부담해야 한다.

05 인사사고 시 피해자의 대처요령에 대한 설명 중 틀린 것은?

① 가해자 측의 호의적인 태도에 감격하여 가해자 측에 유리하도록 허위진술을 하여서는 안 된다.
② 가해차량이 도주했을 때에는 차종, 차량 운전자의 인상착의 등을 경찰관에게 자세히 알려주고 수사를 의뢰한다.
③ 가해차량의 보험 가입 여부 및 보험가입회사를 확인한다.
④ 가해 운전자가 사망 시에는 보험처리를 받을 수 없게 되므로 유의해야 한다.

06 다음 설명 중 틀린 것은?

① 고의는 결과 발생을 인식하지 못했다는 것이고, 과실은 결과 발생을 인식하고 있었다는 것이다.
② 고의·과실에 대한 입증책임은 불법행위의 성립을 주장하는 피해자에게 있다.
③ 가해자가 손해배상책임을 지기 위해서는 책임능력이 있어야 한다.
④ 일정한 결과가 발생하리라는 것을 알면서 감히 어떠한 행위를 하는 심리상태를 '고의'라고 한다.

03 ① 04 ① 05 ④ 06 ①

07 불법행위에 대한 설명 중 틀린 것은?

① 불법행위는 법률질서를 깨트리는 행위를 의미한다.
② 자동차 사고로 사람을 죽게 하거나 다치게 하는 행위는 불법행위이다.
③ 불법행위를 저지른 자는 피해자에게 재산상의 손해를 전부 물어주게 되면 형사책임을 지지 않는다.
④ 불법행위는 손해배상책임의 발생 원인이 된다.

08 통행 우선순위에 대한 설명 중 틀린 것은?

① 신호등 없는 교차로에서는 선진입 차량이 우선한다.
② 신호등 없는 교차로에서는 우측 도로 통과 차량보다 넓은 도로 통과 차량이 우선이다.
③ 우회전하기 위해 진로 변경한 차량보다 직진하는 차량이 우선한다.
④ 신호등 없는 교차로에서 우선순위 중 1순위 차량은 통행 우선순위 차량이다.

09 도로교통법 상 연습 운전면허를 받은 사람의 준수 사항에 대한 설명 중 틀린 것은?

① 자동차 운수사업 법에서 규정한 사업용 자동차를 운전하거나 주행연습 외의 목적으로 운전하여서는 안 된다.
② 운전면허를 받은 날로부터 2년이 경과된 사람과 함께 타서 그의 지도를 받아야 한다.
③ 주행연습 중이라는 사실을 다른 차의 운전자가 알 수 있도록 연습 중인 자동차에 소정의 표지를 붙여야 한다.
④ 위 사항에 의한 준수 사항을 이행하지 않고 운전하면 무면허 운전에 해당한다.

10 다음은 교통사고 가해자가 지는 책임에 대한 설명이다. 옳은 것은?

① 교통사고를 야기한 가해자는 도로교통법과 형법상 책임만 부담하면 된다.
② 사고 운전자를 고용한 사용자는 민사책임은 없고, 형사책임만 진다.
③ 사고 운전자가 민사책임과 형사책임을 지고나면 행정상의 책임은 면하게 된다.
④ 사고 운전자는 형사적 처벌을 받고 나면 별도로 피해자에 대한 민사책임을 져야 한다.

07 ③ 08 ④ 09 ④ 10 ④

11 다음 설명 중 잘못된 것은?

① 자동차 전용도로상이나 고속도로상에서 유턴이나 후진을 하다가 사고가 발생한 경우에는 중앙선 침범으로 처리된다.
② 아파트 단지 내나 군부대 내의 도로상에서도 도로교통법상 중앙선 침범으로 처리된다.
③ 추월하던 버스를 피하려고 급제동을 하다가 차체가 눈길에 미끄러지면서 중앙선을 넘어 사고가 난 경우에는 중앙선 침범으로 적용하지 않는다.
④ 중앙선 침범은 중앙선을 넘은 경우뿐만 아니라 중앙선상에 차체가 걸친 경우도 중앙선 침범에 해당된다.

12 다음은 일반 불법행위 성립요건에 대한 설명이다. 틀린 것은?

① 가해자의 고의 또는 과실에 의한 행위일 것
② 가해자가 자동차보험에 가입되어 있을 것
③ 행위가 위법할 것
④ 위법한 행위에 의하여 손해가 발생할 것

13 다음은 운전면허 취소 처분 기준에 대한 설명이다. 틀린 것은?

① 교통사고 야기 후 도주
② 술에 취한 상태에서의 인명사고(혈중 알코올 0.03% 이상)
③ 교통사고 및 법규 위반 벌점이 1년간 60점 이상일 때
④ 운전면허 정지 기간 중 운전 행위

14 다음은 교통사고처리특례법상 신호위반에 대한 설명이다. 맞는 것은?

① 모범운전자와 경비원의 수신호 위반도 신호위반에 해당한다.
② 가변 차선 도로의 차선침범은 경찰서에서 신호위반으로 처리한다.
③ 도로교통법상 신호위반은 신호기에 의한 신호위반인 경우에만 적용된다.
④ 신호위반 물피 사고가 발생한 경우에는 자동차보험에 가입되어 있으면 공소권 없음으로 처리된다.

11 ② 12 ② 13 ③ 14 ④

15 손해와 관련된 다음 설명 중 틀린 것은?

① 불법행위로 인한 손해배상은 통상의 손해를 한도로 한다.
② 특별한 사정으로 인한 손해는 배상 책임이 없다.
③ 가해행위와 손해 발생과의 사이에는 인과관계가 있어야 한다.
④ 일정한 원인이 존재할 때 결과 발생이 일반적이고 통상적인 경우 상당인과관계가 있다고 한다.

16 자동차 운전면허증 상의 조건에"노 크러치, 의수 및 보조장구"라고 기재된 면허증을 소지한 운전자가 노 크러치로 설계되지 않은 자동차를 의수의 착용 또는 추가적인 보조장구를 착용하고 운전하였다. 다음 설명 중 가장 적당한 것은?

① 일반 수동식 기어 변속 차량을 운전하여도 처벌할 수 있는 규정이 없어 무면허에 해당되지 않는다.
② 비록 노클러치로 설계된 자동차이나, 의수의 착용 또는 추가적인 보조장구를 착용하였으므로 무면허에 해당되지 않는다.
③ 면허조건을 준수하지 않았으므로 무면허에 해당한다.
④ 면허조건이 2~3가지일 경우 1가지만 어겨도 무면허에 해당된다.

17 불법행위의 효과에 대한 설명 중 틀린 것은?

① 불법행위의 요건이 충족되면 피해자는 가해자에 대한 손해배상청구권을 가진다.
② 민법에서는 재산적 손해는 원상복구를, 정신적 손해는 금전배상을 하도록 하고 있다.
③ 과실상계란 피해자에게도 과실이 있는 경우 손해배상의 책임 및 금액을 정함에 있어 이를 참작하는 것을 말한다.
④ 명예훼손에 대한 손해배상은 예외적으로 금전배상을 하지 않을 수 있다.

15 ② 16 ① 17 ②

18 손해배상청구권의 소멸시효는 손해 및 가해자를 안 날로부터 (　　　)년이고, 불법행위를 한 날로부터 (　　　) 년이다.

19 배기량 125cc 초과 이륜차는 (　　　)면허를 소지하여야 하고, 배기량 50cc 미만 이륜차는 최소한 (　　　) 면허를 소지하고 운전하여야 무면허가 아니다.

20 민법상 배상 책임의 주체는 (　　　), 사용자이나 자배법에서는 (　　　)이다.

논술형

21 도로교통법에서 정한 주취운전 상태를 측정하는 방법을 모두 기재하시오.

22 교통사고처리특례법에 의한 특례를 받지 못하는 중대사고 유형 12가지를 쓰시오.

23 우리나라 민법에서는 손해배상을 어떤 방법으로 하도록 규정하고 있는가?

18 3년, 10년
19 보통 2종 소형면허, 원동기장치 자전거 면허
20 불법행위자, 운행자
21 ① 음주측정기에 의한 방법　② 혈액채취 방법
③ 위드마크측정에 의한 방법
22 ① 신호·지시 위반　② 무면허 운전
③ 중앙선 침범　④ 주취·약물복용 운전
⑤ 과속　⑥ 보도침범 통행방법 위반
⑦ 앞지르기 방법 위반　⑧ 승객 추락 방지 의무 위반
⑨ 철길 건널목 통과방법 위반　⑩ 어린이보호구역 내 안전운전의무 위반
⑪ 횡단보도 보행자보호 의무 위반　⑫ 화물적재 방법 위반
23 금전배상

24 타인을 사용하여 어떤 사무에 종사하게 한 자는 피용자가 사무집행에 관하여 제3자에게 손해를 준 때에 그 손해를 배상하도록 규정하고 있는데 법률 근거는?

25 다음 괄호 안에 알맞은 말을 쓰시오.

> 공작물의 설치 또는 보존의 하자로 인하여 타인에게 손해를 가한 때에는 (　　　)가 손해를 배상할 책임이 있다. 그러나 (　　　)가 손해의 방치에 필요한 주의를 해태하지 아니한 때에는 그 (　　　)가 손해를 배상할 책임이 있다.

26 민법 제750조(불법행위자 책임)에서 "고의"와 "과실"의 의미를 기술하시오.

27 '손해배상'과 '손해보상'을 구분하여 설명하시오.

28 소멸시효를 정의하고, 소멸시효를 중단시키는 행위를 3가지 이상 기술하시오.

24 민법 제756조(사용자 책임)

25 점유자, 점유자, 소유자

26 ① 고의 : 어떤 일정한 결과가 발생하리라는 것을 알면서 감히 어떠한 행위를 하는 심리상태
② 과실 : 일정한 결과가 발생할 것을 알아야 함에도 주의를 다하지 못하여 그것을 알지 못하고서 어떠한 행위를 하는 심리상태를 말한다.

27 ① 손해배상 : 가해자가 고의 또는 과실로 인한 위법행위로 타인에게 손해를 가할 경우 그 손해를 배상하는 것
② 손해보상 : 피보험자가 보험기간 중의 사고로 인하여 제3자에게 배상 책임을 질 경우 보험자가 이를 대신하여 보상하는 것

28 1. 소멸시효의 정의
소멸시효란 권리자가 권리를 행사할 수 있음에도 일정 기간(시효기간) 동안 권리를 행사하지 아니하는 상태가 계속되는 경우, 그 권리를 처음부터(시효기간 기산점부터) 없었던 것으로 인정하는 제도를 말한다.
2. 소멸시효의 중단시키는 행위
① 청구 : 재판상 청구, 파산절차 참가, 지급명령, 화해를 위한 소환, 최고
② 압류, 가압류, 가처분
③ 승인

29 '통상의 손해'와 '특별손해'를 구분하여 설명하시오.

30 일반 불법행위의 성립요건에 대해 기술하시오.

29 1. 통상 손해

어떠한 불법행위가 있으면 사회 일반의 관념에 따라 통상(보통) 발생할 것으로 생각되는 범위의 손해를 말하며, 채무불이행이나 불법행위로 인한 손해배상은 통상의 손해를 한도로 한다(민법 제393조제1항).

2. 특별손해

다른 동종의 사건의 경우에는 반드시 발생한다고 할 수 없으나, 그 불법행위 외의 특별한 사정이 있었기 때문에 그 특별한 사정이 경합하여 원인을 이룸으로써 발생한 손해를 특별손해라 한다. 우리나라 민법에서는 "특별한 사정으로 인한 손해는 채무자가 그 사정을 알았거나 알 수 있었을 때에 한하여 배상 책임이 있다."라고 규정(민법 제393조제2항)하고 있다.

30 ① 가해자의 고의 또는 과실이 있을 것

② 행위자에게 책임능력이 있을 것

③ 행위가 위법할 것

④ 위법한 행위에 의하여 손해가 생길 것

03 자동차보험 약관해설

1 자동차보험 약관

① 자동차보험 약관의 의의

자동차보험 약관은 자동차를 소유하고 있는 다수의 보험계약자와 보험계약을 체결하기 위하여 보험자가 미리 작성한 일반적, 보편적, 표준적인 계약 조항을 말하며, 보통약관과 특별약관으로 크게 분류된다.

② 약관의 구성

1) 가입자 유의사항

자동차보험 가입부터 보험계약 만기까지의 기간 동안 보험계약자와 피보험자가 유의하여야 할 주요 내용에 대한 안내가 수록되어 있다.

2) 주요 내용 요약

자동차보험의 구성과 자동차보험 보통약관 주요 보장 종목 및 면책사항 등에 대한 안내가 수록되어 있다.

3) 보험용어 해설

자동차보험 약관을 이해하는데 도움이 되는 주요 보험용어에 대한 설명이 수록되어 있다.

4) 보통약관

피보험자동차를 소유, 사용, 관리하는 동안에 생긴 사고에 대한 구체적인 보상 내용 및 자동차보험 계약의 성립에서 소멸까지의 보험계약자와 보험회사 간의 권리와 의무사항이 명시되어 있는 자동차보험 약관의 본문 내용이 수록되어 있다.

5) 특별약관

보통약관에 보상 내용을 확대(추가)하거나 제한(축소)할 때 보험계약자가 선택하여 가입할 수 있는 특별약관의 본문 내용이 수록되어 있다.

❸ 항목별 세부내용

1) 가입자 유의사항

① 가입 후 유의사항

- 보험증권과 약관 수령 관련
- 분할보험료 납입 관련
  - 분할보험료가 납입기일까지 납입되지 않으면 "분할보험료 납입 최고서"를 보험계약자에게 발송한다.
  - 분할보험료가 납입 유예기간까지 납입되지 않으면 그 이후 사고는 보상받지 못한다.
- 청약의 철회(의무보험 제외)

  보험계약자는 보험 가입 후 15일 이내에 청약을 철회할 수 있다.

② 보험기간 중 유의사항

- 계약 변경 관련
  - 보험계약 당시와 보험계약 이후 변경된 사항을 보험회사에 알려야 하는 내용으로서 이를 이행하지 않는 경우 보험금이 지급되지 않을 수 있다.

- 보험회사에 알려야 할 사항 : 주소지 변경, 신차 구입 및 차량 교체, 운전자의 연령 변경, 운전자의 범위 등이 변경된 경우

• 사고발생 시 우선 조치사항

- 부상자 구호 : 사고발생 시 차량 정차 후 부상자 부상 상태 확인 후 병원으로 후송
- 피해자에게 인적 사항 제공 : 성명, 전화번호, 주소 등

관계법규

도로교통법 제156조 [벌칙]

다음 각 호의 어느 하나에 해당하는 사람은 20만원 이하의 벌금이나 구류 또는 과료에 처한다. 〈시행일 2018.9.28〉

10. 주·정차된 차만 손괴한 것이 분명한 경우에 제54조 제1항 제2호에 따라 피해자에게 인적 사항을 제공하지 않은 사람

- 사고 정황증거 확보
  - 사고 장소, 차량 위치 등 도로에 표시
  - 사고의 흔적, 물체를 다각도로 촬영
  - 사고 목격자 확보(명함, 연락처 등)
- 교통질서 회복 : 부상자 구호, 사고 정황증거 확보 등 필요 조치 완료 후 교통안전을 위하여 도로변으로 차량 이동
- 경찰서 신고 : 사람이 다쳤을 경우 반드시 신고(차량만 파손되었음이 분명하고, 사고 수습을 위한 조치를 다하였을 경우에는 반드시 신고할 필요 없음)

• 보상처리 절차 및 방법

- 사고 접수 및 사고처리 안내
  - 사고접수 시 사고 상담 및 안내
  - 보험가입사실증명원 발급
- 보상서비스 전문 요원 배당 : 사고 접수 후 1시간 이내에 안내
- 사고조사 : 사고원인, 과실비율 등 조사
- 피해물 관리 : 피해물 수리과정 확인 및 손해액 산정
- 종결 처리 : 보상처리 과정 안내

③ 만기 시 유의사항

• 보험계약 만기일 안내

구분	안내시기	안내방법	안내내용
1차 안내	만기일 75일~30일 전	우편발송	만기일자
2차 안내	만기일 30일~10일 전	우편발송	만기일자

• 의무보험

의무보험이란 자동차 사고발생 시 손해배상을 보장하는 제도로서, 피해자를 보호하기 위하여 의무적으로 가입해야 하는 강제보험을 말한다.

대인배상 I	+	대물배상 (가입금액 2천만 원)

※ 의무보험을 가입하지 않거나 보험가입 지연 등으로 의무보험 미가입 기간이 발생할 경우 자동차 소유자에게 과태료가 부과됨

2) 주요내용 요약

① 대물배상

• 보상받는 경우

피보험자동차의 사고로 타인의 차량 및 재물에 손해가 생긴 경우 법률상 손해배상책임을 짐으로써 입은 손해를 보상

• 보상받는 내용

- 보험금 항목 : 수리 비용, 교환가액, 대차료, 휴차료, 영업 손실, 자동차 시세하락손해
- 보험금 한도 : 보험증권에 기재되어 있는 보험가입금액(1/2/3/5/7천만원, 1/2/ 3/5/10억원 중 1가지 선택 가입

② 자기차량손해

• 보상받는 경우

자동차의 사고로 피보험자동차에 직접적으로 생긴 손해를 보상

- 타차 또는 타 물체와의 충돌, 접촉, 추락, 침수 등으로 인한 손해
- 화재, 폭발, 날아온 물체 등으로 인한 손해
- 피보험자동차의 도난으로 인한 손해

• 보상받는 내용

- 보험금 항목

‣ 피보험자동차에 생긴 손해액 : 보험증권에 기재된 보험가입금액을 한도로 보상 단, 보험가입금액이 보험 가액보다 많은 경우 보험 가액을 한도로 함

‣ 비용 : 손해의 방지와 경감을 위하여 지출한 비용 등

- 자기부담금 : 피보험자동차에 생긴 손해액에서 고객이 부담하는 금액 단, 최저 ~ 최고 부담금 범위 내에서 손해액의 20%~50%를 부담

물적 사고 할증기준	50만원	100만원	150만원	200만원
최저 ~ 최고	5만원 ~ 50만원	10만원 ~ 50만원	15만원 ~ 50만원	20만원 ~ 50만원

③ 운전자에 대한 제한

피보험자동차를 운전할 수 있는 사람에 대하여 제한하는 특약

운전자 연령	운전자 범위
주민등록증 상 만 연령 기준으로 운전자 연령제한	기명피보험자와의 관계(부부 등)를 기준으로 운전자 범위제한

④ 보상하지 않는 손해

• 공통 면책사항

- 보험계약자(피보험자)의 고의
- 전쟁(내란, 폭동, 소요 등)
- 천재지변(지진, 분화, 태풍, 홍수, 해일 등)

※ 단, 자기차량손해의 경우 태풍, 홍수, 해일로 인한 손해 보상

- 핵연료 물질로 인한 사고
- 유상 운송행위(영리를 목적으로 요금이나 대가를 받음)
- 시험용, 경기용 또는 경기 연습용으로 사용

• 보장종목별 주요 면책사항

- 대물배상 : 피보험자 또는 그 부모, 배우자 및 자녀의 재물에 생긴 손해, 다른 사람의 서화, 골동품 등, 손해 등
- 자기차량손해 : 무면허 운전, 음주 운전, 흠, 부식 등 자연 소모로 인한 손해 등

※ 음주운전, 사고 발생 시의 조치 의무위반 또는 무면허 운전 관련 자기부담금(사고 발생 시의 조치 의무위반은「도로교통법」에서 정한 사고 발생 시의 조치를 하지 않은 경우를 말한다. 다만, 주·정차된 차만 손괴한 것이 분명한 경우에 피해자에게 인적 사항을 제공하지 않은 경우는 제외)

• 음주운전, 사고 발생 시의 조치 의무위반 또는 무면허 운전(대물 1사고 당)으로 인한 대물배상 사고부담금(2022.07.28. 사고 건부터 적용)
- 의무가입(2천만 원): 2천만 원
- 임의가입(2천만 원 초과): 5천만 원

• 마약·약물 운전
- 의무가입(2천만 원): 사고부담금 없음
- 임의가입(2천만 원 초과): 5천만 원

3) 보험용어 해설

① 과실상계

자동차 사고에서 쌍방 간에 과실이 있으면 손해배상의 책임과 금액의 결정에 있어서 그 과실을 참작하는 것

② 물체 및 침수

• 물체

구체적인 형상을 가지고 있어 충돌이나 접촉에 의해 자동차 외부에 직접적인 손상을 줄 수 있는 것을 말하며, 엔진 내부나 연료탱크 등에 이물질을 삽입하는 경우 물체로 보지 않는다.

• 침수

흐르거나 고인 물, 역류하는 물, 범람하는 물, 해수 등에 피보험자동차가 빠지거나 잠기는 것을 말하며, 차량 도어나 선루프 등을 개방해 놓았을 때 빗물이 들어간 것은 침수로 보지 않는다.

③ 보험가입금액

보험사고가 발생한 때 보험회사가 지급하는 보험금 한도 금액(보상한도 금액)

④ 자동차손해배상보장법

자동차 사고가 발생한 경우 피해자 보호를 위하여 모든 차량 소유자에게 대인배상 I 과 대물배상(2천만원) 가입 의무화를 규정한 법률

⑤ 전부손해

피보험자동차가 완전히 파손, 멸실 또는 오손되어 수리할 수 없는 상태이거나 피보험자동차에 생긴 손해액과 보험회사가 부담하기로 한 비용의 합산액이 보험가액 이상인 경우

⑥ 정차 및 주차

- 정차

차가 5분을 초과하지 않고 정지하는 것으로 주차 외의 정지 상태

- 주차

차가 승객을 기다리거나 화물을 싣거나 고장, 그 밖의 사유로 인하여 계속하여 정지하거나 또는 그 차의 운전자가 그 차로부터 떠나서 즉시 운전할 수 없는 상태

⑦ 해지와 해제

- 해지

계속적인 계약을 장래에 향하여 소멸시키는 것을 말한다.

- 해제

계약의 효력을 소급하여 소멸시키는 것으로서, 계약의 효력이 소멸 시점부터 없었던 것과 같은 법률효과를 발생시키는 일

⑧ 보험금 등의 청구

보험 가입자 등에게 손해배상책임이 발생하면 그 피해자는 보험회사 등에게 보험금 등을 자기에게 직접 지급할 것을 청구할 수 있다.

4) 약관 인용 법령(요약)

① 도로교통법

관계법규

제44조 [술에 취한 상태에서의 운전 금지]

음주상태에서 자동차 등의 운전 금지

제45조 [과로한 때 등의 운전 금지]

과로, 질병 또는 약물(마약, 대마 및 향정신성의약품 등)의 영향 등으로 정상적인 운전이 어려운 경우 운전 금지

제54조 [사고발생 시의 조치]

교통사고로 사람을 사상하거나 물건을 손괴 한 경우에는 즉시 정차 후 사상자 구호 등 필요한 조치를 이행하여야 한다.

② 자동차 손해배상보장법

관계법규

제3조 [자동차손해배상책임]

자기를 위하여 자동차를 운행하는 자는 그 운행으로 다른 사람을 사망하게 하거나 부상하게 한 경우에는 그 손해를 배상할 책임을 진다.

제5조 [보험 등의 가입 의무]

① 자동차 보유자는 자동차의 운행으로 다른 사람이 사망하거나 부상한 경우에 피해자에게 대통령령으로 정하는 금액을 지급할 책임을 지는 책임보험이나 책임공제에 가입하여야 한다.
② 자동차 보유자는 책임보험 등에 가입하는 것 외에 자동차의 운행으로 다른 사람의 재물이 멸실되거나 훼손된 경우에 피해자에게 대통령령으로 정하는 금액을 지급할 책임을 지는 책임보험이나 공제에 가입하여야 한다.

2 대물배상

① 대물배상의 의의

피보험자가 피보험자동차를 소유, 사용, 관리하는 동안에 생긴 피보험자동차의 사고로 인하여 다른 사람의 재물을 없애거나 훼손하여 법률상 손해배상책임을 짐으로써 입은 손해를 보상하는 보험을 의미한다.

② 약관규정(보험회사의 보상책임)

보험회사는 피보험자가 피보험자동차를 소유, 사용, 관리하는 동안에 생긴 피보험자동차의 사고로 인하여 다른 사람의 재물을 없애거나 훼손하여 법률상 손해배상책임을 짐으로써 입은 손해를 보상하는 것으로 규정되어 있다.

1) 피보험자

보험금을 청구할 수 있는 자로서 다음 중 어느 하나에 해당되는 자를 말하며, 구체적인 피보험자의 범위는 각각의 보장 종목에서 정하는 바에 따른다.

① **기명 피보험자**

피보험자동차를 소유·사용·관리하는 자 중에서 보험계약자가 지정하여 보험증권의 기명피보험자란에 기재되어 있는 피보험자

② **친족보험자**

기명피보험자와 같이 살거나 살림을 같이하는 친족으로서 피보험자동차를 사용하거나 관리하고 있는 자

- "같이 산다."의 의미
  동일 가옥에 거주하고 있는 것을 말한다.

• "살림을 같이 한다."의 의미

생계를 같이 하거나 혹은 부양관계에 있는 것을 의미한다.

• 친족의 의미

민법에서 규정한 바에 따라 8촌 이내의 혈족(자기와 혈연으로 이어진 자. 즉 부모, 형제 등), 4촌 이내의 인척(혈족의 배우자, 배우자의 혈족 등)을 말한다.

③ 승낙 피보험자

기명피보험자의 승낙을 얻어 피보험자동차를 사용하거나 관리하고 있는 자. 다만 자동차 취급업자가 업무상 위탁받은 피보험자동차를 사용하거나 관리하는 경우에는 피보험자로 보지 않는다. 약관에서는 자동차취급업자를 자동차정비업, 대리운전업, 주차장업, 급유업, 세차업, 자동차 판매업, 자동차탁송업 등 자동차를 취급하는 것을 업으로 하는 자(이들의 피용자 및 이들이 법인인 경우에는 그 이사와 감사를 포함)로 규정하고 있다.

• 업무상 위탁

취급업자가 업무를 위해서 피보험자동차의 사용 및 관리 책임을 맡은 것을 말한다.

• "피용자"란

직업의 종류와 관계없이 사업이나 사업장에 노동력 등을 제공하는 사람을 말한다. 단, 사용자와 피용자의 관계는 "유효한 고용관계"에 국한되는 것이 아니라 사실상 어떤 사람이 다른 사람을 위하여 그 지휘, 감독 아래 그 의사에 따라 사업을 집행하는 관계에 있을 때에도 성립될 수 있다.

④ 사용 피보험자

기명피보험자의 사용자 또는 계약에 따라 기명 피보험자의 사용자에 준하는 지위를 얻은 자. 다만, 기명 피보험자가 피보험자동차를 사용자의 업무에 사용하고 있는 때에 한함)

• "사용자"란

통상의 사업주 또는 사업경영 담당자 등을 말한다.

• "운전보조자"란

업무로서 운전자의 운전 행위에 참여하여 그 지배 하에 운전행위를 도와주는 자로서, 통상 조수나 차장 등이 이에 속한다. 업무와 관련 없는 선의의 보조행위(예 길 가던 행인의 선의의 보조행위 등)는 이에 속하지 않는다.

⑤ 운전 피보험자

다른 피보험자(기명 피보험자, 친족 피보험자, 승낙 피보험자, 사용 피보험자)를 위하여 피보험자동차를 운전 중인 자(운전 보조자 포함)

2) 소유, 사용, 관리의 개념

① 소유(ownership)

자동차를 단지 소유하고만 있다면 사고는 존재하지 않으므로 여기에서 소유란 법률상 손해배상 책임을 지는 원인으로 이해할 필요가 있다.

② 사용(use)

사용이라 함은 단순히 운전만을 의미하는 것이 아니라 보다 넓은 개념으로서 자배법 제3조의 운행, 즉 사람 또는 물건의 운송 여부에 관계없이 자동차를 그 고유 장치의 용법에 따라 사용하는 것과 거의 같은 의미로 해석할 수 있다.

③ 관리(control)

관리라 함은 단순히 보관이나 정비 같은 행위만을 의미하는 것이 아니라 운반, 지휘, 감독, 규제, 지배, 보호, 점유, 이용, 주의, 통제, 보존 및 안전유지 책임 등과 같은 일체의 행위를 할 수 있는 힘 또는 자격을 의미한다.

또한 사고의 직접적인 발생 원인뿐만 아니라 관리에 있어서 절취 운전을 가능하게 하여 사고가 발생한 경우 당해 차량의 소유자에게 관리 책임을 묻는 것과 같이 법률상 손해배상 책임의 부담 원인이 되기도 한다. 즉, 소유, 사용, 관리는 자동차와 관련한 모든 상태를 포함하는 개념으로서, 자동차가 격납, 진열되어 있는 상태 등도 여기에 해당된다.

따라서 소유, 사용, 관리는 운행보다 넓은 개념으로서 자배법상 운행에 해당되지 않는 경우에도 소유자, 관리자 등이 민법상 불법행위책임을 지게 되는 경우 이 보험으로 처리가 가능하다.

3) 다른 사람의 재물을 없애거나 훼손한 때

① 재물의 의미

재물이란 유체물 및 관리할 수 있는 동력이나 자연력을 말한다. 따라서 수력, 전기, 방사선, 연료, 가스 등 경제적 가치가 있는 무체물도 재물에 포함된다.

② 없애거나 훼손한 때

다른 사람이 소유하는 유체물을 없애거나 훼손을 수반하지 않는 사고에 의해 피보험자가 배상 책임을 부담하게 되었다 하더라도 그 손해는 다른 사람의 재물을 없애거나 훼손한 사실이 없으므로 대물배상에 의해 보상되지 않는다.

❸ 법률규정

관계법규

민법 제750조에 의한 불법행위자 책임

고의 또는 과실로 인한 위법행위로 다른 사람에게 손해를 가한 자는 그 손해를 배상할 책임이 있다.

민법 제756조에 의한 사용자 배상책임

타인을 사용하여 어떤 사무에 종사하게 한 자 및 사용자에 갈음하여 그 사무를 감독하는 자는 피용자가 그 사무집행에 관하여 제3자에게 손해를 준 때 그 피용자의 선임 및 사무 감독을 게을리 하지 않았음을 입증하지 못하면 그 손해를 배상할 책임이 있다.

민법 제758조에 의한 공작물 등 점유자·소유자의 책임

공작물의 설치 또는 보존의 하자로 인하여 타인에게 손해를 가한 때에는 공작물 점유자가 손해를 배상할 책임이 있다. 그러나 점유자가 손해의 방지에 필요한 주의를 해태하지 아니한 때에는 그 소유자가 손해를 배상할 책임이 있다.

민법 제760조에 의한 공동 불법행위자 책임

수인이 공동의 불법행위로 타인에게 손해를 가한 때에는 연대하여 그 손해를 배상할 책임이 있다.

1) 손해보상과 손해배상의 구별

① 손해보상

피보험자가 보험기간 중의 사고로 인하여 제3자에게 배상 책임을 질 경우 보험자가 이를 대신하여 보상하는 것

② 손해배상

가해자가 고의 또는 과실로 인한 위법행위로 타인에게 손해를 가할 경우 그 손해를 배상하는 것

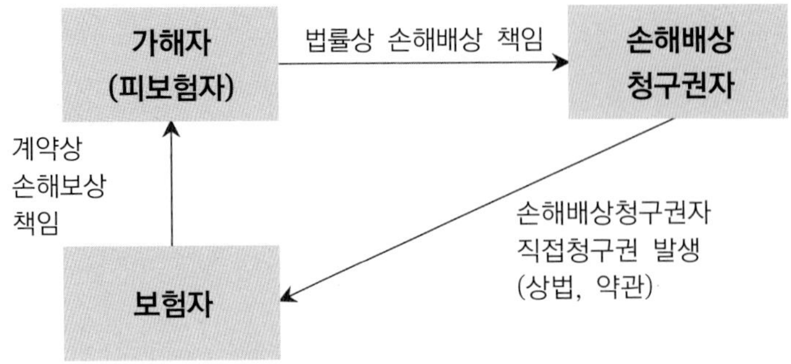

2) 고의와 과실

① **고의**

일정한 결과가 발생하리라는 것을 알면서 감히 어떤 행위를 하는 심리상태

② **미필적 고의**

일정한 결과가 발생할지도 모른다는 것을 인식하면서 감히 어떤 행위를 하는 심리상태

③ **과실**

일정한 결과가 발생한다는 것을 알고 있어야 함에도 불구하고 부주의, 즉 주의를 게을리 하였기 때문에 그것을 알지 못하고서 어떤 행위를 하는 심리상태

❹ 보상책임 발생 요건

① 피보험자가 대한민국(북한 지역 포함)안에서 자동차 사고를 냈을 것
② 피보험자동차의 사고로 다른 사람의 재물을 없애거나 훼손하였을 것
③ 그로 인하여 피보험자가 법률상 손해배상책임을 짐으로써 손해를 입었을 것

❺ 보상의 범위 및 한도

1) 보상 범위

• 보험금 지급기준에 의해 산출된 금액 또는 법원의 확정판결 등에 따라 피보험자가 배상하여야 할 금액(지연배상금 포함)

• 보험계약자나 피보험자가 약관에 따라 지출한 비용 : 동 금액은 보험가입금액과 관계없이 보상된다.

① 지급보험금의 계산

지급 보험금	=	보험금 지급기준에 의해 산출한 금액 또는 법원의 확정 판결 등에 따라 피보험자가 배상하여야 할 금액(지연배상금 포함)	+	비용	−	공제액

• '법원의 확정판결 등'이란?

법원의 확정판결 또는 법원의 확정판결과 동일한 효력을 갖는 조정 결정, 중재판정 등에 따라 피보험자의 손해배상책임 금액이 결정된 경우를 말한다. 이 경우, 보험회사는 자동차보험 약관에 의한 지급금액 대신 법원의 확정 판결 등에 따라 피보험자가 배상해야 할 금액을 보험가입금액 한도 내에서 지급한다.

• 공제액

사고 차량을 고칠 때에 부득이 엔진, 변속기(트랜스미션), 모터, 구동용배터리 등 부분품을 교체하였을 때 교체된 기존 부분품의 감가상각액에 해당하는 금액을 말한다.

② 음주운전 또는 무면허 운전 관련 사고부담금

- 피보험자 본인이 음주운전이나 무면허 운전을 하는 동안에 생긴 사고(사고발생 시의 조치의무 위반, 마약·약물 운전 포함) 또는 기명피보험자의 명시적·묵시적 승인 하에서 피보험자동차의 운전자가 음주운전이나 무면허 운전을 하는 동안에 생긴 사고 또는 사고발생 시의 조치의무를 위반한 경우와 마약·약물 운전으로 인하여 보험회사가 대물배상 보험금을 지급하는 경우, 피보험자는 다음에서 정하는 사고부담금을 보험회사에 납입하여야 한다.

| 음주운전 |

구분	현행	개정(2022.7.28 책임개시 건부터 적용)
의무보험	5백만원	의무보험 한도액 전액(손해액 2천만 이하)
임의보험	5천만원	5천만원

| 무면허·사고발생 시의 조치의무 위반 |

구분	현행	개정(2022.7.28 책임개시 건부터 적용)
의무보험	1백만원	의무보험 한도액 전액(손해액 2천만 이하)
임의보험	5천만원	5천만원

| 마약·약물 운전 |

구분	현행	신설(2022.1.1 책임개시 건부터 적용)
의무보험	-	-
임의보험	-	5천만원(대인 Ⅱ : 1억원)

- 피보험자(실제 운전자, 기명피보험자에게 사고부담금을 청구하고자 할 때는 기명피보험자의 명시적·묵시적 승인이 존재하는 경우에만 가능)는 지체 없이 음주운전 또는 무면허운전 또는 사고발생 시의 조치 의무 위반, 마약·약물 운전 사고 부담금을 보험회사에 납입하여야 한다. 다만, 피보험자가 경제적인 사유 등으로 인하여 이 사고 부담금을 내지 못했을 때 보험회사는 피해자에게 이 사고 부담금을 포함하여 손해배상금을 우선 지급하고, 피보험자에게 이 사고 부담금의 지급을 청구할 수 있다.

2) 보상한도

보험증권에 기재된 보험가입금액을 한도로 한다.

※ 보험기간 내에 보험가입금액을 초과하는 손해가 수차례 발생되더라도 보험계약은 보험기간 만료일까지 유효하며 지급보험금의 과다로 인하여는 보험계약이 종료되지 않고 계속 자동 복원된다.

❻ 비용

1) 손해의 방지와 경감을 위하여 지출한 비용

보험사고가 발생한 경우에 보험사고로 인한 손해의 발생을 방지하거나 손해의 확대를 방지함은 물론, 손해를 경감할 목적으로 행하는 행위에 필요하거나 유익하였던 비용을 말한다.

손해방지의무와 비용

1. 의의

손해방지 의무는 손해보험계약에서 보험사고가 발생하였을 때 보험계약자와 피보험자가 손해방지에 노력하여야 할 의무를 지는 것을 말한다. 상법 제680조에서는 손해방지의무에 대하여 규정하고 있는데, 이는 보험자에 대한 피보험자 등이 지켜야 할 신의성실의 원칙의 하나로서 채택하고 있다고 보아야 할 것이다.

2. 근거

(1) 보험사고의 우연성

보험사고는 우연한 사고이어야 하는데 보험계약자 또는 피보험자가 당연히 조치해야 될 것을 게을리함으로써 확대된 손해는 "진정한 의미의 보험사고가 아니다"라는 것이다.

(2) 보험의 윤리성

보험계약은 사행계약으로서 도덕적 위험이 야기될 소지가 많으므로 보험자에 대한 신의성실의 요구와 공익보호의 필요성에 있다는 것이다.

(3) 국민경제적 측면

국민경제적 측면에서 볼 때 가급적 재화의 손실을 방지하여 손해 발생의 확대를 억제하여야 한다는 것이다.

3. 성질

손해방지의무는 형평의 견지에서 법이 인정한 의무이다.

4. 범위

손해방지의무는 손해의 발생을 방지할 뿐만 아니라 발생된 손해의 확대를 경감시키는 행위까지도 포함되는데 이때 행위는 직접적이든 간접적이든 상관없다. 또한 손해의 방지와 감소는 행위의 목적으로서 존재하면 되고, 반드시 그 효과가 있어야 하는 것은 아니다.

5. 의무 이행을 해태한 경우

상당 인과관계가 있는 손해에 대하여는 회복할 수 있었을 금액을 제외하고 보험금을 지급한다.

6. 비용의 부담

상법 제680조에 의하면 손해 방지를 위하여 필요 또는 유익한 비용에 대하여는 보험금액을 초과하는 경우에도 보험자가 부담하도록 하고 있다.

7. 인정요건

① 보험자의 보상 책임이 발생하여야 한다.

② 계약 무효 또는 계약 전 알릴의무 위반이나 위험증가로 인한 계약 후 알릴의무 위반이 없어야 한다.

③ 면책사유가 없어야 한다.

관계법규

상법 제680조 [손해방지의무]

보험계약자와 피보험자는 손해의 방지와 경감을 위하여 노력하여야 한다. 그러나 이를 위하여 필요 또는 유익하였던 비용과 보상액이 보험금액을 초과한 경우라도 보험자가 이를 부담한다.

2) 권리보전 행사 비용

남으로부터 손해배상을 받을 권리가 있는 경우, 그 권리의 보전과 행사를 위하여 지출한 필요 또는 유익한 비용

3) 긴급조치 비용

사고발생 시 손해 방지·경감을 위하여 필요 또는 유익한 수단을 강구한 후 배상 책임이 없는 것으로 판명된 때, 그 수단 강구에 소요된 비용(응급치료, 호송, 그 밖의 긴급조치에 소요된 비용과 미리 회사의 서면 동의를 얻어 지출한 비용에 한함)을 말하며, 손해배상 의무자를 상대로 구상이 가능하다.

예 유독성 화학물질을 탱크로리에 싣고 국도를 따라 굽은 도로를 주행하던 중 맞은편에서 진행해 오던 차량과 접촉, 탱크로리가 전복되면서 탱크로리에 실려 있던 화학물질이 인근의 논으로 유입되는 사고가 발생함에 따라 탱크로리 소유자인 피보험자가 보험회사의 동의를 얻어 폐기물처리 업자에게 유출된 화학물질의 수거 및 폐기처분을 의뢰한 경우, 이를 수거, 운반, 소각하는데 드는 비용을 '손해방지와 경감을 위해 지출한 비용 '으로 처리하려고 하였으나, 경찰 조사 결과 탱크로리 차량이 피해자로 결정된 사안에서, 지출된 동 비용은 '긴급조치 비용'으로 정리하고 동 비용에 대해서는 상대 차량을 상대로 구상이 가능하다.

4) 그 밖에 보험회사의 동의를 얻어 지출한 비용

손해배상청구를 받은 경우 보험회사의 동의를 얻어 절충, 합의, 중재 또는 소송을 대행하는데 소요된 비용(변호사 비용 등)

7 보상하지 않는 손해

보험계약의 체결 내용에 따라 보험회사는 보험사고발생에 대하여 피보험자에게 보험금 지급의무를 지게 되나, 다수의 선량한 계약자를 보호하고 보험사업의 건전한 발전을 도모하기 위해 경우에 따라서는 보험회사의 책임을 면제시켜 주고 있는데, 이를 보험회사의 면책 손해 또는 보상하지 않는 손해라 한다.

1) 보험계약자 또는 기명피보험자의 고의로 인한 손해(전 담보 공통적용)

※ 본 조항은 피보험자 개별 적용을 하지 않는다.

피보험자의 개별 적용이란?

여러 명의 피보험자 중 특정한 피보험자 1인에게 면책사유가 적용돼도 다른 피보험자에 대한 면책 여부는 별개로 판단하는 것을 의미한다.

'피보험자의 개별 적용'으로 보험회사가 피해자에게 손해배상을 하는 경우, 보험회사는 손해배상액을 지급한 날로부터 3년 이내에 고의로 사고를 일으킨 피보험자에게 그 금액을 청구한다.

2) 기명피보험자 이외의 피보험자의 고의로 인한 손해

3) 전쟁, 혁명, 내란, 사변, 폭동, 소요 또는 이와 유사한 사태로 인한 손해

① 개념

- 전쟁 : 전면적 무력행사는 물론 한정적 무력행사 상태도 포함한다.
- 혁명 : 단순한 정권의 교체는 포함되지 않고 정치체제, 사회체제의 기본적인 변혁이 따르는 것을 말한다.
- 내란 : 형법 제87조 내란죄의 구성요건을 해석기준으로 한다.
- 사변 : 전쟁에까지는 이르지 않았으나 경찰의 힘으로는 막을 수 없어 병력(무력)을 사용하게 되는 난리 등을 말한다.
- 폭동 : 다수인이 집단적으로 행동하면서 폭행, 협박 또는 손괴행위를 하여 한 지역의 평온, 안녕 또는 질서 등을 저해하는 것을 말한다.

instance

폭동이란 다수인이 결합한 집단행동에 의해 한 지방에 있어서 평온을 해 하거나 또는 안녕질서를 저해할 정도의 중대한 사태를 의미한다.(분심 87-1)

- 소요 : 폭동과 유사한 행위이나 보다 소규모의 행위를 말하며, 조직폭력배 등에 의한 일시적인 소란은 여기에 해당되지 않는다.

판 례

소요란 폭동에는 이르지 아니 하나 한 지방에서의 공공의 평화 내지 평온을 해할 정도로 다수의 군중이 집합하여 폭행, 협박 또는 손괴 등 폭력을 행사하는 질서 위반행위의 상태가 통상의 경찰력으로는 진압할 수 없을 정도에 이른 경우를 말한다.(대법원 1991. 11. 26 선고 91다 18682)

② **규정 취지**

약관에서 전쟁, 혁명, 내란, 사변, 폭동, 소요 또는 이와 유사한 사태로 인한 손해를 보험회사의 면책사유로 규정한 취지는 위와 같은 사태 하에서는 보험사고발생의 빈도나 그 손해정도를 통계적으로 예측하는 것이 거의 불가능하여 타당한 보험금을 산정하기 어려울 뿐 아니라 사고가 발생한 때에는 사고의 대형화와 누적적인 손해 증대로 인하여 보험회사의 인수능력을 초과할 우려가 있다는데에 있다.(대법원 1991. 11. 26 선고 91다 18682)

4) 지진, 분화, 태풍, 홍수, 해일 등 천재지변으로 인한 손해

① **개념**

• 태풍

- 중심 최대풍속이 17m/s 이상인, 폭풍우를 동반하는 열대저기압을 말한다.
  태풍에 의하지 않은 돌풍이나 폭풍우 등은 이에 포함되지 않는다.
- 실무적으로는 기상청에서 태풍 ○○호라고 발표하는 것을 말한다.

• 홍수

- 집중호우나 눈이 녹아내려 하천의 유량이 증가하여 하천이나 호수의 영역을 범람, 침수의 범위가 일정 규모 이상에 달하는 것을 말한다.
- 집중폭우 등으로 물이 고이거나 하수구에 물이 넘쳐흐른 경우 또는 작은 하천의 소규모 범람 등은 이에 해당하지 않는다.
- 실무적으로는 기상청의 호우주의보·경보와 재해대책본부의 홍수 주의보의 발령을 그 기준으로 삼는다.

• 해일

태풍이나 강한 저기압이 내습할 때 해수면이 갑자기 높아져 폭풍우와 함께 바닷물이 육지로 침입하는 것을 말하며, 바닷속의 지각 변동이나 해상의 기상변화에 의하여 주로 발생한다.

또한 쓰나미(Tsunami)는 지진해일이라고도 하며, 갑자기 해안을 덮치는 큰 파도를 의미하는 일본어에서 유래되었다.

- 천재지변

  집중호우 등으로 인한 산사태, 침수 등 본 항에 열거되지 않은 경우라 하더라도 객관적으로 보아 천재지변이라고 볼 수 있는 경우를 말한다.

② **면책범위**

태풍 또는 홍수 등 천재지변에 의해 직접적으로 생긴 손해만 면책으로 한다.

5) 핵연료 물질의 직접 또는 간접적인 영향으로 인한 손해

3), 4), 5) 항에서 규정한 손해는 대량의 위험을 내포하고 있으므로 통상의 보험료로는 이러한 위험을 보험회사가 부담할 수 없기 때문에 상법(제660조)에서도 다른 특약이 없는 한 면책하도록 규정되어 있다.

6) 개인용 자동차보험의 경우 영리를 목적으로 요금이나 대가를 받고 피보험자동차를 반복적으로 사용하거나 빌려준 때에 생긴 손해

다만, 다음 각목의 어느 하나에 해당할 때는 보상한다.

① 임대차계약(계약기간이 30일을 초과하는 경우에 한함)에 따라 임차인이 피보험자동차를 전속적으로 사용하는 경우에는 보상한다. 그러나 임차인이 피보험자동차를 영리를 목적으로 요금이나 대가를 받고 반복적으로 사용하는 경우에는 보상하지 않는다.

② 피보험자와 동승자가 「여객자동차 운수사업법」에 따른 토요일, 일요일 및 공휴일을 제외한 날의 출·퇴근 시간대(오전 7시부터 오전 9시까지 및 오후 6시부터 오후 8시까지를 말한다)에 실제의 출·퇴근 용도로 자택과 직장 사이를 이동하면서 승용차 함께타기를 실시한 경우

※ 본 조항은 피보험자 개별적용을 하지 않는다.

업무용 자동차보험의 경우 피보험자동차가 승용차 또는 승합자동차(버스)인 경우에 영리를 목적으로 요금이나 대가를 받고 피보험자동차를 반복적으로 사용하거나 빌려 준 때에 생긴 손해는 보상하지 않는다. 즉, 업무용 자동차보험 중 ① 승용차는 1개월 이상 장기임대차계약을 체결하였다고 하더라도 보상하지 않으며 ② 승합차인 경우 보통약관으로는 보상되지 않으나 "유상운송 위험담보 특별약관"에 가입하면 보상이 가능하다.

consultation

유상운송 위험담보 특별약관

제1조[보상 손해]

① 보험회사는 피보험자동차가 승합자동차(버스), 다인승 승용 자동차로서 유상으로 운송용으로 제공하는 경우에는 이 특별약관에 따라 보상한다.

② 보통약관의 '보상하지 않는 손해' 규정에도 불구하고 영리를 목적으로 요금이나 대가를 받고 피보험자동차를 사용한 때 또는 빌려준 때에 생긴 사고로 인한 손해도 보상한다.

⊘ 용어해설

요금
사람 또는 물건으로부터 받은 이익의 대가로 지불하는 금전

대가
자신의 재산이나 노력 같은 것을 다른 사람에게 주어 이용하게 하고 그 보수로서 얻는 재산상의 이익

반복적
보험기간에 불구하고 당해 자동차가 당해사고 이전에 1회 이상의 유상운송 행위에 사용 또는 대여된 사실이 입증된 경우

다인승 승용 자동차
법정 승차정원 7인 이상 10인 이하의 승용자동차

① 유상 운송 면책약관 규정 취지

유상 운송 면책약관 취지는 비사업용 자동차에 비해 사업용 자동차가 사고발생 가능성과 예상 손해액이 많을 것이라는 사정에 따라 보험요율을 책정함에 있어 양자를 구분, 비사업용 자동차의 보험요율을 사업용 자동차의 보험요율보다 훨씬 저렴하게 책정하는 대신 비사업용 자동차의 유상 운송은 면책하고자 함에 있다.

② 면책규정의 유효성(약관 규제에 관한 법률 위배여부)

면책 취지에 비추어 동 규정이 신의성실의 원칙에 반하여 공정을 잃은 것이라거나, 고객에 대하여 부당하게 불리한 조항 또는 고객이 계약의 거래형태 등 제반 사정에 비추어 예상하기 어려운 조항 등이라고 볼 수 없어 유효하다.

③ 유상 운송의 범위 및 면책요건

• 유상 운송의 의의

일반적으로 「영리(요금이나 대가)를 목적으로 자가용 자동차를 운송용에 제공(또는 사용)하거나 임대(또는 대여)하는 것」을 의미한다.

• '영리를 목적으로'라고 볼 수 있는 경우

요금, 대가를 목적이나 조건으로 차량을 운행하였고 렌터카 요금, 화물 운송 요금, 택시비 등에 상당하는 요금이나 대가를 받은 경우에는 유상 운송으로 본다.

• '영리를 목적으로'라고 볼 수 없는 경우

이웃이나 친지로부터 임시로 빌려 쓴 경우, 운행거리에 소요되는 기름 또는 기름 대금이나, 운전자에게 지급하는 점심값, 기타 사회통념상 실비 변상적인 경우에 해당하는 것은 영리를 목적으로 보지 않는다.

• 유상 운송의 범위

자가용 자동차의 소유자가 호객행위를 하거나 상대방으로부터 운송비를 받기로 계약한 사실만으로는 부족하고, 운송계약에 따라 상대방에게 당해 자동차를 즉시 사용할 수 있는 상태로 제공한 때에 유상 운송에 해당되며, 자동차를 실제로 운행할 것까지는 필요로 하지 않는다고 봄이 상당하다.

• 유상 운송 행위의 계속성, 반복성

여객자동차운수사업법상 처벌대상은 시·도지사의 허가를 득하지 않은 유상 운송으로서 그것이 단 한 번의 행위이든 계속적인 행위이든 묻지 않고 있으나, 자동차보험약관에서는 시·도지사의 허가 여부와는 관계없이 그 행위 자체가 유상 운송에 해당되고 그러한 유상운송 행위가 계속적이고 반복적으로 행해졌을 때에 면책조항으로서의 유상 운송에 해당된다고 할 것이므로, 여객 자동차 운수사업법 위반으로 처벌될 것을 요구하고 있지는 않더라도 동 행위의 계속성, 반복성은 요구된다.

④ 보험 종류별 유상 운송 면책규정 적용상의 차이점

• 개인용 자동차보험

개인용 자동차보험에서는 유상운송 중 발생한 손해에 대해서는 면책이다. 다만, 1개월 이상의 임대차계약에 의하여 임차인이 자동차를 전속적으로 사용하는 경우와 피보험자와 동승자가 「여객자동차 운수사업법」에 따른 토요일, 일요일 및 공휴일을 제외한 날의 출·퇴근 시간대(오전 7시부터 오전 9시까지 및 오후 7시부터 오후 8시까지를 말한다)에 실제의 출·퇴근 용도로 자택과 직장 사이를 이동하면서 승용차 함께 타기를 실시한 경우는 면책대상에서 제외하고 있다.

규정 취지

장기 임대차에 있어서 개인용 승용차의 경우에는 피보험자가 타인에게 장기간 맡기면서 그로 인하여 수익을 얻는다 하여도 승용차라는 용도에 따른 제한 때문에 그 위험률이 크지 않다는 점을 고려하여 단서조항에 해당하는 정도의 유상 운송은 용인하되 대신 그 이상의 사용은 아예 유상 운송위험 가입조차도 허용하지 않고 절대적으로 면책되는데 반하여, 업무용 자동차의 경우에는 보험사고의 위험률이 크기 때문에 단서 조항에 해당하는 유상 운송의 경우에 면책으로 하되 그 대신 유상운송위험 가입특약을 붙이면 단서조항에 해당하는 정도의 유상 운송을 포함하여 그 이상의 유상운송의 경우에도 보상을 받을 수 있게 하려는 취지이다.

- 업무용 자동차보험
  - 승용차 : 유상운송시 면책(유상운송위험 담보특약으로 가입 불가)
  - 승합차(버스) : 유상운송시 면책. 다만, 유상운송위험 담보특약에 가입하면 부책

| 개인용자동차보험과 업무용자동차보험의 비교 |

구분	개인용	업무용		
차종	승용차	승용차	버스	
			보통약관	특별약관
유상운송	면책	면책	면책	부책
장기임대차	부책	면책	면책	부책
1회 유상운송	부책	부책	부책	부책

7) 피보험자가 제3자와 손해배상에 관한 계약을 맺고 있을 때 그 계약으로 인하여 늘어난 손해

① 취지

피보험자와 제3자의 특약에 의해 가중된 배상 책임 부분은 보험회사로서는 보험료를 산출할 때 예측하지 못한 손해이기 때문에 보상하지 않는다는 것이다. 이와 같은 특약에는 다음과 같은 것을 예로 들 수 있다.

- 배상 책임의 성립, 손해의 인정요건을 법정 요건 이하로 완화하는 것
- 배상 책임 또는 손해에 관한 입증책임을 피보험자에게 불리하도록 전환하는 것
- 법률상 손해배상책임액 이상으로 손해배상금에 대하여 약정하는 것

② 본 조항은 부분적 면책사항으로서 계약과 관련하여 늘어난 손해 외에는 당연히 보상한다.

8) 피보험자동차를 시험용, 경기용 또는 경기를 위해 연습용으로 사용하던 중 생긴 손해

다만, 운전면허시험을 위한 도로주행시험용으로 사용하던 중 생긴 손해는 보상한다.
※ 본 조항은 피보험자 개별적용을 하지 않는다.

❽ 대물배상 고유의 보상하지 않는 손해

1) 피보험자 또는 그 부모, 배우자나 자녀(피보험자가 법인인 경우에는 이사와 감사 또는 그 부모, 배우자 및 자녀가 소유, 사용, 관리하는 재물을 포함한다)가 소유, 사용 또는 관리하는 재물에 생긴 손해

① 부모, 배우자, 자녀의 범위

- 피보험자의 부모와 양부모
  친 생부모와 호적법상의 입양 절차를 거친 양부모만을 의미하며, 배우자의 부모 또는 양부모, 조부모는 제외

- 피보험자의 배우자
  법률상의 배우자 또는 사실혼 관계에 있는 배우자

- 피보험자의 자녀
  - 법률상 혼인관계에서 출생한 자녀
  - 사실혼 관계에서 출생한 자녀
  - 양자 또는 양녀

② 며느리는 법률상(민법 제768조, 767조, 제4장) 인척이므로 자녀에 해당되지 않는다.

보상하지 않는 손해에서 부모, 배우자, 자녀의 범위(면책범위)와 '가족 운전자 한정운전 특약'의 운전할 수 있는 자(가족)의 의미가 전혀 다르다는 것에 유의하여야 한다.

2) 피보험자가 사용자의 업무에 종사하고 있을 때 피보험자의 사용자가 소유, 사용 또는 관리하는 재물에 생긴 손해

본 항은 각각의 피보험자 모두에게 개별적으로 적용된다. 단, 이로 인하여 약관에서 정한 보험금의 한도액이 증액되는 것은 아니다.

- 사용자

  피보험자와 사용자와의 관계에서 고용관계에 있는 경우에 한정하여 해석할 것은 아니고 지휘·감독 관계에 있는 것만으로도 족하다. 그리고 고용관계가 아닌 도급 또는 위임계약, 기타 유사한 계약에 기하여 사용자에 준하는 지위에 있는 경우에도 위 약관 소정의 사용자에 해당된다.

- 피보험자 개별 적용

판 례

하나의 보험사고로 인하여 배상 책임을 지는 피보험자가 복수로 존재하는 경우(피보험자 개별적용)

A(중기 임차인)는 기명피보험자로서 중기대여업자인 B로부터 덤프트럭을 그 소속 운전기사 C와 함께 임차하여 A의 지휘·감독 하에 C로 하여금 이를 운전하게 하였는데, C가 덤프트럭을 운전하다가 부주의하게 후진한 과실로 A가 사용·관리하던 제3자 소유의 재물이 파손된 경우, B를 기명피보험자 A는 B가 가입한 영업용자동차보험약관 제22조 제3항 소정의 승낙피보험자, C는 위 약관 제22조 제5항 소정의 운전 피보험자이어서 피해자에게 배상책임을 지는 피보험자가 복수로 존재하는 경우라고 할 것이므로, 위에서 본 법리에 따르면 위 약관의 각 면책조항에서 정한 '피보험자'란 면책사유와 관련이 있는 '당해 피보험자'를 의미하는 것으로 해석하여야 할 것인바, A에 대한 관계에 있어서는 위 약관의 면책조항인 제21조 제2항 제1호 소정의 '피보험자가 사용자의 업무에 종사하고 있을 때 피보험자의 사용자가 사용 또는 관리하는 재물에 생긴 손해'에 해당하므로, 보험자에게 면책사유가 존재한다고 할 것이나, B에 대한 관계에 있어서는 B는 위 피해재물을 소유, 사용 또는 관리하는 자가 아니고, A가 B의 사용자로 되거나 B가 A의 업무를 수행한 일도 없으므로 위 약관 제21조 제2항 제1호, 제2호 소정의 각 면책사유에 해당되지 아니하므로, 보험자의 보험금 지급책임이 면책되는 것은 아니다.(대법원 1998. 04.23. 선고97다 19403 전원합의체 판결)

구분	관계	피보험자 지위
A	중기 임차인	승낙피보험자
B	중기 대여업자	기명피보험자
C	B의 고용운전자	운전피보험자

※ 재물파손 상황 : A가 사용·관리하는 제3자 소유의 재물

ⓐ 피보험자 개별적용 결과

피보험자 구분	면·부책	이유
① 운전피보험자	면책	피보험자가 사용자의 업무에 종사하고 있을 때 피보험자의 사용자가 소유, 사용 또는 관리하는 재물에 생긴 손해에 해당됨
② 승낙피보험자	면책	피보험자가 사용 또는 관리하는 재물에 해당
③ 기명피보험자	부책	B는 제3자 소유 피해재물을 소유·사용 또는 관리하는 자가 아니고, A가 B의 사용자로 되거나 B가 A의 업무를 수행한 적이 없으므로 약관 면책사유에 해당되지 않음

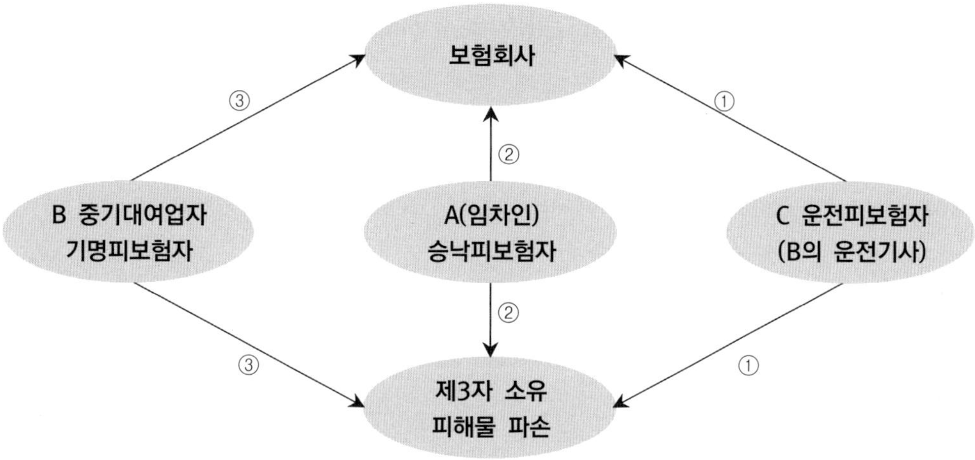

ⓑ 피보험자의 개별 적용 취지

- 본 규정은 대물배상 보험에 적용된 면책규정으로서, 가해자 자신은 물론 가해자와 밀접한 관계에 있는 자의 소유·사용·관리하는 재물이 피해를 입은 경우에 대하여 보험회사의 면책을 인정한 조항이다.
- 이와 같은 면책조항을 둔 취지는 배상 책임을 지는 피보험자가 실제 그 가해자이거나 가해자를 지휘, 감독하는 자일 경우에 그 재물에 대하여 생긴 손해와의 관계에서 그 피보험자는 그 재물의 피해자인 동시에 그 재물의 가해자가 되어 결국 피해를 받을 권리와 피해를 배상해 주어야 할 의무가 함께 발생하는, 즉 권리의 혼동으로 그 권리가 소멸하는 것과 같은 현상이 생겨 책임보험으로써 보호되어야 할 보험이익이 크게 줄어들게 되고, 또 그와 같은 관계에서도 보상을 허용하게 되면 피보험자가 그 피해를 과장하여 과도한 피해보상을 받게 되는 도덕적 위험을 방지하기 위한 것이다.

3) 피보험자동차에 싣고 있거나 운송 중인 물품에 생긴 손해

피보험자의 관리 책임 유무에 불문하고 피보험자동차에 싣고 있는 수하물, 적재물, 탑승자의 소지품을 포함한 모든 물건에 대하여 보상하지 않는다.

※ 피보험자동차에 싣고 있거나 운송 중인 물품은 피보험자가 소유, 사용, 관리하는 재물에 포함된 것이며, 또한 이는 운송보험의 영역에 속한다.

4) 다른 사람의 서화, 골동품, 조각물, 그 밖에 미술품과 탑승자와 통행인의 의류나 휴대품에 생긴 손해. 그러나 탑승자의 신체를 보호할 인명보호장구에 한하여 피해자 1인당 200만 원의 한도에서 실제손해를 보상한다.

① 서화, 골동품, 조각물의 범위

일반적으로 사용이나 보유 용도가 아닌 통상 완상용 또는 관상용으로써, 객관적으로 타당한 가액을 산출하기가 곤란하고, 주관적 판단에 의해서 그 가치를 추정할 수밖에 없는 예술적 희소가치를 갖고 있는 것을 말한다.

- 서화

  예술적 가치를 지닌 작품으로써, 작가의 주관적 인식에 비중을 두고 만들어진 글씨와 그림

- 골동품

  오래되고 귀한 미술품, 화폐, 도서, 우표 등과 같이 현실적인 사용 가치보다 개인의 주관적 판단이나 희소성에 의하여 그 가치가 평가되는 물품으로써, 객관적인 사용 가치와 주관적 인식에 의한 가치 평가가 현격한 차이를 갖는 것

- 조각물

  나무, 돌, 쇠붙이 등에 글씨나 그림을 새기거나 깎아 만든 입체적인 형상으로, 소재의 형태에 불구하고 예술적 가치를 지닌 작품을 통칭함

② 면책 범위의 한정

제작 목적이 작품보다는 상품으로 대량생산에 의해 판매되고 쉽게 구입, 교환될 수 있으며, 객관적으로 타당한 시가가 형성되어 있는 것인 경우에는 보상한다.

③ 인명 보호장구

외부충격으로부터 탑승자의 신체를 보호하는 특수기능이 포함된 것으로 「도로교통법 시행규

칙」 제32조에서 정하는 승차용 안전모 또는 전용의류를 말한다.

④ **전용의류**

바이크 전용 슈트, 에어백 등(라이더자켓, 팬츠, 부츠 등 이와 유사한 일반의류는 제외)

5) 탑승자와 통행인의 분실 또는 도난으로 인한 소지품에 생긴 손해

그러나 훼손된 소지품에 한하여 피해자 1인당 200만 원의 한도에서 실제 손해를 보상한다.

① **보상 범위**

탑승자 및 통행인의 휴대품을 제외한 소지품 손해에 대해 보상

- 통행인이 소지한 물품
- 탑승자가 소지한 물품

② **보상한도**

- 피해물이 소지품인 경우

피해자 1인당 200만원을 한도로 대물배상 가입 금액 한도 내에서 보상

- 피해물이 적재물인 경우

대물배상 가입 금액 한도 내에서 보상(피해 인원수와 관계없음)

③ **소지품과 적재물의 판단 기준**

- 소지품

소지품의 정의 "참조"

예 피해 차량의 조수석에 탑승하고 있던 탑승자 소유의 캠코더가 파손된 경우

- 적재물

차량의 실내 또는 트렁크 등 화물을 적재하는 공간에 보관중이거나 운송중인 물품으로서 통상 거래처 등에 대량으로 납품하는 물품

예 거래처 납품용 노트북 10대를 피해 차량에 싣고 거래처로 가고 있던 피해 차량을 추돌하여 실려 있던 노트북 10대가 모두 파손된 경우

☞ 비록 노트북이 소지품으로 분류되어 있으나, 피해자가 거래처로 납품을 가던 중인 점 등을 감안할 때 납품용 노트북은 피해 차량의 적재물로 처리

④ 소지품에 대한 감가율 적용 요령

• 제조 연월일이 확인되는 경우
제조 연월일 1개월 이후부터 감가적용(1개월 이내 감가 미적용)

• 제조 연월일이 확인되지 않는 경우
제조 연월일이 확인될 수 있는 가장 최근의 날짜를 기준으로 감가 적용(마지막 출고일자 기준)

휴대품, 소지품의 범위

1. 휴대품
통상적으로 몸에 지니고 있는 물품으로 현금, 유가증권, 지갑, 만년필, 소모품, 손목시계, 귀금속, 기타 장신구 및 이와 유사한 물품으로 객관적인 손해액 산정이나 Moral Risk 방지가 곤란한 물품

2. 소지품
휴대품을 제외한 물품으로 정착되어 있지 않고 휴대할 수 있는 물품
① 정착의 의미 : 볼트, 너트 등으로 고정되어 있어서 공구 등을 사용하지 않으면 쉽게 분리할 수 없는 상태
② 소지품의 예 : 휴대전화기, 노트북, 캠코더, 카메라, 휴대용 라디오, 핸드백, 서류 가방, 골프채 등

6) 피보험자가 피보험자동차를 공사 수행을 위하여 사용 또는 관리하던 중 지하케이블, 도관, 기타 지하시설물을 파손한 경우 또는 지반의 침하로 생긴 손해 및 건물 구조물의 붕괴 또는 도괴로 생긴 손해(업무용 및 영업용 자동차보험 보통약관에만 적용)

면책 취지

공사 수행 중 사고는 일반적인 자동차 운행으로 인한 사고와는 그 성격이 다르고 또한 위험률이 특히 높기 때문에 이러한 위험은 건설공사 책임보험에 의해 담보될 성질의 것이므로 자동차보험의 위험담보범위에서 제외한 것이다.
① 케이블 : 전선, 통신선 등
② 도관 : 상수도관, 하수도관, 송유관, 가스관 등
③ 구조물 : 교량, 터널, 댐, 아치, 탑, 전주, 가드레일, 간판 등과 같이 천연 또는 인조 재료를 사용하여 하중을 기초에 전달하고 그 사용목적에 유익하도록 건조된 공작물과 벽, 바닥, 기둥, 계단 등으로써 조립된 것 또는 부재나 합판 등과의 조합된 것 등을 총칭한다.

3 자기차량손해

❶ 자기차량손해의 의의

피보험자는 피보험자동차의 사고로 다른 사람에 대한 배상 책임을 질 뿐 아니라, 자기가 보유하고 있는 피보험자동차가 파손되는 등 직접적으로 피보험자동차에 재산적 손해를 입을 위험이 있는데, 이에 대비하기 위한 것이 자기차량손해보험이다.

❷ 약관규정(보험회사의 보상책임)

1) 보상하는 손해

보험회사는 피보험자가 피보험자동차를 소유, 사용, 관리하는 동안에 발생한 사고로 인하여 피보험자동차에 직접적으로 생긴 손해를 보험증권에 기재된 보험가입금액을 한도로 보상하되 다음 기준에 따르는 것으로 규정되어 있다.

① 보험가입금액이 보험 가액보다 많은 경우에는 보험 가액을 한도로 보상한다.

② 피보험자동차에 통상 붙어 있거나 장치되어 있는 부속품과 부속기계장치는 피보험자동차의 일부로 본다. 그러나 통상 붙어 있거나 장치되어 있는 것이 아닌 것은 보험증권에 기재된 것이 한정한다.

③ 피보험자동차의 일방과실 사고의 경우에는 실제 수리를 원칙으로 한다. 또한 피보험자동차의 단독사고(가해자 불명사고 포함)를 보상받는 특약에 가입된 경우에도 실제 수리를 원칙으로 한다.

④ 경미한 손상의 경우 보험개발원이 정한 경미손상 수리기준에 따라 복원수리하는데 소요되는 비용을 한도로 보상한다(차량 단독사고 보장 특별약관 또는 차량 포괄 손해보상 특별약관에 가입된 경우에도 적용됨).

2) 자기차량손해에 있어서 '사고'의 의미

① 보통약관규정

- 타차량과의 충돌 또는 접촉으로 인한 손해
  - 타차량이란?

  피보험자동차 이외의 자동차로서, 그 자동차의 등록번호(차량번호 또는 차대번호를 말함)와 사고발생 시의 운전자 또는 소유자 확인된 경우만을 말한다. 이 경우, '자동차'란 자동차관리법에 따른 자동차, 건설기계관리법에 따른 건설기계, 군수품 관리법에 따른 차량, 도로교통법에 따른 원동기장치자전거 및 농업기계화 촉진법에 따른 농업기계를 말한다.

- 피보험자동차 전부의 도난으로 인한 손해, 그러나 피보험자동차에 장착 또는 장치되어 있는 일부 부분품, 부속품, 부속 기계장치만의 도난에 대해서는 보상하지 않는다.
- 부분품

  엔진, 변속기(트랜스미션) 등 자동차가 공장에서 출고될 때 원형 그대로 부착되어 자동차의 조성 부분이 되는 재료를 말한다.

- 부속품

  자동차에 정착 또는 장비되어 있는 물품을 말하며, 자동차 실내에서만 사용하는 것을 목적으로 해서 자동차에 고정되어 있는 내비게이션이나 고속도로 통행료 단말기를 포함한다. 다만, 다음의 물품은 제외한다.
  - 연료, 바디커버, 세차용품
  - 법령에 의해 자동차에 적착하거나 장비하는 것이 금지되어 있는 물건
  - 통상 장식품으로 보는 물건

- 부속 기계장치

  의료 방역차, 검사측정차, 전원차, 방송 중계차 등 자동차등록증상 그 용도가 특정한 자동차에 정착되거나 장비되어 있는 정밀기계 장치를 말한다.
  - 정착 : 볼트, 너트 등을 고정되어 있어서 공구 등을 사용하지 않으면 쉽게 분리할 수 없는 상태를 말한다.
  - 장비 : 자동차의 기능을 충분히 발휘하기 위해 갖추어 두고 있는 상태 또는 법령에 따라 자동차에 갖추어 두고 있는 상태
  - 고속도로 통행료 단말기 : 고속도로 통행료 등의 지급을 위해 고속도로 요금소와 통행료 등에 관한 정보를 주고받는 송수신 장치

  예 하이패스 단말기

② 특별약관(차량단독사고보장 또는 차량포괄손해보상 등) 규정

- 타물체와의 충돌, 접촉, 추락, 전복 또는 차량의 침수로 인한 손해
- 화재, 폭발, 낙뢰, 날아온 물체, 떨어지는 물체에 의한 손해 또는 풍력에 의해 차체에 생긴 손해

3) 열거위험담보방식(열거책임주의)과 포괄책임주의

① 열거책임주의

- 의의

열거위험담보방식(열거책임주의)이란 보험약관에서 보상하는 것으로 명시된 위험에 대해서만 보험자가 보상 책임을 지는 방식을 말한다.

- 보험사고에 대한 입증책임

보험사고가 발생하여 보험자에게 보상 책임이 있다는 것에 대한 입증은 피보험자에게 있다. 열거책임주의는 열거한 위험에 대해서만 보험자가 보상책임을 지기 때문에 피보험자가 보험의 목적에 손해가 발생하였다는 것을 입증하는 것만으로는 부족하고 열거된 위험으로 인하여 보험사고가 발생하였다는 것까지도 입증하여야 한다.

- 보험종목별 적용

자동차보험 자기차량손해는 열거책임주의를 채택하고 있다.

② 포괄책임주의 방식

- 의의

포괄책임주의란 보험약관에서 보상하지 않는 사고를 제외한 모든 사고에 대해 보험자가 보상 책임을 지는 방식을 말한다.

- 보험사고에 대한 입증책임

보험기간 중에 보험자의 보상 책임이 발생하는 사고가 발생하였다는 것에 대한 입증은 피보험자가 하여야 한다. 포괄책임주의 방식은 면책위험, 즉 보상하지 않는 손해를 제외하고는 보험의 목적에 손해가 발생하면 그 원인이 무엇이든지 관계없이 보상하기 때문에 피보험자는 보험의 목적에 담보 손해가 발생하였다는 것만 입증하면 되고 담보위험으로 손해가 발생하였다는 것 까지 입증할 필요는 없다.

• 보험종목별 적용

자동차보험 대물배상은 포괄책임주의를 채택하고 있다.

4) 특별약관 규정(차량 단독사고 보장 특별약관)

① 가입대상

이 특별약관은 보통약관 자기차량손해에 가입한 경우에만 가입할 수 있다.

② 보상하는 손해

보험회사는 보통약관에서 규정한 '사고' 외에도 피보험자가 피보험자동차를 소유, 사용, 관리하는 동안에 발생한 사고로 인하여 피보험자동차에 직접적으로 생긴 손해를 보험증권에 기재된 보험가입금액을 한도로 보상한다. 단, 이 특별약관에 의한 지급보험금은 보통약관에서 규정한 '지급보험금의 계산'에 따른다.

③ 차량 단독사고 보장 특별약관에 있어서 '사고'의 의미

• 타 물체와의 충돌, 접촉, 추락, 전복 또는 차량의 침수로 인한 손해

- 물체 : 구체적인 형상을 하고 있어 충돌이나 접촉으로 자동차 외부에 직접적인 손상을 줄 수 있는 것을 말하며, 엔진 내부나 연료탱크 등에 이물질을 삽입하는 경우와 보통약관에서 규정한 '타 차량'은 물체에 보지 않는다.
- 침수 : 흐르거나 고인 물, 역류하는 물, 범람하는 물, 해수 등에 피보험자동차가 빠지거나 잠기는 것을 말하며, 차량 도어나 선루프 등을 개발해 놓았을 때 빗물이 들어간 것은 침수를 보지 않는다.
- 충돌 : 널리 자차(피보험차량)와 타 물체와의 접촉을 의미하는 것으로서, 여기에서 자차는 보험의 목적인 피보험자동차(부속품과 부속기계 장치 포함)를 말하고, 타 물체란 자차 이외의 모든 물건을 말한다. 즉 자동차가 움직이거나 정지중임을 불문하고 자동차 이외의 사람이나 유체물, 날아오는 물체, 떨어지는 물체, 투석 등 타 물체와의 모든 물리적 접촉을 충돌이라 한다.
- 피보험자동차에 장치된 부속품 및 기계장치 상호간의 충돌, 접촉은 자물 간의 충돌, 접촉이므로 보험사고의 범위에 포함되지 않는다.

  차량운행 중 바람(풍력)에 의해 보닛과 차체 또는 유리와 충돌한 사고는 언뜻 피보험자동차의 부품 상호간 충돌사고로도 볼 수 있으나, 전 단계에서 바람이라는 물체와 충돌, 접촉에 의해 후차적으로 발생된 손해이므로 자차로 보상한다.

- 충돌, 접촉 또는 추락사고로 인한 손해로 볼 수 있는 경우
  - 보행인 또는 전주 등을 충돌, 접촉하면서 그 충격에 의하여 엔진과 라디에이터가 접촉(자물 간의 접촉)함으로써 파손된 경우
  - 급제동으로 인하여 적재중인 물체 또는 탑승자가 밀리거나 넘어지면서 차체와 충돌, 접촉하여 차체가 파손된 경우
  - 웅덩이에 빠지면서 에어클리너로 물이 흡입되어 엔진이 파손된 경우
  - 견인 고리가 빠지면서 트랙터와 트레일러가 접촉하여 파손된 경우
- 충돌, 접촉 또는 추락사고로 인한 손해로 볼 수 없는 경우
  - 엔진 헤드 개스킷이 파손되어 실린더 내에 물이 들어간 것을 모르고 시동을 걸어 엔진이 파손된 경우
  - 고정 볼트의 이완으로 엔진과 라디에이터가 접촉, 파손된 경우
  - 엔진 커넥팅로드가 절손되면서 실린더 블록을 충격하여 엔진이 파손된 경우
  - 적재함 U볼트의 이완으로 적재함이 밀려 운전대와 접촉, 파손된 경우
  - 연료탱크에 이물질이 흡입되어 엔진 또는 연료장치에 고장이 생긴 경우

피보험자동차가 도로상 주차 중 불상인 이 연료주입구 안으로 설탕을 넣어 이로 인하여 엔진이 소결된 경우 이를 자동차보험 보통약관 소정의 「타 물체와의 접촉으로 인한 손해」로 볼 수 있는지 여부 및 그 근거는?

① 자동차보험약관의 피보험자동차의 손해에 대하여는 그 사고원인을 열거하고, 그로 인하여 직접적으로 생긴 손해를 보상하도록 하고 있다. 그러므로 이 사건에서는 연료주입구 안으로 설탕을 넣은 사실을 알지 못하고 자동차의 시동을 걸고 운행하다가 엔진이 소결된 것이 동 약관에서 정한 '타 물체와의 접촉'으로 생긴 사고로 볼 수 있느냐는 의문이 있다.
② 약관에는 "타차량 또는 타 물체와의 충돌, 접촉, 추락, 전복 또는 차량의 침수로 인한 손해"라고 규정하고 있는데, 여기서 '접촉'이라함은 피보험자동차가 타차량 또는 다른 물체와 맞붙어 닿는 것을 뜻한다고 할 것이다. 가령 자동차가 전류가 통하는 물체와 맞붙어 스파크가 생기면서 화재 등의 사고로 그 자동차가 소실된 경우가 그 예라 할 것이다.
③ 이 사건에서는 연료주입구 안으로 설탕을 넣은 것이 원인이 된 사고로 자동차가 다른 물체인 설탕과 접촉하여 생긴 사고로 볼 수는 없다고 할 것이다. 그리하여 이 사건 사고는 자동차보험계약에서 차량손해에 대하여 보험자가 보상하는 사고원인으로는 볼 수 없다.(감독원 분심사례)

- 화재, 폭발, 낙뢰, 날아온 물체, 떨어지는 물체에 의한 손해 또는 풍력에 의한 차체에 생긴 손해

③ 보상의 범위 및 한도

1) 보상의 범위

타차량 또는 타 물체와의 충돌, 접촉, 추락, 전복, 차량의 침수, 화재, 폭발, 낙뢰, 날아오는 물체, 떨어지는 물체, 풍력에 의한 사고 등 열거한 사고와 상당인과관계가 있는 손해와 자동차전부의 도난으로 인하여 생긴 손해 중 직접손해에 한하여 보상한다. 따라서 휴업손해, 자동차시세하락손해, 상실이익 등의 간접손해는 보상하지 않는다.

> **상당인과관계**
> 어떤 결과에 대한 원인으로 생각되는 제 조건 가운데서 어떤 특정의 경우가 아닌 일반적인 경우에 맞추어 보더라도 똑같은 결과를 초래할 것으로 판단되는 조건을 원인으로 보아야 한다는 설이다. 다시 말하면 그와 같은 원인이 있음으로써 그와 같은 결과가 발생하는 것이 일반적이라는 것이다. 대부분 법률에서는 상당인과관계설을 따르고 있다.

① 용어의 정의

- 피보험자
  보험회사에 보상을 청구할 수 있는 사람으로서 보험증권에 기재되어 있는 기명피보험자를 말한다.

- 자동차
  보험증권에 기재된 자동차를 말한다.

2) 보상한도

보험증권에 기재된 보험가입금액을 한도로 하며, 보험가입금액이 보험가액보다 많은 경우에는 보험가액을 한도로 보상한다.

④ 보상하지 않는 손해

보험회사는 보험계약에서 정한 불확실한 사고가 발생되면 보험금을 지급할 의무가 있다. 그러나 보험계약법이나 약관 규정에 의하면 일정한 사유에 의해 보험사고가 발생된 경우에는 보험금을 지급하지 않도록 규정되어 있는데 이를 면책사유라 한다.

면책사유를 인정하는 이유

보험사고가 보험계약자 등의 인위적인 사고 유발 또는 전쟁 등과 같이 비정상적인 상태에서 발생되는 사고의 경우, 보험자의 보험금 지급책임을 면하게 함으로써 보험계약자의 행위를 견제하고 보험자를 보호하여 보험사업의 건전한 발전을 도모하기 위함이다.

1) 보험계약자 또는 피보험자의 고의로 인한 손해

자기차량손해는 손해보험에 해당하며, 손해보험은 보험계약자나 피보험자의 고의·중과실 사고에 대해 면책이 가능한 것으로 상법에 규정되어 있다(상법 제659조). '차량 단독사고 보장 특별약관'에서 정한 「사고」의 경우에는 보통약관에서 정한 보상하지 않는 손해 외에도 보험증권에 기재된 운전 가능 범위 외의 자가 운전한 둥 생긴 사고로 인한 손해도 보상하지 않는다.

2) 전쟁, 혁명, 내란, 사변, 폭동, 소요 및 이와 유사한 사태로 인한 손해

3) 지진, 분화 등 천재지변으로 인한 손해

4) 핵연료 물질의 직접 또는 간접적인 영향으로 인한 손해

5) 개인용 자동차보험의 경우 영리를 목적으로 요금이나 대가를 받고 피보험자동차를 반복적으로 사용하거나 빌려준 때에 생긴 손해. 다만 다음 각목의 어느 하나에 해당한 때는 보상한다.

① 임대차계약(계약기간이 30일을 초과하는 경우에 한함)에 따라 임차인이 피보험자동차를 영리를 목적으로 요금이나 대가를 받고 반론적으로 사용하는 경우에는 보상하지 않는다.

② 피보험자와 동승자 「여객 자동차 운수사업법」에 따른 토요일, 일요일 및 공휴일을 제외한 날의 출·퇴근 시간대(오전 7시부터 오전 9시까지 및 오후 6시부터 오후 8시까지를 말한다)에 실제의 출·퇴근 용도로 자택과 직장 사이를 이동하면서 승용차 함께 타기를 실시한 경우에도 보상한다.

- 본 조항은 피보험자 개별적을 하지 않는다.

업무용 자동차보험의 경우 피보험자동차가 승용차 또는 승합자동차(버스)이면 영리를 목적으로 요금이나 대가를 받고 피보험자동차를 반복적으로 사용하거나 빌려준 때에 생긴 손해는 보상하지 않는다. 즉 업무용 자동차보험 중 ① 승용차는 1개월 이상 장기임대차계약을 체결하였다고 하더라도 보상하지 않으며 ② 승용차일 때 보험약관으로는 보상되지 않으나 '유상 운송 위험 담보 특별약관'에 가입하면 보상한다.

6) 사기 또는 횡령으로 인한 손해

① 취지

피보험차량의 점유 또는 지배를 상실하는 과정에 피보험자의 의사가 개재된 점, 피보험자의 피고용인이 행한 횡령 행위에 의한 손해 등 신용관계를 수반하는 사고를 담보 범위에 포함하는 것은 보험요율에 영향을 미친다는 점에서 이를 면책사유로 규정하고 있다.

② 특징

- 사기 또는 횡령으로 피보험자동차를 상실한 경우와 후일 도로 찾은 경우에도 상실기간 중에 생긴 파손 등의 손해에 대하여도 모두 면책으로 된다.
- 사기 또는 횡령으로 인한 손해는 피보험자의 의사가 게재되어 있다는 점에서 도난과 다르다.
- 사기 또는 횡령을 행한 자가 누구인지 또는 누구에 대해서 행하여진 것인가는 묻지 않는다. 따라서 소유자 이외의 제3자가 사기, 횡령의 가해자 또는 피해자인 경우에도 일률적으로 면책이 된다.

③ 용어의 정의

- 절취

불법영득의 의사로 타인이 점유하고 있는 타인의 재물을 점유자의 의사에 반하여 자기 또는 제3자의 점유로 옮기는 것

- 사기

타인을 기망하여 타인의 재물을 편취하는 것으로서, 기망을 당한 피해자가 불완전하나마 자의에 의하여 재물을 상대방에게 제공하는 형태로 이루어짐

- 횡령

자기가 보관(위탁관계에 터 잡아 이루어지는데, 위탁관계의 발생원인은 사용대차, 임대차 등의 경우가 보통임)하고 있는 타인의 재물을 불법하게 영득하는 것

7) 국가나 공공단체의 공권력 행사에 의한 압류, 징발, 몰수, 파괴 등으로 인한 손해. 그러나 소방이나 피난에 필요한 조치로 손해가 발생한 경우에는 그 손해를 보상한다.

8) 피보험자동차에 생긴 흠, 마멸, 부식, 녹 그 밖에 자연소모로 인한 손해

9) 피보험자동차의 일부 부분품, 부속품, 부속기계장치만의 도난으로 인한 손해

피보험자와 보험회사 모두가 보험사고발생 사실을 입증하거나 객관적인 손해액 산정 등이 현실적으로 곤란하기 때문에, 피보험자동차 전부의 도난으로 인한 손해만 보상한다(양 당사자 사이의 분쟁 사전 예방).

10) 동파로 인한 손해 또는 우연한 외래의 사고에 직접 관련이 없는 전기적·기계적 손해

① 동파로 인한 손해

동파로 인한 손해는 사고발생 전·후 인과관계를 불문하고 보상하지 않는다.

② 전기적 또는 기계적 손해(고장손해)

- 정의

우연한 외래의 사고에 직접 관련이 없는 자동차 통상의 용법이나 사용 과정에서 자연적으로 발생된 손해로서, 자동차의 결함이나 자연 소모, 관리 불완전, 규정능력이상의 혹사, 정상 사용법의 위반 등으로 인하여 부품에 발생한 전기적·기계적 손해를 말한다.

- 사고와 고장 손해와의 관계

고장 손해 자체는 보상하지 않으나 고장이 원인이 되어 충돌, 추락, 전복, 화재 등으로 확대된 사고로 인한 후발 손해는 보상한다.

예 F/T Suspension Arm이 재질상의 결함으로 돌연 절손되어 핸들 기능이 상실되면서 충돌사고를 일으킨 경우 F/T Suspension Arm 이외의 손해는 보상한다.

- 고장 손해와 고장 손해의 원인이 된 단위·단체 부품 뿐만 아니라 단체 부품(piece part)과 조립부품(assembly part)의 중간으로 기계의 기능상 일체로 되어 있는 기능 부품(functional unit), 즉 기구학적으로 동시에 연결되어 있는(mechanical linkage) 범위내의 부품까지 포함된다.
  - 단위 부품 : 단체 부품의 기능을 위하여 소요되는 개개의 부품
    예 볼트, 너트, 와셔 등
  - 단체 부품 : 부품 개개로서의 기능도 있으면서 조립부품이 구성품인 부품
    예 범퍼, 펜더, 도어, 조향 너클 등
  - 조립부품 : 단위, 단체 부품의 조립에 의해서만 기능이 가능한 부품
    예 엔진 어셈블리, 트랜스미션 어셈블리 등

11) 피보험자동차를 시험용, 경기용 또는 경기를 위해 연습용으로 사용하던 중 생긴 손해. 다만, 운전면허시험을 위한 도로주행시험용으로 사용하던 중 생긴 손해는 보상한다.

① 경기

다수의 참가자를 모집하여 하는 Road Race나 Circus Race 등을 말하고, 한패끼리 도로상에서의 경주는 포함하지 않는다.

② 연습

경기에 나가기 위한 연습만을 말한다.

③ 험

자동차 제작사, 연구기관 등이 행하는 시험 및 성능테스트 또는 경기 출장 자격시험 등의 경우를 말한다. 입사시험, 운전자 채용시험, 자동차판매업자·수리업자 등의 시운전, 시승, 검사장 검사 등은 포함하지 않는다.(광주지법 91가단 19628, 92. 03. 17 선고)

12) 피보험자동차를 운송하거나 싣고 내릴 때에 생긴 손해

도선장에서 차량을 도선에 싣고 내릴 때에 생긴 손해는 보상한다. 도서 간을 연락하는 도선은 일반교통에 공용하는 장소로서, 교량과 같은 성질의 것이므로 일반 도로에 포함된다.(도로법 제2조 제2항)

관계법규

도로법 제2조

① 이 법에서 사용하는 용어의 뜻은 다음과 같다.

1. "도로"란 일반인의 교통을 위하여 제공되는 도로로서 제8조에 열거한 것을 말한다.

② 제1항 제1호의 도로에는 터널, 교량, 도선장, 도로용 엘리베이터 및 도로와 일체가 되어 그 효용을 다하게 하는 시설이나 공작물로서 대통령령으로 정하는 것과 도로의 부속물을 포함한다.

13) 피보험자동차가 주·정차 중일 때 피보험자동차의 타이어나 튜브에만 생긴 손해. 다만, 다음 중 어느 하나에 해당하는 손해는 보상한다(타이어나 튜브의 물리적 변형이 없는 단순 오손의 경우는 제외).

① 다른 자동차가 충돌하거나 접촉하여 입은 손해

② 화재, 산사태로 입은 손해

③ 가해자가 확정된 사고로 인한 손해

※ 가해자가 확정된 사고라 함은 피보험자동차에 장착되어 있는 타이어나 튜브를 훼손하거나 파손한 사고로, 경찰관서를 통하여 가해자(기명피보험자 및 기명피보험자의 부모, 배우자, 자녀는 제외)의 신원이 확인된 경우를 말한다.

| 적용사례 |

구분	내용
사례 1	운행 중 사고로 타이어와 차체(펜더)가 동시에 손상을 입은 경우에는 차체(펜더) 및 타이어 모두 보상처리 가능
사례 2	주차 후 다음날 확인해 보니 불상의 사람에 의해 피보험자동차의 우측 뒤 타이어와 우측 전 펜더 부위가 손상된 사고가 발생한 경우 • 1회 사고로 판명된 경우 : 타이어와 펜더 모두 보상한다. • 사고조사에 의하여 2회 사고로 판명되었을 경우 - 우측 전 펜더는 보상한다. - 우측 뒤 타이어는 면책
사례 3	주차 후 다음날 확인해 보니 불상의 사람에 의해 피보험자동차의 타이어가 펑크 난 사고가 발생한 경우 타이어 손해 보상처리 불가
사례 4	주차 중 다음날 확인해 보니 타이어만 화재가 발생하여 소실된 경우 : 보상한다.
사례 5	산사태로 인해 낙석이 굴러오면서 타이어만 파손된 경우 : 보상한다.

14) 다음 각목의 어느 하나에 해당하는 자가 무면허 운전, 음주운전 또는 마약·약물 운전을 하였을 때 생긴 손해

- 보험계약자, 기명피보험자
- 30일을 초과하는 기간을 정한 임대차계약에 의해 피보험자동차를 빌린 임차인
- 기명피보험자와 같이 살거나 생계를 같이 하는 친족

① 용어 정의

- 마약·약물 운전

  마약·약물 운전이라 함은 마약 또는 약물 등의 영향으로 인하여 정상적인 운전을 할 수 없을 우려가 있는 상태에서 피보험자동차를 운전하는 것을 말한다.

- 임차인

  임차인이 법인인 경우에는 그 이사, 감사 또는 피고용자(피고용자가 피보험자동차를 법인의 업무에 사용하고 있는 때에 한함)를 포함한다.

② 무면허 운전

• 무면허 운전의 정의

무면허 운전이란 도로교통법 또는 건설기계관리법의 운전(조종)면허 규정을 위반하는 무면허 또는 무자격 운전을 말하며, 운전면허의 효력이 정지 중이거나 운전금지 중일 때 운전하는 것을 포함한 자.

• 무면허의 성립요건

- 면허 없이 운전한다는 인식 필요
- 취소·정지 사실을 알지 못하고 운전하였으며 취소, 정지 사실을 알지 못한 데 대하여 잘못이 없으면 무면허 운전 적용이 불가하다.
- 도로교통법 제2조 제1호에서 정한 도로에서 무면허로 운전하였을 때
  도로교통법 제2조 제1호에서 정한 도로
  - 도로법에 따른 도로
  - 유료도로법에 따른 유료도로
  - 농어촌도로 정비법에 따른 농어촌도로
  - 그 밖에 현실적으로 불특정 다수의 사람 또는 차가 통행할 수 있도록 공개된 장소로서 안전하고 원활한 교통을 확보할 필요가 있는 장소

• 약관 규정에서의 면책 취지

사고발생 당시에 무면허 운전 중이었다는 중대한 법규 위반 상황을 중시하여, 이를 보험회사의 보상 대상에서 제외하려는데 그 취지가 있다. 즉, 무면허 운전 면책조항은 사고발생 원인을 이유로 한 책임 면제 사유가 아니라, 사고발생 당시 무면허 운전 중이었다는 법규위반 상황을 이유로 한 담보위험 제외 사유에 해당한다.

판　례

상법 제659조는 보험사고를 직접 유발한 자. 즉 손해 발생 원인에 전적인 책임이 있는 자를 보험의 보호 대상에서 제외하려는 것이므로 보험약관에서 이러한 손해 발생 원인에 대한 책임조건을 경감하는 내용으로 면책사유를 규정하는 것은 상법 제663조의 불이익 변경 금지에 저촉되겠지만, 손해 발생 원인과는 관계없이 손해 발생 시의 상황이나 인적관계 등 일정한 조건을 면책 사유로 규정한 것은 상법 제659조의 적용 대상이라고 볼 수 없으므로, 자동차보험의 무면허 운전 면책조항은 사고발생의 원인이 무면허 운전에 있음을 이유로 한 것이 아니라 사고발생 당시에 무면허 운전 중이었다는 법규위반 상황을 중시하여 이를 보험자의 보상 대상에서 제외하는 사유로 규정하는 것이므로 상법 제659조의 적용대상이라고 보기 어렵다. (대법원 91.12.24. 선고 전원합의체 판결 90다카23899)

- 자동차보험 자기차량손해에 있어서 무면허 운전의 주체(약관 규정)
  - 보험계약자, 기명피보험자
  - 30일일 초과하는 기간을 정한 임대차계약에 의해 피보험자동차를 빌린 임차인
  - 기명피보험자와 같이 살거나 생계를 같이 하는 친족

- 자동차보험 자기차량손해에 있어서 무면허 운전범위

  약관에서 규정하고 있는 「운전」이란, 도로교통법 제2조 제26항에서 규정하고 있는바와 같이 「도로(술에 취한 상태에서의 운전 금지 및 과로한 때의 운전 금지, 사고발생 시의 조치 조항에만 도로 외의 곳을 포함한다)에서 자동차를 그 본래의 사용 방법에 따라 사용하는 것(조종을 포함)」을 의미하는 것으로, 적어도 '주차'는 '운전'에 포함되지 않는다.

관계법규

도로교통법 제2조 제24, 25, 26항

24. "주차" 란 운전자가 승객을 기다리거나 화물을 싣거나 차가 고장나거나 그 밖의 사유로 차를 계속 정지 상태에 두는 것 또는 운전자가 차에 떠나서 즉시 그 차를 운전할 수 없는 상태에 두는 것을 말한다.
25. "정차" 란 운전자가 5분을 초과하지 아니하고 차를 정지시키는 것으로서 주차 외의 정지 상태를 말한다.

26. "운전" 이란 도로(제44조, 제45조, 제54조 제1항, 제148조, 제148조의 2 및 제156조 제10호의 경우에는 도로 외의 곳을 포함한다)에서 차마 또는 노면전차를 그 본래의 사용 방법에 따라 사용하는 것(조종을 포함한다)을 말한다.

③ 음주운전

• 정의

도로교통법 제44조에서 규정하고 있는 주취운전과 그 뜻을 같이 한다. 따라서 음주운전 여부의 판단 기준은 혈중알코올 농도가 0.03% 이상인 알코올 성분을 체내에 보유한 채 운전하거나 도로교통법에 의한 음주측정 불응 행위를 말한다.

관계법규

도로교통법 제44조 [술에 취한 상태에서의 운전금지]

① 누구든지 술에 취한 상태에서 자동차 등(건설기계관리법 제26조제1항 단서에 따른 건설기계 외의 건설기계를 포함한다. 이하 이 조, 제45조, 제47조, 제93조 제1항제1호부터 제4호까지 및 제148조의 2에서 같다)을 운전하여서는 아니된다.

② 경찰 공무원(자치 경찰 공무원을 제외한다. 이하 이 항에서 같다)은 교통의 안전과 위험방지를 위하여 필요하다고 인정하거나 제1항의 규정을 위반하여 술에 취한 상태에서 자동차 등을 운전하였다고 인정할 만한 상당한 이유가 있는 경우에는 운전자가 술에 취하였는지를 호흡조사로 측정할 수 있다. 이 경우 운전자는 경찰 공무원의 측정에 응하여야 한다.

③ 제2항에 따른 측정 결과에 불복하는 운전자에 대하여는 그 운전자의 동의를 받아 혈액채취 등의 방법으로 다시 측정할 수 있다.

④ 제1항에 따라 운전이 금지되는 술에 취한 상태의 기준은 운전자의 혈중알코올농도가 0.03% 이상인 경우로 한다.〈시행일 2019.6.25〉

• 운전의 개념

음주운전에서의 운전이라 함은 도로 및 도로 이외의 장소에서 자동차 또는 건설기계를 그 본래의 사용방법에 따라 사용하는 것을 말한다.

의학계의 일반적 구분에 의한 주취상태의 3가지 유형

1. Alcohol State

얼굴이 상기되어 있고 누구나 맡을 수 있을 정도로 술 냄새가 나며, 지각력의 장애가 완연하지 않지만 시간, 장소, 상황 등에 대한 판단이 느리거나 착각을 일으킬 수 있을 정도의 상태

2. Drunken State
의식이 명료하지 못하고 자의에 의한 신체의 움직임에 상당한 장애가 있으며, 언어도 잘 알아듣지 못하거나 횡설수설하는 정도의 상태

3. Drinken State
지각력, 판단력이 완전히 상실되어 현재의 상황을 전혀 깨닫지 못할 정도의 만취 상태

• 음주측정의 종류

- 음주측정기에 의한 측정 : 술이 인체에 유입되면 다른 영양분과 같이 혈관에 흡수되고, 흡수된 알코올은 혈관을 따라 이동하다가 폐 기관(허파꽈리)에 이르러 사람이 호흡할 때 밖으로 배출되게 된다. 배출 가스는 크게 산소와 탄산가스 등으로 구분되며, 음주 측정기는 내뿜어지는 탄산가스와 음주측정기와의 전기화학반응을 이용하여 알코올의 양을 측정하는 것을 말한다.

※ 인체에 유입된 술은 95%가 간에서 제거되고 잔류 5%가 호흡, 소변, 땀으로 분해 배출됨

- Widmark식 측정 : 주취상태로 운전하다가 사고를 발생시켰을 때 그 즉시 음주측정기로 운전자의 주취상태를 측정, 처리하면 사고처리에 별문제가 없겠으나 사고발생 후 많은 시간이 경과되어 운전자가 술이 깨어 버렸거나 측정해 본 결과 한계 수치 이하인 경우에는 음주운전자에 대한 처리에 문제가 생긴다. 이때 사용할 수 있는 것이 위드마크방식이다.

위드마크방식은 스웨덴 생화학자 에릭 마데오 프로셰 위드마크라는 사람이 창안한 계산방법으로 운전자가 사고 전에 섭취한 술의 종류와 음주량, 체중, 성별 등을 조사하여 사고 당시 주취상태를 계산하는 방법으로서 현재 법원은 위드마크방식을 인정, 판결에 적용하고 있다.

$$C = \frac{A}{P \cdot R} = mg/10 = \%$$

Y : 사고당시 혈중알코올농도 %
C : 혈중알코올농도 최고치(%)
P : 사람의 체중(kg)
* BAL : Blood Alcohol Level(mg/10)
X : 제거된 알코올의 양(1시간당 0.015%씩 감소)
A : 섭취한 알코올의 양(음주량×술의 농도%×0.789)
R : 성별에 따른 계수(남자 : 0.7, 여자 0.6)

‣ 각종 술의 알코올 함유량(%)

소주	맥주	막걸리	양주	보드카	포도주
17 ~ 21	4 ~ 6	6	40	60	12

‣ 술의 양(mℓ) : 술병 혹은 캔 등에 기재된 양(mℓ)을 기준으로 섭취량을 계산

4 보험금 또는 손해배상의 청구

① 피보험자의 보험금청구

1) 대물배상

① 청구 시기

피보험자는 대한민국 법원에 의한 판결의 확정, 재판상의 화해, 중재 또는 서면에 의한 합의로 손해배상액이 확정되었을 때 보험금의 지급을 청구할 수 있다.

② 청구 절차 및 유의사항

• 지급기한

- 보험회사는 보험금 청구에 관한 서류를 받았을 때에는 지체 없이 지급할 보험금액을 정하고 그 정하여진 날부터 7일 이내에 지급한다.
- 보험회사가 정당한 사유 없이 보험금액을 정하는 것을 지연하였거나 ①항에서 정한 지급기일 내에 보험금을 지급하지 않았을 때, 지급할 보험금이 있는 경우에는 그 다음날부터 지급일까지의 기간에 대하여 보험금을 지급할 때의 적립이율에 따라 연 단위 복리로 계산한 금액을 보험금에 더하여 지급한다. 다만, 피보험자에게 책임이 있는 사유로 지급이 지연될 때에는 그 해당 기간에 대한 이자를 더하여 지급하지 않는다.
- 보험회사가 보험금 청구에 관한 서류를 받은 때부터 30일 이내에 피보험자에게 보험금을 지급하는 것을 거절하는 이유 또는 그 지급을 연기하는 이유(추가 조사가 필요한 때에는 확인이 필요한 사항과 확인이 종료되는 시기를 포함)를 서면(전자우편 등 서면에 갈음할 수 있는 통신 수단을 포함)으로 통지하지 않은 경우, 정당한 사유 없이 보험금액을 정하는 것을 지연한 것으로 본다.

• 용어의 정리

- 7일 이내란?

보험금액이 최종 확정된 날(0시 기준)로부터 계산하여 주말 및 법정공휴일을 포함하여 7일째 되는 날을 말한다(단, 7일째 되는 날이 주말 또는 법정공휴일인 경우에는 그 다음날인 평일로 한다).

- 보험금을 지급할 때의 적립이율이란?

기간	지급이자
지급기일 다음날부터 30일 이내 기간	보험계약 대출이율
지급기일의 31일 이후부터 60일 이내 기간	보험계약 대출이율 + 가산이율(4.0%)
지급기일의 61일 이후부터 90일 이내 기간	보험계약 대출이율 + 가산이율(6.0%)
지급기일의 91일 이후 기간	보험계약 대출이율 + 가산이율(8.0%)

주 : 보험계약 대출이율은 보험개발원이 공시하는 보험계약 대출이율을 적용한다.

- 연단위 복리란?

이자 계산 시 원금에 대한 이자를 원금에 가산시킨 후 이 합계액을 새로운 원금으로 계산하는 이자 계산 방법을 말한다.

예 원금 : 100원

이자율 : 연 10%

- 1년 후 : 100원 + (100원×10%) = 110원
- 2년 후 : 110원 + (110원×10%) = 121원

③ 우선지급

- 보험회사는 손해배상청구권자가 손해배상을 받기 전에는 보험금의 전부 또는 일부를 피보험자에게 지급하지 않으며, 피보험자가 손해배상청구권자에게 지급한 손해배상액을 초과하여 피보험자에게 지급하지 않는다.
- 피보험자의 보험금 청구가 손해배상청구권자의 직접청구와 경합할 때에는 보험회사가 손해배상청구권자에게 우선하여 보험금을 지급한다.

④ 제출서류

- 보험금 청구서
- 손해액을 증명하는 서류
- 손해배상의 이행사실을 증명하는 서류
- 그 밖에 보험회사가 꼭 필요하여 요청하는 서류 등(수리개시 전 자동차 점검·정비 견적서, 사진 등. 이 경우 수리 개시 전 자동차점검·정비견적서의 발급 등에 관한 사항은 보험회사에 구두 또는 서면으로 위임할 수 있으며, 보험회사는 수리 개시 전 자동차 점검·정비 견적서를 발급한 자동차 정비업자에게 이에 대한 검토의견서를 수리개시 전에 회신하게 된다)

⑤ 보험금 청구권의 소멸

보험금 청구권은 손해가 확정된 때로부터 3년간 행사하지 아니하면 소멸된다. 단, 소송이 제기된 경우에는 확정판결일로부터 10년이다.

2) 자기차량손해

① 청구시기

사고가 발생한 때. 다만, 피보험자동차를 도난당한 경우에는 도난 사실을 경찰관서에 신고한 후 30일이 지나야 보험금을 청구할 수 있다. 만약, 경찰관서에 신고한 후 30일이 지나 보험금을 청구했으나 피보험자동차가 회수되었을 경우에는, 보험금의 지급 및 피보험자동차의 반환 여부는 피보험자의 의사에 따른다.

② 청구 절차 및 유의사항

대물배상의 '청구 절차 및 유의사항'과 동일

③ 제출서류

- 보험금 지급 청구서
- 손해액을 증명하는 서류
- 그 밖에 보험회사가 꼭 필요하여 요청하는 서류 등(수리개시 전 자동차 점검·정비 견적서, 사진 등. 이 경우 수리 개시 전 자동차 점검·정비 견적서의 발급 등에 관한 사항은 보험회사에 구두 또는 서면으로 위임할 수 있으며, 보험회사는 수리 개시 전 자동차 점검·정비 견적서의 발급한 자동차 정비업자에게 이에 대한 검토의견서를 수리개시 전에 회신하게 된다.)

④ 가지급 보험금의 지급

- 피보험자가 가지급금을 청구한 경우 보험회사는 약관에 따라 지급할 금액의 한도에서 가지급금(약관에 따라 지급할 금액의 50%)을 지급한다.
- 대물배상과 동일

② 손해배상 청구권자의 직접청구

1) 직접청구의 요건

① 피보험자가 손해배상 청구권자에게 법률상 손해배상책임을 지는 사고가 생길 것

② 보험회사가 피보험자에 대하여 보상 책임을 질 것. 그러나 손해배상 청구권자로부터 직접청구를 받았을 경우에 보험회사는 피보험자가 그 사고에 관하여 가지는 항변으로 손해배상 청구권자에게 대항할 수 있다.

- 피보험자는 사고 시 손해배상청구권자(손해배상을 청구할 권리를 가진자)에 대하여 배상책임의 유무 또는 배상책임의 범위 등을 주장할 수 있다. 이와 마찬가지로 손해배상청구권자가 직접 보험회사에 손해배상금을 청구한 경우, 보험회사도 피보험자와 동일하게 손해배상 청구권자의 손해배상청구에 대하여 대응(대항) 할 수 있다는 의미이다.

2) 청구 절차 및 유의사항

① 피보험자에게 통보

보험회사가 손해배상청구권자의 청구를 받았을 때에는 지체 없이 피보험자에게 통지하여야 하며, 이 경우 피보험자는 보험회사의 요청에 따라 증거 확보, 권리보전 등에 협력하여야 한다. 만일 피보험자가 정당한 이유 없이 협력하지 않은 경우 그로 인하여 늘어난 손해에 대하여는 보상하지 않는다.

② 손해배상 청구권자에게 지급하는 손해배상금의 범위 및 한도

보험회사가 손해배상청구권자에게 지급하는 손해배상금은 이 약관에 의하여 보험회사가 피보험자에게 지급책임을 지는 금액을 한도로 한다.

③ 손해배상금 지급 효과

보험회사가 손해배상청구권자에게 손해배상금을 직접 지급할 때에는 그 금액의 한도에서 피보험자에게 보험금을 지급하는 것으로 한다.

④ 지급기한

- 보험회사는 손해배상청구에 관한 서류 등을 받았을 때에는 지체 없이 지급할 손해배상액을 정하고 그 정하여진 날부터 7일 이내에 지급한다.
- 보험회사가 정당한 사유 없이 손해배상액을 정하는 것을 지연하였거나 ①에서 정하는 지급기일 내에 손해배상금을 지급하지 않았을 때, 지급할 손해배상금이 있는 경우에는 그 다음 날부터 지급일까지의 기간에 대하여 보험금을 지급할 때의 적립이율(대물배상보험금 지급기한 참조)에 따라 연단위 복리로 계산한 금액을 손해배상금에 더하여 지급한다. 그러나 손해배상청구권자의 책임이 있는 사유로 지급이 지연될 때에는 그 해당 기간에 대한 이자를 더하여 지급하지 않는다.
- 보험회사가 손해배상청구에 관한 서류를 받은 때부터 30일 이내에 손해배상청구권자에게 손해배상금을 지급하는 것을 거절하는 이유 또는 그 지급을 연기하는 이유(추가 조사가 필요한 때에는 확인이 필요한 사항과 확인이 종료되는 시기를 포함)를 서면(전자우편 등 서면에 갈음할 수 있는 통신 수단을 포함)으로 통지하지 않은 경우, 정당한 사유 없이 손해배상액을 정하는 것을 지연한 것으로 본다.

⑤ 손해배상액 정기금 지급

보험회사는 손해배상청구권자의 요청이 있을 때는 손해배상액을 일정 기간으로 정하여 정기금으로 지급할 수 있다. 이 경우 각 정기금의 지급기일의 다음 날부터 다 지급하는 날까지의 기간에 대하여 보험개발원이 공시한 정기예금이율에 따라 연 단위 복리로 계산한 금액을 손해배상금에 더하여 지급한다.

⑥ 제출서류

- 교통사고발생 사실을 확인할 수 있는 서류
- 손해배상청구서
- 그 밖에 보험회사가 꼭 필요하여 요청하는 서류 등(수리개시 전 자동차 점검·정비 견적서, 사진 등. 이 경우 수리 개시 전 자동차 점검·정비 견적서의 발급 등에 관한 사항은 보험회사에 구두 또는 서면으로 위임할 수 있으며, 보험회사는 수리 개시 전 자동차 점검·정비 견적서의 발급한 자동차정비업자에게 이에 대한 검토의견서를 수리개시 전에 회신하게 된다.)

③ 보험회사의 대위

1) 의의

보험회사의 대위란 손해보험계약에서 보험자가 보험사고로 인한 피보험자의 손실을 보상한 경우, 피보험자가 보험의 목적 또는 제3자에 대해 가지는 권리를 법률상 당연히 보험자에게 이전시키는 제도로서, 보험회사가 피보험자의 법률적 지위를 대신하여 피보험자가 가진 권리를 얻거나 행사하는 일을 의미한다.

2) 인정 근거

보험자대위의 인정근거는 '보험사고로 인하여 이중 이득을 보는 자가 있거나 보험 사고에 대하여 책임이 있는 자가 면책이 되어서는 안 된다'라는 점에서 찾을 수 있고(형평의 관점), 피보험자가 이중 이득을 취하는 것을 방지(실손 보상)하기 위함이다.

3) 법적 성질

피보험자의 권리가 보험자에게 법률상 당연히 이전되는 것으로서, 그 성질은 민법 제399조의 '손해배상자의 대위'와 같은 성질의 것이라고 할 수 있는데, 특징은 당사자 사이에 의사표시가 필요 없다는 점, 물권변동 절차(등기, 등록)도 필요 없다는 점, 권리의 성격 변동이 없다는 점(시효의 기산점도 동일)을 들 수 있다.

관계법규

민법 제399조 [손해배상자의 대위]

채권자가 그 채권의 목적인 물건 또는 권리의 가액 전부를 손해배상으로 받은 때에는 채무자는 그 물건 또는 권리에 관하여 당연히 채권자를 대위한다.

4) 유형

① 목적물 대위(보험목적에 관한 보험대위, 상법 제681조)

- 의의

재물보험에서 보험의 목적이 전부 상실된 경우 보험금 전액을 지급한 보험자가 그 잔존물에 대한 피보험자의 권리를 취득하는 것을 말한다(다만, 회사가 피해물을 인수하지 않겠다는 뜻을 표시하고 보험금을 지급하였을 때에는 그러하지 않다).

• 요건

- 보험목적이 전부 멸실되었을 것
- 보험금을 전액 지급하였을 것

② 청구권 대위(제3자에 대한 보험 대위, 상법 제682조)

• 의의

손해가 제3자의 행위로 인하여 생긴 경우 보험금을 지급한 보험자는 그 지급한 금액의 한도 내에서 제3자에 대한 피보험자의 권리를 취득하는 것을 말한다.

• 대위가 인정되는 권리

불법행위로 인한 손해배상청구권, 공동불법행위로 인한 구상청구권, 상법 제724조(보험자와 제3자와의 관계)에 의하여 인정되는 직접청구권, 채무불이행에 의한 손해배상청구권이 여기에 해당된다.

• 보험대위 요건

- 제3자의 행위에 의하여 보험사고가 발생되어야 한다.
  여기에서 제3자란 보험자와 피보험자 또는 보험계약자 이외의 자를 말하며, 행위란 피보험이익에 손해를 발생시키는 행위를 말한다.
- 보험금을 지급하여야 한다.
  보험금의 전부 지급을 필요로 하지는 않으며, 일부를 지급한 경우에는 그 지급한 금액을 한도로 피보험자의 권리를 해하지 않는 범위 내에서 보험자는 대위에 의한 권리를 행사할 수 있다. 따라서 보험금이 지급되기 전에 피보험자 등이 제3자에 대한 권리를 처분하거나 포기한 때에는 보험자는 대위에 의하여 취득할 수 있었던 권리의 가액을 보험금에서 공제할 수 있다.

• 권리이전의 효과

피보험자의 권리가 법률상 당연히 이전되는 것(권리의 성격 변화 없음)으로 권리이전의 범위는 피보험자가 가진 권리의 범위 내로 한정되고, 권리의 이전 시기는 보험금을 지급한 때로부터, 소멸시효 및 기산점은 이전하는 권리의 성격에 따라 결정된다.

관계법규

상법 제681조 [보험목적에 관한 보험대위]

보험의 목적의 전부가 멸실한 경우에 보험금액의 전부를 지급한 보험자는 그 목적에 대한 피보험자의 권리를 취득한다. 그러나 보험 가액의 일부를 보험에 붙인 경우에는 보험자가 취득할 권리는 보험금액의 보험 가액에 대한 비율에 따라 이를 정한다.

상법 제682조 [제3자에 대한 보험대위]

손해가 제3자의 행위로 인하여 생긴 경우에 보험금액을 지급한 보험자는 그 지급한 금액의 한도에서 그 제3자에 대한 보험계약자 또는 피보험자의 권리를 취득한다. 그러나 보험자가 보상할 보험금액의 일부를 지급한 때에는 피보험자의 권리를 해하지 아니하는 범위 내에서 그 권리를 행사할 수 있다.

상법 제724조 [보험자와 제3자와의 관계]

① 보험자는 피보험자가 책임을 질 사고로 인하여 생긴 손해에 대하여 제3자가 그 배상을 받기 전에는 보험금액의 전부 또는 일부를 피보험자에게 지급하지 못한다.

② 제3자는 피보험자가 책임을 질 사고로 입은 손해에 대하여 보험금액의 한도 내에서 보험자에게 직접 보상을 청구할 수 있다. 그러나 보험자는 피보험자가 그 사고에 관하여 가지는 항변으로써 제3자에게 대항할 수 있다.

③ 보험자가 제2항의 규정에 의한 청구를 받은 때에는 지체 없이 피보험자에게 이를 통지하여야 한다.

④ 제2항의 경우에 피보험자는 보험자의 요구가 있을 때에는 필요한 서류·증거의 제출, 증언 또는 증인의 출석에 협조하여야 한다.

5) 약관 규정(보험회사의 대위)

① 보험회사가 피보험자 또는 손해배상청구권자에게 보험금 또는 손해배상금을 지급한 경우에는 지급한 보험금 또는 손해배상금의 범위에서 제3자에 대한 피보험자의 권리를 취득한다. 다만, 보험회사가 보상한 금액이 피보험자의 손해의 일부를 보상한 경우에는 피보험자의 권리를 침해하지 않는 범위에서 그 권리를 취득한다.

② 보험회사는 「자기차량손해」의 경우 피보험자동차를 정당한 권리에 따라 사용하거나 관리하던 자에 대한 피보험자의 권리는 취득하지 않는다. 다만, 다음의 경우에는 피보험자의 권리를 취득한다.

- 고의로 사고를 낸 경우, 무면허운전이나 음주운전을 하던 중에 사고를 낸 경우, 또는 마약 또는 약물 등의 영향으로 정상적인 운전을 하지 못할 우려가 있는 상태에서 운전을 하던 중에 사고를 낸 경우
- 자동차 취급업자가 업무로 위탁받은 피보험자동차를 사용하거나 관리하는 동안에 사고를

낸 경우

- 손해가 피보험자와 생계를 같이하는 가족의 고의로 인하여 발생한 경우

③ 피보험자는 보험회사가 제②항에 따라 취득한 권리의 행사 및 보전에 관하여 필요한 조치를 취하여야 하며, 또한 보험회사가 요구하는 자료를 제출하여야 한다.

❹ 보험회사의 불성실로 인한 손해배상책임

① 보험회사는 보험계약과 관련하여 임직원, 보험설계사, 보험대리점에게 책임이 있는 사유로 인하여 보험계약자 및 피보험자에게 발생된 손해에 대하여 관계 법률 등에서 정한 바에 따라 손해배상책임을 진다.

② 보험회사가 보험금의 지급 여부나 지급금액에 관하여 보험계약자 또는 피보험자의 곤궁, 경솔 또는 무경험을 이용하여 현저하게 공정을 잃은 합의를 한 경우에도 손해를 배상할 책임을 진다.

❺ 보험회사의 합의 등의 협조·대행

1) 보험회사의 협조

보험회사는 피보험자의 협조 요청이 있는 경우 피보험자의 법률상 손해배상책임을 확정하기 위하여 피보험자가 손해배상청구권자와 행하는 합의·절충·중재 또는 소송(확인의 소를 포함)에 대하여 협조하거나, 피보험자를 위하여 이러한 절차를 대행하게 되는데 이를 보험회사의 합의 등의 협조·대행이라 한다.

2) 보험회사의 합의 등의 협조·대행 범위

보험회사는 피보험자에 대하여 보상 책임을 지는 한도(동일한 사고로 이미 지급한 보험금이나 가지급금이 있는 경우에는 그 금액을 공제한 금액) 내에서 위 4.5.1의 절차에 협조하거나 대행한다.

3) 조건

① 개입 시기

피보험자의 협조 요청이 있는 때

② 개입 한도

보험회사의 보상책임액

③ 피보험자의 협조 필요

보험회사가 위 의 절차에 협조하거나 대행하는 경우 피보험자는 보험회사의 요청에 따라 협력해야 한다.

4) 개입부 적용

① 피보험자가 손해배상청구권자에 대하여 부담하는 법률상의 손해배상책임액이 보험증권에 기재된 보험가입금액을 명백하게 초과하는 때

② 피보험자가 정당한 이유 없이 협력하지 않는 때

5) 효과

피보험자가 정당한 이유 없이 협력하지 않는 경우 그로 인하여 늘어난 손해에 대하여는 보상하지 않는다.

6 보험안내 자료의 효력

1) 보험안내 자료의 효력

보험회사가 배포한 안내장 등이(서류, 사진, 도화 등 모든 자료) 약관 내용과 다른 경우 보험계약자에게 유리한 내용으로 보험계약이 성립된 것으로 인정한다.

2) 약관 규정

보험회사가 보험 모집 과정에서 제작·사용한 보험안내자료(서류, 사진, 도화 등 모든 안내 자료를 포함)의 내용이 보험약관의 내용과 다른 경우에는 보험계약자에게 유리한 내용으로 보험계약이 성립한 것으로 본다.

3) 실무상 적용

보험 모집 과정에서 사용된 보험안내 자료의 내용이 보험약관의 내용과 다른 경우에는 다음과 같이 적용하여 보험계약의 불이익이 없도록 한다.

① 그 다른 내용이 약관에 비해 보험계약자에게 유리한 경우 : 유리한 내용으로 보험계약이 체결된 것으로 적용

② 그 다른 내용이 약관에 비해 보험계약자에게 불리한 경우 : 약관에 따라 보험계약이 체결된 것으로 사용

⑦ 보험기간

보험기간은 보험회사가 피보험자에 대해 보상책임을 지는 기간을 의미한다.

구분	보험기간
1. 원칙	보험증권에 기재된 보험기간의 첫날 24시부터 마지막날 24시까지. 다만, 의무보험(책임공제를 포함)의 경우 전 계약의 보험기간과 중복되는 경우에는 전 계약의 보험기간이 끝나는 시점부터 시작
2. 예외 : 자동차보험에 처음 가입하는 자동차 및 의무보험	보험료를 받은 때부터 마지막 날 24시까지. 다만 보험증권에 기재된 보험기간 이전에 보험료를 받았을 경우에는 그 보험기간의 첫날 0시부터 시작

※ '자동차보험에 처음으로 가입하는 자동차'라 함은 자동차 판매업자 또는 그 밖의 양도인 등으로부터 매수인 또는 양수인에게 인도된 날로부터 10일 이내에 처음으로 그 매수인 또는 양수인을 기명피보험자로 하는 자동차에 가입하는 신차 또는 중고차를 말한다. 다만, 피보험자동차의 양도인이 맺은 보험계약을 양수인이 승계한 후 그 보험기간이 종료되어 이 보험계약을 맺은 경우는 제외한다.

8 보험계약자 등의 의무

1) 계약 전 알릴의무

① 의의

상법 제651조(고지의무 위반으로 인한 계약 해지)에 의하면「보험계약 당시에 보험계약자 또는 피보험자가 고의 또는 중대한 과실로 인하여 중요한 사항을 고지하지 아니하거나 부실의 고지를 한 때에는 보험자는 그 사실을 안 날로부터 1월 내에, 계약을 체결한 날로부터 3년 내에 한하여 계약을 해지할 수 있다. 그러나 보험자가 계약 당시에 그 사실을 알았거나 중대한 과실로 인하여 알지 못한 때에는 그러하지 아니하다.」라고 규정되어 있다.

이 규정에서 정하고 있는 의무를 보험계약자 등의 계약 전 알릴의무라고 하며, 보험계약 체결에 있어서 보험계약자나 피보험자가 중요한 사항을 보험회사에 알리지 아니하거나 또는 사실과 다르게 알리지 않아야 한다는 보험계약 특유의 제도라고 할 수 있다. 고지는 계약 성립이 될 때까지 하여야 하고 계약 전 알릴의무 위반여부에 대한 판단은 계약청약시점이 아니라 계약체결시점을 기준으로 한다.

② 약관 규정

- 보험계약자는 청약을 할 때 다음의 사항에 관해서 알고 있는 사실을 보험회사에 알려야 하며, 제3호의 경우에는 기명 보험자의 동의가 필요하다.
  - 피보험자동차의 검사에 관한 사항
  - 피보험자동차의 용도, 차량 종류, 등록번호(이에 준하는 번호도 포함), 차명, 연식, 적재정량, 구조 등 피보험자동차에 관한 사항
  - 기명피보험자의 성명, 연령 등에 관한 사항
  - 그 밖에 보험청약서에 기재된 사항 중에서 보험료의 계산에 영향을 미치는 사항
- 보험회사는 보험계약을 맺은 후 보험계약자가 계약 전 알릴의무를 위반 한 사실이 확인되었을 때에는 추가 보험료를 더 내도록 청구하거나,「보험회사의 보험계약 해지」규정에 따라 계약을 해지할 수 있다.

③ 계약 전 알릴의무 위반의 내용

보험계약자가 보험계약을 맺을 때에 고의 또는 중대한 과실로 인하여 알고 있는 사실을 알리지 아니하거나(불고지) 사실과 다르게 알리면(부실고지) 계약 전 알릴의무 위반이 된다.

④ 계약 전 알릴의무 위반의 효과

• 해지권의 발생

계약 전 알릴의무 위반이 있으면, 보험회사는 보험증권에 기재된 보험계약자의 주소지에 서면으로 통지(등기발송)함으로써 보험계약을 해지할 수 있다.

• 해지하지 않는 경우

보험회사는 계약 전 알릴의무 위반이 생겼을 때에 계약을 해지하지 않고 추가 보험료를 더 내도록 청구할 수 있다.

⑤ 해지의 효과

보험회사가 이미 보험계약을 해지한 때에는 해지 이후는 물론, 해지 이전에 생긴 사고에 대하여도 보상하지 않으며, 이미 보험금을 지급하였을 때에는 보험계약자에게 이의 반환을 청구할 수 있다.

⑥ 보험계약을 해지할 수 없는 경우

- 보험계약을 맺은 때에 보험회사가 보험계약자가 알려야 할 사실을 알고 있었거나 과실로 알지 못하였을 때
- 보험계약자가 보험금을 지급할 사고가 발생하기 전에 보험청약서의 기재 사항에 대하여 서면으로 변경을 신청하여 보험회사가 이를 승인한 때
- 보험회사가 보험계약을 맺은 날로부터 보험계약을 해지하지 않고 6개월이 경과한 때
- 보험을 모집한 자(이하 "보험설계사 등"이라 한다)가 보험계약자 또는 피보험자에게 계약 전 알릴의무를 이행할 기회를 부여하지 않았거나 보험계약자 또는 피보험자가 사실대로 알리는 것을 방해한 경우, 또는 보험계약자 또는 피보험자에 대해 사실대로 알리지 않게 하였거나 부실하게 알리도록 권유했을 때. 다만, 보험설계사 등의 행위가 없었다 하더라도 보험계약자 또는 피보험자가 사실대로 알리지 않거나 부실하게 알린 것으로 인정되는 경우에는 보험회사는 보험계약을 해지할 수 있다.
- 보험계약자가 알려야 할 사항이 보험회사가 위험을 측정하는데 관련이 없을 때 또는 적용할 보험료에 차액이 생기지 않은 때(위험의 차이가 없는 경우)

2) 계약 후 알릴의무

① 의의

보험계약 후 알릴의무란 보험계약을 맺은 후 보험기간 중에 보험의 계약사항과 관련하여 위험의 증가 등 특별한 변동이 생겼을 때 이를 보험회사에 알리도록 규정한 의무이다.

② 취지

보험계약 후 알릴의무는 위험의 변동과 관련하여 도덕적 위험을 배제하고 위험의 유지를 통해 정상적인 보험계약을 유지하자는데 그 취지가 있다.

③ 약관 규정

- 보험계약자는 보험계약을 맺은 후 다음의 사실이 생긴 것을 알았을 때에는 지체 없이 보험회사에 그 사실을 알리고 승인을 받아야 한다. 이 경우 그 사실에 따라 보험료가 변경되는 경우 보험회사는 보험료를 더 받거나 돌려주고 계약을 승인하거나, 「보험회사의 보험계약 해지」규정에 따라 계약을 해지할 수 있다.
  - 용도, 차량종류, 등록번호, 적재정량, 구조 등 피보험자동차에 관한 사항이 변경된 사실
  - 피보험자동차에 화약류, 고압가스, 폭발물, 인화물 등 위험물을 싣게 된 사실
  - 그 밖에 위험이 뚜렷이 증가하는 사실이나 적용할 보험료에 차이가 발생한 사실
- 보험계약자는 보험증권에 기재된 주소 또는 연락처가 변경된 때에는 지체 없이 보험회사에 알려야 한다. 보험계약자가 이를 알리지 않으면 보험회사가 알고 있는 최근의 주소로 알리게 되므로 불이익을 당할 수 있다.

④ 계약 후 알릴의무 위반의 효과

- 해지권의 발생

계약 후 알릴의무 위반이 있게 되면 보험회사는 보험증권에 기재된 보험계약자의 주소지에 서면(등기 우편)으로 알림으로써 보험계약을 해지할 수 있다.

- 해지하지 않는 경우

계약 후 알릴의무 위반 사실이 발생하게 되면 차액 보험료를 돌려주거나 더 받고 승인할 수 있다.

⑤ 해지의 효과

- 해지 이후의 사고는 당연히 보상하지 않는다.
- 해지 이전의 사고라도 계약 후 알릴의무 위반과 위험의 현저한 변경 또는 증가와 관련이 있으면 보상하지 않는다.
- 위험의 현저한 변경 또는 증가의 판단은 실무상 계약 후 알릴의무를 위반한 때에 계산된 보험료가 계약 당시의 보험료 보다 증가하는 것을 기준으로 한다.

3) 사고발생 시 의무

① 의의

보험계약자나 피보험자가 사고가 생긴 것을 안 때에는 지체 없이 보험회사에 그 사실을 알려야 할 의무를 말한다. 이는 보험자로 하여금 사고의 원인을 신속하게 조사하여 손해의 종류나 범위를 확정하고 사고 후 대책을 강구할 수 있는 기회를 부여하고자 법으로 인정하는 의무이다.

② 법적 성질

보험계약자 등의 보험 사고발생 시 알려야 할 의무는 보험금 청구를 위한 전제 조건인 동시에 보험자에 대한 진정한 의무라고 할 수 있다.

③ 약관 규정

- 보험계약자 또는 피보험자는 사고가 생긴 것을 알았을 때에는 다음의 사항을 이행하여야 한다.
  - 지체 없이 손해의 방지와 경감에 힘쓰고, 다른 사람으로부터 손해배상을 받을 수 있는 권리가 있는 경우에는 그 권리(공동불법행위에서 연대채무자 상호 간의 구상권을 포함)의 보전과 행사에 필요한 절차를 밟아야 한다.
  - 다음 사항을 보험회사에 지체 없이 알려야 한다.
    - 사고가 발생한 때, 곳, 상황 및 손해의 정도
    - 피해자 및 가해자의 성명, 주소, 전화번호
    - 사고에 대한 증인이 있을 때에는 그의 성명, 주소, 전화번호
    - 손해배상의 청구를 받은 때에는 그 내용

- 손해배상의 청구를 받은 경우에는 미리 보험회사의 동의 없이 그 전부 또는 일부를 합의하여서는 안 된다. 그러나 피해자의 응급치료, 호송 그 밖의 긴급조치는 보험회사의 동의를 필요로 하지 않는다.
- 손해배상청구의 소송을 제기하려고 할 때 또는 제기 당한 때에는 지체 없이 보험회사에 알려야 한다.
- 피보험자동차를 도난당하였을 때에는 지체 없이 그 사실을 경찰관서에 신고하여야 한다.
- 보험회사가 사고를 증명하는 서류 등 꼭 필요하다고 인정하는 자료를 요구한 경우에는 지체 없이 이를 제출하여야 하며, 또한 보험회사가 사고에 관해 조사하는데 협력하여야 한다.

• 보험회사는 보험계약자 또는 피보험자가 정당한 이유 없이 위에서 정한 사항을 이행하지 않은 경우 그로 인하여 늘어난 손해액이나 회복할 수 있었을 금액을 보험금에서 공제하거나 지급하지 않는다.

⊘ 용어해설

공동불법행위
여러 사람이 공동으로 불법행위를 하여 타인에게 손해를 가하는 행위를 말하는 것으로서, 이 경우 불법행위를 한 사람들은 "연대채무자"가 된다.

연대 채무자
동일한 손해배상의 책임에 대하여 발생한 여러 명의 채무자를 말하는 것으로서, 그 중 한 사람이 손해배상의 전부를 감당하면 모든 채무자의 채무가 소멸된다.

상호 간의 구상권
연대채무자 중 한 사람이 채무를 전부 이행한 경우, 다른 연대 채무자의 부담부분에 대하여 상환을 청구할 수 있는 권리를 말한다.

④ 사고발생시 의무 불이행의 효과

보험회사는 보험계약자 또는 피보험자가 정당한 이유 없이 사고발생시 의무를 이행하지 않은 경우에는 그로 말미암아 늘어난 손해액이나 회복할 수 있었을 금액을 보험금에서 공제하거나 지급하지 않는다. 이는 피보험자가 보험 가입을 이유로 자기가 부담하는 책임이 보험자에게 귀속된다는 안일한 생각으로 손해의 감소나 배상 청구에 대한 방어에 소홀히 하는 것을 견제하기 위한 수단이기도 하다.

5 특별약관

① 운전가능자에 대한 제한

피보험자동차를 운전할 수 있는 사람을 제한하는 특약으로서, 운전자의 연령을 기준으로 하는 '운전자 연령 한정 관련 특별약관'과 기명피보험자와의 관계(가족 또는 부부 등의 관계를 기준으로 하는 '운전자 범위 한정 관련 특별약관'으로 구성되어 있다. 이 특약에 가입되어 있는 경우 보험료 절감의 효과는 있으나 운전 가능자 이외의 자가 운전할 경우 발생한 사고에 대하여는 「대인배상Ⅰ」(의무보험)을 제외한 보장 종목에 대해서는 보상을 받을 수 없다.

운전자 연령	운전자 범위
주민등록증 상 만 연령 기준으로 운전자 연령제한	기명피보험자와의 관계(부부 등)를 기준으로 운전자 범위제한

1) 운전자 연령 한정 관련 특별약관

① 보상하는 손해(제1조)

보험회사는 피보험자가 보험증권에 기재된 자동차(피보험자동차)에 대하여 운전할 자를 만 21/22/24/26/30/35/43/48세 이상으로 한정하는 경우에는 이 특별약관이 정하는 바에 따라 보상한다.

• 운전가능자의 범위
보험증권에 기재된 연령 이상의 자

• 연령 계산
주민등록상의 생년월일을 기준으로 사고일 현재 만 나이로 계산함

• 위 특별약관의 무효 여부(소극)
위 특별약관은 이로 인하여 보험자의 담보 범위가 축소되어 보험계약자에게 불리한 것은 분명하나, 보험계약자에게도 위 특별약관을 보험계약에 편입시킴으로써 보험료가 할인되어 그 할인된 만큼의 보험료를 납부하지 아니함으로써 얻는 이익이 있고, 특별약관을 보험계약에 편입시킬 것인지 여부는 전적으로 보험계약자의 의사에 달려 있는 것이므로, 약관의 규제에 관한 법률 제7조 제2호에 해당하여 무효라고 볼 수 없다.(대법원 1998. 06. 23. 선고 98다 14191)

② 보상하지 않는 손해(제2조)

- 회사는 이 특별약관에 따라 만 21/22/24/26/30/35/43/48세 미만의 자가 피보험자동차를 운전하던 중에 발생된 사고에 대하여는 보험금을 지급하지 않는다.
- 예외규정에 따라 다음 중 어느 하나에 해당하는 경우에는 보상한다.
  - 보험계약자 또는 피보험자에게 특별약관의 내용을 알려 주었다는 사실을 보험회사가 증명할 수 없는 경우 : 대물배상, 자기차량손해, 차량 단독 사고 보장(포괄 손해) 특별약관, 대물배상 가입금액확장담보 특별약관을 보상한다.
  - 피보험자동차를 도난당했을 때, 그 도난당했을 때부터 발견될 때까지 발생한 피보험자동차 사고의 경우 : 대물배상, 자기차량손해, 차량 단독 사고 보장(포괄 손해) 특별약관, 대물배상 가입금액확장담보 특별약관을 보상한다.
  - 관련 법규에 의해 사업자등록을 한 자동차 취급업자가 업무상 위탁받은 피보험자동차를 사용하거나 관리하던 중 발생된 피보험자동차의 사고로 피보험자가 배상 책임을 부담하는 경우 : 자동차 손해배상보장법 제5조, 같은 법 시행령 제3조에서 정하는 금액을 한도로 대물배상을 보상한다. 다만, 자동차 취급업자가 가입한 보험계약 등에서 보험금이 지급될 수 있는 경우에는 그 보험금을 초과하는 손해만을 보상한다.

③ 원칙

계약 체결 시 정한 연령에 미달한 자가 「운전하던 중」 발생한 사고에 대하여는 보험자는 보상 책임이 없다.(대인배상Ⅰ 제외)

2) 운전자 범위 한정 관련 특별약관

① 보상하는 손해(제1조)

보험회사는 피보험자가 보험증권에 기재된 자동차(피보험자동차)에 대하여 운전할 자를 보험증권에 기재된 피보험자(기명피보험자)와 그 가족으로 한정하는 경우에는 이 특별약관이 정하는 바에 따라 보상한다.

- 취지
  - 자동차 보험 보통약관과는 달리 피보험자동차의 이용관계에 있어 동질적이라고 할 수 있는 피보험자의 가족 구성원이 자동차를 운전하던 중에 일으킨 사고로 제한하는 대신 보험료를 할인시켜 주려는데 그 취지가 있다.

- 대인배상 I에 대하여는 적용하지 않는다.

• 운전가능자의 범위

- 기명피보험자
- 기명피보험자의 가족
  - ‣ 기명피보험자의 부모 또는 양부모, 계부모
  - ‣ 기명피보험자의 배우자의 부모 또는 양부모, 계부모
  - ‣ 법률상의 배우자 또는 사실혼 관계에 있는 배우자

    ※ 사실혼 관계란 혼인신고만 이루어지지 아니하였을 뿐, 사실상의 혼인관계를 의미함
  - ‣ 법률상의 혼인관계 또는 사실혼 관계에서 출생한 자녀, 양자녀
  - ‣ 법률상의 혼인관계로 인한 계자녀
  - ‣ 기명피보험자의 며느리(계자녀의 배우자 포함) 또는 사위(계자녀의 배우자 포함)

유의 사항

가족 운전자 한정운전 특약에서 운전할 수 있는 자의 범위와 배상 책임에서 보상하지 않는 손해의 범위가 다른 점에 유의하여야 함

② 보상하지 않는 손해(제2조)

보험회사는 특별약관에 따라 기명피보험자와 그 가족 이외의 자가 피보험자동차를 운전하던 중에 발생된 사고에 대하여는 보상하지 않는다.

③ 원칙

기명피보험자와 그 가족 이외의 자가 피보험자동차를 「운전하던 중」에 발생된 사고에 대하여는 보험금을 지급하지 않는다. 여기에서 “운전”이라 함은 차를 그 본래의 사용방법에 따라 사용한 것(조종 포함)을 말한다.(도로교통법 제2조 제26호 참조) 즉, 「운전」이란 자동차에 설치된 각종 장치의 조작에 의해 발진, 방향 및 속도의 유지나 변경, 정지 등 주행에 관련된 조치를 행하는 것을 의미한다. 따라서 추위를 피하기 위해 시동을 걸고 스팀 장치를 작동시키는 등 기기를 조작하다가 어선물량장에 주차된 승용차를 잘못 진행시켜 바다에 추락시킨 것은 본 특약상의 “운전”에 해당하지 않는다.

→ 주차는 운전에 포함되지 않는다고 봄이 상당함

② 보험료 분할 납입 특약

1) 보험료의 분할 납입(약관 규정)

① 보험회사는 특별약관에 따라 보험계약자가 보험료(보험계약의 보험기간에 해당하는 보험료 전액을 말한다)를 보험증권에 기재된 횟수 및 금액(이하 "분할보험료"라 함)으로 분할하여 납입하게 할 수 있다. 그러나 「대인배상 I」 및 「대물배상(또는 대물배상 가입금액 확장 담보 특별약관)」은 특별약관이 적용되지 않으므로, 보험료를 분할하여 납입할 수 없다.

② 분할보험료의 납입방법

보험계약자는 이 보험계약을 맺으면서 제1회 분할보험료를 납입하고 제2회 이후의 분할보험료부터는 약정한 납입일자 안에 납입하여야 한다.

③ 분할보험료의 납입최고

- 보험계약자가 약정한 납입일자까지 제2회 이후의 분할보험료를 납입하지 않는 때에는 약정한 납입일자가 속하는 달의 다음 달 말일까지 납입 최고 기간을 둔다. 따라서 보험회사는 이 납입 최고 기간 안에 생긴 사고에 대하여는 보상한다.
- 위의 납입 최고기간 안에 분할보험료를 납입하지 않는 때에는 납입 최고 기간이 끝나는 날의 24시부터 보험계약은 해지된다.
- 보험계약자가 약정한 납입일자까지 분할보험료를 납입하지 않은 경우, 보험회사는 보험계약자 및 기명피보험자에게 납입 최고 기간이 끝나는 날 이전에 ① 및 ②의 내용을 서면으로 최고하여야 한다. 이 때 보험계약자 또는 피보험자가 보통약관 '계약 후 알릴의무'에 따라 주소변경을 통보하지 않는 한 보험회사는 보험증권에 기재된 보험계약자 또는 기명피보험자의 주소를 보험회사의 의사표시를 수령할 지정장소로 한다.

2) 약관의 중요 내용

보험료를 분할하여 납입하기로 한 경우, 보험계약자가 약정한 납입일자까지 2회 이후의 분할보험료를 납입하지 않는 경우, 보험회사는 상당한 기간을 정하여 보험료 지급 채무자에게 보험료납입 최고 후 보험계약을 해지할 수 있다.

최고란?

상대방에게 일정한 행위를 할 것을 요구하는 법률상 통지로서, "납입최고"란 보험계약자 등이 분할보험료를 내지 않은 경우에 보험회사가 그 미납 보험료를 낼 것을 독촉하는 법률상 행위를 말하며, 이때 보험계약자에게 주어지는 납입 기간을 "납입 최고기간"이라 한다.

3) 분할보험료의 납입최고 및 계약 해지

① 납입최고

약정한 납입일자까지 분할보험료를 납입하지 않은 경우, 보험회사는 납입최고 기간을 명시하여 보험계약자 및 기명피보험자에게 분할보험료의 납입을 서면으로 최고하여야 한다.

② 납입최고의 상대방(보험계약자 및 기명피보험자)

타인을 위한 자동차보험계약, 즉 보험계약자와 기명피보험자가 다른 경우에는 보험계약자와 기명피보험자 모두에게 납입 최고하여야 한다. 왜냐하면 보험료 지급의무자는 제1차적으로 보험계약자이지만, 보험계약자가 보험료 지급을 지체한 때에는 피보험자도 제2차적으로 보험료 지급의무가 있기 때문이다.(상법 제639조 제3항 참조)

③ 납입 최고 기간

약정한 납입일자가 속하는 달의 다음 달 말일

④ 계약해지

- 납입 최고 기간 안에 분할보험료를 납입하지 않은 경우에는 납입최고 기간이 끝나는 날의 24시부터 보험계약이 해지된다.
- 보험계약자가 약정한 납입일자까지 분할보험료를 납입하지 않은 경우, 보험회사는 보험계약자 및 기명피보험자에게 납입최고 기간이 끝나는 날 이전에 위 내용을 서면으로 최고하여야 한다. 이때 보험계약자 또는 피보험자가 보통약관 보험계약자 등의 의무사항인 계약 후 알릴의무에 따라 주소 변경을 통보하지 않는 한 보험증권에 기재된 보험계약자 또는 기명피보험자의 주소를 보험회사의 의사표시를 수령할 지정장소로 간주한다.

4) 해지의 효과

① 보험계약을 해지한 때에는, 해지 이후에 발생한 사고에 대하여는 보상하지 않는다.

② 보험회사가 보상하여야 할 사고가 생기지 않은 경우, 이미 받은 보험료에서 해지한 날까지 경과한 기간에 대하여 단기요율로 계산한 보험료를 공제한 나머지 보험료는 환급한다.

- 용어해설
  - 단기요율 : 보험기간이 1년 미만인 보험계약에 적용되는 보험요율을 말한다.
  - 요율 : "요금의 정도나 비율"을 나타내는 것으로서, 보험료 계산 시 가입 조건에 따라 적용되는 보험료 수준 등을 말한다.

5) 보험계약의 부활

① 분할보험료 미납으로 인하여 보험계약이 해지되고 해지환급금이 지급되지 않은 경우, 보험계약이 해지된 후 30일 안에 보험계약자가 보험계약의 부활을 청구하고 해당 분할보험료를 납입한 때에는 보험계약이 유효하게 계속된다.

② 보험계약이 해지된 때부터 해당 분할보험료를 영수한 날의 24시까지에 생긴 사고에 대하여는 보상하지 않는다.

instance

보험회사가 보험증권상에 기재된 주소로 발송하였으나 이사불명 폐문부재. 수취인 부재 등의 송달불능사유로 반송이 되었을 경우 송달 여부는?

[송달불능이 주소 변경으로 인한 경우]

보험계약자는 주소 변경에 관한 고지의무가 있고 보험계약자가 고지의무에 위반하여 주소 변경을 고지하지 않음으로서 보험회사가 변경된 주소를 알지 못하여 보험증권에 기재된 주소로 최고 서면을 발송하였고 그 결과, 보험계약자에게 최고 서면이 도달되지 못하였다고 하더라도, 이러한 경우에는 보험계약자가 고지의무를 해태한 귀책사유가 있으므로 보험계약자가 최고가 없었음을 주장하여 보험계약의 해지의 효력을 다툴 수 없다.(1996.07.29 분쟁 조정심의위원회결정, 96-51호)

[송달불능이 주소 변경으로 인한 것이 아닌 경우]

송달불능의 사유가 장기 폐문 등과 같이 주소 변경과 관계가 없는 경우에는 도달주의 원칙에 따를 때 최고 서면이 도달한 것으로 볼 수는 없고, 따라서 최고의 효력은 발생하지 않는다고 보아야 할 것임.(1996. 09. 30 분쟁 조정심의위원회 결정. 96-58호)

③ 다른 자동차 운전담보 특별약관

1) 취지

실생활에서 기명피보험자나 그 배우자가 때때로 피보험자동차 이외의 타인 소유의 자동차를 운전하게 될 경우, 일시적으로 피보험자가 무보험상태에 있게 되므로 대인배상II, 대물배상, 자기신체사고를 확장 적용하여 피보험자를 보호하고 아울러 피해자의 구제를 용이하게 할 뿐 아니라, 피보험자가 피보험자동차를 교체하고 그동안 무사고 등으로 이루어 놓은 보험료의 할인혜택 조건과 피보험자동차를 교체하는 형태로 기존의 보험계약을 유지하고자 하는 경우, 보험회사로 부터 승인을 받을 때까지 무보험상태로 대체자동차를 운전하는 위험을 방지하고자 하는데 그 취지가 있다.

2) 적용 대상(제1조)

이 특별약관은 보통약관의 「무보험 자동차에 의한 상해」가입자로서, 기명피보험자가 개인이면서 피보험자동차가 승용차(다인승 승용차를 포함), 경·3종 승합자동차, 경·4종 화물자동차인 경우에만 적용된다.

3) 보상하는 손해(제2조 제1항)

① 약관 규정

보험회사는 피보험자가 다른 자동차를 운전 중(주차 또는 정차 중 제외) 생긴 대물사고로 인하여 법률상 손해배상책임을 짐으로써 손해를 입었을 때에는 피보험자가 운전한 다른 자동차를 보통약관 「대물배상」, 「대물배상 가입 금액 확장 담보 특별약관」규정의 피보험자동차로 보아 보통약관에서 규정하는 바에 따라 보상한다.

② 보상책임의 범위

- 피보험자가 다른 자동차를 운전 중 대물사고로 손해배상책임을 지는 경우 피보험자가 가입한 자동차보험의 보통약관에 따라 산출되는 금액을 보상한다.
- 피보험자가 운전한 다른 자동차에 적용되는 보험계약에 의하여 보험금이 지급될 수 있는 경우에는, 회사가 보상할 금액이 다른 자동차의 보험계약에 따라 지급될 수 있는 금액을 초과하는 때에 한정하여 그 초과액만을 보상한다.

③ 보상책임의 요건

- 피보험자가 다른 자동차를 운전 중일 것(주차 또는 정차 중은 제외)
- 법률상 손해배상책임을 짐으로써 손해를 입었을 것

④ 피보험자의 범위(제3조)

- 기명피보험자
- 기명피보험자의 배우자
- 「지정운전자1인 한정운전 특별약관」에 의해 보험증권에 기재된 지정운전자. 다만, 위 ①, ②에도 복구하고 운전자를 한정하는 특별약관에 따라 위 ①, ②의 피보험자가 운전가능범위에 포함되지 않는 경우에는 피보험자로 보지 않는다.

4) 용어 풀이

다른 자동차라 함은 피보험자동차와 동일한 차량종류[승용자동차(다인승 승용 자동차를 포함), 경·3종 승합자동차 및 경·4종 화물자동차 간에는 동일한 차량 종류로 봄)으로서, 다음 중 어느 하나에 해당하는 자가용 자동차를 말한다.

① 기명피보험자와 그 부모, 배우자 또는 자녀가 소유하거나 통상적으로 사용하는 자동차가 아닌 것

② 기명피보험자가 자동차를 대체한 경우, 그 사실이 생긴 때로부터 회사가 보통약관(피보험자동차의 교체)의 승인을 한 때까지의 대체자동차

※ 회사의 승인을 받기까지의 대체 자동차가 다른 자동차인 경우, 그 대체 자동차가 실제로 기명피보험자가 대체 자동차를 매입하여 대체한 것인지 유의하여야 한다.

통상적으로 사용하는 자동차란?

① 자동차가 타인 소유라고 하더라도 기명피보험자와 그 부모, 배우자 또는 자녀가 통상적으로 사용하는 자동차는 그 다른 자동차의 보험으로 보상하여야 하며, 이 특약으로 담보할 수 없다.

② "통상적"인 것인지 여부는 단지 사용 횟수만으로 획일적으로 적용할 수 없고, 그 다른 자동차를 자유로이 사용할 수 있는 등 사실상의 지배관계를 고려하여 개별적으로 판단하여야 한다.

[통상적 사용이 아닌 경우]

① 주말이나, 휴일의 레저 여행 시 타인 소유 자가용을 빌려 운전하거나 교대로 운전하는 경우

② 자기 소유 차량을 정비하는 기간 동안 타인 소유 자가용을 빌려 운전하는 경우

③ 다른 자동차의 범위를 제한하는 이유 : 본 특약과 관련하여 별도의 보험료를 받지 않은 현실을 감안하여 피보험자가 일시적으로 비소유차를 사용하는 경우에 있어서도 그 사용형태가 피보험자동차 자체의 사용에 대하여 예측된 위험 범위 내로 되어야 하며, 피보험자가 2대 이상의 자동차를 상시 자유로이 타고 돌아다니거나, 가족의 차량을 이용하면서도 다른 1대의 차량이나 가족의 차량에 대하여 동 특약으로 처리하는 부당한 보험료 절약의 상황이 발생하는 것을 방지할 필요성이 있기 때문이다.

5) 보상하지 않는 손해

개인용·업무용 자동차보험 보통약관에서 정한 보상하지 않는 손해 외에 다음과 같은 손해에 대하여도 보상하지 않는다.

① 피보험자가 사용자의 업무에 종사하고 있을 때 그 사용자가 소유하는 자동차를 운전하던 중 생긴 사고로 인한 손해
② 피보험자가 소속한 법인이 소유하는 자동차를 운전하던 중 생긴 사고로 인한 손해
③ 피보험자가 자동차 정비업, 주차장업, 급유업, 세차업, 자동차 판매업, 대리운전업 등 자동차 취급 업무상 수탁 받은 자동차를 운전하던 중 생긴 사고로 인한 손해
④ 피보험자가 요금 또는 대가를 지급하거나 받고 다른 자동차를 운전하던 중 생긴 사고로 인한 손해
⑤ 피보험자가 다른 자동차의 사용에 대하여 정당한 권리를 가지고 있는 자의 승낙을 받지 않고 다른 자동차를 운전하던 중 생긴 사고로 인한 손해
⑥ 피보험자가 다른 자동차의 소유자에 대하여 법률상 손해배상책임을 짐으로써 입은 손해
⑦ 피보험자가 다른 자동차를 시험용(다만, 운전면허시험을 위한 도로주행시험용은 제외) 또는 경기용이나 경기를 위한 연습용으로 사용하던 중 생긴 사고로 인한 손해
⑧ 보험증권에 기재된 운전 가능 범위 외의 자("운전자 한정운전 특별약관"에서 규정하는 운전할 자의 연령 또는 범위에 속하지 않는 사람)가 다른 자동차를 운전 중 생긴 사고로 인한 손해

| 운전 가능한 다른 자동차의 범위 |

차량종류	세부내용
다인승 승용차	법정 승차정원 7인 이상 10인 이하의 승용자동차
경승합자동차	배기량 1,000cc 미만이고, 법정 승차정원이 10인 이하인 승합자동차

차량종류	세부내용
3종 승합자동차	법정 승차정원 11인 이상 16인 이하의 승합자동차
경화물자동차	배기량 1,000cc 미만의 화물자동차
4종 화물자동차	적재중량 1톤 이하인 화물자동차

④ 친환경부품 사용 특별약관

1) 적용 대상

보통약관의 대물배상 또는 자기차량손해에 가입한 경우 적용된다.

2) 보상 내용

① 약관규정

보통약관 대물배상, 자기차량손해 또는 차량단독사고 보상 특별약관에서 보험금이 지급되는 사고로 친환경 부품 수리를 한 경우에는 새 부품가격의 20%에 해당하는 금액을 피보험자에게 지급한다.

② 용어풀이

- 친환경 부품수리

  보험개발원이 인정한 업체로부터 다음의 친환경 부품을 공급받아 자동차를 수리한 경우를 말한다.

  - 중고부품 : 사이드 미러, 프런트 펜더, 본네트, 라디에이터 그릴, 프런트 도어, 리어 도어, 트렁크 패널, 프런트 범퍼, 리어 범퍼, 백 도어, 리어 피니셔, 쿨러 콘덴서, 테일 램프, 헤드램프
  - 재제조품 : 교류발전기, 등속조인트 등 환경친화적 산업구조로의 전환촉진에 관한 법률 제22조(환경 설비 및 재제조 제품의 품질인증 등)에 의해 품질인증을 받은 재제조부품

- 새 부품가격의 의미

  보험개발원에서 운영하는 수리비견적시스템인 AOS(areccom on-line system)에 등록된 부품의 가격을 말한다.

3) 피보험자의 범위

피보험자는 사고 유형별로 다음과 같이 구분된다.

① 자기차량손해 및 차량단독사고 보장 특별약관 사고 : 기명피보험자
② 대물배상사고 : 대물배상 대상차량의 소유자

4) 보상하지 않는 손해

자동차보험 보통약관에서 정한 사항 외에도 다음과 같은 손해는 보상하지 않는다.

① 보험증권에 기재된 운전가능범위 외의 자가 피보험자동차를 운전하던 중 사고로 인한 손해
② 보험개발원이 인정하지 않은 업체로부터 친환경부품을 공급받아 피보험자동차 또는 대물배상 대상차량을 수리한 경우 새 부분품과의 차액
③ 이 특별약관에서 정하지 않은 친환경 부품을 공급받아 피보험자동차를 수리한 경우 새부분품과의 차액
④ 이 특별약관에서 정한 친환경부품을 공급할 수 없는 경우 또는 공급기일 지연 등의 사유로 보험회사가 새 부품으로 수리가 필요하다고 판단하는 경우
⑤ 친환경 부품 사용시 지급되는 보험금(이 특별약관에 의한 보험금을 포함)이 다음 중 어느 하나에 해당하는 금액을 초과하는 경우
- 대물배상에서 해당 대물배상 대상 차량의 중고시세
- 자기차량손해 및 차량 단독사고 보장 특별약관에서 보험 가액(보험 가액이 보험가입금액보다 클 경우는 보험가입금액)

5) 보험금의 반환

① 자동차보험 보통약관에서 정한 피보험자가 청구포기 등의 사유로 보통약관 대물배상 또는 자기차량손해 및 차량단독사고 보장 특별약관의 보험금 전액을 보험회사에 돌려 줄 경우 이 특별약관에 따라 지급받은 금액도 동시에 돌려주어야 한다.
② 친환경 부품수리를 했지만 친환경부품의 결함 등으로 이미 사용한 친환경 부품을 새 부품으로 다시 교체하는 경우에는 이 특별약관에서 지급한 금액을 보험회사에 돌려주어야 한다.

03 연습문제

선택형

01 차량 도난사고에 대한 설명이다. 틀린 것은?

① 도난이란 형법상의 절도, 강도를 말하는 것이며, 불법영득의 의사가 요건이 된다.
② 도난 보험금은 도난 사실을 경찰관서에 신고한 후 30일이 지난 때에 청구할 수 있다.
③ 도난사고 후 30일이 경과되기 전에 차량이 회수되었으나, 차체에 손상이 생겼을 경우 도난사고에 해당하지 않으므로 보상하지 아니한다.
④ 도난보험금(전손)을 지급한 경우 차량 손해에 대한 보험계약은 사고 시점을 기준으로 종료한다.

02 자동차보험 자기차량손해에 대한 설명이다. 틀린 것은?

① 피보험자동차에 생긴 직접손해에 대하여 보상한다.
② 타차 또는 타물체와의 충돌, 접촉, 추락, 전복 또는 도로 운행 중 차량 침수로 생긴 손해에 대하여 보상한다.
③ 화재, 폭발, 낙뢰, 비래물, 낙하물에 의한 손해에 대하여 보상한다.
④ 피보험자동차에 장착 또는 장치되어 있는 일부 부분품, 부속품 부속기계 장치만의 도난으로 인한 손해도 보상한다.

03 다음 중 자기차량손해에서 청약서상에 명기하지 않아도 보상하는 것은?

① 무선전화기　　② 부동액
③ 마스코트　　④ 연료류

01 ③　02 ④　03 ②

04 유상 운송에 대한 설명이다. 틀린 것은?

① 업무용 자동차보험의 경우 승용차를 1개월 이상 장기임대계약에 의해 임차인이 피보험자동차를 전속적으로 사용하다가 생긴 사고를 말한다.
② 개인용 자동차보험의 경우 요금이나 대가를 목적으로 2회 이상 피보험자동차를 사용하다가 생긴 사고는 보상하지 않는다.
③ 승합차의 경우 유상 운송 담보 특별약관에 가입되어 있으면 유상 운송 중 사고가 발생했어도 보상한다.
④ 화물차량의 경우 요금이나 대가를 목적으로 한 유상운송 중 사고가 발생했어도 보상한다.

05 자기차량손해에서 잔존물에 대한 보험자대위에 관한 설명이다. 틀린 것은?

① 일부보험에서 보험금액 전액을 지급하는 사고가 발생한 경우에 보험자는 피보험자동차의 잔존물에 대한 권리를 취득한다.
② 일부보험의 경우에 보험회사는 보험 가액의 보험금액에 대한 비율에 따라 잔존물을 인수한다.
③ 잔존물에 대한 보험회사의 권리취득은 법률상 당연히 인정된다.
④ 일부보험의 경우에 보험회사는 보험금액의 보험 가액에 대한 비율에 따라 잔존물을 인수한다.

06 보험회사의 보상 책임이 발생하는 사고는?

① 자차가 전신주를 충격하여 동 전신주가 파손되면서 인근 공장에 전력공급이 중단되는 바람에 작업중이던 원료의 고착으로 인하여 고장난 기계의 수리비
② 신조자동차를 탁송업자가 구매자에게 배달하기 위하여 운전하던 중, 자차와 충돌하여 수리를 하였으나 구매자가 구매를 거절하여 탁송업자가 중고가격으로 판매한 다음 신조차 가격과의 차액을 보상해 줄 것을 요구하는 격락손해
③ 피보험자동차를 운송하거나 또는 싣고 내릴 때 발생한 자기차량손해
④ 자기차량손해에서 전손에 해당하는 사고가 있어 보험가입금액 전액을 지급한 다음 피보험자가 차량을 폐차하지 않고 타고 다니다가 재차 발생한 자기차량손해

04 ① 05 ② 06 ①

07 다음 중 자동차보험 대물배상의 보상책임 발생요건이라고 볼 수 없는 것은?

① 피보험자가 대한민국(북한 지역 포함) 안에서 자동차 사고를 냈을 것
② 피보험자동차의 사고로 다른 사람의 재물을 없애거나 훼손하였을 것
③ 그로 인하여 피보험자가 법률상 손해배상책임을 짐으로써 손해를 입었을 것
④ 발생된 손해가 없어도 피보험자는 법률상 손해배상책임을 질 것

08 대물배상에서 피보험자의 보험금 청구권 소멸시효 기산점은?

① 보험기간 말일부터
② 자동차 사고발생일부터
③ 판결 확정이나 서면합의로 손해액이 확정된 때
④ 보험사고발생 사실을 보험회사에 통지한 때로부터

09 자동차보험 대물배상에 대한 설명이다. 틀린 것은?

① 대물사고로 인하여 지급하는 보험금은 매 사고에 대하여 1사고당 보험가입금액을 한도로 하며, 비용은 보험가입금액에 불구하고 보상한다.
② 보험증권에 기재된 1사고당 보험가입금액을 초과하는 사고가 발생되면 사고발생 시점에서 보험계약이 종료된다.
③ 피해물에 대한 직접손해는 물론 간접손해도 보상하며, 간접손해는 대차료, 휴차료, 영업손실 등이 있다.
④ 대차료 인정 기간은 수리를 위해 자동차 정비업자에게 인도하여 수리가 완료될 때까지 소요된 기간으로 하되, 30일을 한도로 한다.

07 ④ 08 ③ 09 ②

10 다음은 2022.7.28 책임개시 건부터 적용되는 피보험자가 사고부담금을 보험회사에 납입하여야 하는 사항에 대해 설명한 것이다. 틀린 것은?

① 피보험자 본인이 면허정지기간 중에 음주운전을 하다가 생긴 사고의 경우 사고부담금은 무면허 운전과 음주운전 모두 의무보험 한도액 전액과 임의보험 5,000만원이다.
② 피보험자 본인이 면허정지기간 중에 운전을 하다가 생긴 사고의 경우 사고 부담금은 의무보험 한도액 전액과 임의보험 5,000만원이다.
③ 피보험자 본인이 음주운전을 하다가 생긴 사고의 경우 사고 부담금은 100만원이다.
④ 피보험자 본인이 사고발생 후 사고조치를 이행하지 않은 경우 사고 부담금은 의무보험 가입금액 2,000만원 이하 금액과 임의보험에서 5,000만원이다.

11 다음은 자동차보험 대물배상에서 보상하지 않는 손해에 대해 설명한 것이다. 틀린 것은?

① 전쟁, 혁명, 내란, 사변, 폭동, 소요 또는 이와 유사한 사태로 인한 손해
② 자진, 분화, 태풍, 홍수, 해일 등 천재지변으로 인한 손해
③ 통행인의 소지품에 생긴 손해
④ 통행인의 휴대품에 생긴 손해

12 자기차량손해의 보상하지 아니하는 손해에 대한 설명 중 틀린 것은?

① 사기 또는 횡령으로 인한 손해
② 전쟁, 혁명, 내란, 사변, 폭동 또는 기타 이들과 유사한 사태로 인한 손해
③ 지진, 분화, 홍수, 해일 또는 이들과 유사한 천재지변으로 인한 손해
④ 타이어나 튜브에 생긴 손해

13 다음은 자동차보험 대물배상에 대해 설명한 것이다. 틀린 것은?

① 피보험자의 부모, 배우자 등이 소유하고 있는 물건은 대물배상에서 보상되지 않는다.
② 남의 서화나 골동품 등은 가격 산정이 주관적이기 때문에 보상하지 않는다.
③ 탑승자나 통행인의 소지품에 생긴 손해는 1사고당 200만원을 한도로 한다.
④ 하나의 사고에 배상 책임을 지는 피보험자가 여러 명인 경우 피보험자 개별 적용을 해야 한다.

10 ③ 11 ③ 12 ③ 13 ③

14 자동차보험 대물배상사고의 경우 손해배상에 관한 적용 법률은?

① 자배법
② 보험업법
③ 형법
④ 민법

15 자동차보험에서 보상하지 않는 것은?

① 피보험자동차에 생긴 손해 및 비용
② 피보험자동차의 적재물에 대한 손해 및 비용
③ 타인의 신체 사상으로 인하여 피보험자가 지는 법률상 손해배상책임
④ 타인의 재산을 멸실, 파손, 오손하여 피보험자가 지는 법률상 손해배상책임

16 자동차보험 대물배상에서 피보험자의 법률상 손해배상책임에 해당하지 않는 것은?

① 민법 제750조 불법행위자 책임
② 민법 제750조 사용자 책임
③ 차대차 충돌사고로 공동 불법행위자 1인이 피보험자에게 과실에 상당하는 금액에 대하여 구상을 청구한 때
④ 자배법 제3조의 운행자 책임

17 다음 사항 중 우연한 사고에 해당하는 것은?

① 적재용량을 무시하고 과중 적재로 프레임이 휘어져 일어난 사고
② 브레이크 고장을 알고도 운전하다 일어난 사고
③ 안전거리 미확보로 타차를 추돌한 사고
④ 범죄행위에 사용하다 일어난 사고

18 자동차보험 차량 손해에서 보상하는 손해는?

① 타이어나 튜브에만 생긴 손해
② 비래물이나 낙하물로 인한 손해
③ 전기적, 기계적 결함으로 인한 고장 손해
④ 자동차에 생긴 흠, 부식 기타 자연 소모로 인한 손해

14 ④ 15 ② 16 ④ 17 ③ 18 ②

19 자동차보험 차량 손해에서 면책사항이 아닌 것은?

① 동파로 인한 손해
② 피보험자동차의 에어컨의 도난
③ 기계적 고장으로 인한 자동차의 전복사고로 그 전복 시 입은 손해
④ 보험계약자의 고의로 인한 손해

20 자동차보험 대물배상에서 피해 자동차의 대체비용에 관한 내용이다. 보험금으로 인정되지 아니하는 비용은?

① 면허세
② 등록세
③ 취득세
④ 자동차세, 채권 매입 비용, 보험료

21 다음은 자동차보험 자기차량손해에 대해 설명한 것이다. 틀린 것은?

① 연료탱크에 이물질이 삽입되어 엔진 등에 손상이 발생한 경우 보상한다.
② 썬루프, 도어 등을 열어 놓아 빗물 등이 차 내부로 유입되어 침수된 경우 보상하지 않는다.
③ 자기차량손해는 한번 사고로 전부 손해가 발생한 경우 사고발생 시점에서 보험계약이 종료된다.
④ 자기차량손해는 바람(풍력)에 의해 생긴 손해도 보상한다.

22 다음은 자기차량손해의 보상책임이 발생하지 않는 사고에 대한 설명이다. 틀린 것은?

① 차량운행 중 바람(풍력)에 의해 본넷이 열리며 유리와 충돌한 사고
② 고정볼트의 이완으로 적재함이 밀려 운전대와 접촉, 피손된 사고
③ 적재함 U볼트의 이완으로 적재함이 밀려 운전대와 접촉, 파손된 사고
④ 연료탱크에 이물질이 흡입되어 엔진 또는 연료장치에 고장이 생긴 사고

23 다음 중 자기차량손해로 보상 가능한 사고는?

① 전쟁, 혁명, 내란으로 생긴 손해
② 태풍, 홍수, 해일로 생긴 손해
③ 핵연료 물질의 직접 또는 간접적인 영향으로 생긴 손해
④ 사기, 횡령으로 인한 손해

19 ③ 20 ④ 21 ① 22 ① 23 ②

24 도난 보험금 지급의 가부

- 도난일시 : 2022. 4. 20 ~ 4. 21 09 : 30 사이
- 도난장소 : 가락동 A호텔주차장
- 경찰서 신고 일자 : 2017. 4. 30
- 말소등록일자 : 2022. 5. 25
  ① 서류제출 : 2022. 05. 26 차량회수일자 : 2022. 05. 28
  ② 서류제출 : 2022. 06. 01 차량회수일자 : 2022. 05. 26
  ③ 서류제출 : 2022. 06. 01 차량회수일자 : 2022. 06. 05

memo

- 보험금 청구권 발생일자 :
- 말소 유무에 관계없이 보험금 청구 전 차량 회수 시 :
- 경찰 신고 이후 30일이 지나 청구하였으나 피보험차량 회수 시 :

25

2022. 7. 15(1년)만기 가족 운전자 한정 특약 전담보가입 자동차를 피보험자와 동거 중인 시아버지가 주취운전 중 대인·대물 사고를 야기하여, 피해자 A 인사 손해 200만원, 피해자 B 인사 손해 300만원, 대물 C 손해 100만원, 대물 D 손해 500만원, 차량손해 300만원의 손해를 야기하였다(인적손해는 책임보험 초과분임). 귀하가 본 사고를 처리할 경우의 지급보험금 및 사무처리 절차는?

memo

- 가족 운전자 한정 특약의 운전가능자 :
- 음주운전 면책금액 조항의 적용운전자 범위 및 면책금액
- 차량손해에 있어서 음주운전 손해
- 음주운전 처리 시 사무 처리(계약 관련)

논술형

26 자동차보험 대물배상에 있어서 '회사의 보상책임'과 보상범위 및 한도에 대하여 설명하시오. [20점]

26 1. 의의
2. 회사의 보상책임
(1) 보상책임 발생 요건
① 피보험자가 대한민국(북한 지역 포함) 내에서 자동차 사고를 냈을 것
② 피보험자동차의 사고로 다른 사람의 재물을 없애거나 훼손하였을 것
③ 이로 인하여 법률상 손해배상 책임을 짐으로써 손해를 입었을 것
(2) 피보험자
(3) 소유, 사용, 관리의 개념
① 소유, ② 사용, ③ 관리
(4) 남의 재물을 멸실, 파손 또는 오손의 의미
① 재물의 의미
② 멸실, 파손 또는 오손의 의미
(5) 법률상 손해배상 책임
① 법률행위자 책임
② 사용자배상 책임
③ 공작물 등 점유자, 소유자 책임
④ 공동 불법행위자 책임으로부터 구상에 의해 부담하는 책임
※ 손해보상과 손해배상의 구별, 고의와 과실
3. 보상의 범위
(1) 보상 범위
① 보험금 지급기준에 의하여 산출된 금액 또는 법원의 확정 판결에 의하여 피보험자가 배상하여야 할 금액. 다만, 소송이 제기되었을 경우에는 대한민국 법원의 확정판결에 의하여 피보험자가 손해배상 청구권자에게 배상하여야 할 금액(지연배상금 포함)
② 보험계약자나 피보험자가 약관에 따라 지출한 비용
③ 지급보험금의 계산

지급보험금	보험금 지급기준에 의하여 산출된 금액 또는 법원의 확정판결에 의하여 피보험자가 배상하여야 할 금액(지연 배상금 포함)	비용	공제액

※ 공제액 : 사고 차량을 고칠 때 부득이 엔진, 미션 등 중요한 부분을 새 부분품으로 교환한 경우 그 교환된 기존 부분품의 감가상각 액에 해당하는 금액과 피보험차량의 운전자가 음주 및 무면허 운전 사고발생시 조치 의무를 위반 한 경우 자기부담금을 말한다.
(2) 보상한도
보험증권에 기재된 1사고당 보험가입금액을 한도로 한다.
※ 자동 복원에 대해 설명
(3) 비용
① 손해의 방지와 경감을 위해 지출한 비용
② 권리보전 행사 비용
③ 긴급조치 비용
④ 기타 회사의 동의를 얻어 지출한 비용

27 자동차보험에 있어서 ‘피보험자의 의무’사항을 설명하고 의무이행을 게을리한 경우 보상처리 방법에 대해 약술하시오. [20점]

28 자동차보험 자기차량손해에 있어서 ‘회사의 보상책임’과 보상범위 및 한도에 대하여 설명하시오. [20점]

27 1. 서언

자동차보험에 있어서 피보험자의 의무사항은 크게 계약 전 알릴의무, 계약 후 알릴의무, 사고발생시 의무의 3가지로 나뉘어진다.

(1) 계약 전 알릴의무
① 의의
② 계약 전 알릴의무 위반 내용
③ 계약 전 알릴의무 위반의 효과
④ 해지의 효과
⑤ 해지할 수 없는 경우
※ 대표적인 사례 2~3개 정도 기술해도 됨

(2) 계약 후 알릴의무
① 의의
② 법적 성질
③ 피보험자의 의무사항
※ 중요 내용 요약하기 바람

2. 사고발생시 의무 불이행 효과

28 1. 의의

2. 회사의 보상 책임(약관 규정)

(1) 충돌의 의미

(2) 자물과 자물과의 충돌, 접촉
① 충돌, 접촉 또는 추락 사고로 볼 수 있는 경우
② 충돌, 접촉 또는 추락 사고로 볼 수 없는 경우

3. 보상의 범위 및 한도

(1) 보상의 범위
※ 상당인과관계란 : 어떤 결과에 대한 원인으로 생각되는 제 조건 가운데서 어떤 특정의 경우가 아닌 일반적인 경우에 맞추어 보더라도 똑같은 결과를 초래할 것으로 판단되는 조건을 원인으로 보아야 한다는 설이다. 다시 말하면 그와 같은 원인이 있으므로 그와 같은 결과가 일반적이라는 것이다.

(2) 용어의 정의
① 피보험자
② 자동차
③ 부속품
• 청약서에 명기하지 않아도 보상하는 것
• 청약서에 명기하지 않으면 보상하지 않는 것
• 어떤 경우라도 보상하지 않는 것
④ 물체
⑤ 침수

(3) 보상 한도

29 자동차보험 자기차량손해의 '전부손해'에 대하여 정의하고 처리요령에 대해 설명하시오. [20점]

30 피해물이 자동차인 경우 수리비 산출식을 쓰시오. [5점]

29 1. 전손의 정의
  ① 절대전손
  ② 추정전손
 2. 보상처리 기준
  ① 전부 손해에 해당하는 보험금을 지급하는 경우
  ② 전부 손해에 해당하는 보험금을 지급하지 않는 경우
 3. 피해물에 대한 회사의 권리
  ① 피해물의 전부를 인수
  ② 피해물의 인수 여부 판단
  ③ 매각 대금 환입
  ④ 피해물의 인수요령
 4. 수리 가능한 자동차를 수리하지 않고 폐차하는 경우
 5. 전손 사고의 인양 견인비 인정

30 수리비 = 부품 + 공임 + 임시 수리비 + 인양·운반비

04 보험금 지급기준

1 대물배상

피보험자동차의 사고로 인하여 다른 사람의 재물을 없애거나 훼손하여 법률상 손해배상책임을 지는 경우 보험금은

① 수리 비용
② 교환가액
③ 대차료
④ 휴차료
⑤ 영업 손실
⑥ 자동차 시세하락손해를 약관에 따라 지출된 비용과 함께 보험금으로 지급하게 된다.

즉 불법행위로 인하여 물건이 훼손된 경우에 있어서의 손해는

① 수리 가능 여부를 기준으로 하여 수리가 가능한 때에는 그 수리비용이
② 수리가 불가능할 정도로 물건이 완전히 파손된 경우에는 사고 당시의 교환가액이 각 통상의 손해가 된다. 그러나 수리 후에도 일부 수리가 불가능한 부분이 남아있는 경우에는 수리비 외에 수리 불능으로 인한 교환가치의 감소액도 통상의 손해에 해당한다.

❶ 수리비용

피해물의 원상 회복이 가능한 경우, 사고 직전의 상태로 원상 회복하는데 소요되는 필요 타당한 비용을 말한다.

1) 지급 대상

피해물의 원상 회복이 가능하여 수리하는 경우

2) 인정기준액

① 수리비

사고 직전의 상태로 원상 회복하는 데 소요되는 필요 타당한 비용으로서 실제 수리 비용. 다만, 경미한 손상의 경우 보험개발원이 정한 경미 손상 수리 기준에 따라 복원 수리하거나 품질인증부품으로 교환 수리하는 데 소요되는 비용을 한도로 한다.

- 경미한 손상이란
  외장 부품 중 자동차의 기말한다.

- 대상 부품
  - 자동차의 디자인과 관련된 범퍼, 후드, 앞 펜더, 앞 도어, 뒤 도어, 후면 도어, 뒤 펜더, 트렁크 리드(총 8개 부품) 외장 부품의 경미한 손상에 대한 적용
  - 외장 부품의 주요 기능
    - 범퍼 : 저속 충격흡수 및 차체 손상 최소화
    - 후드 : 엔진 룸의 이물질 유입 차단
    - 앞 펜더 : 차체 이물질 유입 차단 등
    - 도어 : 측면 충격흡수
    - 뒤 펜더 : 차체 강도유지 및 충격흡수
    - 트렁크 리드 : 트렁크 룸의 이물질 유입 차단 및 보호

- 경미손상 유형
  - 코팅손상 : 투명 코팅막만 벗겨진 도막손상(도장막 손상없음)을 말한다.
    - 수리방법 : 폴리싱(광택)작업으로 복원수리, 범퍼 탈착 또는 보수도장이 필요 없다.
    - 폴리싱(광택)작업이란 : 도장면의 결함을 제거하기 위하여 투명 막을 연마, 도장품질을 높이는 작업을 말한다.

- 색상손상 : 투명 코팅막과 도장막(색상)이 동시에 벗겨진 손상을 말한다.
  - 수리방법 : 손상범위에 따라 범퍼 탈착 여부를 결정하며, 손상도막을 연마한 후 보수도장을 필요로 한다.
  - 수리과정 : 프라이머 서페이스 도장 → 베이스 코트 도장 → 클리어 도장
- 긁힘·찍힘 손상 : 긁힘·찍힘 등으로 도장막과 함께 구멍 뚫림 없이 함몰된 손상으로 복원수리 또는 '품질인증부품'으로 교환수리 가능
  - 수리방법 : 손상부위에 따라 범퍼 탈착여부를 결정하며, 플라스틱 범퍼 복원수리와 동일한 작업을 시행한 후 보수도장으로 마감한다.
  - 수리과정 : 세척 및 퍼티 도포 → 퍼티 샌딩 → 서페이서 및 베이스 코트 도장 → 클리어 도장

• 공통사항

기존 사고로 인하여 동일부위에 복원수리한 흔적이 있어 범퍼의 품질 및 내구성에 영향을 줄 것으로 예상되는 경우에는 부품교체가 가능하다.

| 범퍼 커버의 손상유형 |

유형	사진	설명
변형		직접 또는 유발손상으로 인하여 변형될 수 있으며, 인접부품의 변형과 동시에 변형된 손상유형을 보인다.
긁힘	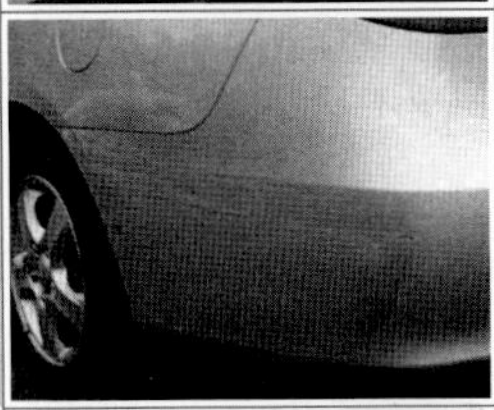	진행 중에 타 물체와 스치거나 접촉하면서 발생하는 손상으로 도장면이 벗겨지는 등의 손상유형을 보인다.
찍힘	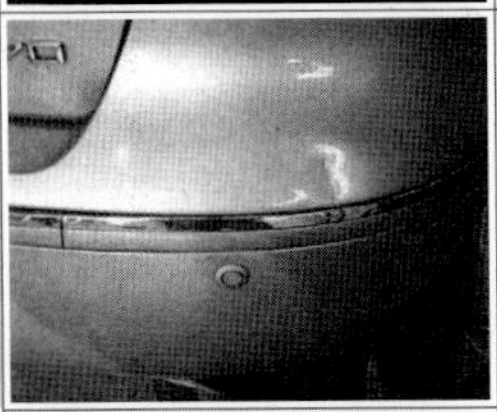	타 물체와 충돌·접촉하면서 상대물의 형상 및 단단함에 따라 부분적으로 찍힌 듯한 손상유형을 보인다.
찢어짐 등	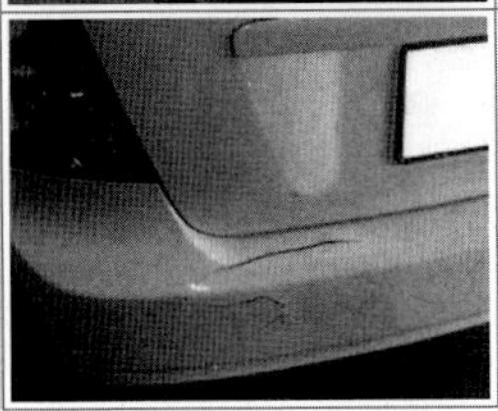	진행 중에 타 물체와 스치거나 접촉하면서 발생하는 손상으로 도장면이 벗겨지는 등의 손상유형을 보인다.

② 열처리 도장료

수리시 열처리 도장을 한 경우 차량연식에 관계없이 열처리 도장료 전액

③ 한도

수리비 및 열처리 도장료의 합계액은 피해물의 사고 직전 가액의 120%를 한도로 한다. 다만, 피해물이 다음 중 어느 하나에 해당되는 경우에는 130%를 한도로 한다.

- 내용연수가 지난 경우
- 「여객자동차 운수사업법」제84조제2항에 의한 차량충당연한을 적용받는 승용자동차나 승합자동차
- 「화물자동차 운수사업법」제57조제1항에 의한 차량충당연한을 적용 받는 화물자동차

1. **내용연수**
   보험개발원의 「차량기준액표」에서 정하는 내용연수를 말한다.
2. **「여객자동차 운수사업법」 제84조 [자동차의 차령 제한 등] 제2항**
   여객자동차 운수사업의 면허, 등록, 증차 또는 대폐차(대폐차 : 차령이 만료되거나 운행거리를 초과한 차량 등을 다른 차량으로 대체하는 것을 말한다)에 충당되는 자동차는 자동차의 종류와 여객자동차 운수사업의 종류에 따라 3년을 넘지 아니하는 범위에서 대통령령으로 정하는 연한(이하 "차량충당연한"이라 한다) 이내로 하여야 한다.
3. **「화물자동차 운수사업법」 제57조 [차량충당조건] 제1항**
   화물자동차 운송사업 및 화물자동차 운송가맹사업의 신규등록, 증차 또는 대폐차(대폐차 : 차령이 만료된 차량 등을 다른 차량으로 대체하는 것을 말한다)에 충당되는 화물자동차는 차령이 3년의 범위에서 대통령령으로 정하는 연한 이내여야 한다. 다만, 국토교통부령으로 정하는 차량은 차량충당조건을 달리할 수 있다.

3) 피해물이 자동차인 경우

사고 직전의 상태로 원상복구하는 데 소요되는 필요 타당한 비용(수리비)에서, 수리과정에서 생긴 잔존물가액과 신부품 교환으로 감가상각을 하는 경우에는 그 금액을 공제한 금액을 인정한다(차량손해편 참조).

- 손해액 = 수리비 - (잔존물가액 + 감가상각액)
- 수리비 = 부품대 + 공임 + 임시수리비 + 인양 및 운반비

4) 피해물이 자동차가 아닌 경우

기타 피해물이 파손 또는 오손되었으나 사고 직전의 상태로 원상복구가 가능한 경우에는 그에 소요되는 필요 타당한 수리비를 인정한다. 이 경우 기타 피해물을 수리함으로써 사고 직전 기타 피해물의 가액보다 그 가치가 현저히 증가하였을 때 사용기간에 대하여 감가상각해야 하나, 일부분의 소규모 수리 등으로 인하여 기타 피해물 전체의 가치가 증가하였다고 인정되지 않을 때는 감가상각을 하지 않는다.

기타 피해물이란 자동차(특수처량 포함) 이외의 건물이나 가재도구 또는 집기, 비품, 조경 수목, 도로 시설물 등의 영조물이나 공작물, 소나 말 등의 동물 일체를 말한다.

❷ 교환가액

피해물의 수리비용이 피해물의 사고 직전의 가액을 초과하는 경우와 원상회복이 불가능한 경우에는 사고 직전 피해물의 가액상당액 또는 사고 직전의 피해물과 같은 종류의 대용품의 가액과 이를 교환하는데 실제로 소요된 필요 타당한 비용을 말한다.

① 지급대상

피해물이 다음 중 어느 하나에 해당하는 경우를 대상으로 한다.

- 수리비용이 피해물의 사고 직전가액을 초과하여 수리하지 않고 폐차하는 경우
- 원상회복이 불가능한 경우

② 인정기준액

- 사고 직전 피해물의 가액 상당액
- 사고 직전 피해물의 가액에 상당하는 같은 종류의 대용품을 취득할 때 실제로 소요된 필요 타당한 비용

1) 피해물이 자동차인 경우

① 시가 확인이 가능한 경우

피해물과 같은 종류(동일하거나 유사한 것)의 자동차매매사례를 중고자동차매매업소를 통해 확인하여 산정한다. 원칙적으로 훼손된 자동차와 동일한 차량 종류, 연식, 형식, 같은 정도의 사용 상태 및 주행거리 등을 감안한 자동차를 중고차 시장에서 취득할 때 소요되는 가액을 의미하며, 교환가액을 평가할 때 피해자가 차량을 구입하면서 지급한 채권 매입 비용 및 보험료는 참작하지 않는다.

② 시가 확인이 불가능한 경우(매매 사례가 없는 차종)

재조달원가에 감가수정을 가하여 피해물의 현재가액을 산정(복성식 평가법)하되 감가상각율은 정률법을 적용하는 것을 원칙으로 한다. 단, 피해물의 특수성 및 특별한 사유가 있는 경우에는 정액법에 의해 산정할 수 있다.

- 감가상각이란?

  시간이 경과됨(depreciation)에 따라 자산가치가 감소하는 것을 회계에 반영한 것으로서, 취득한 자산의 원가를 사용기간에 걸쳐 비용으로 배분하는 과정을 의미한다.

- 복성식 평가법이란?

  사고발생시점에서의 재생산 또는 재취득하는데 소요되는 회계학상, 세법상 고정자산의 감가상각방법 중의 하나로서, 피해물의 종류와 상태에 따라 정률법 또는 정액법에 의한 현재가액을 산정하는 방법에 의하여 가액을 산정하는 방법을 말하며, 이에 따라 산정된 가격을 복성가격이라 한다.

- 정액법이란?

  당해 감가상각 자산의 취득가액에 당해 자산의 내용연수에 따른 상각율을 곱하여 계산한 각 사업연도의 상각범위액이 매년 균등하게 자산가치가 체감되는 상각방법을 의미한다.

$$잔존가액 = 취득가액 \times 상각률$$

$$상각률 = \frac{1}{n}$$

n : 내용연수

• 정률법이란?

당해 감가상각 자산의 취득가액에서 이미 감가상각비로 손실금에 산입한 금액을 공제한 잔액에 당해 자산의 내용연수에 따라 상각률을 곱하여 계산한 각 사업연도의 상각 범위액이 매년 체감되는 상각 방법을 의미한다.

$$\text{잔잔존가액} = (\text{취득가액} - \text{기 상각액}) \times \text{상각률}$$

$$\text{상각률} = 1 - n\sqrt{\frac{s}{c}} = 1 - n\sqrt{\frac{0.05c}{c}} = 1 - n\sqrt{0.05}$$

c : 취득가액
s : 잔존가액
n : 내용연수

※ 정률법에 의하여 상각하는 경우 취득가액의 5%에 상당하는 금액을 잔존가액으로 하되 잔존가액은 최소 0%~최대 10% 범위 내에서 법인이 납세지 관할세무서장에게 신고한 범위에 의하여 계산한 금액(이하 "상각범위 액"이라 한다)을 말한다.

• 유형별 감가상각 방법

자산 구분	신고가 된 경우의 상각방법	신고되지 않은 경우 상각방법
건축물	정액법	정액법
기타 유형의 고정자산	정률법과 정액법 중 선택 가능	정률법
무형의 고정자산	정액법	정액법

※ 법인이 적용할 내용연수를 납세지 관할 세무서장에게 신고하도록 법인세법이 개정되었으므로 이를 참고하고, 만일 별도의 신고가 없는 경우에는 법인세법 규정에 의한 기준내용연수를 적용한다.

[별표 1] 차량 표준감가상각 잔존률표

1. 자가용 승용차 등

용도	차종	내용연수	감가율	비 고
자가용	승용차	15년	6%	2012. 04. 01기준
	승합차	15년	6%	
	화물차	15년	6%	
	이륜차	6년	15%	

2. 사업용 자동차의 차령(여객자동차운수사업법 시행령 제40조 1항 관련 개정 2016. 6. 30)

차종	사업의 구분		차령	1년 경과 감가율
승용자동차	여객자동차 운송사업용	개인택시(경형·소형)	5년	19%
		개인택시(배기량 2,400cc 미만)	7년	13.6%
		개인택시(배기량 2,400cc 이상)	9년	10.6%
		개인택시[전기자동차(「환경친화적 자동차의 개발 및 보급 촉진에 관한 법률」 제2조제3호에 따른 전기자동차를 말한다. 이하 같다)]	9년	10.6%
		일반택시(경형·소형)	3년 6개월	26.4%
		일반택시(배기량 2,400cc 미만)	4년	23.8%
		일반택시(배기량 2,400cc 이상)	6년	15.8%
		일반택시(환경친화적 자동차)	6년	15.8%
	자동차대여사업용	경형·소형·중형	5년	19%
		대형	8년	11.9%
	특수여객자동차 운송사업용	경형·소형·중형	6년	15.8%
		대형	10년	9.5%
	플랫폼 운송사업용	배기량 2,400cc 미만	4년	
		배기량 2,400cc 이상	6년	
		환경친화적자동차	6년	
특수자동차	자동차대여사업용	캠핑용자동차	9년	
승합자동차	특수여객자동차운송사업용		11년	8.2%
	그 밖의 사업용		9년	10.6%

주 : 1. 국토교통부장관이 시·도의 환경친화적 자동차 보급현황 및 보급계획, 환경친화적 자동차 충전시설 설치현황 및 설치계획, 도로 여건 등을 종합적으로 고려하여 고시하는 시·도의 경우 전기자동차의 차령은 위 표에서 정한 차령(제40조제2항에 따라 조례로 차령을 달리 정한 경우에는 조례에서 정한 차령을 말한다)에 2년을 더한 기간으로 한다.

2. 차령 연장요건

시·도지사가 해당 시·도의 자동차 운행 여건 등을 고려하여 해당 시·도의 공보에 차령 연장 등에 관한 고시를 한 경우 다음 각 목의 요건을 모두 충족한 자동차의 차령은 해당 고시에서 정한 기간만큼 연장된다. 다만, 그 연장 기간은 2년을 초과하지 못한다.

가. 제1호에 따른 차령(제40조제2항에 따라 조례로 차령을 달리 정한 경우에는 조례에서 정한 차령을 말하고, 제1호 비고에 따라 2년의 차령이 더해진 경우에는 그 차령을 말한다)기간이 만료되기 전 2개월 이내 및 연장된 차령 기간에 승용자동차는 1년마다, 승합자동차는 6개월마다 「자동차관리법」제43조제1항제4호에 따른 임시검사를 받아 검사기준에 적합할 것.

다만, 여객자동차운송사업용 승용자동차 및 자동차대여사업용 승용자동차의 차령 연장을 위한 임시검사는 「자동차관리법」제43조제1항제2호에 따른 정기검사로 대체할 수 있되, 일반택시운송사업자 및 자동차대여사업자와 「자동차관리법」제45조에 따라 정기검사를 수행하는 지정정비사업자가 동일한 경우에는 해당 일반택시운송사업자 및 자동차대여사업자는 다른 지정정비사업자로부터 정기검사를 받아야 한다.

나. 법 제21조제10항에 따른 운송사업자의 준수 사항 중 자동차의 장치 및 설비 등에 관한 준수 사항에 위반되지 않는다고 판정될 것

위 표에 없는 경우에는 아래와 같이 산출한다.

잔존율 = 해당 경과연수의 잔존율 - {(해당 경과연수의 잔존율 - 경과차 연수의 잔존율) × 해당 경과연수 이후 경과월수/12}

경과연수 : 최초 제작연도를 기준으로 현재 시점까지의 사용연수

3. 건설기계류 감가율표

구분	굴삭기, 로더, 지게차, 덤프트럭, 콘크리트 피니셔, 콘크리트 펌프, 노면파쇄기, 도로보수트럭, 터널용 고소 작업차	콘크리트살포기, 콘크리트믹서트럭, 아스팔트 피니셔, 아스팔트살포기, 골재살포기, 항타 및 항발기, 천공기, 선별기	불도저, 기중기, 타워크레인 롤러, 노상안정기, 콘크리트뱃칭플랜트, 아스팔트믹싱플랜트, 쇄석기, 공기압축기, 노면 측정 장비, 사리 채취기, 준설선, 스크레이퍼, 모터그레이터
내용연수	8(10)	10(13)	12(15)
1년경과 감가율	11.9%	9.5%	7.9%

주 : (   )에 기재된 내용연수는 "대한건설기계협회"에서 정한 「잔가율」규정에 따른 것임

2) 피해물이 건물, 가재, 집기비품 및 상품의 경우

① 건물

예컨대, 건물이 멸실, 파손 또는 오손되어 수리가 불가능한 경우 또는 수리가 가능하다 하더라도 수리비용이 사고 직전 피해물 가액을 초과하는 경우에는 사고 직전 가액 상당액과 새로 등기하는데 소요되는 필요 타당한 비용을 인정한다.

이때 사고 직전 가액의 평가는 피해물을 동일한 구조, 용도, 재질, 규모의 건물로 개축하는데 소요되는 비용을 산출한 후 경과연수 및 사용손모에 상당하는 감가액을 공제하여 사고 직전 가액을 산정한다(공사 후 잔존물로서 가치가 있는 품목에 대하여는 그 가치를 평가하여 공제하거나 매각하여 환입한다).

- 현재가액 = 신축가격(재 조달가격) - 감가공제액
- 감가공제액 = 신축가격 × 총감가율
- 총감가율 = 경과연수 감가율 × 경과기간(월)/12

② 가재 및 집기 비품

피해물이 사고 직전의 원상태로 복구가 가능한 품목에 대해서는 수리비용을, 수리가 불가능

하거나 수리비가 사고 직전가액을 초과하는 경우는 사고 직전가액을 보상한다.

• 사고 직전 가액의 평가

- 피해물의 규격, 용도, 성질, 제작회사, 구입금액, 구입일자 등을 정확히 조사한다.
- 피해물과 같은 종류 물건의 매매사례를 물가조사표 등을 참고로 조사한다.
- 가재 및 집기는 사용으로 인하여 다소의 손모가 생기기 때문에 피해물의 사고 당시 재조달가격에서 경과기간(사용기간)에 대한 감가상각을 하여 사고 직전 가액을 산정한다.

• 감가상각

가재 및 집기비품의 내용연수와 경과기간(사용기간)에 따른 감가율(별표참조)에 따라 품목별로 감가율을 적용하고, 피해물의 종류가 다양하고, 사용기간, 제품의 질 등으로 보아 개별적용이 어려운 경우에는 일괄적으로 25~30% 정도로 감가한다.

$$\text{감가율} = \text{경과연수 감가율} \times \frac{\text{경과기간(월)}}{12}$$

• 잔존물가액 공제

피해물 중 잔존가치가 있는 품목에 대하여는 그 가치를 평가하여 공제하거나 매각하여 환입한다.

③ 상품

• 인정기준

- 피해물이 사고 직전의 원상태로 복구가 가능한 품목에 대하여는 수리비용을, 복구가 불가능하거나 수리비가 사고 직전 가액을 초과하는 경우는 사고 직전 가액을 보상한다.
- 피해물 중 수리하지 않고 재사용이 가능하나 상품으로서의 가치가 하락(품질 저하)된 경우에는 가격하락금액을 평가하여 보상한다.
- 의약품, 화학 원재료, 식료품 등과 같이 경미한 손해라 하더라도 법률이나 행정처분에 따라 폐기처분하지 않으면 안 될 경우에는 이를 참작한다.
- 피해물중 서화, 골동품, 조각물, 기타 예술품에 대하여는 보상하지 않는다.

• 사고 직전 가액의 평가

- 상품의 가격은 품목, 수량, 단가에 따라 결정되므로 피해물의 가격, 용도, 품질, 판매회사, 매입과 판매경로 등을 정확히 조사한다.

- 사고 당시의 수량을 파악하기 위해 피해물의 장부, 매입전표, 입출고증, 송장 등 증거서류를 참조하여 현장의 피해물과 비교 확인한다.
- 상품은 전매를 목적으로 하는 거래이므로 사고당시 같은 종류의 상품 매입가격에 운임, 기타 제비용을 가산한 매입원가(이익이 포함되지 않은 가격)를 기준으로 평가하고, 사고로 인하여 공제 혜택을 받을 수 있는 세금이나 이익금은 포함하지 않는다.
- 제조공장의 원자재 가격은 매입가격을 기준으로 하고, 반제품, 재고품은 원재료 가격에 각 공정에 따른 가공비(직접노무비, 경비, 제조 간접비)를 가산한 것을 기준으로 하며, 제품은 제조원가를 기준으로 평가한다.

직접재료비 직접노무비 직접경비	직접원가	+	제조 간접비	=	제조원가	+	판매비 일반관리비	=	총원가	+	이익	=	판매원가

- 상품 중 재고품, 파지품, 유행 또는 철이 지난 품목 등 사장품(Dead Stock)에 대하여는 이를 참작하여 감액 평가하여야 한다.

• 잔존물 가액공제

피해물 중 잔존가치가 있는 물품에 대하여는 그 가치를 평가하여 공제하거나 매각하여 환입한다.

④ 피해물이 국가나 지방자치단체 등의 소유물인 경우

피해물이 국가나 지방자치단체 등이 소유하고 있는 동산과 건물, 구조물 등일 때 법인세법이 적용되지 않으므로 국가회계법, 국가회계기준에 관한 규칙과 물품관리법에 따라 피해물의 내용연수를 확인하여 피해물의 잔존가액 범위 내에서 원상복구에 드는 비용을 인정한다. 또한 피해물이 사고 직전의 상태로 복구할 수 없거나 수리 비용이 사고 직전 가액을 초과할 때는 사고 직전 가액을 보상한다.

• 사고 직전 가액의 평가

- 피해물의 규격, 제작회사, 설치비용, 설치 일자 등을 정확히 조사한다.
- 국가나 지방자치단체 소유의 일반 유형자산은 해당 자산의 건설 원가 또는 매입가에 부대비용을 더한 금액을 취득원가로 하고, 객관적이고 합리적인 방법으로 추정한 기간에 정액법 등을 적용하여 감가상각하도록 규정(국가 회계기준에 관한 규칙 제37조)되어 있으므로 조달청 홈페이지에 등재된 정보공개 고시 내용의 물품 내용연수를 참고로 경과 기간(사용기

간)에 대해 감가상각을 하여 사고 직전 가액을 산정한다.

- 군수품의 경우는 물품관리법 적용이 제외[물품관리법 제3조(군수품 관리에 관한 특례)]되므로 군수품관리법 제21조(내용연수)를 참고하여 감가상각을 적용한다.

• 감가상각

일반 유형자산에 대한 내용연수와 경과 기간(사용기간)에 따른 감가율(별표 참조)에 따라 품목별로 감가율을 적용하고, 피해물의 종류가 다양하고 사용기간, 제품의 질 등으로 보아 개별적용이 어려운 경우에는 일괄적으로 25~30% 정도로 감가한다.

$$감가율=경과\ 연수\ 감가율 \times \frac{경과기간(월)}{12}$$

• 잔존가액 공제

피해물 중 잔존가치가 있는 품목에 대하여는 그 가치를 평가하여 공제하거나 매각하여 환입한다.

3) 대체하는데 소요되는 비용의 인정범위와 방법

피해물의 대체에 따른 등록, 등기 등의 비용은 직접손해의 일부로 보상하며, 인정범위와 방법은 다음과 같다.

① 인정범위

• 취득세

부동산, 차량(건설기계 포함), 기계장비 등에 대하여 인정된다.(지방세법 제104조 내지 제105조, 111조 등 참조)

• 등록세

부동산과 모든 자동차(125cc 초과하는 이륜차 포함)에 대하여 인정하되 피해물이 미등기 건물 또는 미등록차량(임시번호 등)인 경우에는 인정하지 않는다.(지방세법 제124조, 제132조의 2, 지방세법시행령 제146조 3~4 교육세법 제3조 등 참조)

• 면허세

건물의 신축이나 대수선 및 주요 변경허가의 경우와 비사업용자동차(승용차 제외), 비사업용 건설기계의 등록에 대하여 인정한다.

• 기타 비용

인지 및 증지대, 엔진 구조변경비용, 신차인수운반비용, 교통안전협회비, 검사 수수료 등을 인정한다.

• 자동차세, 각종 채권매입비용, 보험료는 발생된 손해가 아니므로 인정하지 않는다.

자동차세는 자동차의 소유자에 대하여 과세하는 재산세적 성격과 도로 손상 및 환경오염에 대한 부담적 성격을 동시에 갖고 있는 세금이다. 비사업용 승용자동차에는 자동차세의 30%에 해당하는 지방교육세가 부과된다.(지방세법 제149조, 제150조, 151조 참조)

② 인정방법

소요비용에 대한 영수증 등 제 증빙서를 제출받아 다음 금액을 한도로 인정한다.

• 취득세와 등록세

- 피해물이 건물인 경우 : 사고 직전 피해물에 대한 과세시가표준액(이하 과세표준이라 한다)을 관할 관청(시, 도)으로부터 확인하여 해당 세율(지방세법 제111조 참조)을 적용한다.
- 피해물이 차량인 경우 : 사고 직전 피해차량의 과세표준액에 해당하는 세율을 적용한다.

• 면허세

건축물의 신축이나 대수선 및 주요 변경허가의 경우와 자가용자동차(승용차 제외) 및 건설기계 등록에 대하여 해당 세율(지방세법 제34조 참조)을 적용한다.

사업용자동차 직영업체(건설기계대여업 포함), 개인면허차량 등 자동차운송면허를 득한 사업체에 대하여는 차량대수와 관계없이 1건의 면허세만이 부과되며, 차량대체에 따른 면허세는 별도로 부과되지 않으므로 사업용자동차의 면허세는 어느 경우에도 인정하지 않는다.(지방세법 제27조 내지 제 28조 참조)

• 기타 비용

- 인지 및 증지대 : 건물, 차량 등의 취득과 등록에 수수료로 첨부하는 인지 및 증지대를 인정하되 사고 직전의 피해물 가격(또는 과세표준액)에 해당하는 비용을 한도로 인정한다. (인지세법 제3조 참조)
- 엔진 구조변경비용 : 사고 직전 피해물과 같은 형식으로 구조 변경하는데 소요되는 비용을 한도로 인정한다.
- 신규차량 인수 운반비용 : 사고 직전의 피해물과 같은 차종에 해당하는 인수운반 비용을 한도로 인정한다.

- 검사수수료 및 교통안전협회비 : 피해물의 검사 유효기간을 확인, 경과기간에 대한 일할계산방법에 의하여 산출한 금액을 공제하고 지급한다.

❸ 대차료

비사업용 자동차(건설기계 포함)가 파손 또는 오손되어 가동하지 못하는 기간 동안에 다른 자동차를 대신 사용할 필요가 있는 경우 그에 소요되는 필요 타당한 비용을 말한다.

1) 지급 대상

비사업용 자동차(건설기계 포함)가 파손 또는 오손되어 가동하지 못하는 기간 동안 다른 자동차를 사용할 필요가 있는 경우 그에 소요되는 필요 타당한 비용을 지급한다.

다음과 같은 경우는 다른 자동차를 대신 사용할 필요가 없는 경우로 본다.

① 장기간 주차장 등에 방치되어 있는 경우

② 차고, 매매 업소 등에 보관되어 있는 경우

③ 행정처분 또는 휴일로 인하여 휴차 중인 경우 등

2) 인정기준액

① 대차를 하는 경우

- 대여자동차는 「여객자동차운수사업법」에 따라 등록한 대여사업자에게서 차량만을 빌릴 때를 기준으로 동급의 대여자동차 중 최저요금의 대여자동차를 빌리는데 소요되는 통상의 요금. 다만, 피해 차량이 사고시점을 기준으로 「여객 자동차 운수사업법」에 따른 운행연한 초과로 동급의 대여자동차를 구할 수 없는 경우에는 피해 차량과 동일한 규모의 대여자동차 중 최저요금의 대여자동차를 기준으로 한다.
- 대여자동차가 없는 차종은 보험개발원이 산정한 사업용 해당 차종(사업용 해당 차종의 구분이 곤란할 때에는 사용방법이 유사한 차종으로 하며, 이와 같다) 휴차료 일람표 범위에서 실임차료. 다만, 5톤 이하 또는 밴형 화물자동차 및 대형 이륜자동차(260cc 초과)의 경우 중형 승용차급 중 최저 요금을 한도로 대차가 가능하다.

⊘ 용어해설

동급
배기량, 연식이 유사한 차량을 말한다.

통상의 요금
자동차 대여시장에서 소비자가 자동차 대여사업자로부터 자동차를 빌릴 때 소요되는 합리적인 시장가격을 말한다.
※ 무등록 렌터카 업체를 이용한 경우, 대차를 하지 않은 경우와 동일하게 대여자동차 요금의 30%를 지급한다.

규모란
「자동차 관리법 시행규칙」 별표 1 자동차의 종류 중 규모별 세부기준(경형, 소형, 중형, 대형)에 따른 자동차의 규모를 말한다.

대여자동차가 없는 차종
「여객 자동차 운수사업법」 제30조에 따라 자동차대여업에 사용할 수 있는 자동차 외의 차량종류를 말한다.

운행연한 초과
피해차량의 연식이 「여객자동차운수사업법」에서 정한 대여자동차의 연식보다 높아 동일연식의 동급 차량을 찾을 수 없는 경우로서, 경형, 소형, 중형, 대형 구분에 따라 동일 규모를 적용하며, 대형차량은 8년, 중형 이하 차량은 5년으로 차량 운행 연한이 정해져 있다.

최저요금의 대여자동차
가장 저렴한 특정 렌터카 업체의 가격을 의미하는 것이 아니며, 각 렌터카업체의 동급 대여자동차 중 대차료가 가장 저렴한 차량그룹을 의미한다.

② 대차를 하지 않은 경우

- 동급의 대여자동차가 있는 경우
  해당 차량과 동급의 최저요금 대여자동차 대여시 소요되는 통상의 요금의 35% 상당액
- 「여객 자동차 운수사업법」에 따른 운행연한 초과로 동급의 대여자동차를 구할 수 없는 경우
  피해 차량과 동일한 규모의 대여자동차 중 최저요금의 대여자동차를 대차하는 경우 소요되는 대차료의 35% 상당액
- 대여자동차가 없는 경우
  사업용 해당 차종 휴차료 일람표 금액의 30% 상당액

3) 인정 기간

① 수리 가능한 경우

수리를 위해 자동차 정비업자에게 인도하여 수리가 완료될 때까지 소요된 기간으로 하되, 25일(실제 정비 작업 시간이 160시간을 초과하면 30일)을 출고 지연 등의 사유로 인해 통상의 수리 기간을 초과하는 기간은 인정하지 않는다.

• 통상의 수리 기간이란

보험개발원이 과거 3년간 렌트기간과 작업시간 등과의 상관관계를 합리적으로 분석하여 산출한 수리 기간(범위)을 말한다.

• 대여자동차 요금 산정기준

기간별 1일 요금에 경과일수와 경과시간(24시간 기준)을 각각 곱하여 합산한 금액을 인정한다.

대여자동차 요금 = 기간별 1일 요금×(경과일수 + 경과시간)

② 수리 불가능한 경우

10일

| 예 | 제 |

2022년 4월 5일 사고로 인한 피해차량(최초 등록일 : 2012년 8월 1일, 배기량 3000cc)이 대여자동차를 사용하는 경우 대차료는?

1. 운행경과기간 산출
   사고일자 : 2022. 4. 5
   최초 등록일자 : 2012. 8. 1
   – 9년 8개월 경과
2. 「여객 자동차 운수사업법」에서 정한 대여자동차의 연식보다 초과됨(대형차량 8년)
3. 동급의 대여자동차를 구할 수 없는 경우 이므로 피해 차량과 동일한 규모의 대여자동차 중 최저요금의 대여자동차를 기준으로 보상한다.

1. 전기차
   모터 출력이 '390Kw' 이상인 차량의 대차료
   – 내연기관의 초대형(배기량 3,500cc 수준) 기준으로 대차료 산정
2. 하이브리드 차량
   – 하이브리드 차량의 추가된 배터리 용량을 감안하여 동일 모델의 내연기관 차량 기준으로 대차료 산정
3. 다운사이징 엔진 차량
   – 다운사이징 엔진 차량은 동일 모델의 일반엔진 차량과 성능(엔진출력, 차량 크기 등)이 유사한 점을 감안하여, 일반엔진 장착 차량을 기준으로 대차료를 산정
4. SUV
   – SUV 차량의 경우 일반 세단 차량이 아닌 동급의 SUV 차량의 최저 대여 요금을 한도로 대차료를 산정

❹ 휴차료

사업용 자동차 또는 사업용 건설기계가 파손 또는 오손되어 사용하지 못하는 기간 동안에 발생하는 타당한 영업손해(수익 상실의 손해)를 말한다.

1) 지급 대상

① 사업용 자동차 또는 사업용 건설기계가 파손 또는 오손되어 일정 기간 사용하지 못하게 될 경우 영업의 계속에 의해 얻을 수 있는 이익(상실 손해)를 지급한다.
② 휴차기간 동안 상실 손해가 발생하였는지를 조사하여 인정한다.

2) 인정기준액

① 증명자료가 있는 경우

1일 영업수입에서 운행 경비를 공제한 금액에 휴차 기간을 곱한 금액

휴차료 = (1일 영업 수입 - 운행경비) × 휴차 기간

• 일일 영업수입 증명 및 계산방법

구분	증명 자료	계산 방법
법인 사업용 차량 (건설기계 포함)	• 소득금액증명원(세무서 발행), 부가가치세 확정 신고서 • 소유 차량 차종이 다른 경우 - 차종별 보유대수 현황 - 최근 3개월간 차종별 운송수입 현황	연간(또는 반기)영업수입÷보유대수 ÷365일(또는 183일)
개인 사업용 차량 (건설기계 포함)	부가가치세 확정 신고서, 소득금액증명원(세무서 발행)	반기 영업수익÷영업일수
기타 확인이 어려운 자료 제출의 경우	소득세법 시행령 제145조(기준경비율 및 단순경비율) 규정에 따라 처리	"영업 손해 편 참조"

※ 유의사항

1. 소득금액증명원은 종합소득이 있는 자가 과세된 소득에 대한 소득금액을 증명 받고자 신청하는 민원으로서 인터넷, 방문, 민원우편, 모바일, 무인발급기로 발급받을 수 있음
2. 소유차량 차종이 다른 법인사업용 차량인 경우 해당 차종의 영업수익률을 계산
   ① 피해 차량과 동종의 차량 보유대수/차량 총 보유대수×100
   ② 최근 3개월간 피해 차량과 동종의 차량 영업수입/최근 3개월간 영업수입×100
   상기 ①, ②의 방법에 의하여 계산한 영업수익률 중 한 가지를 영업수입에 곱하여 인정함

| 운행경비 |

구분	세부항목	계산근거 및 방법
운행비	연료비	1일 사용량 : 30ℓ(개인택시 기준임) 1ℓ당 금액 : 계산일 현재 가격 1일 연료비 : 30ℓ×ℓ당 금액
	윤활유	교환 비용 : 경정비업체(일반요금)요금의 80%(월 1회 교환기준) ※ 1일 윤활유대 = 경정비업체 요금의 80%÷월 운행일수 ※ 에어클리너, 오일 필터를 포함한 금액임
	타이어대	교환비용 : 경정비업체 일반요금의 80%(1년 1회 교환기준) 1일 타이어대 = 교환비용÷해당차량 연간영업일수 ※ 중기인 경우 1년에 2회 교환으로 인정
	정비요금	월 50,000원 기준(브레이크라이닝, 부동액, 와셔 액, 세차비, 기타 소모품비용 및 정비요금) → 개인택시 기준금액이므로 화물 또는 중기인 경우 50,000원부터 100,000원 범위 내에서 상황에 따라 적용
검사비	계속검사	년 1회 기준으로 검사 수수료를 365일로 계산
	정기검사	년 1회 기준으로 정기점검 수수료를 365일로 계산
보험료	대인배상 I	자동차보험 요율서상 금액 또는 피해차량 보험료 영수증상 금액을 365일로 계산
	임의보험	자동차보험 요율서상 금액(대인 II, 대물) 또는 피해차량 보험료 영수증상 금액을 365일로 계산
제세 공과금	면허세	관할지역 자동차 면허세 기준으로 365일로 계산
	자동차세	관할지역 자동차세 기준으로 365일로 계산
	연합회비	해당연합회에서 확인하여 365일로 계산
	조합비	해당조합에 확인하여 365일로 계산
감가상각비		신차가격÷해당차량 차령÷해당차량 연간 영업 일수
자본 기여도		차량구입비×시중은행 정기적금이율÷해당차량 연간 영업일수

※ 자본 기여도란 개인 사업을 위해 투자한 자본에 대한 이자소득임

② 증명자료가 없는 경우

보험개발원이 산정한 사업용 해당 차종 휴차료 일람표 금액에 휴차 기간을 곱한 금액

| 차종별 1일 휴차료 일람표 |

① 본 휴차료 일람표는 자동차보험 약관상 대물배상 사고로 인한 사업용자동차의 영업손해 보상에 있어서 입증자료가 제시되지 않은 경우에 한하여 적용한다.
② 본 휴차료 조견표에 수록된 차종(기종) 및 구분은 휴차료 일람표 특성을 감안하여 대표적인 차종 및 구분으로 수록하였으므로, 유사차종 및 구분인 경우 준용한다.
③ 본 휴차료조견표에 수록된 농기계의 경우 각 기종별, 지역별, 계절별 휴차료 변동이 큰 점을 감안, ±20% 범위 내에서 가감이 가능하다.

| 승용·승합·화물차 |

(단위 : 원)

차종	구분	1일 휴차료	비고
택시	일반	44,420	
	모범	53,330	
화물자동차	밴형	47,150	
	1톤 이하	47,860	
	2톤 이하	58,630	
	3톤 이하	69,470	
	4톤 이하	80,310	
	5톤 이하	83,420	
	8톤 이하	92,720	
	9톤 이하	95,820	
	11톤 이하	104,470	
	12톤 이하	109,680	
	15톤 이하	123,360	
	15톤 초과	톤당 5,260	
고속버스	일반	162,970	우등고속의 70%
	우등	232,820	
시외버스	일반	128,040	우등고속의 55%
	직행	139,690	우등고속의 60%
시내버스	일반(광역시 이상)	108,520	
	일반(광역시 이하)	86,820	
	좌석(광역시 이상)	119,370	
	마을버스	75,960	
전세버스	대형	94,090	1,500cc 미만
	중형	84,690	1,500 ~ 2,000cc 미만
대여자동차	소형 승용	31,130	2,000 ~ 2,500cc 미만
	중형 승용	36,200	2,500cc 이상
	대형 승용	42,440	12인승 이하
	고급형	84,040	12인승 초과
	소형버스	47,300	
	대형버스	52,200	
이륜차	경형(50cc 미만)	16,570	
	소형(50cc 이상~100cc이하)	17,420	
	중형(100cc 초과~260cc 이하)	31,900	
	대형(260cc 초과)	1cc당 76원	대형 이륜차의 경우 중형승용차급 중 최저요금을 한도로 함

3) 인정기간

① 수리 가능한 경우

- 수리를 위해 자동차 정비업자에게 인도하여 수리가 완료될 때까지의 기간
- 여객 자동차 운수사업법 시행규칙 제19조 규정(개인택시운송사업의 면허기준 등)에 의하여 개인택시운송 사업 면허(개인택시, 개인 용달)를 받은 자가 부상으로 자동차의 수리가 완료된 후에도 자동차를 운행할 수 없는 경우에는 사고일로부터 30일을 초과하지 않는 범위 내에서 운행하지 못한 기간으로 한다.
- 운행 못한 손실비용의 인정 기간은 30일을 한도로 한다.

② 수리 불가능한 경우

10일

③ 유의사항

- 여객 자동차 운수사업법에 의한 개인택시는 개인택시영업일수 규정을 기준으로 수리 기간에서 부제로 쉬는 날을 공제한다.
- 대인 사고가 병합된 경우 이중으로 이득을 취할 수 있으므로, 대인에서의 휴업손해보상금과 대물에서의 휴차료 중 1가지만 지급한다.

❺ 영업 손실

사고로 인하여 소득세 법령에 정한 사업자의 사업장 또는 그 시설물을 파괴하여 휴업함으로써 영업 손해가 발생한 경우 그 상실된 수익은 통상의 손해로서 영업 손실에 해당된다.

1) 지급 대상

소득세 법령에 정한 사업자의 사업장 또는 그 시설물을 파괴하여 휴업함으로써 상실된 이익이 있는 경우 지급한다.

2) 인정기준 액

① 증명자료가 있는 경우

소득을 인정할 수 있는 세법에 따른 관계증빙서에 의하여 산정한 금액을 인정한다(부가가치세 확정 신고서, 소득 금액증명원, 경비 지출자료 등).

• 세법(기장을 하는 경우)에 따른 관계증빙서에 의한 계산 방법
세법상의 관계증빙서에 의한 사고 직전 1년간(1년 미만인 경우에는 그 기간)의 소득 금액에 고정경비를 가산한 금액을 휴업 기간 동안 인정한다.

$$\text{영업 손실} = \{\text{연간 소득금액} + \text{고정경비}\} \times \frac{\text{휴업일수}}{365}$$

ⓐ 연간소득금액

연간 총수입금액 - 필요경비

ⓑ 필요경비

사업자가 수입을 올리기 위해 사업과 관련하여 지출한 비용을 의미하며, 매입비용, 인건비, 임차료 등이 필요경비에 해당한다.

- 매입비용 : 재화의 매입(원자재·식자재 구입비용 등), 외주 가공비, 운송업의 운반비 등
- 인건비
  ‣ 세법상의 관계증빙서에 의한 금액
  ‣ 세법상의 관계증빙서가 없는 경우에는 조사하여 확인된 실제 금액을 일용근로자 임금을 한도로 인정한다.
- 임차료 : 통상적으로 인정할 수 있는 객관적인 증빙서에 의한 금액을 인정한다.

예 임차계약서, 임차료영수증 등

ⓒ 고정경비

일시적인 휴업으로는 지출이 감소하지 않는 인건비, 임차료(건물, 기계, 시설물) 등의 경비를 말한다.

• 필요경비 및 세법에 따른 기장을 하지 않는 경우 계산 방법

소득금액은 수입금액에서 필요경비를 차감하여 계산한다. 따라서 장부작성 사업자는 장부에 의해 필요경비를 차감하지만, 장부 작성을 하지 않는 사업자는 필요경비를 계산할 수 없기 때문에 국세청(세무서)에서 정한 경비율에 의해 필요경비를 차감하게 되는데, 이러한 경비율에는 단순경비율과 기준경비율이 있다.(소득세법 시행령 제145조 참조)

ⓐ 단순경비율에 의한 소득금액 계산방법(소규모 영세업자에 적용)

소득금액 = 수입금액 - (수입금액×단순경비율)

ⓑ 기준경비율에 의한 소득금액 계산방법(일정규모 이상의 사업자에 적용)

소득금액 = 수입금액 - 주요경비(매입비용 + 임차료 + 인건비) - (수입금액×기준경비율)

- 복식부기의무자는 수입금액에 기준경비율의 2분의 1을 곱하여 계산한다.
- 단순경비율과 기준경비율 적용 대상자 구분은 「소득세법 행령」제143조에서 정한다.
  - ‣ 단순경비율 : 장부를 기재하지 않는 사업자의 직전연도 수입금액의 합계액이 소득세법령에서 정한 기준금액 미만인 경우 등에 적용하는 경비율을 말한다.
  - ‣ 기준경비율 : 장부를 기재하지 않은 사업자의 직전연도 수입금액의 합계액이 소득세법령에서 정한 기준 금액 이상인 경우 등에 적용하는 경비율을 말한다.

② 증명자료가 없는 경우

일용근로자 임금을 기준으로 휴업기간 동안의 영업 손실을 인정한다.

③ 고정된 사업장은 있으나 세법상 수입액 증명자료가 없는 경우

• 일반적으로 인정할 수 있는 거래 상황 등의 사실 관계를 조사하여 확인된 금액을 수입액으로 인정한다. 그러나 이 금액이 일용근로자 임금보다 많은 경우에는 일용근로자 임금을 한도로 한다.

• 위의 공급실적이나 거래 상황도 없는 경우에는 일용근로자 임금 상당액을 인정한다.

• 노점상 등 고정된 사업장이 없는 사업소득자의 경우 일용근로자 임금 상당액을 인정한다.

$$\text{영업 손실} = \text{일용근로자 연평균임금} \times \frac{\text{휴업일수}}{365}$$

※ 일용근로자(보통인부)임금은 통계법 제3조에 의한 통계작성 지정기관(공사부분 : 대한건설협회, 제조부분 : 중소기업중앙회)이 조사·공표한 노임 중 보통인부의 임금을 말하며, 수리기간 중이라도 영업에 지장이 없거나 지장이 적다고 판단되는 부분적인 파손은 실제 영업에 미치는 영향의 정도를 감안하여 인정한다.

3) 인정기간

① 원상복구에 소요되는 기간을 인정한다. 그러나 합의지연 또는 부당한 복구지연으로 연장되는 기간은 휴업기간에 넣지 않는다.

② 영업 손실의 인정기간은 30일을 한도로 한다.

❻ 자동차 시세 하락손해(격락손해)

대물사고로 인한 피해차량(출고 후 5년 이하인 자동차에 한함)에 대하여 사용기간의 단축, 기능 및 미관상의 장애와 사고전력이 남아 있게 되어 그 가격의 감소나 하락이 있는 경우 평가손해를 지급하는 것을 말한다.

1) 지급대상

① 자가용 자동차(승용, 승합, 화물포함)

② 영업용자동차, 이륜차, 건설기계, 농기계 등

2) 인정기준

사고로 인한 자동차(출고 후 5년 이하인 자동차에 한함)의 수리비용이 사고 직전 자동차가액의 20%를 초과하는 경우, 출고 후 1년 이하인 자동차는 수리비용의 20%를 지급하고, 출고 후 1년 초과~2년 이하인 자동차는 수리비용의 15%를 지급하며, 출고 후 2년 초과~5년 이하인 자동차를 수리비용의 10%를 지급한다.

3) 인정기준 액

① 차량출고 기준일

- 국내산 자동차

출고일 기준(단, 출고일 확인이 불가능한 경우 제작연도 초일을 기준으로 한다)

- 외국산 자동차

제작연도에 수입된 차량으로서 수입면장의 확인이 가능한 경우에는 수입일자를 기준으로 산정하고, 수입면장 확인이 불가능한 경우에는 제작연도에 등록된 자동차는 최초 신규등록일, 제작연도에 등록되지 않은 자동차는 제작연도의 말일을 기준으로 산정한다.

② 중고시세 기준

- 서울시 중고 자동차 매매사업조합에서 발행하는 "월간 중고시세표"를 기준으로 하고, 출고일을 기준하여 6개월 단위로 상, 하 2등분하여 적용한다.
- 외국산 차량으로서 "월간 중고시세표"를 기준으로 산정이 불가능한 경우에는 수입면장의 수입가격에 감가상각을 적용한 금액을 기준으로 한다.

③ 금액 산정기준

- 부품대, 공임, 임시수리비를 합한 금액을 차량수리비로 적용하며, 견인비(인양 및 구난비 포함)는 금액산정에서 제외한다.
- 부가가치세(VAT)는 차량을 실제수리하고 수리비를 수리업체에 지급함으로써 VAT가 발생하는 경우에는 인정하나, 미수선 수리비로 차주에게 직접 수리비를 지급할 경우에는 VAT를 인정하지 않는다.

예 - 대차중고시세 : 8,000,000원
- 대차수리비 : 1,500,000원
- 부가가치세 : 150,000원
- 대차중고시세의 20% : 1,600,000원
- 부가가치세가 발생하는 경우 : 1,500,000원+150,000원 = 1,650,000원이므로 자동차 시세하락손해 인정
- 부가가치세가 발생하지 않는 경우 : 수리비가 1,500,000원으로서 대차중고 시세의 20%인 1,600,000원에 미달되므로 자동차 시세하락손해 불인정

- 대물 수리비용만을 손해사정한 금액은 분손이나 자동차 시세하락손해를 합한 금액이 대물 중고시세를 초과하는 경우에는 분손으로 인정하며, 자동차 시세하락손해는 기준대로 지급한다.

  예 - 대차중고시세 : 9,000,000원
  - 대차수리비 : 8,500,000원(VAT 포함 또는 VAT 제외)
  - 자동차시세하락손해 : 850,000원
  - 지급보험금 : 8,500,000원+850,000원= 9,350,000원(분손 처리함)

- 자동차 시세하락손해는 실제차량을 수리하여 가치하락이 발생한 경우에만 적용하므로 전손으로 인한 폐차 또는 미수선수리비를 지급하는 경우에는 인정하지 않는다(미수선수리비를 지급하였으나 실제 수리한 사실이 확인된 경우에는 자동차 시세하락손해 추가지급 가능).

4) 자동차 시세하락손해를 인정하지 않는 경우

① 중고시세의 120%(또는 130%) 범위 내에서 실제 차량을 수리함으로써 중고시세의 120%(또는 130%)를 차량 수리비로 지급한 경우(단, 대물 전손 건으로 중고시세를 한도로 수리한 경우에는 자동차 시세하락손해 인정)

예 • 대물중고시세 : 10,000,000원
- 대물 중고시세의 120%(12,000,000원)범위 내에서 수리한 경우 → 자동차 시세하락손해 불인정
- 대물 중고시세(10,000,000원) 범위 내에서 수리한 경우 → 자동차 시세하락손해 인정

② 가치 하락이 기 발생한 경우

- 출고 후 5년 이내에 1회 이상의 사고가 발생하여 내판패널(휠 하우스, 프레임, 바닥패널, 대시패널 등)에 용접 작업을 한 흔적이 있는 경우 또는 루프패널, 뒤 펜더, 필러 등의 부품을 교환한 흔적이 있는 경우(단, 범퍼, 앞 펜더 등을 교환한 경미한 사고인 경우는 제외함)
- 기 사고로 파손된 차량을 연쇄적으로 충돌한 경우(기사고로 파손된 부품에 대한 판단기준은 위 ①과 동일함)

예 연쇄 추돌 차량의 대물, 다른 차량과의 사고 또는 단독사고 등으로 파손되어 있는 차량을 충돌한 경우 등

☞ 자동차 시세하락손해 보상의 기본취지는 사고로 인하여 차량의 가치가 하락되어 발생된 손해를 보상하는 것이므로, 이전에 사고가 발생한 경력이 있거나 그 밖의 원인으로 인하여 차량의 가치가 이미 하락된 경우에는 보상하지 않는 것이 타당하다.

5) 쌍방과실 사고의 대물 차량에 대한 자동차 시세하락손해 인정여부

쌍방과실의 경우 자동차 시세하락손해의 인정기준은 대물의 과실상계 전 수리비를 기준으로 출고 후 2년 이내의 차량에 한해 인정하고, 지급액은 과실비율을 적용한 수리비를 기준으로 지급한다.

예 • 대물중고시세 : 10,000,000원
• 대물수리비 : 5,000,000원
• 과실비율 : 자차 10%, 대물 90%
• 인정기준 : 대물수리비가 중고시세의 20%를 초과하므로 자동차 시세하락손해지급 가능
→ 지급액 : 과실비율에 따른 책임액 500,000원의 10%인 50,000원 지급

☞ 대물배상은 민법 제750조(불법행위의 내용)에서와 같이 피보험자의 과실에 해당하는 배상책임액을 보험회사에서 보상하는 것이므로, 대차 수리비에서 피보험자가 부담해야 할 과실책임액에 해당하는 금액을 기준으로 자동차 시세하락손해를 인정한다. 다만 자동차 시세하락손해 지급여부를 정하기 위한 기준은 과실여부와 상관없이 피해차량에 직접적으로 생긴 손해액을 기준으로 판단하는 것이므로 과실상계전 차량의 수리비를 기준으로 자동차 시세하락손해를 지급하는 것이다.

⑦ 특수사고의 처리

1) 소유자가 동일한 차량 상호간의 사고

동일법인(또는 동일피보험자) 소유 차량 상호간에 충돌된 사고의 보상처리는 다음과 같이 한다.

① 어떠한 경우를 불문하고 대물배상 보험금은 지급할 수 없다.

② 차량손해가 담보되어 있는 경우에는 담보차량에 한하여 양 차량의 과실비율에 불문하고 차량손해보험금을 지급한다(대위구상권을 행사하지 않음). 이 경우 과실 유·무의 적용은 가해차량 및 피해차량 모두 과실이 있는 것으로 처리하여 하는 바, 자기 과실이 없는 사고에 있어서 "자기"의 의미는 피보험차량이 아닌 피보험자의 개념이기 때문이다(감독원 질의회신 결과).

③ 또한 배상책임을 지는 피보험자가 실제 그 가해자이거나 가해자를 지휘·감독하는 자일 경우

에 그 재물에 대하여 생긴 손해와의 관계에서 그 피보험자는 그 재물의 피해자인 동시에 그 재물의 가해자가 되어 결국 피해를 받을 권리와 피해를 배상해 주어야 할 의무가 함께 발생하는, 즉 권리의 혼동과 비슷한 현상으로 인하여 그 권리가 소멸하는 것과 같은 현상이 생겨 책임보험으로써 보호되어야 할 보험이익이 크게 줄어들게 되고, 또 그와 같은 관계에서도 보상을 허용하게 되면 피보험자가 그 피해를 과장하여 과도한 피해 보상을 받게 되는 도덕적 위험을 방지하기 위한 것이다.(대법원 1998. 04. 23. 선고 97다 19403 전원합의체 판결 참조)

2) 동일사고로 대인·대물손해가 중복된 경우의 처리

개인면허나 자격에 의하여 운영되는 사업장 또는 시설물이 파손되어 그를 운영하는 사람이 상해를 입어 치료기간과 원상 복구기간이 중복되는 경우에는 각각 산출한 금액 중 많은 금액을 인정하고, 중복되지 아니한 초과기간에 대하여는 실제 초과기간에 해당하는 손해를 인정하며, 대인배상 휴업손해보험금과 중복 지급되는 일이 없도록 한다.

8 중복보험의 경우 보험회사 간의 보험금분담

1) 보험금의 분담

보험계약이 동시 또는 순차적으로 체결되었는지 여부를 불문하고, 보험계약과 보상책임의 전부 또는 일부가 중복되는 다른 보험(공제)계약이 있는 경우 피보험자의 부당이득을 방지하고, 각각의 보험계약에 따라 손해액을 공평 분담한다는 차원에서 보험금을 분담하게 되는데, 이것을 중복보험에 있어서의 보험회사 간 보험금분담이라 한다.

2) 약관규정

보험계약과 보상책임의 전부 또는 일부를 같이 하는 다른 보험계약이나 공제 계약이 있는 경우에는 다른 보험계약이나 공제계약이 없는 것으로 가정하여 각각의 보험회사에 가입된 자동차 보험계약에 의해 산출한 보상책임액의 합계액이 손해액보다 많은 때에는 다음 산식에 따라 산출한 보험금을 지급한다.

$$\text{손해액} \times \frac{\text{이 보험계약에 의해 산출한 보상책임액}}{\text{다른 보험계약이 없는 것으로 하여 각 보험계약에 의해 산출한 보상책임액의 합계액}}$$

예

구분	보험가입금액	손해액	분담액
갑 회사	2,000만원	4,000만원	1,600만원
을 회사	3,000만원		2,400만원

- 갑 회사의 분담액 $= 4,000 \times \frac{2,000}{2,000+3,000} = 1,600$만원
- 을 회사의 분담액 $= 4,000 \times \frac{3,000}{2,000+3,000} = 2,400$만원

예

구분	보험가입금액	손해액	분담액
갑 회사	2,000만원	1,000만원	500만원
을 회사	3,000만원		500만원

- 갑 회사의 분담액 $= 1,000 \times \frac{1,000}{1,000+1,000} = 500$만원
- 을 회사의 분담액 $= 1,000 \times \frac{1,000}{1,000+1,000} = 500$만원

3) 예외 규정

위 1)의 규정에 불구하고 자동차취급업자가 가입한 보험계약에서 보험금이 지급될 수 있는 경우에는 그 보험금을 초과하는 손해를 보상한다.

2 과실상계

① 과실상계의 의의

자동차사고에 있어서 과실상계라 함은 불법행위로 인하여 손해가 발생한 경우, 불법행위의 성립이나 그로 인한 손해의 발생 또는 그 손해의 확대, 혹은 그 손해의 경감 방치 등에 있어서 피해자의 과실이 있는 경우, 그 손해배상의 책임 및 금액을 정함에 있어 이를 참작하는 제도를 말하는 것으로서, 손해배상제도를 지도하는 '공평의 원칙'과 사회생활을 지배하는 '협동의 정신' 또는 채권관계를 지배하는 '신의칙의 이념'을 구체적으로 표현하는 방법을 말한다.

관계법규

민법 제396조 [과실상계]

채무이행에 관하여 채권자에게 과실이 있는 때에는 법원은 손해배상의 책임 및 그 금액을 정함에 있어 이를 참작하여야 한다.

민법 제763조 [준용규정]

위 제396조는 불법행위로 인한 손해배상에 준용한다.

② 과실의 개념

1) 과실의 의의

통상적인 사람을 기준으로 하여 마땅히 해야 할 의무를 게을리하였거나 또는 해서는 안될 행위를 행한 경우로서, 행위자에게 부과된 주의의무 위반을 말한다. 여기서 가해자의 과실은 법률의 의무위반 등의 주의의무 위반을 말하고, 피해자의 과실은 사회통념상, 신의성실의 원칙상, 공동생활상 요구되는 약한 의미의 부주의를 말한다.

판 례

과실상계에 있어서의 "과실"은 사회통념상, 신의성실의 원칙상, 공동생활상, 요구되는 "약한 의미의 부주위"로서 피해자 자신의 불이익을 방지할 주의를 게을리하는 것을 말한다.(대판 1980.12.15. 80다1910호, 1980. 2.26 79다 2271호, 대법원92다 1678호 등)

2) 과실인정기준의 필요성

불법행위로 인한 손해배상에서 피해자의 과실이 손해의 발생 또는 확대에 기여한 경우, 손해의 공평한 부담을 위하여 피해자의 손해배상금을 산정할 때 피해자의 과실만큼 상계 내지 참작하는 것이 원칙이다. 따라서 과실 인정기준은 자동차 사고의 공평한 손해배상을 위하여 절대적으로 필요하다 할 것이다.

❸ 과실상계의 이유 및 조건

1) 과실상계를 하는 이유

피해자 스스로의 과실로 초래된 손해는 피해자 자신이 부담하여야 하며, 이는 가해자에게 전가할 수 없는 것으로서, 자기의 고의 또는 과실로 인한 손해는 자신이 책임을 부담하여야 한다는 과실책임의 원칙과 가해자와 피해자 간의 손해의 공평한 분담이라는 손해배상의 기본 원칙에 과실상계의 근거가 있기 때문이다.

2) 과실상계의 조건

① 피해자(측)에 과실이 존재하여야 한다.

② 피해자(측)에 사고발생을 회피하는데 필요한 주의의무를 이행할 수 있는 사리 변식 능력. 즉 책임능력이 있어야 한다.

③ 피해자(측)의 과실과 손해의 발생 또는 확대 사이에 상당인과 관계가 있어야 한다.

❹ 과실상계의 기능

피해자로부터 배상 청구를 당한 가해자가 피해자에 대하여 그 배상액의 경감을 요구할 수 있는 근거규정의 양상을 띠고 있으며, 법원에 의한 필요적 참작에 따라, 고액화된 배상액을 공평 분담의 견지에서 감액함으로써, 위자료와 함께 손해배상액 산정에 있어 조정기능을 담당하고 있다.

⑤ 피해자 과실의 평가

1) 상대설

실무적으로는 주로 차 : 차 사고의 경우에 주로 적용된다. 과실상계에 관하여 가해자의 과실 정도와 피해자의 과실 정도를 대비하여 과실상계 비율을 정하여야 한다는 설로서, 즉 차 : 차 사고에서 쌍방과실인 경우 양자는 손해배상의무자임과 동시에 손해배상청구권자가 된다. 따라서 책임론에서의 과실을 손해론에 수평 이동하여 손해액을 산정할 때 양자의 과실비율만큼 과실상계를 한다.

2) 절대설

실무적으로는 주로 차 : 인 사고의 경우에 주로 적용된다. 피해자의 과실만을 단독으로 평가하여 그 정도에 대비하는 비율을 정하면 되고, 가해자의 과실정도는 단지 참고로 할 뿐, 이것과 대비할 성질은 아니라는 설이다. 즉 가해자의 과실은 손해배상책임 유무를 판단하는 과실이기 때문에 의무 위반이라는 강력한 과실인데 비하여, 피해자의 과실은 사회통념상 요구되는 약한 의미의 부주의이므로 서로 대비할 수 있는 성격이 아니라는 것이다.

따라서 피해자에게도 과실이 있는 경우에는 형평의 원칙에 입각하여 손해액을 산정할 때 참작하며, 그 외에는 모두 가해자의 부담으로 한다는 것이다.

※ 과실상계에 있어 피해자의 과실에 대한 입증책임은 그 효과를 주장하는 배상의무자(가해자)에게 있다.

⑥ 과실상계율과 과실비율의 구별

1) 과실상계율

과실상계할 때, 피해자의 과실을 참작하는 정도를 과실상계율이라고 한다.

2) 과실(분담)비율

자기 잘못에 대한 비율로 이해되어, 통상적으로 손해배상액을 산정할 때 자기부담 비율을 말한다. 예컨대, A차 : B차의 충돌사고로 인하여 제3의 보행인을 사상케 하였을 때 A차 70%, B차 30%의 과실비율이 결정되었다면 이는 양 차량의 과실 분담비율을 의미하는 것이고, 만일 제3의 보행인에게도 과실이 있다면 손해배상액을 산정함에 있어 이를 참작하여 감액하게 되는데, 이때 보행인의 과실비율은 과실상계율을 의미하는 것이다.

⑦ 자동차사고 과실비율의 인정기준

손해배상 사건 처리의 신속성, 합리성과 당사자들의 신뢰유지, 분쟁에 대한 지침을 마련할 필요가 있어 과실상계비율을 정형화하여 사고유형을 차대 보행인, 차대 차, 차대 이륜차, 차대 자전거(경운기 포함)로 구분하고 유형별 과실상계율, 동승자 유형별 감액비율을 구분, 적용한 것으로서, 이 기준은 일본의 동경지방재판소 민사교통부의 재판관들에 의하여 발표된 〈민사 교통소송에 있어서의 과실비율 인정기준〉을 참고로 하여 우리나라 교통법규 전반을 비교, 검토 후 현재 실정에 맞게 다소 보완하여 만든 것이다.

1) 차 : 차의 사고

동일한 교통조건하에 동일한 교통규범으로 쌍방의 차를 동일선상에서 대비하여 과실 비율을 표시한 것으로서, 상대설을 적용하여 과실비율을 적용한 것이다.

2) 이륜차 : 차의 사고

우자위험부담의 원칙을 고려하여 과실상계율을 정한 것이며, 10%~20% 정도 이륜차 측에 유리하게 설정된 것이다.

3) 자전거 : 차와의 사고

보행인과 이륜차의 중간치로 과실상계율을 정한 것이다.

4) 중대한 과실, 현저한 과실이 중복된 경우

중대한 과실이 두 가지 있을 때에는 그 중 하나만 적용하고, 중대한 과실과 현저한 과실이 중복된 때에는 중대한 과실만을 적용한다.

5) 유형별 과실요소의 해설

별책 「자동차사고 과실비율의 인정기준」 참조

⊘용어해설

우자위험부담의 원칙

파괴력이 높은 대형차는 한 번 사고가 발생하면 큰 손해를 발생시키므로, 그만큼 운전상의 주의의무를 가중시켜야 하며, 또한 대형차는 자기의 우월성과 안전성만을 생각하고 소형차를 경시하여 거친 운행을 하는 경우가 많으므로 일반적으로 결과발생에 대하여 많은 책임을 부담하여야 한다는 원칙으로서, 차 대 차의 사고 중 대형차와 소형차의 사고에 있어서는 이 원칙을 적용하여 일반적으로 대형차의 과실을 가중시킨다.

신뢰의 원칙

'신뢰의 원칙'이란 교통규칙을 스스로 준수하는 운전자는 다른 사람도 그것을 준수할 것이라는 믿음 아래 행동할 수 있고, 상대방이 비이성적인 행동을 하거나 규칙을 위반할 가능성까지를 미리 예견해 조치해야 할 의무는 없다는 형법상의 법리로서, 이 신뢰가 깨졌을 때에는 신뢰를 깬 자가 책임을 진다는 원칙이다.

예를 들면 신호위반이나 중앙선을 침범하는 차량과 대향차선에서 직진하는 차량이 충돌한 사고에 있어 신호위반이나 중앙선을 침범한 차량이 특별한 사정이 없는 한 과실 100%로 결정되는 경우가 이에 해당한다.

8 주요 수정요소

1) 간선도로

간선도로라 함은 차도 폭이 20m 이상이거나 또는 왕복 6차로 이상의 도로 또는 제한시속 80km/h 이상인 도로로서, 교통량이 많은 도로를 말한다.

2) 현저한 과실

자동차운전자의 과실이 통상의 전방주시 의무위반이나 사고회피 의무위반의 정도보다 중한 경우로서, 실무적으로는

① 한눈팔기 등의 현저한 전방주시의무 위반
② 도로교통법상 주취한계(혈중 알코올농도 0.03%) 미달 음주운전
③ 시속 10km/h 이상 20km/h 미만의 제한속도
④ 핸들 또는 브레이크 조작의 현저한 부적절
⑤ 차량 유리의 암도가 높은 경우
⑥ 운전 중 휴대전화 사용
⑦ 운전 중 영상표시장치 시청·조작 등으로 한다.

복수의 사유가 있는 경우 20% 범위 내에서 합산이 가능하다.

3) 중과실

현저한 과실에 비해 그 정도가 중한 법규위반 내용으로서

① 졸음운전
② 도로교통법상 주취한계 이상의 음주운전
③ 20km/h 이상의 제한속도 위반
④ 무면허 운전
⑤ 마약 등의 약물복용 중 운전
⑥ 공동 위험행위(도로교통법 제46조) 등을 말한다.

복수의 사유가 있는 경우 30% 범위 내에서 합산이 가능하다.

4) 대형차

① 대형차는 파괴력이 높아 운전 중 많은 주의의무가 요구되므로 결과 발생에 대하여 많은 책임을 부담해야 한다. 우자위험부담의 원칙 또한 대형차는 교차로 등을 통과할 때 많은 시간이 필요로 하는 등 다른 자동차에 대하여 진로방해 정도가 크고, 위험회피 가능성이 적기 때문에 과실을 가산한다.
② 이 기준에서 대형차는 상대 차량에 비하여 상대적으로 대형인 차량을 의미하는 것이 아니라, 해당 차량 자체가 대형인 경우를 말한다.
③ 대형차의 범위는 승차정원이 36인승 이상이거나 길이·너비·높이 모두 소형 차량을 초과하는 경우로 길이가 9m 이상인 승합자동차, 최대 적재량이 5톤 이상이거나 총중량이 10톤 이상인 화물자동차, 총중량이 10톤 이상인 특수자동차, 건설기계 기타 이와 유사한 자동차를 말한다.

5) 명확한 선진입

① 교차로에 진입할 때(일시정지선이 있는 교차로의 경우에는 그 정지선을 통과할 때) 우선 진입한 차량이 다른 차량보다 통행의 우선권이 있다.
② 명확한 선진입의 여부는 교차로(또는 일시정지선)에서부터 충돌지점까지 거리와 양차량의 속도 등을 고려하여 결정하며, 선진입의 정도가 명확한 경우에만 적용한다.

③ 현행 도로교통법상 교통정리가 행하여지지 않는 교차로에서 통행의 우선순위는 선진입한 차에게 제일의 통행 우선권이 있으나, 선진입 좌회전 차와 직진 및 우회전차와의 사고에 있어서 기 좌회전차가 직진 및 우회전한 차보다 우선한다.

또한 동시에 교차로에 진입하는 경우에는 긴급자동차, 대로 차, 우측 차순으로 통행의 우선권이 있다.

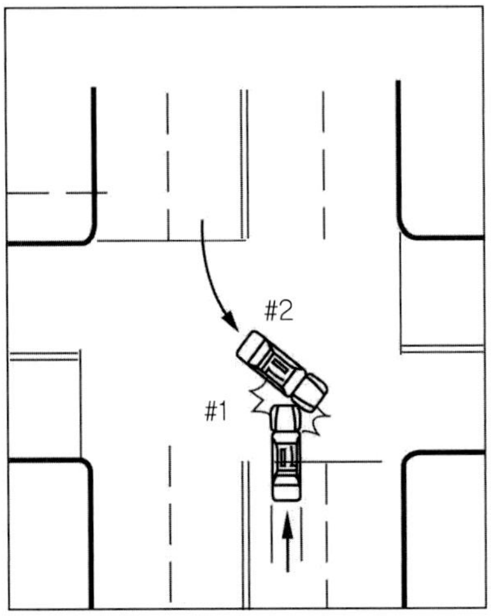

논스톱 직진- 선진입 좌회

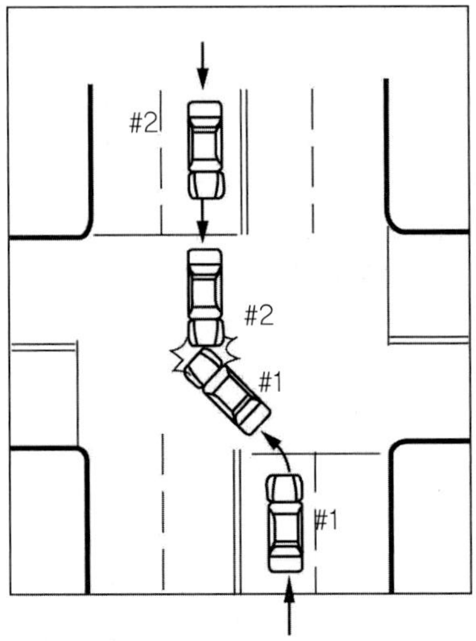

대등한 조건에서 직진 : 좌회전

6) 서행 또는 감속 불이행

① 서행이란 운전자가 차를 즉시 정지시킬 수 있는 정도의 느린 속도로 진행하는 것을 말한다.

② 감속은 통상의 속도보다 명확하게 속도를 줄이는 것을 말하며, 대략 제한속도의 1/2전후를 의미한다.

③ 서행할 장소는 교통정리가 행해지고 있지 않는 교차로 등으로서 도로교통법에서 정하고 있으며, 교차로에 일단 진입한 이후에는 서행의무가 없으므로 진입 당시의 서행여부에 따라 이를 수정요소로 적용한다.

7) 급좌(우)회전, 좌회전 완료 직후, 좌회전 금지위반

① 급좌회전은 직행차의 지근거리에서 좌회전하는 경우를 말한다. 예컨대 직행차가 통상의 속도로 일시 정지선을 넘어 교차로의 부근까지 와 있는 때에 좌회전 차가 좌회전을 개시한 경우이다.

② 기좌회전은 직행차가 교차로에 진입하는 시점에서 좌회전차가 좌회전을 완료하였거나 또는 그에 가까운 상태(교차로 내에서 좌회전을 마치고 직진 주행상태에서 교차로를 거의 빠져나간 상태를 포함한다)를 말한다. 다만, 이때에도 양차량의 속도를 감안하여 기좌회전 여부를 판단한다.

③ 좌회전 금지 위반은 노면 또는 교통표지 등에 의해 좌회전을 금지하는 장소에서 좌회전하는 경우이다.

8) 소(좁게) 좌회전, 대(넓게) 좌회전

① 소좌회전은 교차로의 중심 내측에 다가서지 아니하는 좌회전으로서, 중앙선을 물고 운전하는 경우 등을 말한다.

② 대좌회전은 소좌회전과 반대의 경우로서, 미리 진로 중앙으로 다가서지 아니하는 좌회전을 말한다.

9) 진로변경 금지장소

차마는 안전표지 등에 의해 특별히 진로변경이 금지된 곳에서는 진로를 변경해서는 안 된다. 따라서 진로변경이 안전표지로써 금지된 교차로, 터널 안, 다리 위, 도로의 구부러진 곳 등에서의 진로변경(차로변경)중 사고시에는 진로를 변경한 차량에게 과실을 가산한다. 다만, 버스전용차로 방향으로 진로변경 중 사고는 전용차로위반과 중복되므로 중복 가산하지 않는다. 도로 구간에 진로변경 금지표지는 백색 실선으로 표시한다.

instance

일반 도로에서 진행하던 차량이 차량 정체로 인해 갓길로 진로 변경하다 이미 갓길에서 직진하던 차량과 충돌한 경우

#1, #2차량 도교법 제60조 제1항(갓길 통행금지 등)

① 동일 방향 중앙선침범사고와는 개념이 반대다.

② 갓길의 경우 시설 보수 차량이나 고장으로 주차해 있던 차량 등이 이용하고 있어, 진로 변경 차량은 후방에서의 진행을 예상할 수 있기 때문에 진로변 경 차량을 #1차량으로 지정한다.(경찰청 교한 63320-1812 : 2003.8.12)

10) 전용차로 위반

차종별 전용차로(버스전용차로와 다인승전용차로로 구분함)를 위반하여 차로를 변경하던 중 발생한 사고의 경우, 전용 차로를 위반한 각각의 자동차(이륜차 및 원동기장치 자전거 포함)에게 가산 요소로 수정한다. 노선버스 등 전용차로 운행차량이 전용 차로를 이탈하여 타 차로로 차로 변경 중 일어난 사고에도 동일하게 적용한다.

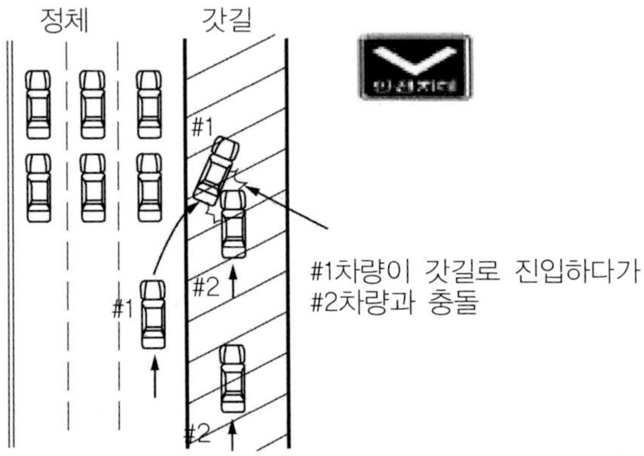

버스 전용차로

도로교통법 제15조의 2에 의거 노선버스 및 36인승 이상의 대형승합자동차, 36인승 미만의 사업용승합자동차, 어린이 통학버스 등 이외의 차마는 버스전용차로로 통행이 금지된다. 다만, 동법 시행령 제10조의 2에 의거 택시의 승하차 시 일시 통행하는 경우, 긴급자동차 본래의 용도로 운행하는 경우, 도로공사나 파손, 기타 부득이한 장애로 인해 버스전용차로가 아니면 통행할 수 없는 경우에는 제외한다.

※ 다인승 전용 차로 : 도로교통법 시행령 제9조 제1항에 따라 전용 차로를 통행할 수 있는 차는 별표 1과 같다.

| 전용도로의 종류 및 통행할 수 있는 차(도로교통법 시행령 제9조 관련 ; 별표 1) |

<table>
<tr><th rowspan="2">전용차로의 종류</th><th colspan="2">통행할 수 있는 차</th></tr>
<tr><th>고속도로</th><th>고속도로 외의 도로</th></tr>
<tr><td>1. 버스 전용차로</td><td>9인승 이상 승용자동차 및 승합자동차(승용자동차 또는 12인승 이하의 승합자동차는 6명 이상이 승차한 경우로 한다)</td><td>가. 자동차관리법 제3조에 따른 36인승 이상의 대형 승합자동차
나. 여객자동차 운수사업법 제3조 및 같은 법 시행령 제3조 제1호에 따른 36인승 미만의 사업용 승합자동차
다. 법 제52조에 따라 증명서를 발급받아 어린이를 운송할 목적으로 운행 중인 어린이 통학버스
라. 대중교통수단으로 이용하기 위한 자율주행자동차 「자동차관리법」 제27조제1항 단서에 따라 시험·연구 목적으로 운행하기 위하여 국토교통부장관의 임시운행허가를 받은 자율주행자동차
마. 가목부터 라목까지에서 규정한 차 외의 차로서 도로에서의 원활한 통행을 위하여 지방경찰청장이 지정한 다음의 어느 하나에 해당하는 승합자동차
1) 노선을 지정하여 운행하는 통학·통근용 승합자동차 중 16인승 이상 승합자동차
2) 국제행사 참가인원 수송 등 특히 필요하다고 인정되는 승합자동차(지방경찰청장이 정한 기간 이내에 한한다)
3) 관광진흥법 제3조제1항제2호에 따른 관광숙박업자 또는 여객자동차 운수사업법 시행령 제3조제2호 가목에 따른 전세버스운송사업자가 운행하는 25인승 이상의 외국인 관광객 수송용 승합자동차(외국인 관광객이 승차한 경우에 한한다)</td></tr>
<tr><td>2. 다인승 전용차로</td><td colspan="2">3인승 이상 승차한 승용·승합자동차(다인승 전용차로와 버스 전용차로가 동시에 설치되는 경우에는 버스 전용차로를 통행할 수 있는 차는 제외한다)</td></tr>
</table>

11) 진로변경, 신호불이행 또는 지연

교차로에서 좌·우회전시 또는 차로를 변경할 때 진로변경 신호를 이행하지 않거나, 또는 도로교통법 소정의 진로변경 신호의 시기와 방법을 위반한 경우 이를 가산요소로 수정한다.

진로변경 신호의 시기

좌·우회전, 횡단, 회전, 동일 방향으로 진행하면서 진로를 변경하고자 할 때 그 행위를 하고자 하는 지점에 이르기 전 30m(고속도로에서는 100m) 이상의 지점에 이르렀을 때 진로 변경 신호를 해야 한다.

instance

1. 차로 변경하던 차량을 보고 이와 충돌을 피하기 위해 급제동 또는 급히 핸들을 조작하다가 정상적으로 진행하던 차량을 충돌한 경우

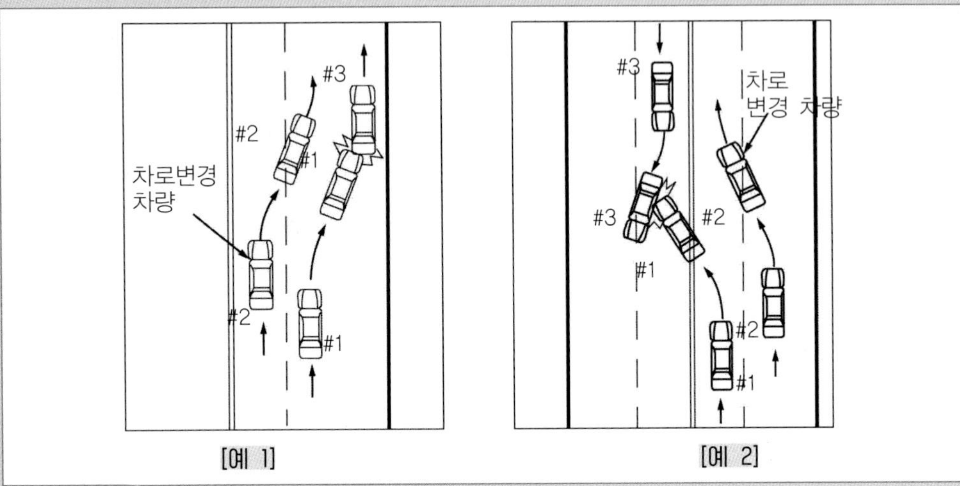

#1, #2차량(비접촉차량) 도교법 제48조(안전운전의 의무)
피양 행위가 불가항력적이었는지 과잉 피양이었는지 조사하여 객관적 사실이 입증되지 않는 한 직접 충돌차량을 #1차량으로 한다.

2. 동일 방면에서 진행하던 직진차량과 우회전 차량이 충돌한 경우

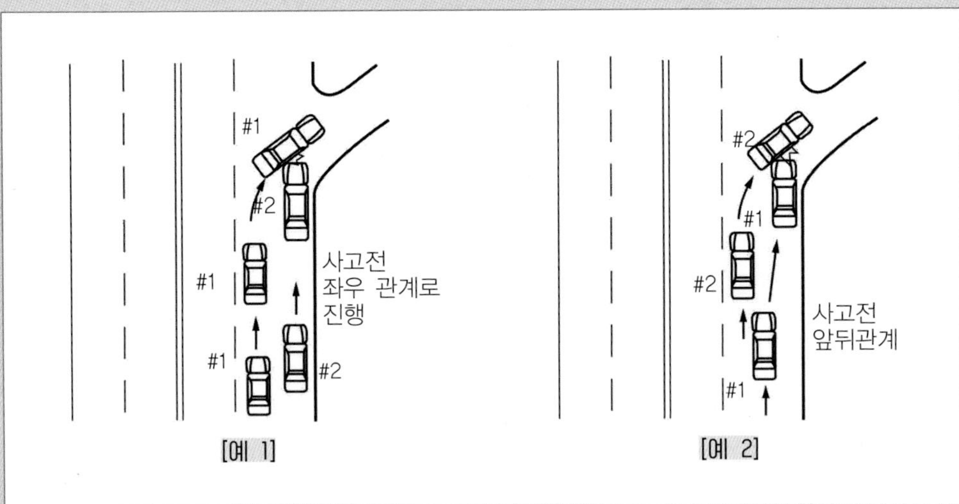

① [예 1] 좌우 관계 : 변경차량 #1차량(도교법 제19조제3항, 안전거리 확보 등)
② [예 2] 후속 앞뒤관계 : 후속 직진차량 #1차량(도교법 제19조 제1항, 안전거리 확보 등)

3. 주정차 차량을 보고 우회전하기 위해 진로를 변경하던 차량과 주정차후 출발한 차량과 충돌한 사고의 경우 어느 차량에게 우선권이 있는가?

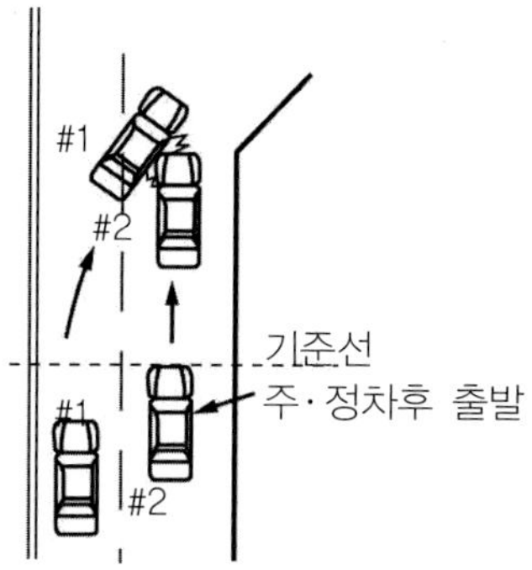

[예 1] 주·정차 후 충돌시 상대방차량이 좌측 후방에 위치

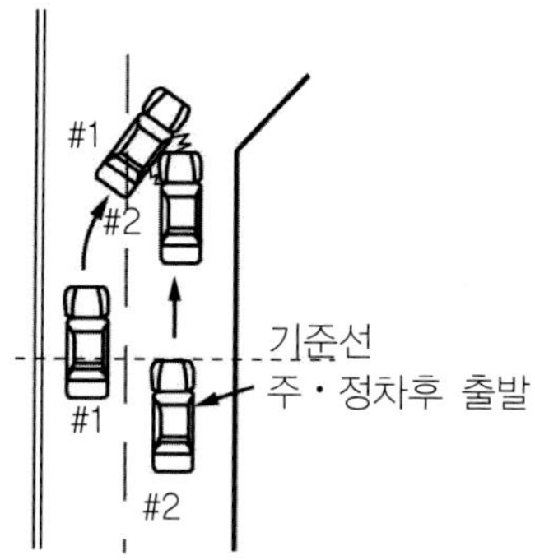

[예 2] 주·정차 후 충돌시 상대방 차량이 좌측 전방에 위치

① [예 1] 좌우관계 : 변경차량 #1차량(도교법 제19조 제3항, 안전거리 확보 등)

② [예 2] 2 후속 앞·뒤 관계 : 후속 직진차량 #1차량(도교법 제19조 제1항, 안전거리 확보 등)

※ [차로변경 차량과 직진차량과의 사고] … 경찰에서의 처리 기준

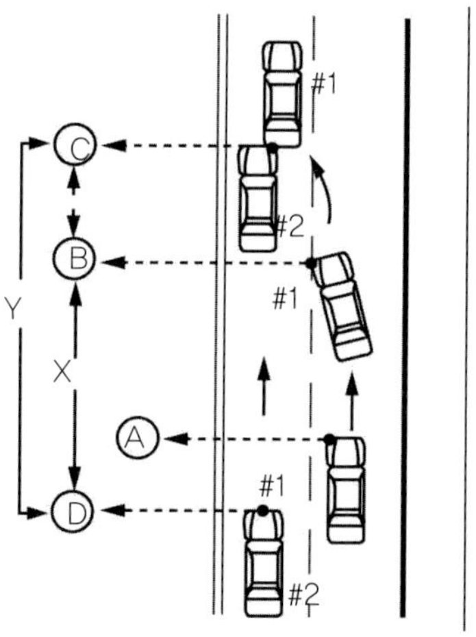

A : 차로변경의 의사를 가지고 방향지시등을 최초 조작한 지점

B : 방향지시등을 켜고 가다 변경차로로 진입한 지점

C : #1, #2차량이 충돌한 지점

D : #2차량이 전방에 차로변경 진입하는 #1차량을 보고 급제동 시작한 지점

Y : #2차량의 속도에 비례한 필요 정지거리(D~C까지)

X : ① #2차량의 경우 : #1차량이 차로변경 진입지점 B를 보고 급제동 시작한 지점 D간의 거리
② #1차량의 경우 : 변경차로 진입지점 B에서 본 #2차량 위치 D까지 거리

Z : #1차량이 차로변경 진입(B)하여 사고지점(C)까지 거리

☞ #1

2차량의 과실유무 계산

- $Y \geq X+Z$ → #1차량의 급차선 변경사고로 적용
- $Y < X+Z$ → #2차량의 전방주시태만 적용

12) 차체를 내밀고 대기

차가 노외에서 차도로 진입하는 경우, 노외차가 차체를 차도에 일부 노출시키고 대기를 하다가 발진 중에 사고가 발생한 경우이다. 따라서 노외차가 차체를 내밀고 정차 중인 상태에서 타 차량과의 충돌사고는 노외 차에게 과실비율을 수정 요소로써 가산할 수 없으며, 별도의 유사 과실 도표를 적용해야 한다.

13) 교차로 정체 중 진입(꼬리물기 등)

신호기에 의해 교통정리가 행해지는 교차로에 들어가려는 모든 차는 진로의 앞쪽에 있는 차의 상황에 따라 교차로 내에 정지하게 되어 있어 다른 차의 통행에 방해가 될 우려가 있는 경우에는 그 교차로에 진입해서는 안 되며, 이를 위반한 때 가산요소로 수정한다.

14) 회전위험장소, 회전금지장소

① 회전위험장소란 시야가 불량한 굴곡도로, 고갯마루 부근, 교차로, 도로의 모퉁이 부근, 차량의 속도가 높고 교통량이 특히 빈번한 도로, 눈이나 비로 인해 미끄러지기 쉬운 장소를 말한다.

② 회전금지장소란 중앙선이나 기타 교통표지에 의해 회전이 금지된 장소를 말한다.

9 과실비율건의 처리요령

1) 과실상계방법

자동차보험 보통약관 지급기준에 의하여 산출한 금액을 피해차량의 과실비율에 따라 상계한다.

2) 과실비율의 적용기준

① 별도로 정한 자동차사고 과실비율의 인정기준을 참고하여 산정

② 사고유형이 그 기준에 없거나 그 기준에 의한 과실비율의 적용이 곤란할 때에는 판결례를 참작하여 적용

③ 그러나 소송이 제기되었을 경우에는 확정판결에 의한 과실비율을 적용

instance

교통 정리가 행하여지고 있지 아니하는 대·소로 차이가 있는 교차로에서 소로차가 선진입하였고 대로차가 후진입하여 사고가 발생한 건에 대하여 경찰에서의 가·피해자 구분과 법원의 판례가 상충되고, 또한 과실비율의 형평성 차원에서 살펴보더라도 선뜻 동의하기가 어려운 점이 없지 않아 현장에서 실무상 애로를 겪는 경우가 많다.

| 자동차 사고 과실비율의 인정기준 |

<table>
<tr><td rowspan="3">206</td><td>사고 상황</td><td rowspan="2">기본</td><td rowspan="2">진입
시기</td><td>A·B 동시
진입</td><td>A 후진입
B 선진입 ②</td><td>A 선진입
B 후진입</td></tr>
<tr><td rowspan="2">A 대로차
B 소로차</td><td>A 30 B 70</td><td>A 60 B 40</td><td>A 20 B 80</td></tr>
<tr><td colspan="5">수정 요소</td></tr>
<tr><td colspan="2" rowspan="6">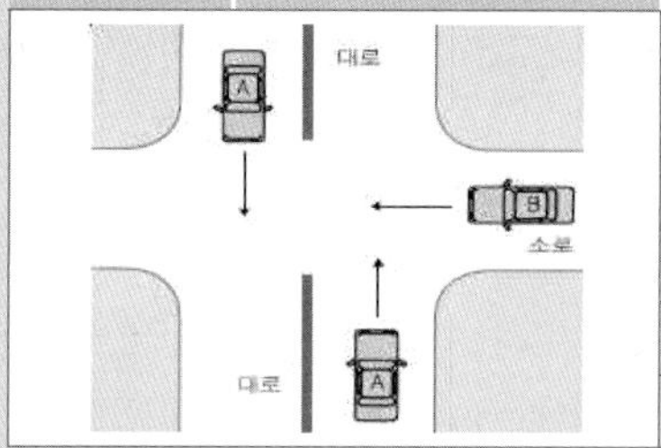
</td><td colspan="2">A 대형차</td><td>5</td><td>5</td><td>5</td></tr>
<tr><td colspan="2">A 현저한 과실</td><td>10</td><td>10</td><td>10</td></tr>
<tr><td colspan="2">A 중과실</td><td>20</td><td>20</td><td>20</td></tr>
<tr><td colspan="2">B 대형차</td><td>5</td><td>5</td><td>5</td></tr>
<tr><td colspan="2">B 현저한 과실</td><td>10</td><td>10</td><td>10</td></tr>
<tr><td colspan="2">B 중과실</td><td>20</td><td>20</td><td>20</td></tr>
</table>

[도표해설]

① 본 도표의 적용대상이 되는 대로라 함은 도로교통법 제26조 제2항에서 말하는 한쪽 도로의 폭이 명확하게 넓은 도로를 뜻하고, 이는 교차된 폭이 좁은 도로에 대한 상대적인 말이다. 실제의 경우, 어떤 도로가 폭이 넓고 좁은가에 대하여는 규정상 명시되지는 않았으나, 교차로에 도달한 운전자가 운전석에서 일견하여 명확하게 넓다고 인정할 수 있는 곳이어야 한다. 다만, 소로가 중앙선이 없는 이면도로인 경우에는 대로차에게 명확하게 우선권이 있고, 대로차 운전자로서는 예측 가능성이 적으므로 소로차의 기본과실에 10%를 가산한다.

② B가 소로차로써 선진입한 경우에 A 과실이 상대적으로 적은 이유는 B가 소로 차라고 하더라도 A가 양보해 줄 의무가 있기 때문이다.

[문제점]

후진입 대로차는 선진입 소로차보다 과실비율이 많게 산정되고 또한 경찰에서도 가해자가 된다.

1. 경찰관서에서의 처리기준

도로교통법 제26조(교차로 통행방법)의 규정에 따라 ②항보다 ①항의 조항을 우선시 하여 가·피해자를 구분한다.

관계법규

도로교통법 제26조 [교통정리가 없는 교차로에서의 양보운전]

① 교통정리가 행하여지고 있지 아니하는 교차로에 들어가고자 하는 차의 운전자는 이미 그 교차로에 들어가고 있는 다른 차가 있는 때에는 그 차에 진로를 양보하여야 한다.

② 교통정리가 행하여지고 있지 아니하는 교차로에 들어가고자 하는 차의 운전자는 해당 차가 통행하고 있는 도로의 폭보다 교차하는 도로의 폭이 넓은 경우에는 서행하여야 하며, 폭이 넓은 도로로부터 그 교차로에 들어가려고 하는 다른 차가 있는 때에는 그 차에게 진로를 양보하여야 한다.

③ 우선순위가 같은 차가 동시에 교통정리가 행하여지고 있지 아니하는 교차로에 들어가고자 하는 때에는 우측도로의 차에 진로를 양보하여야 한다.

④ 교통정리가 행하여지고 있지 아니하는 교차로에서 좌회전하고자 하는 차의 운전자는 그 교차로에서 직진하거나 우회전하려는 다른 차가 있는 때에는 그 차에 진로를 양보하여야 한다.

법원의 판례 동향

[판례] 교통정리가 행하여지고 있지 아니하는 교차로에 들어가려는 모든 차는 그 차가 통행하고 있는 도로의 폭보다 교차하는 도로의 폭이 넓은 경우에는 먼저 서행하면서 폭이 넓은 도로에서 그 교차로에 들어가려는 차가 있는지 여부를 잘 살펴 만약 그러한 차가 있는 경우에는 그 차에게 진로를 양보하여야 하는 것이고, 시간적으로 교차로에 먼저 도착하여 교차로에 먼저 진입할 수 있다고 하더라도 폭이 넓은 도로에서 교차로에 들어가려고 하는 차보다 우선하여 통행할 수는 없다.

교통정리가 행하여지지 않는 교차로에 진입하려던 갑이 폭이 넓은 도로에서 을이 교차로로 직진해 오는 것을 발견하고도 제한속도를 초과하여 교차로에 그대로 진입하였고, 을 역시 서행하거나 별다른 안전조치를 취함이 없이 교차로에 진입하여 먼저 진입한 갑의 차와 충돌한 경우, 갑의 과실이 을의 과실보다 훨씬 크다고 봄이 상당하다.(대법원 1999. 08. 24. 선고 99다 21264 판결 외 다수)

[결론] 경찰과 법원에서의 서로 상반된 결정으로 인하여 일선 현장에서는 많은 애로사항을 느끼게 되는데 「약관규정」에 따라 우선은 자동차사고 과실비율의 인정기준에 따라 과실비율을 적용하고 그 기준에 의한 과실적용이 곤란한 경우에는 판결례를 참작하여 과실비율을 결정해야 할 것이다.

3) 자동차사고 과실비율의 인정기준 활용방법

① 기본 과실의 설정

- 도표를 참고하여 각 사고유형별 기본과실을 정한다.
- 자동차와 자동차 사고, 자동차와 이륜자동차 사고, 자동차와 자전거사고 및 고속도로 사고의 기본과실은 양 차량을 A와 B로 정하고, 과실비율을 숫자로 표시한다.

  예 A 30, B 70
- 수정요소의 비율은 도표상 해당 차량에 표시하되, -표시는 감산을, 표시가 없는 경우는 가산을 의미한다.

② 과실비율 확정을 위한 과실비율의 수정방법

- 먼저 사고에 맞는 유형을 찾는다.
- 사고내용에 따라 해당되는 수정요소가 있을 경우 해당되는 차량에 가산 내지 감산하고, 상대차량은 반대로 감산 내지 가산한다.
- 현저한 과실과 중과실이 경합할 경우에는 중과실의 수정요소 만을 적용한다. 만일 도표에서 현저한 과실·중과실이 같이 표시된 경우 앞의 값은 현저한 과실비율을 나타내고 뒤의 값은 중과실비율을 나타낸다(예 : 현저한 과실·중과실이 +10~20인 경우 현저한 과실은 10, 중과실은 20).
- 도표에서 수정요소의 구분이 점선으로 되어 있는 경우는 하나를 선택하여 무거운 쪽의 과실만을 적용한다.
- 수정요소의 수치는 기본과실에 가산 또는 감산한다. 어느 한쪽에 가산을 하는 경우 상대방에게 감산하고, 반대로 어느 한쪽에 감산하는 경우에는 상대방에게 가산한다. 따라서 양자의 최종 과실비율의 합계는 언제나 100%가 되어야 한다.

4) 쌍방과실 사고의 손해액 분담방법

쌍방과실의 경우 과실비율이 다르거나 같다하더라도 손해의 정도가 다른 때에는 그 손해를 과실책임비율에 따라 분담하게 되는데, 분담방법으로는 교차책임주의 방법과 단일책임주의 방법의 두 가지가 있다.

① 양차의 과실 비율에 따른 손해액 분담 방법

| 자동차 사고 과실비율의 인정기준 |

사고차량	과실비율	손해액
A차	70%	3,000,000원
B차	30%	5,000,000원

- 교차책임주의 방법(cross liability basis)

쌍방에 각각 손해가 발생하고 불법행위의 요건이 구비되면 각각 상대방에게 배상책임이 발생하게 되므로, 각각 상대방에게 자기의 과실비율에 따라 상호교차로 배상하는 방법

- A차의 부담액

B차에 대한 배상책임액 :	5,000,000원×70% = 3,500,000원	…… ㉠
자차손해에 대한 자기부담액 :	3,000,000원×70% = 2,100,000원	…… ㉡
	계 5,600,000원	

- B차의 부담액

A차에 대한 배상책임액 :	3,000,000원×30% = 900,000원	…… ㉠
자차손해에 대한 자기부담액 :	5,000,000원 × 30% = 1,500,000원	…… ㉡
	계 2,400,000원	

• 단일책임주의 방법(single liability basis)

쌍방의 손해액을 합산한 금액에 쌍방의 과실비율을 곱하여 각각 자기 부담금을 산출한 후 자기 손해액을 공제하고 차액만을 배상하는 방법(각각 상대방에 대한 배상책임액에서 상대방으로부터 변제받을 금액을 상계하고 차액만을 배상하는 방법과 같은 결과임)

- A차의 부담액 : (3,000,000원 + 5,000,000원)×70% = 5,600,000원
- B차의 부담액 : (3,000,000원 + 5,000,000원)×30% = 2,400,000원

A차의 배상책임액 : 5,600,000원 - 3,000,000원 = 2,600,000원

또는 3,500,000원 - 900,000원 = 2,600,000원

(상기 예의 ㉠) (상기 예의 ㉢)

• 자동차보험에서 교차책임주의를 적용하는 이유

양 차량 손해배상 의무자끼리의 손해액 분담에는 교차책임주의 방법이나 단일책임주의 방법이나 결과가 동일하다. 그러나 보험회사가 책임을 지는 보험금은 양 차량의 보험가입 내용(차량, 대물보험가입 여부)에 따라 다를 수 있다.

그것은 차량손해에 있어서는 피보험자가 제3자에게 손해배상청구권이 존재하더라도 실제 손해배상을 받지 못한 경우에는 보험회사가 우선 보험금을 전액 지급한 후 당사자와의 합의 조건에 따라 구상하거나, 합의가 이루어지지 않는 경우에는 단일책임주의 방법에 따라 처리한 후 차액을 구상하기 때문이다.

3 자기차량손해

❶ 보상하는 손해

「자기차량손해」에서 보험회사는 피보험자가 피보험자동차를 소유·사용·관리하는 동안에 발생한 사고로 인하여 피보험자동차에 직접적으로 생긴 손해를 보험증권에 기재된 보험가입금액을 한도로 보상하되 다음의 기준에 따른다.

① 보험가입금액이 보험가액보다 많은 경우에는 보험가액을 한도로 보상한다.

② 피보험자동차에 통상 붙어있거나 장치되어 있는 부속품과 부속기계장치는 피보험자동차의 일부로 본다. 그러나 통상 붙어 있거나 장치되어 있는 것이 아닌 것은 보험증권에 기재한 것에 한한다.

③ 피보험자동차의 단독사고(가해자 불명사고를 포함한다) 또는 일방과실사고의 경우에는 실제 수리를 원칙으로 한다.

④ 경미한 손상의 경우 보험개발원이 정한 경미손상 수리기준에 따라 복원수리하는데 소요되는 비용을 한도로 보상한다.

❷ 지급보험금의 계산

자기차량손해에서 보험회사가 지급하는 보험금은 피보험자동차에 생긴 직접손해(대차료, 휴차료, 자동차시세 하락손해 등은 간접손해이므로 보상하지 아니함)와 보험회사가 부담하기로 한 비용의 합계액에서 보험증권에 기재된 자기부담금을 공제한 금액이며, 이를 산식으로 나타내면 다음과 같다.

지급보험금 = 피보험자동차에 생긴 손해액 + 비용 - 보험증권에 기재된 자기부담금

1) 손해액의 결정(약관규정)

보험회사가 보상하여야 할 손해액(피보험자동차에 생긴 손해액)은 보험가액을 기준으로 다음과 같이 결정한다.

① 보험증권에 기재된 보험가입금액을 한도로 보상하며, 보험가입금액이 보험가액보다 많은 경우에는 보험가액을 한도로 보상한다.

② 피보험자동차의 손상을 고칠 수 있는 경우에는, 사고가 생기기 바로 전의 상태로 만드는데 드는 수리비. 다만, 잔존물이 있는 경우에는 그 값을 공제한다.

③ 피보험자동차를 고칠 때에 부득이 새 부분품을 쓴 경우에는, 그 부분품의 값과 그 부착 비용을 합한 금액. 다만, 엔진, 미션, 등 중요한 부분을 새 부분품으로 교체한 경우 그 교체된 기존 부분품의 감가상각에 해당하는 금액을 공제한다.

④ 피보험자동차가 제힘으로 움직일 수 없는 경우에는, 이를 고칠 수 있는 가까운 정비공장이나 보험회사가 지정하는 곳까지 운반하는데 든 비용 또는 그 곳까지 운반하는데 든 임시수리비용 중에서 정당하다고 인정되는 부분은 보상한다.

용어해설

잔존물
보험사고 처리 후 남아있는 피보험자동차 등 보험목적물을 말한다.

감가상각
일정기간이 지나면 상실되는 물건의 가치감소분을 빼는 것을 말한다.

부분품
엔진, 변속기(트랜스미션) 등 자동차가 공장에서 출고될 때 원형 그대로 부착되어 자돋차의 조성부분이 되는 재료를 말한다.

중요한 부분
엔지, 미션, 캐빈, 적재함, 바디 및 전기차(하이브리드 자동차 포함)의 모터, 감속기, 구동용 배터리 등을 말한다.

2) 보험가액

보험가액이라 함은 상법 제670조(기평가보험)에 따라 운용하는 것으로서, 보험계약 체결 당시 또는 보험사고발생 당시 보험개발원의 자동차보험 차량기준가액표(적용요령 포함)에 정한 가액을 말한다. 즉 자동차의 보험가액과 보험가입금액은 피보험자동차의 용도, 차명, 형식 및 연식 등을 감안 다음과 같이 정한다.

① 차량기준가액표에 있는 자동차

해당 차량의 차량기준가액을 적용한다.

② 차량기준가액표에 없는 자동차

- 차량 제조회사, 기통 수, 제작연도 등을 감안, 차량기준가액표상 유사한 차량의 가액
- 동종 차량의 시중거래가격

③ 자동차 시가가 차량기준가액표상의 가액과 현저한 차이가 있는 경우

자동차매매계약서 또는 전문업소의 자동차시가 감정서 등 합리적이고 객관적인 증빙자료를 참고로 한 시가를 차량기준가액으로 한다.

관계법규

상법 제670조 [기평가보험]

당사자간에 보험가액을 정한 때에는 그 가액은 사고발생시의 가액으로 정한 것으로 추정한다. 그러나 그 가액이 사고발생시의 가액을 현저하게 초과할 때에는 사고발생시의 가액을 보험가액으로 한다.

상법 제671조 [미평가보험]

당사자간에 보험가액을 정하지 아니한 때에는 사고발생시의 가액을 보험가액으로 한다.

상법 제676조 [손해액의 산정기준]

① 보험자가 보상할 손해액은 그 손해가 발생한 때와 곳의 가액에 의하여 산정한다. 그러나 당사자간에 다른 약정이 있는 때에는 그 신품가액에 의하여 손해액을 산정할 수 있다.

② ①항의 손해액의 산정에 관한 비용은 보험자의 부담으로 한다. 당사자 간에 보험가액을 정하지 아니한 때에는 시고발생시의 가액을 보험가액으로 한다.

1. CIF(Cost, Insurance, Freight)조건이란?

   화물수출업자가 화물을 본선까지 적재하는데 필요한 해상운임과 보험료는 물론 모든 위험까지 부담하여 거래하는 조건을 말한다.

2. **차량기준가액표 세분란 우측에 표시된 기호의 의미**

   ① '*'표 : 해당 자동차에 스테레오가 부착되어 있고, 차량기준가액에 스테레오의 가격이 포함되어 있음을 표시

   ② '#'표 : 해당 자동차에 에어컨장치가 부착되어 있고, 차량기준가액에 스테레오의 가격이 포함되어 있음을 표시

   ③ '@'표 : 해당 자동차에 스테레오와 칼라유리가 동시에 부착되어 있고 차량기준가액에 스테레오와 칼라유리의 가격이 포함되어 있음을 표시

   ④ '$'표 : 해당 자동차에 에어컨과 운전석 에어백이 동시에 부착되어 있고 차량기준가액에 이들 가격이 포함되어 있음을 표시

   ⑤ '&'표 : 해당 자동차에 에어컨과 운전석 에어백 및 조수석 에어백이 동시에 부착되어 있고 차량기준가액에 이들 가격이 포함되어 있음을 표시

   ⑥ '^'표 : 해당자동차에 이모빌라이저나 GPS가 부착되고 차량기준가액에 이들 가격이 포함되어 있음을 표시

   ⑦ '–'표 : 해당사항이 없음을 나타낸다.

3. 배기량

승용자동차의 엔진 배기용적을 표시하는 것으로 자동차등록증에 기재되어 있다. 비사업용 승용자동차의 현행 배상책임요율은 배기량에 따라 소형 A(1000cc 이하), 소형 B(1000cc 초과 1600cc 이하), 중형(1600cc 초과 2000cc 이하), 대형(2000cc 초과) 등으로 구분되어 있다.

3) 일부보험

① 의의

일부보험은 보험금액이 보험가액에 미달하는 경우, 즉 보험가액의 일부를 보험가입한 경우를 말한다.

② 일부보험의 종류

- 의식적 일부보험

보험가액의 일부를 보험가입하고 나머지는 보험계약자 본인이 위험을 부담하는 형태

- 자연적 일부보험

물가추이에 따라 자연히 보험가액이 변동되어 일부보험이 되는 형태

③ 일부보험의 효과

일부보험의 경우 보험회사는 보험금액의 보험가액에 대한 비율에 따라 보상책임을 진다(상법 제674조). 이것을 비례부담의 원칙이라 한다.

따라서 보험금 지급에 있어서 전손의 경우 보험회사는 보험금액 전액을, 분손의 경우에는 손해액의 일부, 즉 보험금액의 보험가액에 대한 비율에 손해액을 곱한 금액을 지급한다. 예컨대, 보험가입금액 600만원, 보험가액 1000만원, 손해액 500만원이라면 보험회사가 부담하여야 할 보험금은 $500\text{만원} \times \frac{600\text{만원}}{1000\text{만원}} = 300\text{만원}$이다.

④ 자동차보험에서의 일부보험

자동차보험에서는 일부보험에 가입하였다 하더라도 보험가입금액 한도 내에서 실손 보상을 하고 있다.

- 보험가액 : 1000만원
- 사고당시 차량기준가액표상의 가액 : 800만원
- 보험가입금액(일부보험) : 600만원인 경우 보상한도액은 600만원이다.

일부보험의 실손보상

일부보험에 가입하였다 하더라도 보험가입금액 한도 내에서 실손보상을 하고 있다. 이때의 실손보상이라 함은 '조건부 실손보상'을 말하는데, 보험가액의 일정부보비율을 계약자에게 지정 또는 선택시켜 계약을 할 수 있도록 하고, 그 계약비율을 충족시킨 경우에는 보험가입금액을 한도로 실손 보상을 하는 제도이다. 현재 자기차량 손해에서 일부보험에 적용하는 방법은 '부보비율 조건부 실손보상(제1차 위험담보)'으로서 보험가액의 60% 이상을 가입하도록 하고 있다.

③ 분손 사고

분손 사고라 함은 보험가액 내에서 피보험자동차의 손상을 수리할 수 있는 경우를 말한다.

1) 손해액

피보험자동차의 손상을 고칠 수 있는 경우에는 사고가 생기기 바로 전의 상태로 만드는데 드는 수리비를 말하며, 수리 과정에서 생긴 잔존물(scrap)이 있는 경우에는 그 값을 공제한 금액을 손해액으로 한다.

- 피보험자동차를 고칠 때에 부득이 새 부분품을 쓴 경우에는 그 부분품의 값과 그 부착비용을 합한 금액. 단 엔진, 미션 등 중요한 부분을 새 부분품으로 교체한 경우 그 교체된 기존 부분품의 감가상각에 해당하는 금액을 공제한다.
- 피보험자동차가 제힘으로 움직일 수 없는 경우에는 이를 고칠 수 있는 가까운 정비공장이나 보험회사가 지정하는 곳까지 운반하는데 든 비용 또는 그 곳까지 운반하는데 든 임시수리비용 중에서 정당하다고 인정되는 부분은 보상한다.

① 용어해설

- 잔존물이란?
  보험사고 처리 후 남아있는 피보험자동차 등 보험목적물을 말한다.
- 감가상각이란?
  일정기간이 지나면 상실되는 물건의 가치 감소분을 빼는 것을 말한다.

손해액 = 수리비 − (잔존물가액 + 감가상각액)

수리비 = 부품대 + 수리공임 + 인양 및 운반비 + 임시수리비

② 경미한 손상의 경우 보험개발원이 정한 경미손상 수리기준에 따라 복원수리하는데 소요되는 비용을 한도로 보상한다(대물배상 보험금 지급기준 중 수리비 참조).

2) 지급보험금

지급보험금은 피보험자동차에 생긴 손해액과 약관에 따라 부담하기로 한 비용을 합친 금액으로 하되 다음 원칙에 의한다.

① 피보험자동차에 생긴 손해액이 보험가입금액보다 많은 경우에는 보험가입금액을 한도로 한다. 다만, 보험가입금액이 보험가액보다 많은 경우에는 보험가액을 한도로 한다.

② 손해방지 및 경감을 위하여 지출한 비용과 권리를 보전하기 위해 지출한 비용은 보험가입금액을 초과한 경우라도 보상한다.

3) 비용

차량손해에 있어서 보험회사가 보상하는 비용은 손해방지 및 경감비용과 권리 보전행사비용이다.

① 손해방지경감비용

사고가 발생한 경우 피보험자동차에 생긴 손해의 방지와 경감을 위해 지출한 비용을 말한다.

② 권리보전 행사비용

다른 사람으로부터 손해배상을 받을 수 있는 권리의 보전과 행사를 위하여 지출한 비용을 말한다. 즉 손해가 제3자의 위법행위 또는 피보험자와 제3자의 공동불법행위 등에 의하여 야기된 경우, 채권보전을 위한 재산의 압류절차 등을 시행하는데 소요되는 비용 또는 공동불법행위자 상호간 구상권행사에 필요한 비용 등을 말한다.

4) 자기부담금 공제

자기차량손해의 지급보험금을 계산하는 경우, 보험증권에 기재되어 있는 자기부담금을 손해액에서 공제한다. 다만, 피보험자동차에 전부손해가 생긴 경우 또는 보험회사가 보상하여야 할 금액이 보험가입금액 전액 이상인 경우에는 공제하지 않는다.

① 대물배상책임이 발생하는 사고 시 사고 당사자 간 과실이 모두 있는 경우 상대방에게 손해배상금 또는 상대방이 가입한 보험회사에서 「대물배상」 보험금을 받기 전에 「자기차량손해」 담보로 보험금을 받고자 할 때는 「자기차량손해」 담보에서 정한 자기 부담금을 피보험자가 확정적으로 부담하는 조건으로 「자기차량손해」 보험금을 먼저 지급하며, 자기 부담금을 부담한 피보험자는 상대방 또는 상대방이 가입한 보험회사에게 이 금액을 청구할 수 없다. 이 경우 「자기차량손해」 보험금을 지급한 보험회사는 지급한 보험금 범위에서 상대방 또는 상대방이 가입한 보험회사에 대하여 가지는 피보험자의권리를 취득한다. 다만, 상대방 손해배상책임액이 보험회사에 구상한 금액보다 큰 경우에 피보험자는 상대방 또는 상대방이 가입한 보험회사에 그 차액을 청구할 수 있다.

② 「자기차량손해」 보험금을 지급한 보험회사가 상대방 또는 상대방이 가입한 보험회사로부터 구상금을 받았을 때 ⓐ 피보험자가 이미 부담한 자기 부담금과 ⓑ 실제 손해액에서 당해 구상금을 제외한 금액을 전제로 산정된 자기 부담금과의 차액을 피보험자에게 지급한다. (이 경우에도 피보험자가 최종적으로 부담하는 자기 부담금은 최소자기부담금 이상으로 한다.)

> **약관규정**
> 자기차량손해 담보에서 자기부담금은 보험증권에 기재된 최소 자기부담금과 최대 자기부담금을 한도로 피보험자동차에 생긴 손해액의 20%에 해당하는 금액을 말한다고 규정되어 있다.

5) 자기부담금(면책·공제금액)제도

① 자기부담금제도의 의의

자기부담금제도(소손해 공제제도)란 보험사고가 발생한 경우 그 손해에 대하여 일정액을 피보험자로 하여금 책임지도록 하는 제도를 말한다.

② 자기부담제도 운영 이유

소 손해에 대한 보험회사의 보상책임을 면책시킴으로서, 소 손해에 대한 조사, 평가, 지급 등의 업무비용이 보상액보다 많아지는 비현실성을 개선하고, 피보험자측도 서류제출, 사고조사 협조 등에 따른 실익이 없으므로, 일정금액까지는 담보를 하지 않음으로서 보험료 할인 혜택을 받는 등 양측 모두에게 유리하기 때문이다.

③ 종류

• 취급 면책제도(ordinary franchise)

발생된 손해가 일정금액 이하인 경우에는 보상하지 않으나 일정금액이 넘는 경우에는 공제금액 없이 손해액 전액을 보상하는 제도

예 자기신체사고의 부상 보험금 1만원

• 공제 면책제도(deductible franchise)

발생된 손해가 일정금액 이하인 경우에는 보상하지 않을 뿐만 아니라 일정금액이 넘는 경우에도 언제나 자기부담금을 공제하는 제도(자기차량손해)

④ 자기부담금 제도변경 내용

• 공제방식 변경

정액형(0~50만원)에서 정률형(손해액의 20%)으로 변경

• 한도

최저(5만원~20만원 선택), 최고(50/100만원)구간 적용

⑤ 자기부담금 공제기준

• 피보험자동차에 생긴 손해액의 20%에 해당하는 금액을 공제하는 사고유형

차량 단독사고, 가해자 불명사고, 피보험자 과실 100% 및 쌍방과실 사고

• 보험증권에 기재된 최소 자기부담금을 공제하는 사고유형

자차 무과실사고로서 구상처가 존재하는 사고

• 기타

피보험자동차의 수리가 완료된 후 출고시점까지 피보험자동차에 생긴 손해액이 확정되지 않은 경우에는 자동차관리법상 자동차 정비사업자가 발급하는 점검·정비 견적서상의 금액을 기준으로 자기부담금을 우선 공제한다.

instance

1.

차량손해액	자차과실	자기부담금 가입형태
400,000원	100%	최소 10만원 최대 50만원

① 자기부담금 산출 : 400,000 × 20% = 80,000원

② 피보험자 자기부담금 = 10만원(손해액의 20%가 최소금액보다 적으므로 10만원 적용)

2.

차량손해액	자차과실	자기부담금 가입형태
900,000원	100%	최소 5만원 최대 50만원

① 자기부담금 산출 : 900,000 × 20% = 180,000원

② 피보험자 자기부담금 = 18만원(손해액의 20%가 최소금액보다 많고 최대 금액보다 적으므로 18만원 적용)

3.

차량손해액	자차과실	자기부담금 가입형태
3,500,000원	100%	최소 20만원 최대 50만원

① 자기부담금 산출 : 3,500,000 × 20% = 700,000원

② 피보험자 자기부담금 = 50만원(손해액의 20%가 최대금액보다 많으므로 50만원 적용)

4.

차량손해액	자차과실	자기부담금 가입형태
900,000원	70%	최소 10만원 최대 50만원

① 자기부담금 산출 : 900,000 × 70% × 20% = 126,000원

② 피보험자 자기부담금 = 126,000원

5. 차량가액과 중고차시세 차이가 있는 자차 무과실 선 처리건의 경우

가.

차량손해액	자차과실	자기부담금 가입형태
400,000원	100%	최소 10만원 최대 50만원

① 자차 선 처리 보험회사 : 자차 손해액 400만원 – 자기부담금 10만원 = 3,900,000원 지급

② 구상청구 : 중고차량 시세 한도 내에서 구상금 청구(수리하는 경우 360만원, 수리하지 않는 경우 300만원)

나.

차량가액	중고차시세	자차 손해액	자기부담금 가입형태
500만원	300만원	310만원	최소 20만원 최대 50만원

① 자차 선 처리 보험회사 : 자차 손해액 310만원 – 자기부담금 20만원 = 2,900,000원 지급

② 구상청구

- 자차 실 수리 및 미수선 수리 건의 경우
  중고차량 시세(300만원 × 120% = 360만원)한도 내에서 290만원을 구상금 청구

6) 수리비

① 수리비의 정의

자동차가 사고로 손상된 경우 '사고현장에서 견인하거나 응급조치 후 자력으로 공장에 입고시키는데 필요한 인양 및 운반비를 포함하여 현재의 일반적인 수리방법에 의해 사회통념상 손상직전의 상태로 원상회복 되었다고 인정되는 정도의 수리에 소요되는 비용을 말한다.

② 수리비의 종류

• 직접수리비

현재의 일반적인 수리 방법에 의하여 외관상, 기능상, 사회통념상 사고 직전의 상태로 원상회복이 되었다고 인정되는 정도의 수리에 소요되는 비용

• 가수리비(임시수리비)

자동차가 자력으로 이동할 수 없는 경우 이를 수리하기 위하여 가까운 정비 공장까지 자력운행이 가능할 정도로 수리하는데 필요한 출장수리비 또는 응급조치를 위하여 지출한 수리비 등과 같이 임시수리를 위하여 지출한 수리비용

• 미수선 수리비(추정수리비)

수리가 가능한 자동차를 차주의 사정에 의하여 수리하지 않고 매각하거나 폐차 처분하는 경우 그 자동차를 원상 회복하는데 소요될 것으로 추정되는 수리비를 말하며, 수리가 가능한 자동차란 다음의 두 가지 요건을 동시에 만족시키는 경우를 말한다.

- 현재의 기술로 손상된 자동차의 수리가 가능한 경우일 것(수리 가능성)
  수리가 불가능한 경우에는 절대 전손으로서 전손보험금을 지급하기 때문임
- 수리에 소요되는 비용이 차량가액을 초과하지 않는 경우일 것(수리 필요성)
  수리에 소요되는 비용이 차량가액을 초과하면 경제적 전손이 되어 역시 전손 보험금을 지급하기 때문임

③ 수리비의 구성

수리비 = 부품대 + 수리공임 + 인양 및 운반비 + 임시수리비

④ 수리비의 인정범위

- 수리과정에서 발생하는 잔존물은 그 가액을 단순 고철 값 또는 재사용 가치 등을 감안하여 수리비에서 공제한다.
  - 전부손해의 경우 상법 제681조 및 약관 대위 규정에 의해 잔존물을 보험회사가 대위취득하고 있으나, 분손의 경우 잔존물을 피보험자가 취득하게 되면 그 가액만큼 피보험자에게 부당이득이 생기기 때문에 손해액에서 잔존물 가액을 공제한다.
  - 잔존물은 부품교체 결과 발생되는 것으로서, 부품교체 여부에 대한 판단은 다음과 같이 기술성, 보안성, 경제성을 기준으로 한다.
    - ‣ 기술성 : 파손부품의 수리가 곤란하거나 판금, 교정, 용접 등의 방법으로 수리하더라도 부품의 기능 및 내구성이 상당히 저하되는 경우
    - ‣ 보안성 : 수리함으로써 주행안전도가 크게 저하되거나 차량안전기준에 미달하는 경우
    - ‣ 경제성 : 판금교정 비용이 부품가격과 동일하거나 더 많이 소요되는 경우
- 신 부품을 사용하여 교체하였을 경우 감가적용대상 주요부품에 대하여는 표준감가율을 적용하여 공제한다.〈감가율 적용대상 주요부품 참조〉
- 사고차량이 자력으로 움직일 수 없는 경우, 이를 고칠 수 있는 가장 가까운 정비공장이나 보험회사가 지정하는 장소까지 이동하는데 소요되는 인양 및 운반비용은 수리비로 인정한다.
- 위의 장소까지 운반하는데 든 임시수리비(가수리비)는 수리비로 인정한다.

⑤ 감가율 적용

- 감가율 적용요령 및 적용대상
  - 용도, 차종별, 차령 등과 법인세법 규정을 참작하여 감가한다.

$$\text{표준감가율} = \{\text{신부품가액}(100\%) - \text{추정 잔존가액}(5\%)\} \times \frac{\text{경과연수}}{\text{차령연수}}$$

※ 추정 잔존가액은 최소 0%~최대 10% 범위 내에서 법인이 납세지 관할 세무서장에게 신고한 방법에 의하여 계산한 금액(이하 “상각범위 액”이라 한다)을 말한다(법인세법 개정 2015. 2.3.).

- 신자동차 또는 신 부품을 구입한 때로부터 사고가 발생한 때까지의 기간을 경과 기간이라 하며, 경과기간이 1년 미만인 경우에는 감가율을 적용하지 않는다.
- 경과기간이 1년 이상일 때에는 전체 경과기간에 대하여 감가율을 적용한다.
- 특수자동차의 특수부품에 대하여는 감가율 적용대상 부품이 아니더라도 부품의 기능과 내구성 등을 감안하여 감가한다.

• 경과기간의 계산방법
- 경과기간의 기산일
  - ‣ 국내생산 자동차는 최초 신규등록일, 신규등록일이 미상인 자동차는 제작연도의 초일
  - ‣ 수입자동차로서 제작연도에 등록된 자동차는 최초 신규등록일, 제작연도에 등록되지 않은 자동차는 제작연도의 말일
- 경과기간의 산출

  경과기간은 경과연수와 월수까지를 산출하며, 월 미만은 절사한다.
- 감가율의 계산방법

$$\text{적용 감가율}(\%) = \text{차종별 1년 경과기간의 감가율}(\%) \times \frac{\text{총 경과 월수}}{12}$$

※ 소수점이하 2자리에서 반올림한다.

예 • 신규 등록일 : 2020. 1. 20
- 사고일자 : 2022. 5. 15.
- 차종 : 영업용 용달차(소형화물)
- 1년 경과기간의 감가율 : 11.9%
- 경과기간 : $\frac{\text{2022.5.15(사고일자)}}{\text{2020.1.20(신규등록일)}}$
- 경과월수 : 2년×12월 + 3월 = 27개월
- 적용감가율 : $11.9 \times \frac{27}{12} = 26.8\%$

| 감가율 적용대상 주요부품 |

구분	부품	적용	차종		
			승용차	승합차	화물차
1	Engine Ass'y	cooler engine 포함	○	○	○
2	Transmission Ass'y		○	○	○
3	Differential Carrier Ass'y	gear Ass'y 또는 housing과 함께 교환 시 포함		○	○
4	Steering gear box Ass'y	기어박스 또는 부스터를 함께 교환 시 포함		○	○
5	Hoist cylinder Ass'y	실린더와 피스톤을 함께 교환			○
6	운전대(cabin)	only 또는 complete 포함(jeep인 경우 포함)	○	○	○
7	적재함 Ass'y	탱크 및 콘크리트 믹서 드럼 포함			○
8	Body Ass'y (monocoque body 포함)	대형버스는 Body의 2/3 이상을 교환 또는 신조하는 경우(승용차는 전체교환)	○	○	
9	타이어	손모도를 감안하여 적용		○	○

주 : 1. 상기품목 이외의 부품이라도 손모도가 심하여 교환 후 차량가액이 현저하게 증가한다고 판단되는 부품은 위 품목에 준하여 감가율을 적용할 수 있다.
2. differential carrier Ass'y, steering gear box는 승용, 다인승, 화물 밴, RV 차량에 대하여 감가율 적용을 제외한다.

⑥ 인양 및 견인비용(운반비)

피보험자동차가 자력으로 이동할 수 없는 경우 사고 장소에서 이를 고칠 수 있는 가장 가까운 수리공장 또는 보험회사가 지정하는 장소까지 운반하는데 든 인양·견인비용(레커 비용), 운송비(트럭, 철도)를 말한다.

- 인정범위
  - 피보험자동차가 화물을 적재한 채 추락하여 화물과 동시에 인양하는 경우에는 차량만을 인양하는데 소요된 비용만을 인정한다.
  - 인양할 때 나무를 벌채하거나 전답에 피해를 끼친 경우의 손해는 인양비의 일부로서 인정한다. 다만, 추락으로 인한 직접손해는 대물 손해로 처리한다.
  - 피보험자가 사고 차량 인양에 부적합한 차종을 선정하여 인양작업에 실패한 경우에는 특별한 사유가 없는 한 비용을 인정하지 않고 실제로 인양작업을 완수한 차량의 비용만을 인정한다.
  - 피보험차량 자체의 손해는 없으나 인양할 필요가 있는 경우에는 인양비를 수리비의 일부로 인정할 수 없다. 그러나 현장을 그대로 방치하면 손해가 발생할 위험이 있다고 인정될 경우에는 손해방지 경감비용으로 보상한다.

- 인양 및 운반 중 운반업자가 주의 및 선량한 관리의무를 다하지 못함으로써 늘어난 손해는 보상하지 않는다.

- 견인사업체에 대한 인양 구난 비용 지급기준
  - 견인료 : 견인 운임·요금(구난 장비 사용료, 하체 작업비, 보관료)은 피견인차의 차량 중량(공차 상태)을 기준으로 5구간으로 나누어 적용한다. 다만, 자동차관리법 시행규칙 [별표1]에 따른 승용 자동차 및 12인승 이하 승합자동차는 차량 중량(공차 상태)과 관계없이 1구간(2.5톤 미만) 운임·요금을 적용한다.

구난 형 특수자동차 운임·요금

1. 배경

기존 견인차 요금제도의 허점을 악용한 일부 견인업자가 교통사고 피해자 또는 보험회사에 기준 없이 부풀려진 과잉 견인·구난비(기존 국토교통부 고시 기준을 현저히 초과한 금액)을 청구하던 행태가 수십 년간 관행으로 이어짐에 따라 제도를 개선하게 되었음.

2. 관련 법규

화물자동차 운수사업법 제5조 및 같은 법 시행령 제4조 제3호에 따라 구난 형 특수자동차를 사용하여 고장·사고 차량 등을 운송하는 자는 운임과 요금을 신고하여야 함.

관계법규

화물자동차 운수사업법 제5조 [운임 및 요금 등]

① 운송사업자는 운임과 요금을 정하여 미리 국토교통부 장관에게 신고하여야 한다. 이를 변경하려는 때에도 또한 같다.

② 제1항에 따라 운임과 요금을 신고하여야 하는 운송사업자의 범위는 대통령령으로 정한다.

화물자동차 운수사업법 시행령 제4조 [운임 및 요금의 신고]

법 제5조제1항(법 제33조에서 준용하는 경우를 포함한다)에 따라 운임 및 요금을 신고하여야 하는 화물자동차 운송사업의 허가를 받은 자(이하 "운송사업자" 라 한다) 또는 화물자동차 운송가맹사업의 허가를 받은 자(이하 "운송가맹업자" 라 한다)는 다음 각 호의 어느 하나에 해당하는 운송사업자 또는 운송가맹사업자(화물자동차를 직접 소유한 운송가맹업자만 해당한다)를 말한다. [개정 2020.6.16]

1. 구난형(救難型) 특수자동차를 사용하여 고장 차량·사고 차량 등을 운송하는 운송사업자 또는 운송가맹업자
2. 삭제 [2020.6.16]
3. 밴형 화물자동차를 사용하여 화주와 화물을 함께 운송하는 운송사업자나 운송가맹업자 [전문개정 2010.11.24]

화물자동차 운수사업법 시행규칙 제22조 [운수종사자의 준수사항]

5. 「자동차관리법 시행규칙」 별표 1에 따른 구난형 특수자동차를 사용하여 고장·사고차량을 우송하는 운수종사자는 차량의 소유자 또는 운전자로부터 최종 목적지까지의 총 운임·요금에 대하여 별지 제15호서식에 따른 구난동의를 받은 후 운송을 시작할 것. 다만, 다음 각 목에 따른 특별한 사정이 있는 경우에는 다음 각 목에서 정하는 기준에 따른다.
   가. 고장·사고차량이 주·정차 가능 구역까지의 운임·요금에 대해 차량의 소유자 또는 운전자에게 구두 또는 서면으로 통지할 것
      1) 운송을 시작하기 전에 주·정차 가능 구역까지의 운임·요금에 대해 차량의 소유자 또는 운전자에게 구두 또는 서면으로 통지할 것
      2) 주·정차 가능 구역에서 1)에 따른 운임·요금을 포함한 최종 목적지까지의 총 운임·요금에 대하여 별지 제15호서식에 따른 구난동의를 받을 것
   나. 고장·사고차량의 소유자 또는 운전자의 사망·중상 등 부득이한 사유가 있는 경우 : 구난동의 및 통지 생략 가능

3. 보험 종목별 적용

가. 대물배상 보험금 지급 기준

사고 직전의 상태로 원상회복하는데 소요되는 필요 타당한 비용으로 인정

나. 자기차량손해

피보험자동차가 제힘으로 움직일 수 없는 경우에는, 이를 고칠 수 있는 가까운 정비공장이나 보험회사가 지정하는 장소까지 운반하는데 든 비용으로 인정

4. 주요 변경내용

가. 기본 톤급·거리 대별 운임
   (1) 3 → 5구간 세분화
   (2) 피견인 차량 중량(공차상태) 기준 명시
   ※ 차량 중량(공차상태) = {차량 총 중량 – (승차정원×65kg)} – 최대 적재량

나. 견인·구난 요금
   (1) 구난료 폐지
   (2) 견인·구난 장비 사용료 신설

다. 대기료 폐지

라. 보관료

50만원 한도(3일 이내 청구 불가), 3일 초과 시 청구 가능

마. 할증률(30%) 적용항목(기본 견인비+하체 작업비+안전 조치비)
   (1) 호우, 대설, 태풍, 폭염(기상청 기상특보 기준으로 경보가 발효된 경우)
   (2) 야간(20 : 00~익일 06 : 00), 휴일 또는 공휴일
      - 토요일 제외
   (3) 중대형 특수용도 화물 및 중대형 특수자동차
      - 차량의 중·대형 분류기준은 자동차관리법 시행규칙 [별표 1] 제1호 '규모별 세부 기준'을 적용한다.(총 중량이 3.5톤 초과 10톤 미만 자동차)
      - 배기량 3,000cc 이상 승용자동차 할증 제외

(4) 위험물, 유해화학물질, 고압가스 등 적재 시에만 할증 적용

- 위험물(휘발유·경유·등유 등), 유해화학물질(황산·염산·질산 등), 가압가스(가연성가스·독성가스 등) 운반차량 : 100% 할증
- 화약류 운반 차량 : 200% 할증
- 방사성 물질 운반 차량 : 300% 할증

(5) 차량 중량(공차 상태) 12톤 이상의 화물자동차 중 최대 적대량의 30% 이상을 적재한 차량

- 동 할증항목은 송장 및 계량 증명서 등으로 화물의 무게를 증명할 수 있는 경우에만 적용

(6) 고속도로 본선 구간에서 작업하였을 때 10% 추가 할증

- 고속도로 주행 구간을 말하며, 휴게소/램프 구간/요금소 등 위험률이 상대적으로 적은 지역은 제외

5. 적용기준

가. 이 운임·요금은 구난형 특수자동차를 보유한 구난형 특수자동차운송사업자가 고장 또는 사고 등으로 운행이 곤란한 차량을 구난 또는 견인 운송할 때의 운임 및 요금 수수에 관하여 적용하되 이 운임 및 요금에는 부가가치세가 포함되어 있다.

나. 자가용 구난형 특수자동차는 이 운임·요금의 적용대상이 아니며, 화물자동차 운수사업법 제56조(유상운송의 금지)에 따라 모든 자가용 화물자동차는 유상운송행위가 금지되어 있다.

다. 견인·구난 장비가 필요한 경우에는 견인·구난 장비 사용료를 별도로 계산한다.

(1) 톤급별·거리대별 견인운임표

견인 운임 요금(구난 장비 사용료, 하체 작업비, 보관료)은 피견인차의 차량 중량(공차 상태)을 기준으로 5구간으로 나누어 적용한다. 다만, 자동차관리법 시행규칙 [별표 1]에 따른 승용자동차 및 12인승 이하 승합자동차는 차량 중량(공차 상태)과 관계없이 1구간(2.5톤 미만) 운임·요금을 적용한다.

| 피견인차 차량 중량(공차상태 기준) |

(단위 : 원)

톤급별 거리 대별	[1구간] 2.5톤 미만	[2구간] 2.5톤 이상 4톤 미만	[3구간] 4톤 이상 8톤 미만	[4구간] 8톤 이상 12톤 미만	[5구간] 12톤 이상
10km 까지	72,200	100,300	128,000	154,400	174,500
15km 까지	84,000	117,000	154,600	188,300	216,200
20km 까지	95,600	133,800	171,300	209,600	242,500
25km 까지	107,400	150,500	191,500	235,300	274,100
30km 까지	119,100	167,200	211,600	261,000	305,700
35km 까지	130,900	184,000	228,700	282,800	332,600
40km 까지	142,700	200,700	250,000	310,000	366,000
45km 까지	154,400	217,500	271,200	337,100	399,400
50km 까지	166,200	234,200	287,600	357,900	425,100
55km 까지	177,900	250,900	311,500	388,500	462,600
60km 까지	189,700	267,700	324,400	405,000	482,900
65km 까지	201,500	284,300	347,200	434,000	518,700
70km 까지	213,200	301,000	366,600	458,800	549,200

톤급별 거리 대별	[1구간] 2.5톤 미만	[2구간] 2.5톤 이상 4톤 미만	[3구간] 4톤 이상 8톤 미만	[4구간] 8톤 이상 12톤 미만	[5구간] 12톤 이상
75km 까지	225,000	317,800	384,400	481,500	577,200
80km 까지	236,700	334,500	407,200	510,600	613,000
85km 까지	245,000	351,200	420,500	527,600	633,900
90km 까지	256,600	368,000	443,300	556,700	669,700
95km 까지	266,400	384,700	457,400	574,600	691,800
100km 까지	277,800	401,500	480,500	604,200	728,200
100km 초과 시 10km마다 가산	23,500	33,500	39,200	50,000	61,500

(2) 구난 장비 사용료

(가) 구난형 특수자동차에 부착된 구난 장비(크레인 등) 사용 시 적용(기본 4시간) 위험물질(염산·황산·질산·페놀수지류) 운송 차량에 대한 견인운송이 없는 단독 구난 작업 시 상기한 위험물질에 장비가 노출되어 손상되면 구난 장비 사용료의 30%까지 가산하여 청구할 수 있다.

| 피견인차 차량 중량(공차상태) 기준 |

(단위 : 원)

톤급별	2.5톤 미만	2.5톤 이상 4톤 미만	4톤 이상 8톤 미만	8톤 이상 12톤 미만	12톤 이상
구난 장비 사용료 (4시간 기준, 공임포함)	163,200	243,600	374,400	528,000	80,480
(4시간 기준) 초과 시 1시간 마다 가산 적용	40,800	60,900	93,600	132,000	201,200

- 단, 승용차 및 12인승 이하 승합차는 기본시간(4시간)만 적용하고 초과 사용에 대한 요금은 인정하지 않는다.
- 위험물질(염산, 황산, 질산, 페놀수지류) 운송 차량에 대하여 견인 없이 단독 구난작업만 진행하다 장비가 노출되어 손상된 때에만 30% 가산 가능
- 복수 레커 차량을 이용한 구난 장비 중복사용 인정기준
  - 진입도로 협소로 해당 대형 레커 차량 진입 불가 시
  - 차량 추락으로 인한 고공 구난작업 시 안전사고발생이 우려되는 경우
- 피견인차 차량 중량(공차상태)보다 1구간만 상향 청구 경우 차량 추락(바퀴가 4개 이상 도로이탈)로 고공 구난작업 때 레커 차량 전복위험 등 안전사고가 우려되어 구간별 가능 레터 차량보다 더 큰 레커 차량이 구난작업을 해야 하는 경우. 단, 피견인차 1구간은 적용하지 않는다.

| 피견인차 차량 중량(공차상태) 기준 |

(단위 : 원)

톤급별 거리 대별	[1구간] 2.5톤 미만	[2구간] 2.5톤 이상 4톤 미만	[3구간] 4톤 이상 8톤 미만	[4구간] 8톤 이상 12톤 미만	[5구간] 12톤 이상
구난 가능 레커 차량	크레인 용량 (3.5톤 미만)	크레인 용량 (3.5톤 이상 5톤 미만)	크레인 용량 (5톤 이상 9톤 미만)	크레인 용량 (9톤 이상 13톤 미만)	크레인 용량 (13톤 이상)

(나) 윈치 사용료

① 구난 장비 중 윈치만 사용하였을 때 구난 장비 사용료(크레인 사용)의 40%를 적용한다.

② 차량의 전도, 전복, 미 안전지대 추락 및 도로이탈 등으로 인하여 윈치를 사용한 경우에만 적용하고, 단순히 차 고장 및 사고 차량을 견인운송이 쉽게 하기 위한 차량의 위치이동시에 윈치를 사용하였으면 적용하지 않는다.

| 피견인차 차량 중량(공차상태) 기준 |

(단위 : 원)

톤급별	2.5톤 미만	2.5톤 이상 4톤 미만	4톤 이상 8톤 미만	8톤 이상 12톤 미만	12톤 이상
윈치 요금 (공임포함)	65,300	97,400	149,800	211,200	321,900

(다) 견인 장비 사용료(돌리)

- 77,000원

라. 운임 및 요금을 계산할 때 발생하는 단수는 100원 단위로 하여, 10원 단위에서 4사 5입에 의하여 절상절하한다.

마. 운임은 실차거리(편도)에 의하여 경로가 둘 이상 있는 경우에는 그 중 최단 거리에 준하여 계산한다. 단, 화주가 경로를 지정할 때는 그 지정한 경로의 거리에 의한다.

바. 다음의 특수한 작업조건 하에서는 견인 운임·요금(요금은 해체작업비, 안전 조치비만 할증 가능)의 30%(별도 할증률 규정 시 해당 할증률 적용)를 항목별로 각각 가산하되 (4)항과 (5)항은 중복으로 가산하지 않으며, 같은 항목에 있는 조항인 경우도 중복 가산을 하지 않는다.

(1) 호우, 대설, 태풍, 폭염(기상청 기상특보 기준으로 경보가 발효된 경우)

(2) 야간(20 : 00~익일 06 : 00), 휴일 또는 공휴일

- 토요일 제외

(3) 중대형 특수용도 화물 및 중대형 특수자동차

- 차량의 중·대형 분류기준은 자동차관리법 시행규칙 [별표 1] 제1호 '규모별 세부 기준'을 적용한다.(총중량이 3.5톤 초과 10톤 미만 자동차)
- 배기량 3,000cc 이상 승용자동차 할증 제외

(4) 위험물, 유해화학물질, 고압가스 등 적재 시에만 할증 적용

- 위험물(휘발유·경유·등유 등), 유해화학물질(황산·염산·질산 등), 고압가스(가연성가스·독성가스 등) 운반 차량 : 100% 할증
- 화약류 운반 차량 : 200% 할증
- 방사성 물질 운반 차량 : 300% 할증

(5) 차량 중량(공차상태) 12톤 이상의 화물자동차 중 최대 적재량의 30% 이상을 적재한 차량

- 동 할증항목은 송장 및 계량 증명서 등으로 화물의 무게를 증명할 수 있는 경우에만 적용

(6) 고속도로 본선 구간에서 작업하였을 때 10% 추가 할증

- 고속도로 주행 구간을 말하며, 휴게소/램프 구간/요금소 등 위험률이 상대적으로 적은 지역은 제외

사. 다음 비용은 실비로 받는다.

(1) 자동차 도선료(도선에 따르는 제 경비 포함)

(2) 유료도로 통행료

(3) 차주의 요구에 의한 첨가 물품 비용

아. 계산순서

(1) 차량을 견인하는 운송 거리에 의한 운임(톤급별·구리대별 견인 운임)의 계산

(2) 운임의 단수처리

(3) 제 요금 및 실비의 계산(견인·구난 장비 사용료, 해체작업비, 안전 조치비, 할증료 등)

- 특수한 작업조건 하에서 가산하는 할증료 계산 시에는 견인·구난 방지 사용료는 포함하지 않고 견인 운임과 하체 작업비, 안전 조치비를 합산하여 할증을 계산한다.

자. 하체 작업비

하체 작업이란 사고 및 고장 차량을 견인이 쉬운 상태로 만드는 작업을 말하며, 하체 작업비는 작업소요 시간과 관계없이 아래의 요금을 청구할 수 있다.

| 피견인차 차량 중량(공차상태) 기준 |

(단위 : 원)

톤급별	2.5톤 미만	2.5톤 이상 4톤 미만	4톤 이상 8톤 미만	8톤 이상 12톤 미만	12톤 이상
하체 작업비	36,800	47,700	61,100	80,600	104,000

차. 안전 조치비 : 15,000원

안전조치 작업은 도로 등 고장·사고 현장에서 실시하는 후방안전 조치작업 및 잔존물 청소작업 등을 말하며, 안전 조치비는 피견인차량의 중량과 관계없이 일괄적으로 15,000원을 적용한다. 단, 야간(20 : 00~익일 06 : 00)에 고속도로 및 자동차전용도로에서 후방 안전조치를 위한 불꽃 신호기를 사용하면 안전 조치비와 별도로 15,000원을 추기로 청구할 수 있다.

- 불꽃신호기 사용 개수와 관계없이 일괄 15,000원 적용

카. 회차 비용

차주의 견인(작업) 요청 시 하체 작업만 하고 견인운송을 하지 않았을 때는 하체 작업비에 톤급별·거리대별 견인운임표상의 해당 피견인차 10km까지 운임의 50%를 가산하여 하체 작업비를 청구할 수 있다.

- 보험사(육운 공제조합 포함) 처리 건에 대해서는 회차 비용 적용 제외

타. 보관료

피견인 차량을 구난형 특수자동차 운송사업자의 차고지 등에 72시간 이상 계속하여 보관하였을 때 차량을 보관한 1일마다 보관료를 청구할 있다.(단, 1회 보관료 총금액은 500,000원을 초과할 수 없으며, 입고일로부터 72시간 이내의 기간은 보관료를 청구할 수 없다.)

| 피견인차 차량 중량(공차상태) 기준 |

(단위 : 원)

톤급별	2.5톤 미만	2.5톤 이상 4톤 미만	4톤 이상 8톤 미만	8톤 이상 12톤 미만	12톤 이상
보관료	41,600	55,500	69,400	97,100	124,800

파. 기타

(1) 본 운임 및 요금에서 정하기 않은 사항에 관해서는 법령을 위반하지 않은 범위 내에서 당사자 간의 합의에 따르는 것을 원칙으로 한다.

(2) 구난형 특수자동차 운송사업자가 동 운임·요금표상의 운임·요금을 청구할 때 [붙임 1] '차량견인 운임·요금 표준계산서'를 사용해야 하며, 운송사업 허가증과 해당 견인운송 및 작업 등의 시행을 증명할 수 있는 증빙자료(사진 등)를 첨부해야 한다.

(3 본 운임·요금 및 부대 조항 적용과 관련하여 시장에서 갈등 및 혼란이 초래될 때 국토교통부 주관하에 이해관계자(화물운송업계, 손해보험업계, 소비자단체 등)의 협의를 통해 조정할 수 있다.

하. 신고운임·요금 적용 시기

이 운임·요금은 2020.10.1부터 적용한다.

6. 실무상 유의사항

가. 돌리 장비 사용료

다음 차들이 자력 이동이 불가하여(견인상태인 경우) 돌리를 사용한 경우에만 인정

(1) 인정대상 차량

(가) 사륜구동 차량

(나) 전륜구동 차량(후륜 고장 시에만 인정)

(다) 후륜구동 차량(전륜 고장 시에만 인정)

(라) 전자브레이크 장착 차량(수동 해제 불가능 차량만 인정)

(2) 인정기준

돌리 장착 사진 첨부(청구자 증명)

나. 크레인(붐대 포함) 사용료

구난형 특수자동차에 장착된 것을 말하며, 카고 크레인 또는 건설기계 크레인 등 구난형 특수자동차 이외에 장착된 크레인 등은 인정하지 않는다.

(1) 구난 상태에서 사용 시 인정

- 구난 인정 가능한 피견인 차량 상태
  - 전복(완전히 뒤집혀 바퀴 4개가 하늘 방향)
  - 전도(옆으로 넘어진 상태. 바퀴가 옆면 방향)
  - 추락(도로 밖으로 추락한 상태, 바퀴가 4개 이상 도로를 이탈)
  - 위 3가지 상황에는 포함되지 않으나 견인운송이 불가능하여 구난 장비를 사용하여 구난작업을 하여야 하는 상태

(2) 단순 구난 상태(바퀴 2개 이상 도로에 남아 있는 경우, 보도블록 일부 침범 등)는 견인운송이 없는 단독 구난작업 시에만 인정

(3) 단순 구난 상태에서 구난 장비를 사용했더라도 견인 운임과 중복 청구 시 인정하지 않음

다. 윈치 사용료

(1) 단순 구난 상태는 견인운송이 없는 단독 구난작업 시만 인정

(2) 예시

(가) 불인정 예시

차량끼리 얽혀 있는 상태, 차선에 걸쳐 있는 상태 등

- 작업 편의상 실제 사용했더라도 전도, 전복, 추락 수준의 상태 외에는 인정 불가

(나) 인정 예시

보도블록 일부 침범 차량에 대하여 윈치로 작업 후 자력으로 이동할 수 있어 견인 청구가 없는 경우

라. 하체 작업비

하체 작업이란 체임버, 구동 조인트, 범퍼 해체, 차축 탈거, 에어라인 연결, 후미 안전등 장착 작업을 의미하며, 이외의 불필요한 작업에 대해서는 인정하지 않음

- 견인차량 부당운임 신고시 행정처분 조항

관련조항	위반행위	처분내용
화물자동차운수사업법 시행규칙 별표 2 제21조21호 신설	구난형 특수자동차를 사용하여 고장·사고차량을 운송할 때 구난작업전에 구난비용을 고장·사고차량의 소유자 또는 운전자에게 사전에 통지하지 아니한 경우(운전자의 사망·중상 등 부득이한 사유로 통지할 수 없는 경우는 제외)	위반차량 운행정지(10일) (시행 2015.5.26)
화물자동차 운수사업법 제12조제4호	견인업자와 정비업자의 불법사례비 징구	• 1차 위반시 사업일부 정지 20일 또는 과징금 180 ~ 360만원 • 2차 위반시 사업일부 정지 50일 또는 과징금 450 ~ 900만원 • 3차 위반시 허가취소
자동차관리법 제58조 제4항 1, 2, 6호	자동차정비사업자가 소유자 또는 운전자로부터 수리 동의를 구하지 않고 견인된 차량을 임의로 해체하거나 정비를 진행한 경우	100만원 이하의 과태료
화물자동차 운수사업법 시행규칙 별표 2	구난비용을 자동차 소유자 또는 운전자에게 사전 통지하지 않은 경우	위반차량 운행정지 10일
	신고한 운임 및 요금이 아닌 부당한 운임 및 요금을 받은 경우	위반차량 운행정지 10일
	화주로부터 부당한 운임 및 요금의 환급을 요구받고 환급하지 않은 경우	위반차량 운행정지 10일
화물자동차 운수사업법 시행규칙 별표 3	신고한 운임 및 요금이 아닌 부당한 운임 및 요금을 받은 경우	과징금 10~20만원
	화주로부터 부당한 운임 및 요금의 환급을 요구받고 환급하지 않은 경우	과징금 5~10만원
화물자동차 운수사업법 시행령 별표 5	운수종사자가 법 제12조에 따른 준수사항을 위반한 경우(부당운임)	과태료 50만원

⑦ 부가가치세 인정기준

• 부가가치세(Value Added Tax : VAT)란?

부가가치세란 사업자가 상품(재화)의 거래나 서비스(용역)를 제공함으로써 발생하는 부가가치(이윤)에 대하여 소비자에게 과세하는 세금이며, 부가가치세 과세대상 사업자는 상품을 판매하거나 서비스를 제공할 때 공급받는 자(소비자)로부터 거래금액에 일정금액의 부가가치세를 징수해 놓았다가 세무서에 납부하여야 한다.

결국 부가가치세는 최종 소비자가 부담하고, 이렇게 최종 소비자가 부담한 부가가치세를 사업자가 세무서에 납부하는 것이다.

부가가치세액 = 매출세액 - 매입세액 = (매출액 - 매입액) × 10%

• 세금계산서(tax invoice)란?

세금계산서는 사업자가 재화 또는 용역을 공급하는 때에 부가가치세를 거래징수하고, 이를 증명하기 위하여 공급받는 자에게 공급하는 계산서를 말하며, 일종의 세금영수증으로서 자기 책임 하에 재화나 용역을 공급받는 자에게 교부하여야 한다.

세금계산서를 교부받은 사업자는 세금계산서에 기재된 부가가치세액에 대하여 일반과세자인 경우에는 매입세액을 전액 공제받을 수 있으며, 간이과세자는 매입세액에 업종별 부가가치율을 곱하여 계산한 금액을 공제받을 수 있다.

그러나 면세업자인 경우에는 매입세액을 전혀 공제받지 못한다.

• 사고차량 수리에 있어서의 부가가치세

피보험자 또는 피해자가 부가가치세를 지불하고 세금계산서를 교부 받았다면 재화나 용역의 매입세액이 발생하며, 이들이 부가가치세를 납부할 의무를 가진 사업자인 경우에는 매출세액에서 자기사업을 위하여 공급받은 매입세액을 공제받을 수 있으므로 손해의 일부로 보지 않는다.

• 부가가치세액 인정여부 결정

- 사업자구분에 따른 인정여부(세금계산서를 교부받은 자를 기준으로 하여 인정여부 결정)

구분		피보험자 기준		
		일반과세자	간이과세자	면세사업자
피해자 기준	일반과세자	×	○	○
	간이과세자	○	○	○
	면세사업자	○	○	○

- 일반 승용차 및 10인승 이하 승합차, 지프 형 승용차인 경우 → 사업자 구분 없이 부가가치세를 항상 인정한다.

지프형 승용차

차체형식이 보닛(세미보닛 포함)형이고 구동방식이 4륜구동이며, 프레임 구조형식인 승용차(5~9인승, 밴 형은 제외)

- 간이과세자(簡易課稅者)인 경우 → 부가가치율에 따라 인정한다.(직전 연도 재화와 용역의 공급대가(연 매출) 합계액이 8,000만원 미만 사업자로 확대, 부가가치세법 시행령 109조 1항, 2021년 2월 17일 개정)

(매출액 - 매입액) × 10% × (100% - 업종별 부가가치율)

- 1000cc 미만의 자동차인 경우(경자동차) → 사업자가 아니라는 것이 기재된 납세사실증명원을 피보험자 또는 피해자로부터 확인 후 부가가치세를 인정한다.
- 개인소유 승합 및 화물자동차인 경우 → 1000cc 미만의 자동차와 동일

• 인정요령

- 일반과세자는 부가가치세를 전액 환급받을 수 있으므로 VAT를 인정하지 않는다. 단, 승용자동차(10인 이하를 운송하기에 적합하게 제작된 자동차)의 경우에는 부가가치세를 환급받지 못하므로 전액 인정한다.

납부세액 = 매출세액(매출액의 10%) - 매입세액(매입액의 10%)

- 면세사업자는 부가가치세를 전혀 환급받지 못하므로 VAT를 전액 인정한다.
- 간이과세자는 업종별 부가가치율에 의해 일부 VAT를 환급받을 수 있으므로 환급이 안되는 VAT만을 인정한다.

⑧ 간이과세자

• 적용 범위

직전 연도 재화와 용역의 공급대가(연 매출)가 8천만 원(과세유흥장소 및 부동산임대사업자는 4천8백만 원)에 미달하는 사업자를 말하며, 이때 업종이 배제기준에 해당하는 경우에는 간이과세를 적용하지 않는다. (2021.07.17. 부가가치세법 개정)

• 간이과세자의 과세표준과 세액

다른 사업자로부터 세금계산서 등을 발급받아 납세지 관할 세무서장에게 제출하는 경우 재화와 용역의 공급대가에 0.5%를 곱한 금액을 납부세액에서 공제한다.

• 간이과세자에 대한 납부 의무 면제
과세 기간에 대한 공급대가의 합계액이 4천8백만 원 미만이면 납부 의무를 변제한다. (부가가치세법 시행일 2021.01.01.)

• 보험금은 세금계산서를 교부받는 자를 기준으로 부가가치세를 인정한다.

납부세액 = (매출액 × 업종별 부가치율×10%) - 공제세액 공제세액 = 세금계산서에 기재된 매입세액×해당 업종의 부가가치율

| 사업자별 부가가치세 지급 방법 |

구분	면세사업자	간이과세자		일반사업자
		4천8백만 원 미만	4천8백만 원~8천만 원	
부가가치세	전액 지급	전액 지급	9.5% 지급	지급하지 않음

구분	부가가치율
1. 소매업, 재생용 재료수집 및 판매업, 음식점업	15%
2. 제조업, 농업·임업 및 어업, 소화물 전문 운송업	20%
3. 숙박업	25%
4. 건설업, 운수 및 창고업(소화물 전문 운송업은 제외한다), 정보통신업	30%
5. 금융 및 보험 관련 서비스업, 전문·과학 및 기술서비스업(인물사진 및 행사용 영상 촬영업은 제외한다), 사업시설관리·사업지원 및 임대서비스업, 부동산 관련 서비스업, 부동산임대법	40%
6. 그 밖의 서비스업	30%

※ 부가가치세법 시행령 제111조 ②항, 2021.2.17. 개정

| 여객운송수단별 부가가치세 면세적용 여부 |

<table>
<tr><th colspan="2">여객운송수단</th><th colspan="2">구분</th><th>부가가치세 적용</th></tr>
<tr><td rowspan="8">여객
자동차</td><td rowspan="5">노선</td><td colspan="2">시내버스</td><td>면세</td></tr>
<tr><td colspan="2">마을버스</td><td>면세</td></tr>
<tr><td colspan="2">농어촌버스</td><td>면세</td></tr>
<tr><td colspan="2">시외버스(직행형, 일반형)</td><td>면세</td></tr>
<tr><td colspan="2">시외버스(고속형)</td><td>과세</td></tr>
<tr><td rowspan="3">구역</td><td colspan="2">특수자동차(장의차량)1)</td><td>면세</td></tr>
<tr><td colspan="2">전세버스</td><td>과세</td></tr>
<tr><td colspan="2">택시</td><td>과세</td></tr>
<tr><td colspan="2" rowspan="3">선박</td><td colspan="2">일반여객선</td><td>면세</td></tr>
<tr><td rowspan="2">특수선박</td><td>수중익선, 에어쿠션선, 자동차 운송 겸용 여객선, 항해시속 20노트 이상의 여객선</td><td>과세</td></tr>
<tr><td>차도선형 여객선</td><td>면세</td></tr>
<tr><td colspan="2" rowspan="3">철도</td><td rowspan="2">일반철도</td><td>새마을, 무궁화/누리로, 통근열차</td><td>면세</td></tr>
<tr><td>고속철도</td><td>과세</td></tr>
<tr><td colspan="2">도시철도 등</td><td>면세</td></tr>
<tr><td colspan="4">항공기</td><td>과세</td></tr>
</table>

주 : 특수자동차의 경우에는 여객운송용역으로서가 아닌 의료용역에 부수되는 용역으로 보고 면세를 적용한다.

- 유의사항
  - 피보험자 또는 피해자가 과세사업자인 경우 : 세금계산서가 과세사업자 명의로 발행되었으면 부가가치세를 인정하지 않는다.(이 경우 세금계산서는 보험사업자 또는 과세사업자가 아닌 사람 명의로 발행해야 한다)
  - 개인소유 승합자동차 및 화물자동차 또는 배기량 1000cc 미만의 자동차(경자동차라 함)를 소유한 경우 : 사업자가 아니라는 것이 기재된 사실증명원(납세완납증명서)을 피보험자(또는 피해자)로부터 확인 후 인정한다.
  - 피보험자가 피해자와 합의 후 보험금을 청구하는 경우 : 수리업체에서 세금계산서를 피보험자에게 교부하였을 때에는 피보험자를 기준으로, 피해자에게 교부하였을 때에는 피해자를 기준으로 처리한다.
  - 피보험자 또는 피해자에게 미수선수리비를 지급하는 경우 : 부가가치세를 인정하지 않는다.
  - 간이세금계산서에 대한 처리 : 간이세금계산서에 기재된 금액에는 부가가치세가 포함된 것이므로 과세사업자는 부가가치세액 상당액을 공제하고, 면세 사업자는 간이세금계산서에 기재된 금액이외의 세액을 추가로 인정하면 안된다.

- 자가 정비공장에서 수리하는 경우
  - 운수업체와 정비업체의 사업자등록번호가 같고 동일회계를 하는 경우에는 부가가치세액을 보험금으로 인정하지 않는다.
  - 운수업체와 정비업체의 사업자등록번호가 다르고 별개의 독립회계를 할 경우에는 부가가치세를 인정한다.

⑨ 잔존물의 처리 및 관리

부품교환으로 남은 손상부품을 잔존물(Scrap)이라 하며, 그 부품의 파손상태 및 재사용가치의 유무에 따라 단순히 고철 값으로 평가되는 경우와 그 이상의 가치로 평가되는 경우로 구분되며, 다음과 같이 처리한다.

- 고철 값으로 평가되는 경우

  고철가격 상당액으로 수리공장에 인수시키거나 고철매매업자에게 매각 처분한다.

- 고철 값 이상으로 평가되는 경우
  - 수리공장 또는 피보험자와 협의하여 인수시키는 것을 원칙으로 한다.
  - 인수를 거부할 때에는 보험회사에서 인수하여 보관하였다가 매각처분한다.

4 전손사고

1) 전손의 정의

피보험자동차가 완전히 멸실, 파손 또는 오손되어 수리할 수 없는 상태이거나, 피보험자동차에 생긴 손해액과 보험회사가 약관에 따라 부담하기로 한 비용의 합산액이 보험가액 이상인 경우를 말한다.

한번 사고로 생긴 손해가 전부손해일 경우(보험회사가 보상하여야 할 금액이 보험가입금액 전액인 경우를 포함)에는 보험증권에 기재된 자기부담금(면책금액)을 공제하지 않는다.

① 절대전손

피보험자동차가 완전히 파손 또는 오손되어 현실적으로 수리할 수 없는 경우, 즉 현재의 기술상으로 수리가 불가능하거나 또는 바다에 추락, 침몰되어 인양이 불가능한 경우와 도난사고 등 소위 물리적 전손을 말한다.

② 추정전손

수리는 가능하나 그 손해액(비용포함)이 보험가액 이상인 경우, 소위 경제적 전손을 말한다. 그리고 수리가 가능하고 그 수리비가 보험가액 미만일 때에는 이를 분손이라 한다.

예 • 보험가액 : 500만원
• 보험금액 : 500만원
• 수리비 : 510만원
• 인양견인료 : 5만원
• 신구교환 감가액 : 50만원

(틀림) 500만원 〈 510만원 + 5만원= 515만원(전손)

(옳음) 500만원 〉 (510만원 + 5만원) - 50만원 = 465만원(분손)

2) 약관규정

① 보험회사는 피보험자동차에 생긴 손해에 대하여 보험회사가 필요하다고 인정하는 경우에는, 피보험자의 동의를 받아 수리하거나 대용품을 주는 것으로 보험금 지급을 대신할 수 있다.

② 보험회사가 보상한 손해가 전부손해이거나 보험회사가 보상한 금액이 보험가입금액 전액 이상인 경우에는 자기차량 손해의 보험계약은 사고발생시에 종료된다.

③ 보험회사가 피보험자동차의 전부손해에 대하여 보험금 전액을 지급한 경우에는 피해물을 인수한다. 이 경우 보험가입금액이 보험가액보다 적을 때에는 보험가입금액의 보험가액에 대한 비율에 따라 피해물을 인수한다. 그러나 보험회사가 피해물을 인수하지 않는다는 뜻을 표시하고 보험금을 지급하는 경우에는 피해물에 대한 피보험자의 권리가 보험회사에 이전되지 않는다.

3) 피해물(피보험자동차)에 대한 보험회사의 권리

① 전손사고로 보험금을 지급하였을 때에는 피해자동차 전부를 회사에서 인수한다. 그러나 보험가입금액이 보험가액보다 적을 때에는 보험가입금액의 보험가액에 대한 비율에 따라 피해물을 인수한다.

② 피해물의 인수여부는 피해물을 인수함으로써 부담하게 되는 인수비용(운반비, 세금, 보관료, 폐차에 소요되는 비용 등)을 감안하여 인수가치가 있는 경우에 한하여 인수하고, 인수가치가 없다고 판단될 때에는 보험금을 지급하기 전에 피보험자에게 인수하지 아니할 뜻을 표시하여

야 하며, 인수비용은 보험금액 내에서는 보험금으로, 보험금액 초과분은 지급손해조사비로 처리한다.

4) 피해물 인수요령

① 전부보험인 경우(보험가액= 보험가입금액)

- 절대전손

피해물 전부를 인수한다.

- 추정전손

피보험자동차의 수리여부를 불문하고 피해물을 인수하는 것을 원칙으로 한다. 다만, 피보험자가 피해자동차를 수리하여 사용하고자 하는 경우에는 수리직전의 피해물가액을 평가하여 공제한 후 보험금을 지급한다.

② 일부보험인 경우(보험가액 >보험가입금액)

처리요령은 전부보험의 경우와 같으며, 다만 피해물에 대한 보험회사의 권리는 보험가입금액의 보험가액에 대한 비율에 따라 취득한다.

$$\text{피해물에 대한 회사의 권리} = \text{피해물가액} \times \frac{\text{보험가입금액}}{\text{보험가액}}$$

예 • 보험가액 : 5,000,000원(V)
• 보험가입금액 : 3,000,000원(A)
• 피해물가액 : 500,000원(S)

- 피보험자가 피해물을 인수하는 경우

지급보험금 = A − (S × A/V)

$$= 3{,}000{,}000\text{원} - (500{,}000 \times \frac{3{,}000{,}000}{5{,}000{,}000}) = 2{,}700{,}000\text{원}$$

• 피해물을 매각하기 전에 보험금을 지급할 경우, 피해물 매각대금에 대한 처리 : 매각대금에 대한 보험회사의 권리는 $(500,000원 \times \frac{3,000,000}{5,000,000}) = 300,000$원이므로 300,000원은 보험회사가 취득하여 보험금환입으로 처리하고, 나머지 200,000원은 피보험자가 직접 영수하도록 한다.

• 피해물을 먼저 매각한 후 보험금을 지급할 때 피해물 매각대금에 대한 처리 : 매각대금을 피보험자가 직접 영수토록 하고, 보험회사가 취득할 300,000원은 보험금액에서 공제한 후 지급보험금으로 2,700,000원만 지급한다.

$$3,000,000원 - (500,000 \times \frac{3,000,000}{5,000,000}) = 2,700,000원$$

③ 수리가능한 자동차를 수리하지 않고 폐차하는 경우

추정수리비를 산출하여 손해액으로 인정한다. 다만, 추정수리비와 피해물가액을 합산한 금액이 보험가액을 초과하는 경우에는 그 초과하는 금액을 공제하고 지급한다.(피보험자의 부당이득 배제)

예 • 보험가액 : 800만원 • 수리비(추정) : 750만원
• 보험금액 : 800만원 • 피해물 가액 : 100만원

750만원(수리비) + 100만원(피해물 가액) = 850만원이 되므로 추정수리비 750만원을 지급할 경우 50만원이 피보험자의 부당이득이 된다. 따라서 수리비에서 50만원을 공제한 700만원을 보험금으로 지급한다.

5) 전손사고의 인양 견인료(운반비)인정

전손사고의 인양 견인료 인정은 보험회사가 피해물을 취득하는 경우, 그 비용은 피해물 가액 한도 내에서 정당한 부분을 인정한다. 인양견인료가 피해물의 매각처분 가액보다 더 많이 소요될 경우, 이러한 비용의 인정은 무의미하므로 피해물 취득을 포기한다. 이 경우에는 반드시 보험금을 지급하기 전에 피해물을 인수하지 아니할 뜻을 피보험자에게 통지(표시)한다.

예 • 피해물 가액 : 50만원

• 인양견인료 : 20만원

① 전부보험인 경우에는 전액(20만원) 인정한다.

② 일부보험인 경우에는 위 인수 비용에 보험가입금액의 보험가액에 대한 비율에 따라 인정한다.

$$인정금액 = 인양견인료 \times \frac{보험가입금액}{보험가액}$$

instance

12톤 카고 트럭을 출고하여 우유를 수송할 수 있도록 탱크로리로 구조변경한 후 회사에 보험가입금액을 1,800만원(차량가액 1,300만원, 부속가액 탱크탑재 500만원)으로 하여 보험계약을 체결하고 운행하던 중 빗길에 미끄러지며 도로를 이탈, 전복되는 사고가 발생하였다.

[손해상황]

• 사고당시 차량가액 : 1,300만원	• 부속가액 : 500만원(우유탱크)
• 차량손해액 : 800만원	• 부속가액 손해액 : 1,400만원

① 구조 변경된 우유탱크가 약관에서 정한 "부분품"에 해당되는지와 처리 방법은?(전손 또는 분손 처리여부 중심으로)

② 위 사례에서 보험금으로 지급 가능한 금액은?

[해설]

자기차량손해에서 손해액의 결정은 보험가액을 기준으로 하며, 수리가 가능한 경우에는 사고가 생기기 바로전의 상태로 고치는데 드는 수리비를, 수리가 불가능한 경우와 수리비용이 보험가액을 초과하는 경우에는 그 가액을 기준으로 보험가입금액을 한도로 보상한다.

① 부분품 해당여부 및 전손 또는 분손 여부

- 위 사례에서 탱크로리가 적법한 절차에 의해 구조변경된 것이라면 피보험자동차에 통상 붙어 있거나 장치되어 있는 부속품 또는 부속기계 장치로 보아야 한다.
- 또한, 전부손해는 보험회사가 보상하여야 할 금액이 보험가입금액 전액인 경우를 의미하는 것으로서, 동 금액은 차량가액과 보험증권에 기재된 부속품가액을 합산한 금액을 의미한다고 할 것이다.
- 따라서, 피보험자동차에 생긴 손해액, 즉 차체 + 부속품 손해액이 보험가입금액을 초과하므로 전손보험금을 지급하는 것이 타당하다.

  ※ 혹시, 부속품가액을 일부보험으로 가입한 것이 아닌가 하고 생각할 수도 있겠으나, 일부보험은 차량 + 부속품가액의 60% 수준을 보험가액으로 보험 가입한 경우를 말하는 것이므로, 부속품가액만을 가지고 일부보험 여부를 판단해서는 안된다.

② 지급 가능한 보험금

- 위 사례에서 차량가액 1,300만원, 부속가액 500만원으로 하여 보험가입금액 1,800만원으로 보험계약을 체결하였다면 차체손해와 부속품의 손해를 구분하여 손해액을 산정하는 것은 부당하다.
- 따라서, 사고당시 차량가액기준표상의 차량가액(1,300만원)과 부속품 가액(500만원)을 합산한 1,800만원이 피보험자동차에 대한 보상한도 금액이므로 동 금액을 지급하고 전손 처리함이 타당하다.

⑤ 도난사고

1) 도난의 정의

도난이란 형법상의 절도, 강도를 말하는 것이며, 불법영득의 의사가 요건이 된다. 그러므로 단순한 점유의 침해는 영득의 의사가 없는 것으로서, 절도나 강도죄가 성립되는 것은 아니다. 따라서 일시 무단 사용은 도난으로 보지 않는다.

> **관계법규**
>
> **형법 제321조 [주거·신체 수색]**
>
> 사람의 신체, 주거, 관리하는 건조물, 자동차, 선박이나 항공기 또는 점유하는 방실을 수색한 자는 3년 이하의 징역에 처한다.
>
> **형법 제331조의 2조 [자동차 등 불법사용]**
>
> 권리자의 동의 없이 타인의 자동차, 선박, 항공기 또는 원동기장치 자전거를 일시 사용한 자는 3년 이하의 징역, 500만원 이하의 벌금, 구류 또는 과료에 처한다.

2) 처리요령

① 보험금의 청구와 말소등록은 도난사실을 경찰관서에 신고한 날로부터 30일 이후에 하도록 한다.

※ 대개의 경우 30일 이내에 찾는 경우가 대부분이고, 말소등록 후 다시 신규(부활)등록을 할 때에도 별도의 비용이 소요되므로 이 기간을 기다리는 것이 피보험자에게 유리하기 때문이다.

② 보험금을 지급하기 전에 도난차량이 발견된 경우의 처리

- 말소등록을 하지 않은 경우와 말소등록을 하였다 하더라도 보험금을 청구하기 전에 도난차량이 발견된 경우, 실손 보상의 원칙에 따라 도난 중에 피보험자동차에 생긴 손해와 비용(인수자의 교통비, 운반비, 보관료, 부활 등록비 등)을 보험가입금액 한도 내에서 보험금으로 지급한다.
- 경찰관서에 신고한 후 30일이 지나 보험금을 청구하였으나 피보험차량이 회수된 경우,

보험금 지급 또는 피보험차량의 반환여부는 피보험자의 의사에 따른다.

예 2022. 8. 1 차량 도난(경찰 신고) →(1) 2022. 9. 1 보험금 청구 →(2) 2022. 9. 10 보험금 지급(예정)일 →(3)

1. 기간 중 차량회수 : 피보험자에게 차량반환
2. 기간 중 차량회수 : 피보험자의 인수여부 의사에 따라 피보험자에게 차량반환 후 지급보험금 회수 또는 보험회사가 회수한 후 차량 매각
3. 기간 중 차량회수 : 차량반환 또는 도난보험금 지급여부는 피보험자가 결정

☞ 부활등록 비용은 본인 명의로 다시 부활하는 경우 취득세, 등록세가 면제되며, 채권구입 비용도 신규등록일로부터 1년 이내 부활하는 경우에는 면제된다.(관할 구청에 환급 요청해야 됨)

인·증지비용, 번호판대, 검사수수료, 교통안전협회비 등 소요비용에 대하여 영수증 등 제증빙서류를 접수하여 인정한다.

- 보험금을 지급한 후에 도난차량이 발견된 경우의 처리
  → 피보험자가 인수의사를 표시할 때는 지급보험금에서 도난 중에 입은 손해와 점유권 회복에 소요된 비용을 제외한 나머지 금액을 환입한다.
- 도난차량이 발견되었을 때에는 발견경위를 조사하고 범인을 상대로 구상권을 행사 할 수 있는지 여부를 검토 후 구상권 처리요령에 따라 처리한다.

❻ 침수사고

1) 침수사고의 정의

침수사고란 주로 장마철에 태풍, 홍수, 해일 등에 의해 자동차가 물에 잠기거나 물이 차내로 유입되어 자동차가 기계적, 전기적 결함 등을 일으키는 사고를 말한다.

2) 약관규정(차량단독사고보장 특별약관 또는 차량 포괄손해보장 특별약관)

『보험회사는 피보험자가 피보험자동차를 소유, 사용, 관리하는 동안에 타 물체와의 충돌, 접촉, 추락, 전복 또는 차량의 침수로 인하여 피보험자동차에 직접적으로 생긴 손해를 보상한다』라고 규정되어 있다.

3) 침수사고의 유형

① 운행 중 침수

도로를 운행 중 침수지역을 통과하면서 물이 차내로 유입되어 엔진 등 차량이 훼손되는 사고

② 주차 중 침수

차량이 주차상태에서 태풍이나 홍수 등으로 인하여 불어난 물에 의해 차량이 침수된 사고

4) 사고처리

① 침수사고는 전기장치, 엔진, 미션, 실내장치 등에 대한 훼손으로 대부분 교체작업을 해야 하므로 수리비용이 고액이고, 또한 수리 이후에도 수리하자 가능성이 많은 것이 특징이다.

② 수리견적에 따라 전손, 분손 처리여부를 신속히 결정하여 전손처리 건에 대하여는 전손보험금 지급과 함께 잔존물 가액을 결정하여 그 가액을 환입 처리한다.

• 구상여부 검토

침수사고 건의 경우 도로 배수시설의 하자로 인한 침수와 상습범람 지역에 대한 제방시설의 확충여부, 하천부지 주차장의 주차차량에 대한 관리여부, 아파트, 건물 지하주차장의 배수시설의 하자에 따른 침수였는지의 여부에 따라 구상이 발생할 수 있으므로 기초 조사를 철저히 할 필요가 있다.

5) 침수사고에 대한 할인 할증

① 할증이 되는 주요유형(운행 중 침수)

- 태풍, 홍수, 해일 등으로 인해 도로유실 또는 침수지역을 알면서 운행하다가 차량이 침수된 경우
- 천재지변에 의한 침수지역임을 알면서도 주의를 게을리하여 차량이 침수되는 경우
- 침수된 지역을 무리하게 운행하다가 침수된 경우

② 할증이 안 되는 주요유형(주차 중 침수)

- 지상 또는 지하 주차장 내에 정상적인 주차 구획선 내에 주차된 상태에서 침수가 발생한

경우 → 침수사고 무과실의 경우 할증은 되지 않으나 할인도 1년간 유예된다.

6) 무과실 사고(자기 과실이 없는 사고) 유형

① 구상권 행사로 지급된 보험금을 전액 환입할 수 있는 사고(단, 실제 구상 여부는 불문)
② 주차가 허용된 장소에 주차 중에 발생한 관리상 과실이 없는 차량도난 사고 및 자기차량사
③ 화재, 폭발 및 낙뢰에 의한 자기차량사고. 단, 날아온 물체, 떨어지는 물체 이외의 다른 물체와의 충돌, 접촉, 전복 및 추락으로 발생한 화재, 폭발은 제외
④ 태풍, 홍수, 해일 등 자연재해로 인한 자기차량손해 사고
⑤ 기타 보험회사가 자기 과실이 없다고 판단하는 사고

7) 쌍방과실 사고 건에 대한 고가 차량과 저가 차량의 할인·할증

① 적용 대상

- 저가 차량이 배상한 금액이 고가 차량이 배상한 금액의 3배를 초과한 건
- 저가 차량이 배상한 금액이 200만 원을 초과한 사고

② 적용 방법

• 고가 가해 차량 할증
기존 사고점수 1점을 가산하여 보험료를 할증

• 저가 피해 차량 할증 유예
기존 사고점수가 아닌 별도로 0.5점만 적용하여 보험료 할증을 유예

관계법규

자동차관리법 제26조의 2 [침수로 인한 전손 처리 자동차의 폐차 처리]

① 침수로 인한 전손 처리 자동차의 소유자는 국토교통부령으로 정하는 기간 내에 해당 자동차를 자동차 해체재활용업자에게 폐차 요청하여야 한다. (개정 2022. 11. 15.)
② 누구든지 침수로 인한 전손 처리 자동차 또는 해당 자동차에 장착된 장치로서 국토교통부령으로 정하는 자동차의 안전 운행에 직접 관련된 장치를 수출하거나 수출하는 자에게 판매할 수 없다.(신설 2022. 11. 15.)

⑦ 특수사고의 처리

1) 견인 중 발생한 사고

① 레커로 견인하는 경우

- 레커로 견인 중 사고로 인하여 레커 및 피견인차량이 파손된 경우, 레커는 차량손해로 보상하지만 피견인차량은 레커가 "관리하는 재물 또는 싣고 있거나 운송중인 물건"으로 보아 레커의 대물배상으로 보상하지 않는다.
- 피견인차량이 차량손해에 가입된 경우에도 "자동차를 운송하는 동안에 생긴 손해"로 보아 보상하지 않는다.

② 화물자동차로 견인하는 경우(chain, rope, wire rope 등으로)

독립된 자동차의 운행으로 보고 각각의 책임소재에 따라 처리한다.

- 견인차에 관리책임이 없는 경우
  피견인차량에 피견인차량의 운전자가 승차하여 제동 및 핸들조작 등을 자유로이 조종하다가 견인차와 피견인차량의 충돌사고로 생긴 손해는 Wire rope가 없는 것으로 보아 쌍방의 책임소재에 따라 처리한다.

- 견인차에 관리책임이 있는 경우
  피견인차량에 견인차 운전자가 승차하여 제동 및 핸들조작 등을 자유로이 조종하다가 견인차와 피견인차량이 충돌하여 생긴 손해는, 전적으로 견인차에 관리책임이 있다고 보아 위 '레커로 견인하는 경우'에 준하여 처리한다.

③ 보통자동차(견인차)에 삼각대(연결 장치) 등으로 피견인차를 고정하여 견인하는 경우

이 경우는 견인차에 책임이 있다고 보아 위 '레커로 견인하는 경우'에 준하여 처리한다.

④ 주차위반 피견인차량에 관한 대물배상책임담보 특별약관에 가입된 경우

위 '레커로 견인하는 경우'의 규정에 불구하고, 피보험자가 주차위반차량(이하 "피견인 차량" 이라함)을 견인 개시한 때부터 차량보관 장소로 인도한 때까지 생긴 피보험자동차의 사고로 피견인차량을 멸실, 파손 또는 오손하여 그 피견인차량에 대하여 법률상 손해배상책임을 짐으로써 입은 손해를 보상한다.

※ '견인 개시한 때'라 함은 견인용자동차의 특수 연결 장치로 피견인차량을 연결하여 견인동력장치의 작동을 개시한 때를 말한다.

2) 구상권이 내포된 사고

① 구상권의 의의

수인의 연대채무자 중 1인의 변제 또는 자기의 출재로 모든 채무자를 공동면책하게 한 경우, 그 출재한 채무자가 다른 채무자의 부담부분에 대하여 가지는 상환청구권을 말한다.

② 구상권과 대위권의 구별

• 구상권

연대채무에서 자기의 출재로 공동면책을 하게 한 출재채무자가 다른 연대채무자에 대하여 부담부분을 상환해 줄 것을 청구하는 권리(구상금 청구권)를 말한다.

• 대위권

보험회사가 보험사고로 인한 피보험자의 손실을 보상한 경우, 피보험자 또는 보험계약자가 보험의 목적 또는 제3자에 대하여 가지는 권리를 법률상 당연히 취득하게 되는데 이를 보험회사의 대위권이라 한다.

원칙적으로 인보험의 경우는 제3자에 대한 보험회사의 대위를 금지하고 있으나, 개정 상법에서는 손해보험의 성격이 있는 상해보험의 경우에는 당사자간 다른 약정이 있는 경우 보험회사의 대위가 가능하도록 하였다.

관계법규

상법 제681조 [보험목적에 관한 보험 대위]

보험의 목적의 전부가 멸실한 경우에 보험금액의 전부를 지급한 보험자는 그 목적에 대한 피보험자의 권리를 취득한다. 그러나 보험가액의 일부를 보험에 붙인 경우에는 보험자가 취득할 권리는 보험금액의 보험가액에 대한 비율에 따라 이를 정한다.

상법 제682조 [제3자에 대한 보험 대위]

손해가 제3자의 행위로 인하여 생긴 경우에 보험금을 지급한 보험자는 그 지급한 금액의 한도 내에서 그 제3자에 대한 보험계약자 또는 피보험자의 권리를 취득한다. 그러나 보험자가 보상할 보험금액의 일부를 지급한 때에는 피보험자의 권리를 해하지 아니하는 범위 내에서 그 권리를 행사할 수 있다.

민법 제399조 [손해배상자의 대위]

채권자가 그 채권의 목적인 물건 또는 권리의 가액 전부를 손해배상으로 받은 때에는 채무자는 그 물건 또는 권리에 관하여 당연히 채권자를 대위한다.

③ 상대방 및 구상금액

- 상대방
  - 피보험자 이외의 자로서 배상책임의무가 있는 자
  - 연대채무자 전원

- 금액
  - 지급보험금 중 가해자 과실비율에 따른 금액
  - 보험금 지급일 이후의 지연이자
  - 보험금 지급을 위해 피할 수 없었던 손해
  - 기타 공동면책을 위해 피할 수 없었던 손해(예 : 채권자로부터 소송 또는 강제집행을 당한 경우 소송비용, 집행비용 및 변제를 위하여 자기의 재산을 환가 또는 담보설정에 소요된 비용

3) 연쇄 추돌사고의 보상처리

본인 과실로 인하여 발생된 손해액을 기준으로 지급보험금을 계산하며, 손해 확대에 대한 기여도는 배제한다.

① 본인 과실로 발생한 1차사고의 자차 손해액이 전손인 경우

자차 우선처리 회사에서 전손처리하며, 대물배상 책임회사는 지급할 손해액이 없다.(구상권 발생하지 않음)

② 본인 과실로 발생한 1차사고의 자차 손해액은 분손이나, 연쇄추돌로 인한 2차 사고 손해액을 포함하면 전손(차량가액 기준)인 경우

자차 우선처리 회사에서 전손처리하며, 대물배상 책임회사는 시가를 기준으로 1차사고 손해액을 공제한 금액을 부담한다.

instance

신호대기중인 A차량을 B차량이 늦게 발견하여 추돌하고 정지하는 순간, 뒤따르던 C차량이 B차량을 연쇄추돌한 경우 지급보험금의 계산은?

차량가액 100만원, 시가 70만원, B차량 폐차인 경우

① B차량 손해액 : 앞부분 120만원, 뒷부분 80만원
- B차량 보험회사 : 차량가액 전액(100만원) 지급 후 전손처리
- C차량 보험회사 : 대물배상으로 지급할 손해액 없음

② B차량 손해액 : 앞부분 80만원, 뒷부분 80만원 → 차량가액 100만원, 시가 70만원
- B차량 보험회사 : 차량가액 전액(100만원) 지급 후 전손처리
- C차량 보험회사 : B차량 앞부분 손해액이 80만원으로 시가를 초과하므로 지급할 손해액 없음

③ B차량 손해액 : 앞부분 50만원, 뒷부분 80만원 → 차량가액 100만원, 시가 70만원
- B차량 보험회사 : 차량가액 전액(100만원) 지급 후 전손처리
- C차량 보험회사 : 시가(70만원)를 기준으로 앞부분 손해액(50만원)을 공제한 차액(20만원)을 대물배상 보험금으로 지급

04 연습문제

선택형

01 자동차보험 대물배상에 대한 설명이다. 틀린 것은?

① 대물사고로 인하여 지급하는 보험금은 매 사고에 대하여 1사고당 보험가입금액을 한도로 하며, 비용은 보험가입금액에 불구하고 보상한다.
② 남의 서화, 골동품, 조각물, 기타 미술품과 탑승자와 통행인의 의류나 소지품에 생긴 직접손해도 보상한다.
③ 피해물에 대한 직접손해는 물론, 간접손해도 보상하며, 간접손해는 대차료, 휴차료, 영업손실 등이 있다.
④ 대차료 인정기간에서 부품 조달에 소요되는 기간과 합의지연 또는 부당한 수리 지연으로 연장되는 기간은 인정하지 않는다.

02 자동차보험 자기차량손해에 대한 설명이다. 틀린 것은?

① 피보험자동차에 생긴 직접적인 손해에 대하여 보상한다.
② 타차 또는 타물체와의 충돌, 접촉, 추락, 전복 또는 도로 운행 중 차량 침수로 생긴 손해에 대하여 보상한다.
③ 화재, 폭발, 낙뢰, 비래물, 낙하물에 의한 손해에 대하여 보상한다.
④ 피보험자동차에 장착 또는 장치되어 있는 일부부분품, 부속품 부속기계 장치만의 도난으로 인한 손해도 보상한다.

01 ②,④　02 ④

03 차량 도난사고에 대한 설명이다. 틀린 것은?

① 도난이란 형법상의 절도, 강도를 말하는 것이며, 불법영득의 의사가 요건이 된다.
② 도난보험금은 도난 사실을 경찰관서에 신고한 후 30일이 지난 때에 청구할 수 있다.
③ 도난 사고 후 30일이 경과되기 전에 차량이 회수되었으나 차체에 손상이 생겼을 경우 도난사고에 해당하지 않으므로 보상하지 않는다.
④ 도난보험금(전손)을 지급한 경우 차량 손해에 대한 보험계약은 사고시점을 기준으로 종료한다.

04 유상 운송에 대한 설명이다. 틀린 것은?

① 업무용 자동차보험의 경우 승용차를 1개월 이상 장기임대계약에 의해 임차인이 피보험자동차를 전속적으로 사용하다가 생긴 사고를 보상한다.
② 개인용 자동차보험의 경우 요금이나 대가를 목적으로 2회 이상 피보험자동차를 사용하다가 생긴 사고는 보상하지 않는다.
③ 승합차의 경우 유상운송담보 특별약관에 가입되어 있으면 유상운송 중 사고가 발생했어도 보상한다.
④ 화물차량의 경우 유상운송 중 사고가 발생했어도 보상한다.

05 운전면허에 대한 설명이다. 맞는 것은?

① 운전면허증에 "노클러치"라고 기재된 면허증을 소지한 운전자가 수동변속기 차량을 운전하던 중 사고가 발생하여도 무면허에 해당되지 않는다.
② 제1종 보통 연습면허는 제1종 보통면허와 동일한 효력이 있으므로 12인승 이하의 긴급자동차를 운전하여도 무방하다.
③ 적재 중량 3톤 초과 또는 적재용량 3,000리터 초과의 화물자동차도 제1종 보통 면허로 운전할 수 있다.
④ 특수자동차인 트레일러, 레커 차량은 반드시 제1종 대형면허를 소지하여야 운전할 수 있다.

03 ③ 04 ① 05 ①

06 무면허 운전 사고가 아닌 것은?

① 아스팔트 살포기를 특수면허로 운전하는 경우
② 콘크리트펌프카를 특수면허로 운전하는 경우
③ 레커차량을 대형1종으로 운전하는 경우
④ 보통 1종 면허를 소지하고 군면허 없이 15인승 군용버스를 운전한 경우

07 교통사고처리특례법상 중앙선 침범에 해당하지 않는 것은?

① 주정차 차량을 피해가기 위해 중앙선 침범한 경우
② 주차 차량을 앞지르기 하고자 중앙선 침범 후 본 차로로 진입 중 앞차와 충돌한 경우
③ 운전부주의로 차체가 미끄러져 중앙선을 침범하여 반대편 가드레일을 충돌한 자차 사고
④ 정차 차량을 앞지르기 하고자 중앙선 침범 후 후속 뒤차와 충돌한 경우

08 자동차 보험 대물배상의 보험금 청구권이 발생하는 시기에 대해 설명한 것이다. 틀린 것은?

① 사고가 발생한 때
② 사고발생 사실을 보험회사에 접수시킨 때
③ 서면에 의한 합의로 손해액이 확정된 때
④ 사고 건이 보상담당자에게 배당된 때

09 대물배상에서 피보험자의 보험금 청구권 소멸시효 기산점은?

① 보험기간 말일부터
② 자동차 사고발생일로부터
③ 판결 확정이나 서면합의로 손해액이 확정된 때
④ 보험사고발생 사실을 보험회사에 통지한 때로부터

06 ④ 07 ③ 08 ③ 09 ③

10 자동차보험 차량 손해 담보 약관에서 보상하지 않는 손해에 대한 설명이다. 틀린 것은?

① 바람에 의해 자물과 자물이 충돌하여 생긴 손해
② 타이어만 파손된 손해
③ 의류에 생긴 손해
④ 기계적 또는 전기적 파손

11 다음은 보험금 청구 시기에 관한 보기이다. 청구시기가 다른 것은?

① 책임보험
② 책임보험 초과손해
③ 대물배상
④ 자기차량손해

12 자기차량손해에서 잔존물에 대한 보험자 대위에 관한 설명이다. 틀린 것은?

① 일부보험에서 보험금액 전액을 지급하는 사고가 발생한 경우에 보험회사는 피보험자동차의 잔존물에 대한 권리를 취득한다.
② 일부보험의 경우에 보험회사는 보험 가액의 보험금액에 대한 비율에 따라 잔존물을 인수한다.
③ 잔존물에 대한 보험회사의 권리취득은 법률상 당연히 인정된다.
④ 일부보험의 경우에 보험회사는 보험금액의 보험가액에 대한 비율에 따라 잔존물을 인수한다.

13 대물배상의 피해자 직접청구권과 관련된 설명으로 옳은 것은?

① 피보험자의 보험금 청구권이 상실된 경우에도 피해자는 직접 청구권을 행사할 수 있다.
② 피보험자의 고지의무 위반으로 인한 보험계약의 해지 등과 같이 보험계약의 하자가 있는 경우에도 직접청구권을 행사할 수 있다.
③ 피해자에게 보험금을 지급하지 않도록 하는 피보험자의 요청이 있는 경우에도 피해자는 직접청구권을 행사할 수 있다.
④ 자동차보험에서 보험계약자 등의 고의로 인한 손해에 대해서는 면책을 하고 있고, 피해자 직접청구권을 인정하지 않는다.

10 ① 11 ④ 12 ② 13 ③

14 개인용 자동차보험 가족 운전자 한정운전 특별약관에 대한 설명이다. 틀린 것은?

① 기명피보험자의 부모라 함은 양부모가 포함된다.
② 배우자는 법률상은 물론 사실혼 관계의 배우자도 포함된다.
③ 며느리는 기명피보험자와 동거중인 며느리를 말한다.
④ 자녀라 함은 법률혼 관계나 사실혼 관계에서 출생한 자녀와 양자녀를 포함한다.

15 다음 중 민사채권의 소멸시효가 동일하지 않은 것은?

① 인사사고 손해배상청구권
② 물피사고 손해배상청구권
③ 차량 손해 구상청구권
④ 보험회사에 대한 구상청구권

16 천재지변으로 인한 재해 면책 중 타담보 종목과 조건이 다른 종목은?

① 대인배상II
② 무보험자동차에 의한 상해
③ 대물배상
④ 자기차량손해

17 보험회사의 보상책임이 발생하는 사고는?

① 자차가 전신주를 충격하여 동 전신주가 파손되면서 인근공장에 전력공급이 중단되는 바람에 작업 중이던 원료의 고착으로 인하여 고장 난 기계의 수리비
② 신조자동차를 탁송업자가 구매자에게 배달하기 위하여 운전하던 중, 자차와 충돌하여 수리를 하였으나 구매자가 구매를 거절하여 탁송업자가 중고가격으로 판매한 다음 신조차 가격과의 차액을 요구하는 격락손해
③ 피보험자동차를 운송하거나 또는 싣고 내릴 때 발생한 자기차량손해
④ 자기차량손해에서 전손에 해당하는 사고가 있어 보험가입금액 전액을 지급한 다음 피보험자가 차량을 폐차하지 않고 타고 다니다가 재차 발생한 자기차량손해

14 ③ 15 ④ 16 ④ 17 ①

18 보험계약의 당사자를 열거하였다. 다음 중 맞는 것은?

① 보험계약자와 보험회사
② 피보험자와 보험회사
③ 보험중개인과 보험대리점
④ 보험계약자와 보험대리점

19 보험계약 전 알릴의무를 부담하는 자를 열거하였다. 다음 중 보험계약 전 알릴의무를 부담하지 않는 자는?

① 피보험자
② 보험계약자
③ 보험계약자의 계약대리인
④ 보험수익자

20 다음 중 자기차량손해에서 청약서상에 명기하지 않아도 보상하는 것은?

① 무선전화기
② 부동액
③ 마스코트
④ 연료류

21 자기차량손해에서 보험금을 지급한 보험회사가 대위하는 청구권은?

① 구상금 청구권
② 손해배상청구권
③ 보험금청구권
④ 부당이득반환청구권

22 자기차량손해에 대한 설명 중 틀린 것은?

① 피보험자동차에 직접적으로 생긴 손해에 대해 보상한다.
② 타차 또는 타물체와의 충돌, 접촉, 비래물, 낙하물에 의한 손해에 대하여 보상한다.
③ 화재 폭발, 낙뢰, 비래물, 낙하물에 의한 손해에 대하여 보상한다.
④ 피보험자동차에 통상적으로 장치되어 있는 부속기계 장치만의 도난으로 인한 손해도 보상한다.

18 ① 19 ④ 20 ② 21 ② 22 ④

23 대물배상에서 피해차량의 수리비가 피해물의 사고 직전가액을 초과하여 교환가액을 인정하였으나, 피해차량을 사고현장에서 가까운 정비공장까지 견인한 견인비를 피해자가 지불하고 청구하였다. 다음 설명 중 가장 알맞은 것은?

① 수리비란, 부품, 공임, 임시수리비, 인양 및 견인비를 별도로 인정할 수 없다.
② 전손처리에 해당된다 하더라도 견인비는 사고로 인한 피해자의 손해이므로 수리비의 일부로 보아 인정한다.
③ 전손에 해당되더라도 견인사업체에서 견인한 경우에는 자동차운수사업법에 따라 무조건 견인비를 인정하여야 한다.
④ 피해차량을 사고현장에 그대로 방치할 경우 후발적인 사고 등으로 인하여 손해의 확대가 예견될 경우에 한하여 견인비를 손해의 방지 및 절감비용으로 인정할 수 있다.

24 다음 중 유상 운송을 하는 경우에 면책되는 담보를 나열하였다. 이중에서 면책조건이 타담보와 틀린 것은?

① 대인배상Ⅱ
② 무보험자동차에 의한 상해
③ 대물배상
④ 자기차량손해

25 다음 중 자기차량손해로 보상이 가능한 사고는?

① 전쟁, 혁명, 내란으로 생긴 손해
② 태풍, 홍수, 해일로 생긴 손해
③ 핵연료 물질의 직접 또는 간접적으로 영향을 생긴 손해
④ 사기, 횡령으로 인한 손해

26 자기차량손해의 보상하지 않는 손해에 대한 설명 중 틀린 것은?

① 사기 또는 횡령으로 인한 손해
② 전쟁, 혁명, 내란, 사변, 폭동 또는 기타 이들과 유사한 상태로 인한 손해
③ 지진, 분화, 홍수. 해일 또는 이들과 유사한 천재지변으로 인한 손해
④ 주·정차중인 차량의 타이어나 튜브에 만 생긴 손해

23 ④ 24 ② 25 ② 26 ③

27 자동차보험 자기차량손해에서 다음 예시와 같은 경우 지급해야 할 보험금은?

- 차량가액(보험금액) : 300만원
- 부속기계장치(보냉탑) : 200만원
- 수리비 사정내역
  - 차량수리비 : 150만원
  - 부속기계장치(보냉탑)수리비 : 250만원
  - 신·구교환공제액 : 20만원
  - 인양 및 견인비 : 30만원
  - 자기부담금 : 15만원

28 자동차보험 자기차량손해에서 다음 예시와 같은 경우 지급해야 할 보험금은?

- 차량가액(보험금액) : 500만원
- 사고발생 당시 보험가액 : 450만원
- 수리비 사정내역
  - 차량수리비 : 400만원
  - 인양 및 견인비 : 20만원
  - 잔존물가액 : 10만원
  - 손해방지 및 경감비용 : 50만원
  - 자기부담금 : 10만원

29 자기차량손해에 대한 설명이다. 틀린 것은?

① 도로 운행 중 또는 주·정차 중 차량침수로 인한 손해도 보상이 가능하다.

② 자기차량손해에 가입된 피견인차량이 견인 중 사고로 인하여 차량이 파손된 경우 우선 보상하고, 견인차의 운전자 또는 차주를 상대로 구상할 수 있다.

③ 썬루프, 도어 등을 열어 놓아 빗물 등이 차 내부로 유입되어 접수된 경우 보상하지 않는다.

④ 일부보험금에 가입되었다 하더라도 보험가입금액을 한도로 실손보상의 원칙에 따라 보험금을 지급한다.

27 395만원
28 450만원
29 ②

30 다음의 경우 지급해야 할 보험금은?

- 사고당시계약내용 : 차량가액 500만원, 부속품(냉동탑) 300만원
- 차량수리비 사정액 : 200만원
- 부속품(냉동탑)수리비 사정액 : 500만원
- 부속품(냉동탑)감가후 금액 : 400만원
- 면책금액 : 10만원

31 과실비율의 적용 순위를 쓰시오.

32 수리비의 종류를 쓰시오.

33 수리비의 구성요소를 쓰시오.

34 대물사고에 있어서 손해방지 및 경감을 위하여 필요 또는 유익하다고 인정되는 수단을 강구한 후 배상책임이 없는 것으로 판명된 때에는 그 수단을 강구하기 위하여 소요된 비용과 미리 회사로부터 서면에 의한 동의를 얻어 지출한 비용은?

35 A차량의 과실은 70%이고, 손해액은 30만원, B차량의 과실은 30%이고, 손해액은 50만원인 경우 A차량의 배상책임액을 단일책임주의 방법으로 계산하면 얼마인가?

30 590만원
31 ① 자동차사고 과실비율 인정기준표
② 판결례 참작
③ 소송확정판결
32 ① 직접수리비
② 임시수리비
③ 미수선수리비
33 수리비 = 부품 + 공임 + 임시수리비 + 인양 및 운반비
34 긴급조치비용
35 26만원

논술형

36 자동차보험에서 대물배상과 자기차량손해의 보험금 청구권 소멸시효의 기산점과 소멸시효 기간에 대하여 약술하시오.

37 자동차보험 사고발생시 약관에서 정한 비용의 의미와 차량손해, 대물배상에서 인정되는 비용을 비교 설명하고 인정요건을 서술하시오. [제27회 2004년 20점]

36 1. 의의
2. 소멸시효의 기산점
3. 주요 유형별 소멸시효 완성기간
① 소멸시효가 10년인 경우
② 소멸시효가 3년인 경우
③ 소멸시효가 2년인 경우
④ 소멸시효가 1년인 경우
4. 소멸시효의 중단과 정지
① 존재이유
② 소멸시효의 중단과 정지의 차이 : 시효의 중단, 시효의 중지
③ 시효의 중단사유
④ 시효의 정지사유
⑤ 소멸시효 이익의 포기
5. 보험 종목별 보험금청구권자의 소멸시효 기산점
① 대물배상
② 자기차량손해
6. 결어

37 1. 의의
2. 근거
① 보험사고의 우연성
② 보험의 윤리성
③ 국민경제적 측면
3. 성질
4. 범위
5. 차량손해와 대물배상의 비용
① 차량손해
② 대물배상
6. 인정요건
① 보험자의 보상책임 발생
② 무효 또는 고지의무위반이나 위험증가 통지의무 위반이 없어야 한다.
③ 면책사유가 없어야 한다.
7. 의무이행을 해태한 경우
8. 비용의 부담

38 자동차보험 대물배상에서 탑승자와 통행인의 소지품과 휴대품이 파손되었다. 보상범위와 보상한도에 대해 설명하시오.

38 1. 서론

자동차보험 대물배상에서는 탑승자와 통행인의 의류나 휴대품에 생긴 손해, 탑승자와 통행인의 분실 또는 도난으로 인한 소지품에 생긴 손해에 대하여는 보상하지 않으나 훼손된 소지품에 대하여는 피해자 1인당 200만원 한도 내에서 실제 손해를 보상하는 것으로 규정되어 있다.

탑승자와 통행인의 의류나 휴대품에 생긴 손해나 탑승자와 통행인의 분실 또는 도난으로 인한 소지품에 생긴 손해를 보상하지 않는 손해로 규정하게 된 배경은 손해액을 산정하는데 있어서 어려움이 많을 뿐 아니라 실제 손해보다도 더 과장되게 손해액이 부풀려 지는 등의 문제 소지가 많아 이를 사전에 차단한다는 의미에서이다.

2. 용어의 정의
   ① 휴대품
   ② 소지품
3. 보상 범위
   ① 차대인 사고 : 통행인이 소지한 물품
   ② 차대차 사고 : 피해차량에 탑승중인 피해자가 소지한 물품
4. 보상한도
   ① 피해물이 소지품인 경우
   ② 피해물이 적재물인 경우
   ③ 소지품과 적재물의 판단기준
   - 소지품
     - 사례 : 피해차량의 조수석에 탑승하고 있던 탑승자 소유의 캠코더가 파손된 경우
   - 적재물
     - 사례 : 거래처 납품용 노트북 10대를 피해차량에 싣고 거래처로 가고 있던 피해차량을 피보험 차량이 추돌하여 실려 있던 노트북 10대가 모두 파손된 경우

   ※ 비록 노트북이 소지품으로 분류되어 있으나 피해자가 거래처로 납품을 가던 중인 점 등을 감안할 때 납품용 노트북은 피해차량의 적재물로 처리하는 것이 타당하다.
5. 소지품에 대한 감가율 적용 요령
   ① 제조 연월일이 확인되는 경우
   ② 제조 연월일이 확인되지 않는 경우
6. 의견

39 자동차보험 대물배상지급기준 중 대차료에 대해 설명하시오.

39 1. 대차료

비사업용 자동차(건설기계 포함)가 파손 또는 오손되어 가동하지 못하는 기간 동안에 다른 자동차를 대신 사용할 필요가 있는 경우 그에 소요되는 필요 타당한 비용을 말한다.

2. 지급대상

비사업용자동차(건설기계 포함)가 파손 또는 오손되어 가동하지 못한 기간동안 다른 자동차를 사용할 필요가 있는 경우 그에 소요되는 필요 타당한 비용을 지급한다.

다음과 같은 경우는 다른 자동차를 대신 사용할 필요가 없는 경우로 본다.

① 장기간 주차장 등에 방치되어 있는 경우

② 차고, 매매업소 등에 보관되어 있는 경우

③ 행정처분 또는 휴일로 인하여 휴차 중인 경우 등

3. 인정기준액

(1) 대차를 하는 경우

① 대여자동차는 「여객 자동차 운수사업법」에 따라 등록한 대여사업자에게서 차량만을 빌릴 때를 기준으로 동급의 대여자동차 중 최저요금의 대여자동차를 빌리는데 소요되는 통상의 요금

② 대여자동차가 없는 차종은 보험개발원이 산정한 사업용 해당차종(사업용 해당 차종의 구분이 곤란한 때에는 사용방법이 유사한 차종으로 하며, 이하 같다) 휴차료 일람표 범위 내에서 실임차료. 다만, 5톤 이하 밴형 화물자동차 및 대형 이륜차(260cc 초과)의 경우 중형 승용차급 중 최저요금을 한도로 대차가 가능하다.

③ 용어해설

- 동급이란?
- 통상의 요금이란?
- 규모란?
- 대여자동차가 없는 차종이란?
- 운행연한 초과란?
- 최저요금의 대여자동차란?

(2) 대차를 하지 않은 경우

① 동급의 대여자동차가 있는 경우 : 해당차량과 동급의 최저요금 대여자동차 대여 시 소요되는 통상의 요금의 30% 상당액

② 「여객 자동차 운수사업법」에 따른 운행연한 초과로 동급의 대여자동차를 구할 수 없는 경우 : 피해차량과 동일한 규모의 대여자동차 중 최저요금의 대여자동차를 대차하는 경우 소요되는 대차료의 30% 상당액

③ 대여자동차가 없는 경우 : 사업용 해당차종 휴차료 일람표 금액의 30% 사당액

4. 인정기간

(1) 수리 가능한 경우

수리를 위해 자동차정비사업자에게 인도하여 수리가 완료될 때까지 소요된 기간으로 하되, 30일을 한도로 한다. 다만, 부당한 수리지연이나 출고지연 등의 사유로 인해 통상의 수리기간을 초과하는 기간은 인정하지 않는다.

① 통상의 수리기간이란 : 보험개발원이 과거 3년간 대여기간과 작업시간 등과의 상관관계를 합리적으로 분석하여 산출한 수리기간(범위)을 말한다.

② 대여자동차 요금 산정기준 : 기간별 1일 요금에 경과일수와 경과시간(24시간 기준)을 각각 곱하여 합산한 금액을 인정한다.

대여자동차 요금 = 기간별 1일 요금×(경과일수 + 경과시간)

(2) 수리 불가능한 경우

10일

40 대물배상 및 자기차량손해에 있어서 침수사고로 인한 보험자의 보험금 지급책임을 설명하고 피보험자의 과실유무에 따라 보험료할증 여부를 결정함에 있어 조사할 내용과 요령을 약술하시오. [제26회 2003년 10점]

40 1. 침수사고의 의의

침수사고란 주로 장마철에 태풍, 홍수, 해일 등에 의해 자동차가 물에 잠기거나 물이 차내로 유입되어 자동차가 기계적, 전기적 결함 등을 일으키는 사고를 말한다.

2. 보험회사의 보상책임에 대한 약관 규정

(1) 대물배상

보험회사는 피보험자가 피보험자동차를 소유, 사용, 관리하는 동안에 생긴 피보험자동차의 사고로 인하여 남의 재물을 없애거나 훼손한 때에 법률상 손해배상책임을 짐으로써 입은 손해를 보상한다.

(2) 자기차량 손해

보험회사는 피보험자가 피보험자동차를 소유, 사용, 관리하는 동안에 타차 또는 타 물체와의 충돌, 접촉, 추락, 전복 또는 차량의 침수로 인하여 피보험자동차에 직접적으로 생긴 손해를 보상한다.

(3) 보험회사의 보험금 지급책임여부

대물배상에서는 위 약관 규정에 따라 보험회사의 보상책임이 발생하지 않으나 자기차량 손해에서는 보험회사의 보상책임이 발생한다.

3. 침수사고의 유형

(1) 운행 중 침수

도로를 운행 중 침수지역을 통과하면서 물이 차내로 유입되어 엔진 등 차량이 훼손되는 사고

(2) 주차 중 침수

차량이 주차상태에서 태풍이나 홍수 등으로 인하여 불어난 물에 의해 차량이 침수된 사고

4. 보상실무상 유의사항

① 침수사고는 전기장치, 엔진, 미션, 실내장치 등에 대한 훼손으로 대부분 교환 작업을 해야 하므로 수리비용이 고액이고, 또한 수리 이후에도 수리하자 가능성이 많은 것이 특징이다.

② 수리견적에 따라 전손, 분손 처리여부를 신속히 결정하여 전손처리 건에 대하여는 전손보험금 지급과 함께 잔존물 가액을 결정하여 그 가액을 환입 처리한다.

③ 구상부문 : 침수사고발생시 도로배수시설의 하자로 인한 침수와 상습범람 지역임에도 제방시설의 미확충 여부, 하천부지 주차장의 주차차량에 대한 관리여부, 아파트, 건물지하주차장의 배수시설의 하자에 따른 침수였는지의 여부에 따라 구상이 발생할 수 있으므로 기초 조사를 철저히 할 필요가 있다.

5. 침수사고에 대한 할인 할증

(1) 침수사고시 할증이 되는 주요유형(운행 중 침수)

① 태풍, 홍수, 해일 등으로 인해 도로유실 또는 침수지역을 알면서 운행하다가 차량이 침수된 경우

② 천재지변에 의한 침수지역임을 알면서도 주의를 게을리 하여 차량이 침수된 경우

③ 침수된 지역을 무리하게 운행하다가 침수된 경우

(2) 침수사고시 할증이 안되는 주요유형(주차 중 침수)

지상 또는 지하 주차장 내에 정상적인 주차 구획선 내에 주차상태에서 침수가 발생한 경우

→ 침수사고 무과실의 경우 할증은 되지 않으나 할인도 1년간 유예됨

6. 결어

05 사고해석과 주요 사고조사

1 사고해석

① 사고해석의 개요

사고해석이라 함은 사고현장에 나타나 있는 타이어 흔적, 파손 잔존물, 액체잔흔 등과 사고차량이 접촉 또는 충돌한 상대 물체에 남아 있는 사고 잔흔, 사고차량에서 얻을 수 있는 파손형태나 상대 물체와의 충돌과정에서 생기는 여러 가지 형태의 파손 형상 등을 분석하여 사고의 진실에 근접한 사고 상황을 재현하는 과정을 사고해석이라 할 수 있다,

최근에는 사고해석을 더욱 완벽하게 시현하기 위해 각종 전산프로그램이 개발되어 운용되기도 하는데 주로 미국에서 개발된 EDSMAC(engineering dynamics simulation model of automobile collisions)나 오스트리아에서 개발한 PC-CRASH 등이 대표적인 프로그램이며, 현재 국립과학수사연구소, 도로교통공단 등에서도 이러한 프로그램 등을 실무에 많이 도입하여 운영하기도 한다. 즉 사고차량의 손상 부위, 도로상의 노면 흔적, 차량 손상부위에 따른 충돌 형태, 노면 흔적에 따른 충돌지점, 사고차량의 충돌 전 진행상황 등을 해석하는 것이 그 예이다.

자동차 사고의 사고관련 각종 증거 자료들을 근거로 객관적이고, 과학적으로 보다 진실에 가깝게 사고해석을 하기 위해서는 차량 공학이나 역학, 차량 동역학, 충돌사고역학, 교통 및 도로공학 등을 응용, 종합적으로 분석하여 사고원인을 규명할 필요가 있다.

특히 손해사정사(보상직원)는 보험사고의 조사·확인업무를 수행함에 있어 매 사고건별로 예외 없이 「사고해석」을 통해 보상업무를 수행하여야 하며, 여기서 보험사고의 조사라 함은 사고발생 건에 대한 면·부책 여부, 과실비율, 구상성립 여부 등을 판단하기 위해 시행하는 일련의 조사과정을 말한다.

1) 손해사정사

자동차 사고로 인한 차량 및 그 밖의 재산상의 손해액을 사정하는 자를 말한다(보험업법 시행규칙 제52조 참조).

2) 차량손해사정사의 업무

① 손해 발생 사실의 확인
② 보험약관 및 관계법규 적용의 적정성 판단
③ 손해액 및 보험금의 사정
④ 제1호부터 제3호까지의 업무와 관련된 서류의 작성·제출의 대행
⑤ 제1호부터 제3호까지의 업무 수행과 관련된 보험회사에 대한 의견의 진술
[보험업법 제188조(손해사정사 등의 업무) 시행일 2011. 1. 24 참조]

3) 손해사정사의 의무

① 보험회사로부터 손해사정업무를 위탁받은 손해사정사 또는 손해사정업자는 손해사정업무를 수행한 후 손해사정서를 작성한 경우에 지체없이 대통령령으로 정하는 방법에 따라 보험회사, 보험계약자, 피보험자 및 보험금청구권자에 대하여 손해사정서를 내어 주고, 그 중요한 내용을 알려주어야 한다.[보험업법 제189조(손해사정사의 의무 등) 시행일 2018.08.22.]
② 보험계약자 등이 선임한 손해사정사 또는 손해사정업자는 손해사정업무를 수행한 후 지체없이 보험회사 및 보험계약자 등에 대하여 손해사정서를 내어 주고, 그 중요한 내용을 알려주어야 한다.
③ 손해사정사 또는 손해사정업자는 손해사정업무를 수행할 때 보험계약자, 그 밖의 이해관계자들의 이익을 부당하게 침해하여서는 아니 되며, 다음 각 호의 행위를 하여서는 아니된다.
- 고의로 진실을 숨기거나 거짓으로 손해사정을 하는 행위
- 업무상 알게 된 보험계약자 등에 관한 개인정보를 누설하는 행위
- 타인으로 하여금 자기의 명의로 손해사정업무를 하게 하는 행위
- 정당한 사유 없이 손해사정업무를 지연하거나 충분한 조사를 하지 아니하고 손해액 또는 보험금을 산정하는 행위

• 보험회사 및 보험계약자 등에 대하여 이미 제출받은 서류와 중복되는 서류나 손해사정과 관련이 없는 서류를 요청함으로써 손해사정을 지연하는 행위
• 보험금 지급을 요건으로 합의서를 작성하거나 합의를 요구하는 행위
• 그 밖의 공정한 손해사정업무의 수행을 해치는 행위로서 대통령령으로 정하는 행위

[보험업법 제189조(손해사정사의 의무 등) 시행일 2011.01,24.]

4) 그 밖에 공정한 손해사정업무의 수행을 해치는 행위로서 대통령령으로 정하는 행위

① 등록된 업무범위 외의 손해사정을 하는 행위

② 자기 또는 자기와 총리령으로 정하는 이해관계를 가진 자의 보험사고에 대하여 손해사정을 하는 행위

③ 자기와 총리령으로 정하는 이해관계를 가진 자가 모집한 보험계약에 관한 보험사고에 대하여 손해사정을 하는 행위(보험회사 또는 보험회사가 출자한 손해사정법인에 소속된 손해사정사가 그 소속 보험회사 또는 출자한 보험회사가 체결한 보험계약에 관한 보험사고에 대하여 손해사정을 하는 행위는 제외한다)[보험업법 시행령 제99조(손해사정사의 의무 등)]

5) 총리령으로 정하는 이해관계를 가진 자

① 개인인 손해사정사의 경우

• 본인의 배우자 및 본인과 생계를 같이하는 친족
• 본인을 고용하고 있는 개인 또는 본인이 상근 임원으로 있는 법인 또는 단체
• 본인이 고용하고 있는 개인 또는 본인이 대표자로 있는 법인 또는 단체
• 본인과 생계를 같이하는 2촌 이내의 친족, 본인의 배우자 또는 배우자의 2촌 이내의 친족이 상근 임원으로 있는 법인 또는 단체

② 법인인 손해사정업자의 경우

• 해당 법인의 임직원을 고용하고 있는 개인 또는 법인
• 해당 법인에 대한 출자금액이 전체 출자금액의 100분의 30을 초과하는 자[보험업법 시행규칙 제57조(이해관계자의 범위)]

❷ 사고해석의 정의

사고차량에 나타난 손상상태와 통보된 사고 상황에서 발생할 수 있는 손상과의 인과관계를 구체적인 관찰과 이론적 고찰을 통하여 사고의 진실에 가장 근접한 결론을 이끌어 내는 판단행위를 말한다.

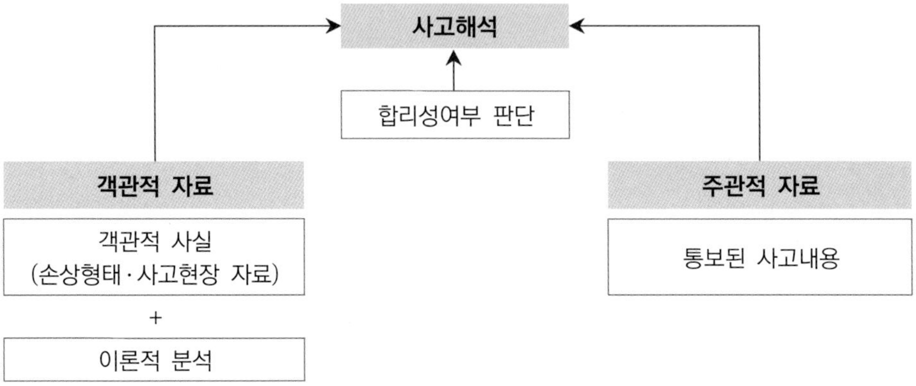

❸ 사고해석의 목적

1) Moral Risk의 배제

① 다양한 종류의 위장사고

② 교통특수사건으로서의 보험금 사기사건

③ 편승수리, 확대수리, 수리비 허위청구 등

④ 고장손해를 보험사고로 위장한 사고건 등

2) 과실비율의 판단자료 제공

사고현장에 나타나있는 손상흔적으로부터 사고차량의 충돌에 의한 속도변화, 운전자 및 탑승자의 충돌자세, 브레이크 조작 또는 핸들의 조작 유무 등을 정확하게 파악할 수 있는 경우도 있다. 이러한 경우에는 사고 당사자의 증언이나 주장을 검증하는 좋은 판단자료가 되어 과실비율 적용의 정확도를 높일 수 있다.

④ 자동차사고발생원인

1) 사고발생의 원인

자동차 사고를 과정별로 분류해 보면 차량충돌 전 상황, 차량충돌 중 상황, 차량 충돌 후 상황으로 대별할 수 있고, 차량충돌 전 상황은 사람(운전자의 운전특성)」-「차(차량운동)」-「환경(도로환경)」의 3요소가 유기적으로 결합된 상태이나 이 상황에서 차량이나 도로환경의 결함(하자), 운전자의 부주의 등으로 인하여 이러한 요소들이 불안정하게 되면 불균형이 발생하여 사고로 이어지고 사고의 규모가 커짐에 따라 각 요소에는 변화가 명확하게 생긴다.

예로서, 차량 충돌 전 차량이 가지고 있던 운동에너지는 충돌(추돌 또는 접촉)현상을 통해 차체에 손상을 남기면서 각 사고차량 간에는 운동량의 교환이 이루어지게 된다. 이 과정에서 차내 탑승자도 운동량에 따라 상대적인 운동을 하면서 부상을 입게 되고, 차량충돌 후 사고관련 차량들은 나머지 운동에너지를 계속 소진시키면서 병진 또는 회전운동을 하면서 차량을 이동 시킨 후 최종 정지하게 된다.

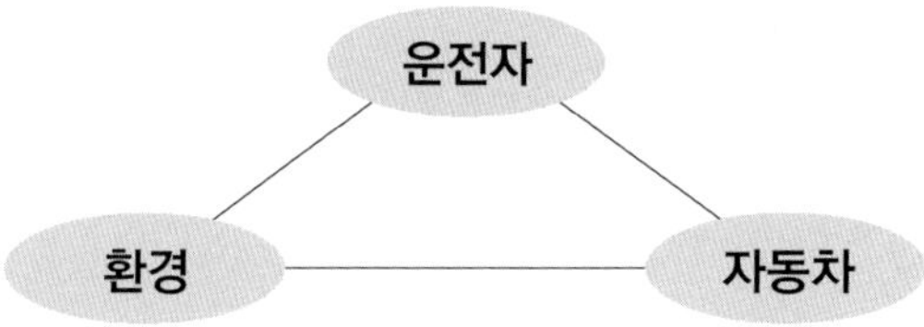

차량이 충돌할 때 지속되는 시간은 불과 0.1~0.2초의 매우 짧은 시간이고 충돌 후 최종 정지하기까지의 시간도 수초에 지나지 않기 때문에 자동차사고에 있어서 충돌과 충돌 후 현상은 물리학에서의 각종 법칙에 따라 차량과 도로 등에 많은 종류의 흔적을 남기게 된다. 이러한 흔적들은 사고해석을 하는데 있어서 객관적 증거(물적 증거)로서 큰 의미를 부여하고 있다고 할 수 있다.

① 운전자 특성

자동차사고에 있어 가장 중요한 요소 중의 하나로서 운전자의 특성에는 운전자의 시야, 운전자의 반응속도, 음주운전, 졸음운전 등이 있다.

- 운전자의 시야

운전에 필요한 정보의 약 80~90%는 운전자의 눈에 의해 얻어지며 요소로는 가시거리, 시야, 암순응, 명순응, 현혹 등이 있다.

• 운전자의 반응속도

운전자의 반응속도는 인지반응특성으로도 표현되며, 다음의 4단계로 구분한다.

- 지각(Perception) : 상황 또는 위험을 시각적으로 인식하는 것
- 확인(Identification) : 시각적으로 인식한 상황 또는 위험의 식별, 이해
- 의사결정(Emotion) : 이해한 상황에 대한 반응여부 결정
- 반응(Reaction) : 의사결정에 따른 동작 수행

• 음주운전

술을 마시게 되면 누구나 생리적인 현상에 의해 지각시간, 반응시간 등이 떨어지고 시야가 좁아지며, 시력저하, 감각둔화, 동작 불안정 등으로 인하여 운전능력이 떨어지게 된다.

• 졸음운전

졸음운전은 만성적인 피로, 수면부족, 장시간 운전 등 피로로 인한 졸음운전과 도로환경이나 운전의 단조로움으로 인한 졸음운전 등으로 구분할 수 있다.

② 자동차 특성

자동차 특성에서는 자동차 자체에서 발생되는 요소와 자동차가 가지고 있는 운동에너지 요소 등으로 구분된다.

• 자동차 자체 요소

조향장치의 결함, 제동장치 결함, 타이어 결함, 현가장치 결함 등

• 자동차의 운동에 따른 요소

급제동에 따른 노즈 다이브 현상, 수막현상, 선회 중 급제동으로 인한 페이드현상, 타이어 마모로 인한 제동력 감소, 제동으로 인한 관성 저하를 우려한 제동 기피, 원심력에 의한 선회궤적 이탈 또는 과대반응 등

• 도로환경 특성

시야불량, 노면 미끄럼, 노면 장애, 교통안전시설물, 급회전 도로 등 정확한 사고해석을 위해서는 위 3요소에 대한 폭 넓은 지식이 필요하며, 교통사고가 감소되지 않고 있는 이유는 이 3요소에 대한 안전대책이 미흡한 결과라고 할 수 있다.

2) 자동차사고 조사

사고조사는 사고접수, 계약확인, 피해물(자) 확인, 사고관련자 면담, 현장 확인, 경찰조사기록 확인, 과실비율, 구상성립 여부, 면·부책 등을 판단하기까지 여러 단계에 걸쳐 광범위하게 이루어지는데 그 요령은 다음과 같다.

① 조사원칙

- 신속한 출장
- 철저한 조사

② 조사방향

- 보험사고 여부판단(면·부책 여부)
- 과실비율의 판단
- 분쟁 및 소송 등에 대비한 객관적인 증거자료의 수집
- 부당한 청구 배제

③ 조사요령

- 계약확인

  신규계약, 담보종목 추가계약, 운전자한정 운전특약, 연령한정 운전특약, 실효 후 부활계약, 타 보험 가입여부 등

- 사고접수 내용확인
  - 당일사고, 지연접수사고, 과실경합사고, 심야사고, 운전자 및 차량 바꿔치기 예상 사고, 구상예상 사고 등으로 구분하여 대략적인 조사방향을 설정한다.
  - 피보험자에게 전화 등을 이용, 본인 소개를 하고 접수내용 중 누락된 부분이나 기타 조사에 필요한 사항을 문의하여 보완하고, 필요시 구비해야 할 서류를 안내한다.
  - 사고관련 차량의 정비업체 입고 여부를 확인하여 정비업체로부터 입고일시, 자력입고 여부, 사고일시, 장소, 사고 상황에 대해 확인 후 접수된 내용 또는 피보험자, 피해자로부터 확인한 내용을 대사 확인한다.

- 현장조사
  - 도로의 형태 및 노면에 대한 조사

    차선, 도로의 폭, 제한속도, 신호기 설치 여부 등 사고조사에 필요한 사항을 확인하여 접수지에 간략하게 도시하고, 기 조사한 내용과 일치여부를 확인한다.

- 사고발생 흔적 및 상황조사
  - 충돌 전 흔적 : 펑크 난 타이어 흔적, 스키드 마크, 요 마크 등
  - 충돌과정에서 생긴 흔적 : 충돌 스크랩 흔적, 타이어 흔적 궤적, 충돌 파편 낙하, 차량 용액 유출 등
  - 충돌 후 흔적 : 타이어 끌린 흔적, 타이어 림 끌린 흔적, 충돌파편 및 차량 용액 등

- 목격자 조사

  현장 주위의 상가 등을 중심으로 목격자를 확인하거나, 차량 블랙박스 영상기록, CCTV 등을 통해 증빙자료를 확보한다.

❺ 면·부책 판단

자동차 사고에 대한 면·부책 판단에 있어서 사고란 상황이 매우 다양하게 나타나므로 많은 조사와 폭 넓은 정보, 자료를 수집하여 판단하고 사고의 전체내용을 명확하게 하는 것이 필요하다.

1) 면·부책 판단 Flow

① 면·부책 판단자료

자동차 사고는 매우 복잡 다양한 형태로 발생되므로 면·부책을 판단하기 위해서는 면밀한 조사와 광범위한 정보 자료를 수집, 관찰하는 등 사고의 실체를 명확히 파악하는 것이 필요하다. 이러한 사고의 실체를 파악하기 위해서는 우선 다음의 3가지를 조사, 확인하여 입수된 정보 또는 자료에 대한 종합적인 분석과 검토가 이루어질 때 면·부책 결정이 가능하게 된다.

- 사고당사자 및 제3자의 증언에서 얻어지는 정보와 자료(이 경우 경찰의 조사 자료 등도 포함된다)
- 사고차량 및 충돌 상대물의 손상부위와 손상형태에서 얻어지는 자료와 물적 증거물
- 사고현장의 환경조건 및 현장에 남아 있는 손상부품 또는 스키드 마크(skid mark) 등의 자료와 물적 증거물

② 객관적 자료

- 사고현장에서 사고차량과 관련하여 얻어지는 명백한 자료를 의미한다.
- 손해사정사는 사고차량을 조사, 확인함에 있어 단순히 손해액을 산정하는 것에만 국한하지 않고 그 차량에 발생한 손상과 현상을 잘 관찰하는 것이 무엇보다도 중요하다.

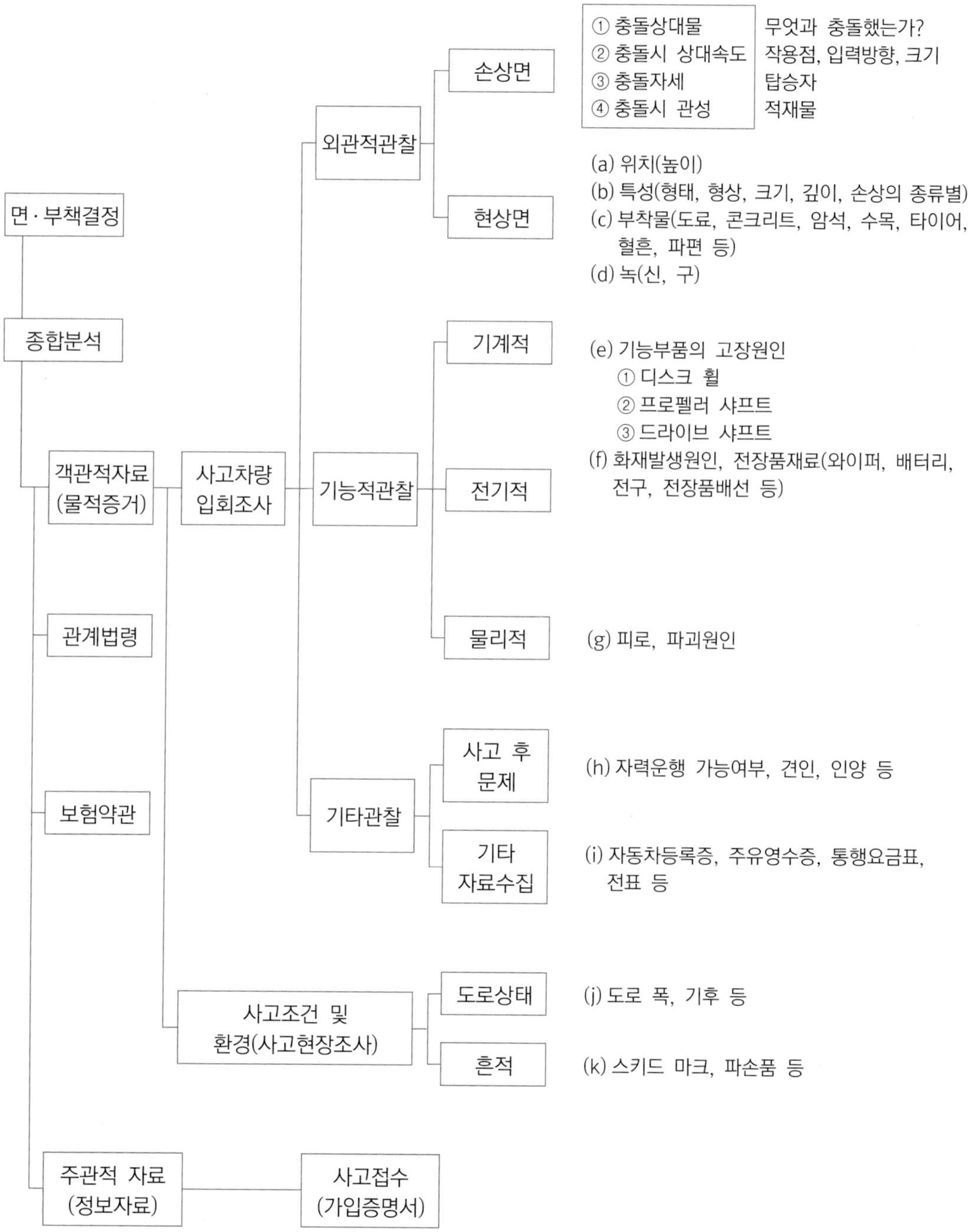

③ 주관적 자료

자동차사고가 발생되면 통상 사고당사자나 이해관계인에 의해 사고내용이 보험회사에 통보되고, 통보된 내용이 「사고접수지」에 기록되지만 그 내용은 사고 당사자들의 견해와 주장에 따라 내용이 작성되기 때문에 반드시 객관성이 있다고는 말할 수 없다. 따라서 객관적 자료로서의 가치가 있는지 여부 등에 대하여 면밀히 검토해야 된다.

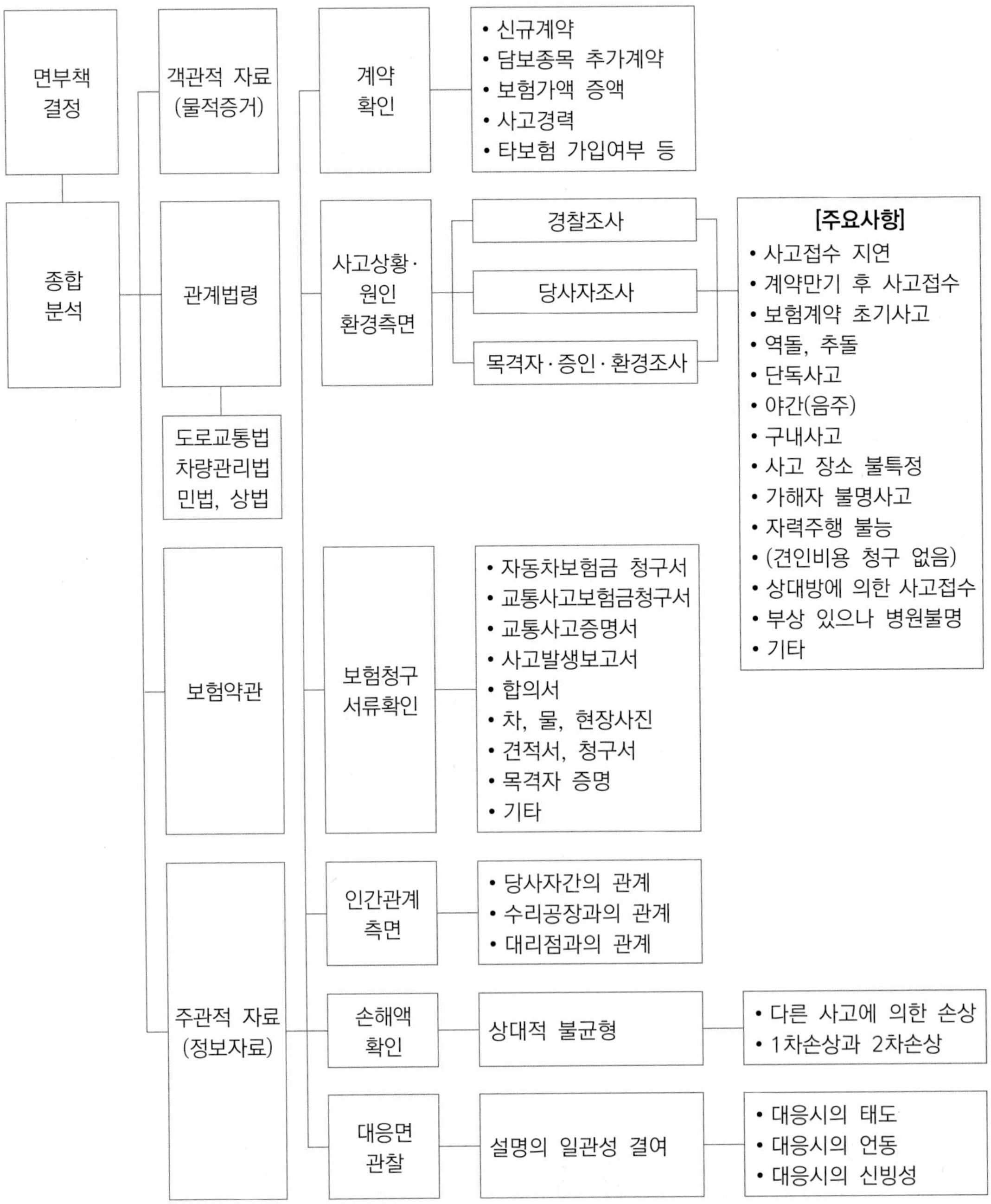

❻ 사고차량 관찰기법

1) 외관적 관찰

① 외관적 관찰의 목적

주로 교통사고가 발생한 뒤에는 사고관계자, 자동차, 도로면 또는 충돌대상물에 여러 종류의 변화가 남아 있게 된다. 따라서 먼저 설명한 사람 - 차 - 환경의 3가지 사고발생 요인에 변화가 발생하게 되므로 이것을 정밀하게 조사, 확인, 분석, 검토함으로써 사고재현이 가능하며, 올바른 객관적 자료를 통해 사고해석의 정확도를 높이는 것이 무엇보다도 중요하다고 하겠다.

이를 위해서는 우선적으로 사고차량에 대한 관찰을 상세하게 조사, 확인하여야 한다. 이렇게 함으로써 얻어진 자료는 객관적 자료이기 때문에 증거물로 인정되는 경우가 많고, 무엇보다도 먼저 주관적 자료를 검증하는데 있어 매우 유효한 근거가 된다. 여기에서는 외관적 관찰의 제 요건에 대한 개요를 설명하고자 한다.

② 사고접수 내용의 완전한 파악

사고차량의 외관적 관찰은 접수된 사고 상황과 발생된 손상상태와의 인과관계 여부를 판단하는 것과 사고당사자의 통보내용을 파악하는 일이 매우 중요하다. 이러한 내용을 예시하면 다음과 같다.

- 계약내용 : 계약일(시기, 종기), 보험가입금액, 면책금액, 가족한정운전특약, 연령한정운전특약 등
- 사고당사자의 성명, 주소, 연령, 연락처
- 사고발생일시, 장소, 기후
- 피보험차량과 상대차량의 차종, 연식, 컬러, 손상부위, 손상정도, 소재지
- 상세한 사고발생상황 및 도로상황, 경찰입건 여부

여기에서 첫 번째 계약내용과 네번째 피보험차량에 대해서는 즉시 확인 가능한 사항이지만 나머지 부분은 발생된 사고내용과 상황에 따라 각기 상이하게 나타나므로 구체적인 확인이 요구된다.

③ 외관적 관찰의 기술적 요건

외관적 관찰이란, 주로 사고차량의 외부에 발생한 손상과 현상을 구체적으로 관찰해서 분석, 검토하는 것을 말한다. 따라서 손상의 발생 또는 현상이 발생하는 원리에 대한 기초 지식과 관찰요령 등을 동원하여 사고내용 조사와 손상상태의 점검이 요구된다. 여기에서는 외관적 관찰의 기술적 요건의 개요에 대해서 설명하도록 하겠다.

• 자동차 사고 형태

자동차 사고에 의해서 발생된 손상형태는 다음의 여러 요소에 따라 각각 다르게 나타난다.

- 충돌상대물
- 충돌당시 상대속도
- 충돌위치(각도)
- 충돌당시 관성

이러한 제요소가 복잡하게 연결되어 사고차량에 나타나는 손상은 다양하지만 이것을 관찰, 정리하여 사고접수내용과 일치여부를 판단하는 자료로 활용하는 것이 외관적 관찰의 큰 목적이다.

ⓐ 지상 고정물체와의 충돌

동일한 자동차가 같은 충돌 속도에서 사고를 발생시킨 경우 상대 물체의 크기, 형태, 재질에 따라 사고 차량에 나타나는 손상에는 큰 차이가 있다.

- 중심 충돌에서와 같이 입력 방향이 차체 중심으로 향하는 충돌에 있어서 상대 물체와 충돌하여 차량이 가지고 있는 운동에너지 전부를 소비함으로써 정지되는 것과 같은 사고에서는 충돌 부위가 푹 들어간 손상이 나타나고, 상대 물체의 형태가 손상 부위에서 나타나게 된다.

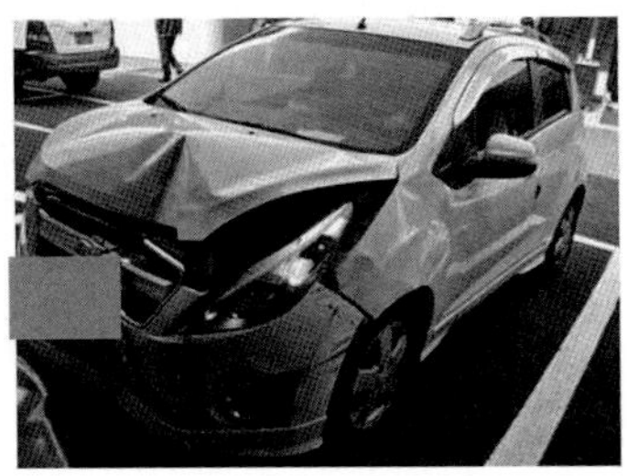

- 입력 방향이 차량 중심이 아닌 편심충돌에서는 차량이 중심을 잃고 순간적으로 회전을 하게 되어, 편심의 정도가 클수록 차량의 운동에너지가 전부 소비되지 않고 다음 운동으로 이동하지만 이 경우 충돌 상대 물체와의 마찰로 인한 찰과 손상이 발생하게 된다.

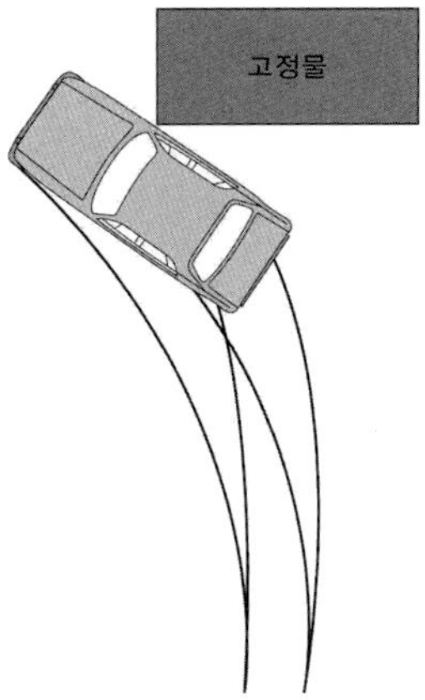

에너지보존의 법칙

에너지(Energy)란 일(Work)을 할 수 있는 능력으로서 물체가 운동할 때 형태를 바꾸어도 전체 에너지의 크기는 양적으로 변하지 않으며, 이러한 에너지에는 기계적인 일, 운동에너지, 위치에너지, 마찰일, 변형에너지 등이 있다.

운동에너지(Ek) = 자동차가 한 일(제동에너지) = 마찰열 = $1/2mv^2$

• m : 물체의 질량 • v : 속도

즉 주행속도 v(km/h)로 달리는 자동차가 제동력 F(kgf)의 작용으로 제동거리 S(m)에서 정지하였다고 가정하면 자동차가 한 일 = 제동력(F)×제동거리(S)가 되고, 자동차가 가지고 있는 운동에너지는 $1/2mv^2$이 된다.
여기서 질량 m은 지구의 중력가속도 g(9.8m/s²)가 작용하여 자동차의 중량 W(kgf)이 되므로, 자동차의 질량 = W/g 가된다.
에너지보존의 법칙에 따라 두식을 다시 정리하면 자동차가 한 일과 자동차가 가지고 있는 에너지 같으므로 제동력(F)×제동거리(S) = $1/2 \times W/g \times v^2$으로 나타낼 수 있다. 따라서 자동차가 가지고 있던 운동에너지는 타이어와 노면과의 마찰일로 모두 변환되었다고 볼 수 있다.

ⓑ 자동차 상호 간 충돌

- 정면충돌 : 완전한 정면충돌은 양 차량의 무게중심이 동일 직선상에 있으며, 충돌 면에서의 변형과 양 차량의 운동 변화가 모두 에너지 변화의 대상이 되므로 양 차량 모두 구조의 앞부분이 뒤로 밀리는 손상이 발생한다.

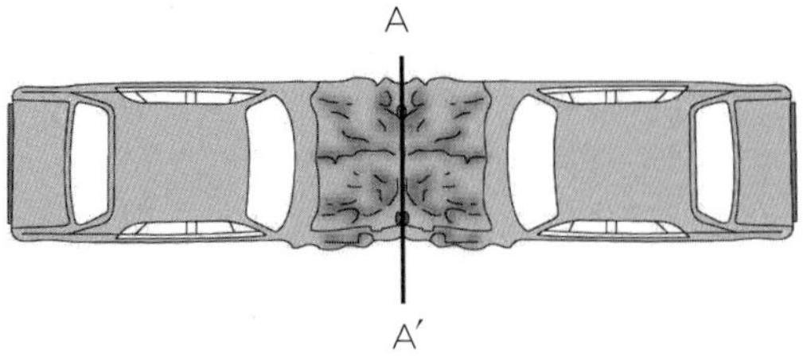

- 측면 충돌 : 2대의 자동차가 각각 직각 충돌과 경사 충돌하는 사고에서는 양 차량 모두 병진운동 이외에 회전운동을 일으켜 충돌 지점에서 정지하지 않고 충돌 전의 운동방향과 다른 새로운 방향으로 진행하는 경우가 많다.

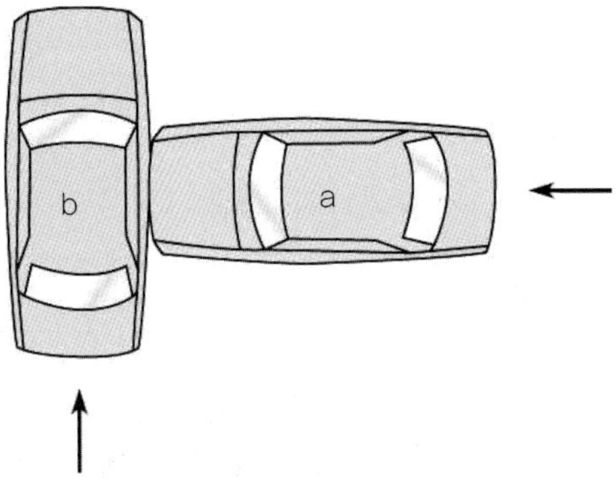

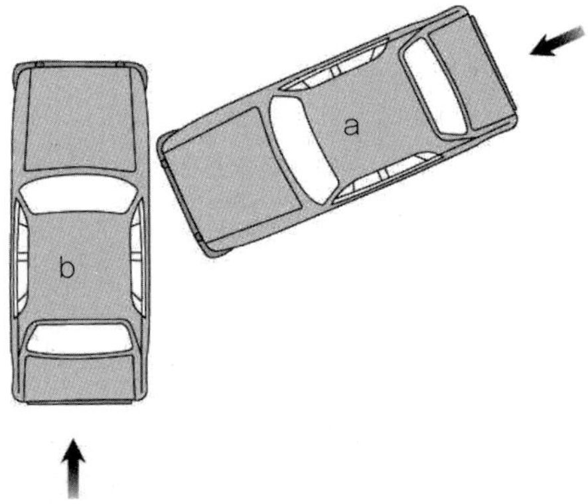

- 직각 충돌에 있어서 충돌 차량 a가 b차량을 충돌하는 경우 a는 b와의 충돌에 의한 반력으로 종축방향에 손상이 발생한다.
- 한편, 충돌 차량 a의 앞부분과 b차량의 측면부에서는 접촉에 의한 마찰력이 생기게 된다. 따라서 충돌 차량 a의 앞부분에는 b의 주행방향으로 횡적 변형손상을 받게 된다.
- 이 결과, 양 차량은 회전을 일으켜 새로운 운동방향으로 진행하거나 또는 서로 2차 충돌이 발생한다.

• 자동차 충돌과정

자동차의 충돌과정은 최초접촉, 최대접촉, 충돌 후 분리의 과정으로 나누어 볼 수 있다.

ⓐ 최초접촉

충돌이 시작되는 시점을 의미하며, 이때부터 충돌차량에 운동량 교환이 이루어지면서 차체변형이 생기고 자동차의 속도가 감소되기 시작한다. 최초접촉 후 최대접촉이 되기까지 충돌접촉시간은 극히 짧은 시간이 된다.

ⓑ 최대접촉

최대접촉은 손상이 최대가 되는 상태로서, 양 차량의 운동량 교환이 완료될 때까지 계속적으로 맞물려 접촉한 상태로 양 차량이 순간적으로 정지되어 상대속도가 '0'이 되는 상황을 의미한다.

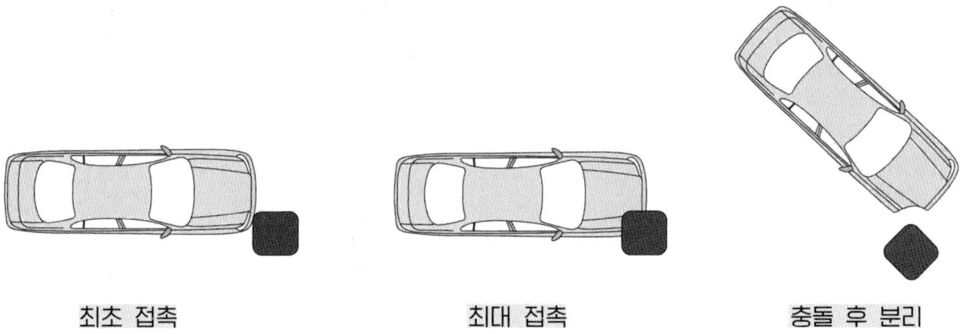

ⓒ 충돌 후 분리

최대 접촉 후 분리된 차량은 각각 운동 궤적을 그리며 이동하여 최종 정지하게 되는데, 이때 차량에 남아있던 운동에너지는 타이어와 노면의 마찰열로 변환되게 된다.

• 자동차의 운동

자동차의 운동은 차체를 중심으로 하여 전·후 방향(X축)으로 작용하는 운동과 차체 중심의 좌·우 방향(Y축)으로 작용하는 운동, 차체 중심의 상·하 방향(Z축)으로 작용하는 운동으로 구분하며, X축을 중심으로 한 회전운동을 Rolling, Y축을 중심으로 한 회전운동을 Pitching, Z축을 중심으로 한 회전운동을 Yawing, Z축을 중심으로 한 병진운동을Bouncing 이라 한다. 또한 주행 중인 자동차에 가해지는 힘의 대부분은 타이어를 통해 노면에서 전달되는 것과 차체가 받는 공기압력(저항)이다.

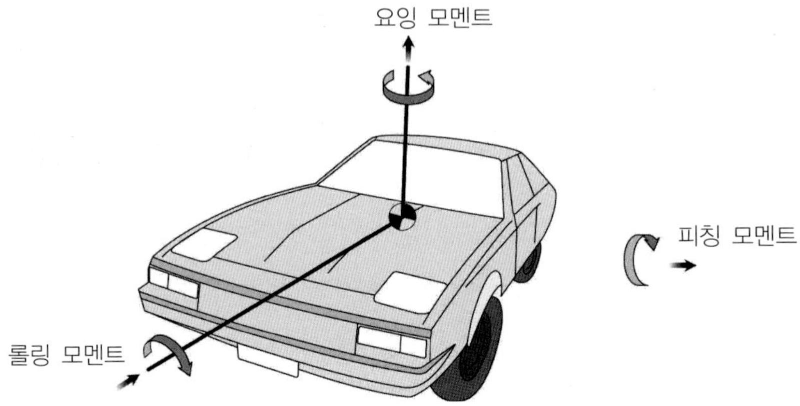

ⓐ 노즈 다이브(nose dive)

주행하고 있는 자동차에 제동이 걸리면 전후의 하중 이동에 의해 차체의 앞부분은 지면을 향해 기울어지고, 상대적으로 차체의 뒷부분은 위로 올라가는 회전모멘트(pitching) 현상이 일어난다. 일반적으로 이것을 노즈 다이브 또는 테일 리프트(tail lift)라고 하며, 이와 같은 현상으로 인하여 앞차축의 하중은 증가하지만 그 증가된 만큼의 뒤 차축 하중은 감소하게 된다.

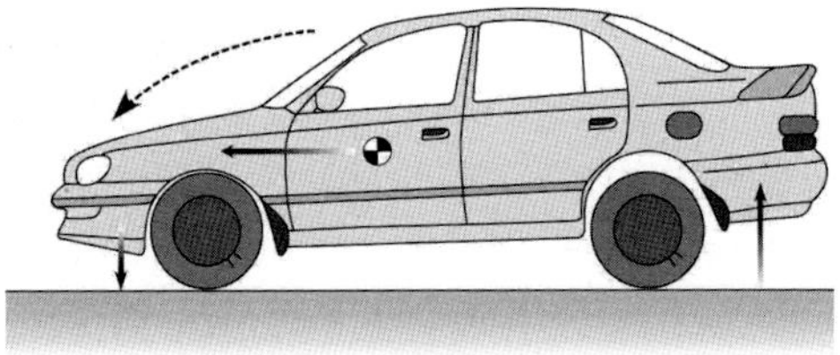

노즈 다이브

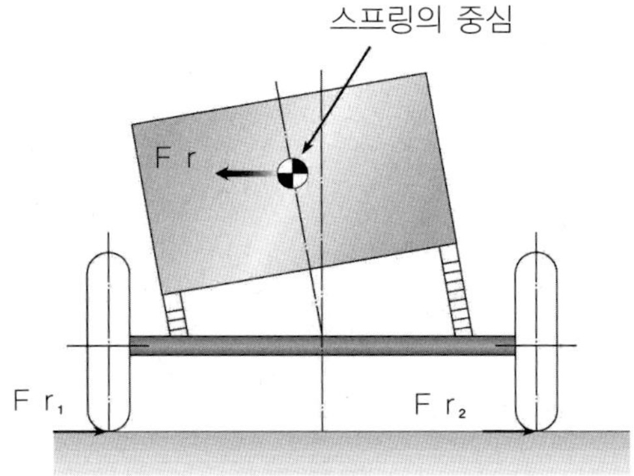

롤링

ⓑ 롤링

선회중인 자동차에 원심력이 작용하면 그림과 같이 차체가 기울어지는 롤링 현상이 일어난다. 그림을 보면 우선 선회하는 내측 서스펜션 스프링이 줄어들며 차체가 가라앉으나 우측 스프링은 늘어나 차체가 올라가는 것을 알 수 있다. 이 경우 롤링각의 크기와 이러한 움직임은 서스펜션의 형식에 따라 복잡한 차이를 보이지만 일반적으로 승용차에서의 롤링 각은 3~6° 정도인 것으로 알려지고 있다.

ⓒ 요잉(yawing)

코너를 돌 때 나타나는 현상으로서 차량의 앞부분이 우측으로 방향이 바뀌면 차량 뒷부분은 왼쪽으로, 앞부분이 좌측으로 바뀌면 뒷부분은 우측으로 쏠리게 된다. 이러한 현상이 계속 반복되는 것을 요잉이라 한다.

ⓓ 바운싱(bouncing)

차량의 앞뒤가 전체적으로 평행하게 위·아래로 움직이는 현상을 바운싱이라 한다.

ⓔ 스쿼트(squat)

차량을 급히 출발시킬 때 차체의 앞부분이 올라가고 뒷부분이 낮아지는 현상을 스쿼트라 한다.

• 손상발생의 역학적 고찰

ⓐ 운동량보존의 법칙

운동량은 물체의 질량과 속도를 곱한 값으로 표현되며, 운동량보존의 법칙은 '충돌 전 물체가 가지고 있던 운동량의 합은 충돌 후 물체의 운동량과 같다'로 정의된다. 즉 충돌 전·후 두 대의 차량이 일직선상에서 운동(1차원 운동)을 하였다면 물체의 질량을 m, 충돌 전 속도를 v, 충돌 후 속도를 v'라고 할 때 각 물리량 사이에는 운동량보존의 법칙에 의해 다음과 같이 표현할 수 있다.

$$m_1V_1 + m_2V_2 = m_1V_1' + m_2V_2'$$

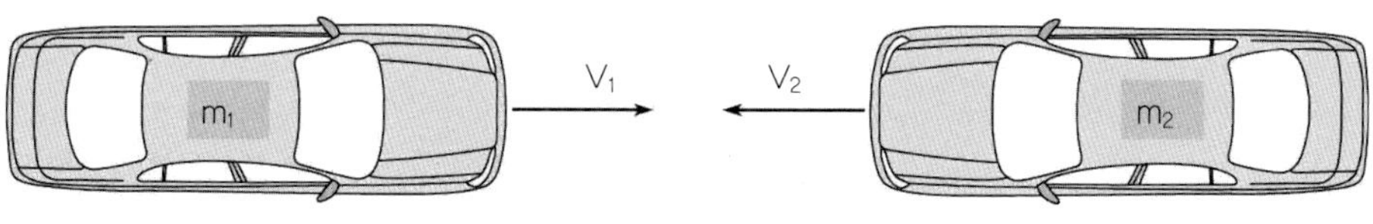

ⓑ 충격량(impulse)

충격량은 충돌할 때 발생하는 충격력의 크기로서 물체에 작용하는 힘(F)과 시간(t)의 곱으로 표현된다.

$$I = F \cdot \Delta t$$

가속도의 법칙(뉴턴의 제2법칙)에 의해 $F = m \cdot a$이므로 여기에 $\alpha = \frac{\Delta v}{\Delta t}$를 대입하면

$F = ma = m\frac{\Delta v}{\Delta t}$가 된다. 즉 충격량 $I = F \cdot \Delta t = m\Delta v$이므로 결국 충격량 크기는 운동량 변화량($m\Delta v$)과 같게 된다.

ⓒ 관성의 법칙과 손상의 발생

- 관성(inertia)운동(뉴턴의 운동 제1법칙인 「관성의 법칙」) : 외부로부터 어떠한 외력이 작용하지 않는 한 정지된 물체는 계속하여 정지 상태를 유지하려고 하고, 움직이는 물체는 계속하여 운동을 유지하려고 하는 성질을 가지고 있다.

  예를 들어 주행 중인 자동차는 언제까지라도 주행을 계속하려고 하지만 이것을 급격하게 정지시키면 이에 관계된 부위 이외의 자동차의 제 장치, 부품 또는 승객, 적재물품 등은 진행방향으로 운동을 계속하려고 하게 된다. 이와 같은 운동을 일반적으로 「관성운동」이라고 한다. 따라서 사고차량의 외관을 관찰하는 경우 다음과 같은 여러 사항을 구체적으로 조사하는 것이 중요하다.

  - 실내 물품과 승객과의 2차 충돌에 의한 손상 또는 흔적유무 관찰
  - 적재물품 등의 이동에 따른 2차 충돌에 의한 손상 또는 흔적유무 관찰
  - 자동차의 제 장치, 부품 또는 그 구성부품의 이동에 의한 손상 또는 흔적 유무 관찰
  - 충돌의 영향으로 본래의 위치에서 분리되고 파손된 부품 또는 그 일부 부품의 이동상태 관찰

- 관성력(뉴턴의 제2법칙, 가속도의 법칙) : 자동차 사고에 있어 충돌이란 자동차가 다른 차량이나 다른 물체와 충돌하는 현상을 말하지만 그 충돌기간 중에는 접촉하고 있는 두 물체끼리 운동량이 교환되고 충돌차량에는 속도변화가 생기게 된다. 역학에서는 단위시간당 속도변화를 가속도라고 정의하고 있지만 여기에는 운동의 제2법칙에서 정의하는 「운동방정식」에 의한 관성력에 대해서 서술해 보겠다.

$$F = m \cdot a = \frac{W}{g} \cdot a = \frac{W}{g} \cdot \frac{V_2 - V_1}{V_1}$$

F : 힘의 크기(kgf)	V_2 : 충돌 후 속도(m/s)
W : 충돌차량의 총중량(kgf)	t : 작용시간(sec)
m : 질량(kg)	a : 가(감)속도(m/s^2)
V_1 : 충돌 전 속도(m/s)	g : 중력가속도($9.8m/s^2$)

한편, 회전운동의 경우에는 관성모멘트(I)가 관성의 원인으로 작용하므로 힘(F) 대신에 회전력(T), 질량(m)대신에 관성모멘트(I), 가속도(a) 대신에 각가속도(α)를 사용하여 다음과 같은 운동방정식으로 나타낼 수 있다.

$$T = I \cdot \alpha$$

- 질량(kg) : 물체(mass)의 관성 크기를 표시하는 양, 곧 물체에 작용하는 힘과 그에 의해 생기는 가속도와의 비를 나타낸다.
- 중량(W) : 무게, 지구상의 물체에 작용하는 중력의 크기, 그 질량의 표준 중력가속도 (weight) ($9.8m/s^2$)를 곱한 양으로 나타낸다.

위 식에서 충돌시의 관성력 F는 충돌차량의 차량중량과 충돌시의 가(감)속도에 비례한다는 것을 알 수 있다. 따라서 위에 설명한 자동차부품 또는 장치, 승객, 적재물품 등의 중량이 무거울수록 큰 관성력이 작용함을 알 수 있다.

- 작용·반작용의 법칙(뉴턴의 운동 제3법칙) : 어떤 물체에 힘이 작용할 때에는 반드시 힘의 크기가 같고 방향이 반대인 힘이 동시에 존재하게 되는데 이와 같은 힘의 관계를 작용·반작용의 법칙이라 한다. 충돌하는 양차 사이에서 발생하는 충격력(F)은 뉴턴의 운동 제3법칙에 의해 $F_1 = F_2$이므로 충돌에 의해 발생하는 충격가속도(a)의 크기는 질량(m)의 역비례 관계가 된다. 따라서 양 차량의 차체구조와 강도가 동일한 경우 손상상태(변형)의 정도는 강도가 약한 쪽으로 크게 나타나게 된다.

그림과 같이 두 물체가 충돌하면 운동의 제3법칙인 작용·반작용의 법칙에 의해 차량 A는 차량 B를 밀고 차량 B는 움직이지 않으려고 저항하게 된다. 이 경우 차량 A가 차량 B를 미는 힘과 차량 B가 차량 A를 미는 힘의 크기는 충돌중의 어느 순간에도 같지만, 질량이 다른 소형차와 대형차의 경우라면 질량이 작은 소형차에는 더 큰 충격가속도가 발생하게 된다.

$$F_1 = F_2 \rightarrow m_1a_1 = m_2a_2 \rightarrow \frac{\alpha_1}{\alpha 2} = \frac{m2}{m1}$$

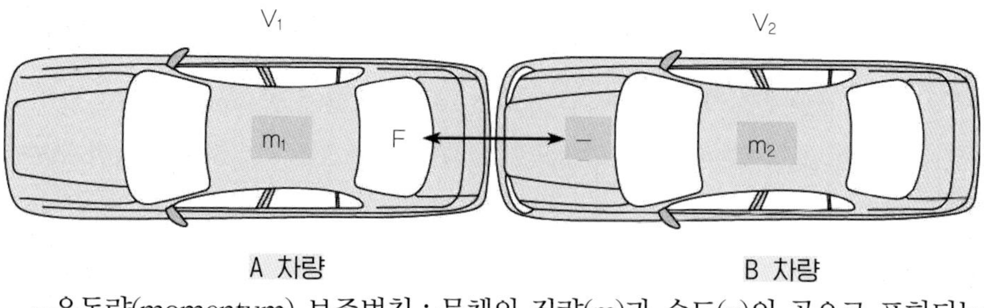

- 운동량(momentum) 보존법칙 : 물체의 질량(m)과 속도(v)의 곱으로 표현되는 물리량

을 운동량이라 하며 운동량보존법칙은 '충돌 전 물체의 운동량 합은 충돌 후 물체의 운동량 합과 같다'로 정의된다. 따라서 충돌 전·후 두 차량이 일직선상에서 1차원 운동을 한다고 가정할 때 물체의 질량을 m, 충돌 전 속도를 v, 충돌 후 속도를 v′ 라고 하면 운동량보존법칙에 의해 각 차량의 물리량 관계는 다음과 같다.

$$m_1V_1 + m_2V_2 = m_1V_1' + m_2V_2'$$

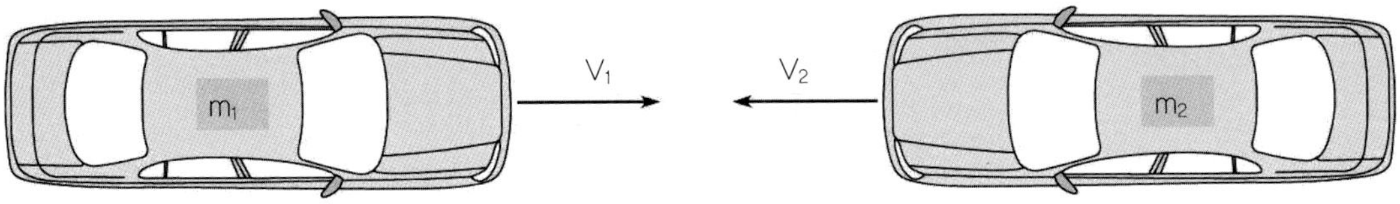

• 추돌사고와 차체손상

동종의 차량 상호간 추돌사고에 있어서 손상상태를 작용·반작용의 법칙에 적용시키면 다음과 같이 집약된다.

- 동종의 차량 상호간 추돌사고에서는 우선, 추돌차량의 프런트 범퍼와 피추돌 차량의 리어 범퍼가 충돌하게 되고, 양 차량의 범퍼 강도에 따라 손상정도가 다르게 나타난다.
- 양 차량의 범퍼강도가 거의 같은 경우에 있어서의 추돌사고는 작용·반작용의 법칙에 따라 양 차량에 가해진 힘의 크기가 같으므로 쌍방의 범퍼에 나타난 손상 정도 역시 거의 같게 나타난다.
- 범퍼만으로 충격을 흡수할 수 없는 충돌이면 바디까지도 손상이 진행되며, 만일 동종의 구조를 갖추고 있다고 하더라도 엔진 등이 탑재되어 있는 프런트 바디의 강도가 리어 바디보다 높다. 따라서 이 경우 강도가 약한 리어 보디가 프런트 바디보다 손상상태가 크게 된다.

• 범퍼의 종류와 강도

작용·반작용의 법칙을 활용하여 충돌에 의한 손상상태를 고찰하는 것은 매우 중요하다. 특히, 비교적 손상빈도가 높은 범퍼와 차체에 대한 고찰이 중요하나 차체강도에 관한 조사자료가 미흡한 상황이므로 범퍼의 종류와 강도와의 관계를 면밀히 파악하여 외관적 관찰을 할 수 밖에 없다.

- 범퍼의 종류

충격흡수식 범퍼는 차체의 강도부위에 1개의 리인포스먼트(강재)를 배치하고 우레탄 수지제의 표피와의 사이에 충격흡수재로서 발포 우레탄을 삽입한 형태로 구성되어 있으며, 충돌속도 5mi/h(8km/h)까지의 경미한 충돌은 범퍼가 자체적으로 충격을 흡수하는 기능을 가지고 있다. 충격흡수식 범퍼의 손상 특성은 충돌 순간에는 일시적으로 변형되지만 충돌 후에는 서서히 본래의 형태로 복원된다는 것이다. 그러나 충돌에 의한 충격이 커지면 표면 손상, 변형, 균열 등 손상이 확대되게 된다.

• 손상과 가공경화

강판이 꺾여 구부러지면 그 부분은 딱딱하고 강하게 되는 성질이 있다. 이와 같은 현상을 가공경화라 한다. 외관적 관찰을 함에 있어 사고에 의한 손상(변형)이 발생된 부분은 딱딱하게 강해진다는 사실에 특히 주목해 둘 필요가 있다.

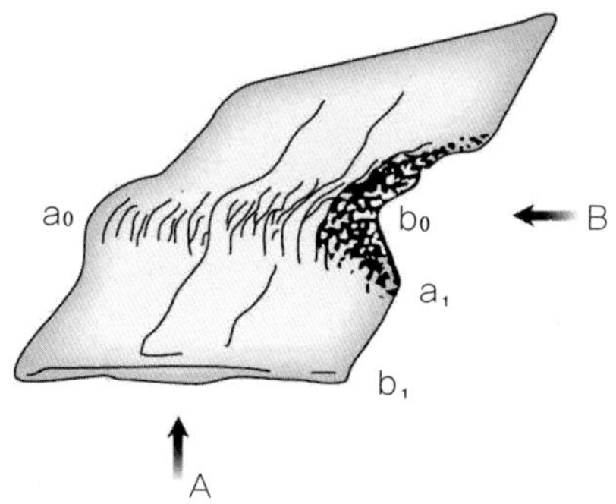

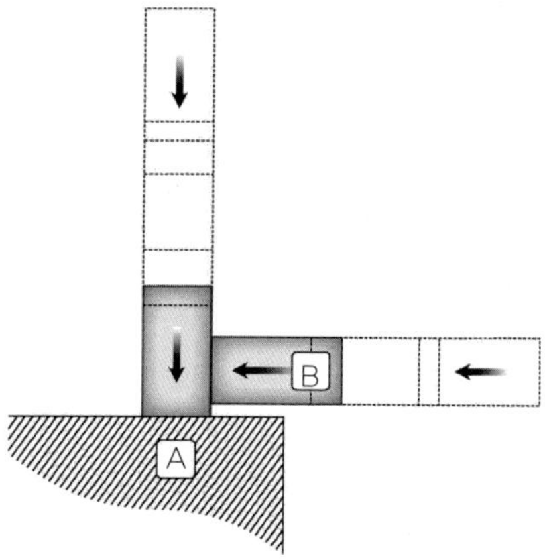

위 그림은 후드패널이 전방과 측방으로부터의 충격에 의해 a_0-a_1 과 b_0-b_1 간에 각각 변형이 발생된 것을 나타낸 것으로 어느 방향이 먼저 충돌했는가를 가공경화에 대한 지식을 활용하여 충돌에 의한 입력순서를 조사해 보자.

ⓐ 결과

- 1차 충돌 : Ⓑ방향(가공경화가 b_0-b_1 간에 많이 발생되었음)
- 2차 충돌 : Ⓐ방향

• 부착물

자동차가 다른 물체와 충돌할 때에는 충돌 물체와의 직접 손상 뿐 아니라 후발 손상이 동반되는 경우가 많다. 이러한 손상은 사고 순간에 발생하는 것과 시간이 경과됨에 따라 나타나는 것이 있는데 전자가 부착물이며, 후자는 녹의 진행 등을 들 수 있다.

ⓐ 부착물

콘크리트 가루, 수목 조각, 타이어 자국, 각종 상대 물체의 파편, 도료, 플라스틱 피막 등이 있다. 특히 플라스틱 피막의 경우 상대 물체의 소재가 엷게 늘어난 색조로 나타나게 되는데 관찰하는 경우 주의가 요구된다.

- 착색 부품의 피막 : 회색의 반투명제
- 무색 부품의 피막 : 무색의 반투명제

ⓑ 녹(패널의 부식)

사고 차량의 외관적 관찰 중에서 녹을 조사, 확인하는 것은 대단히 중요하다.

- 입회하는 경우 착안점
  ‣ 사고 일자로부터 입회 일자까지의 경과된 기간 동안의 녹슨 상태
  ‣ 복수 사고의 경우 손상에 의한 관련 부품들의 부식 상태
- 차량의 패널 부위에 진행된 부식상태 사진

• 녹의 생성

ⓐ 대기 환경

- 건성 부식 : 환경에 수분이 없다.
- 습성 부식 : 환경에 수분이 있다.
- 전원 환경 : 대기가 쾌적하다.
- 해안 환경 : 염분 등을 함유하고 있다.
- 공업(도시적)환경 : 여러 종류의 먼지, 유해가스 등을 포함하고 있다.

ⓑ 금속재료의 조직과 녹의 진행

자동차 차체 외판 패널에는 연강, 즉 무른 철에 탄소가 소량(0.12%) 함유된 극연강이 사용된다.

- 탄소 함유량과 녹의 생성 : 탄소 함유량이 많을수록 녹슬기 쉽다.
- 금속조직과 녹의 생성(녹슬기 쉬운 조직부터)

austenite → martensite → ferrite → sorbite → troosite

• 응력과 녹의 발생

일반적으로 철강 재료는 외부로부터 응력을 받은 부분이 다른 부분보다 대단히 녹슬기 쉬운 경향이 있다. 따라서 사고에 의해 손상을 입어 변형이 발생한 부분은 가공경화가 진행되고 다른 부분보다 녹슬기 쉬우므로 사고차량의 외관적 관찰시 이것을 충분히 숙지하는 것이 필요하다.

④ 외관적 관찰의 단계

• 피드백(feed back)

피드백이란 조사를 통해 확보한 결과를 종합적으로 현재 나타나 있는 현상에 대응시켜 보는 것을 의미하지만 표에서와 같이 정확하게 면·부책을 결정하는 자세를 지향하는 것이기도 하다.

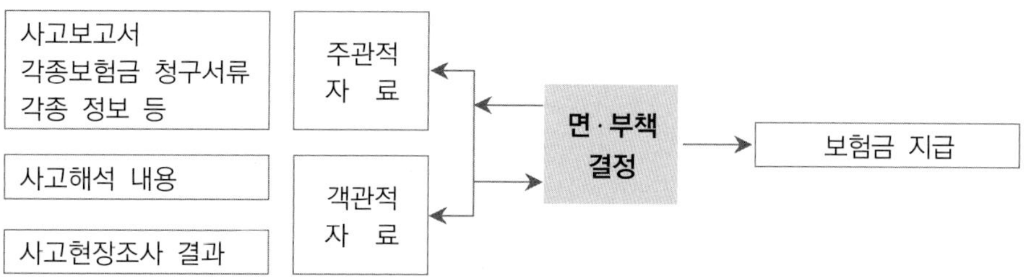

면·부책 결정의 피드백기구

• 정보 수집

정비업체에서 수집해야 될 정보 내용은 다음과 같다.

- 사고 차량의 입고 일자와 그 상황
- 사고일시
- 사고 장소
- 사고 상황 등

• 외관적 관찰기법

ⓐ 사고전반에 대한 파악

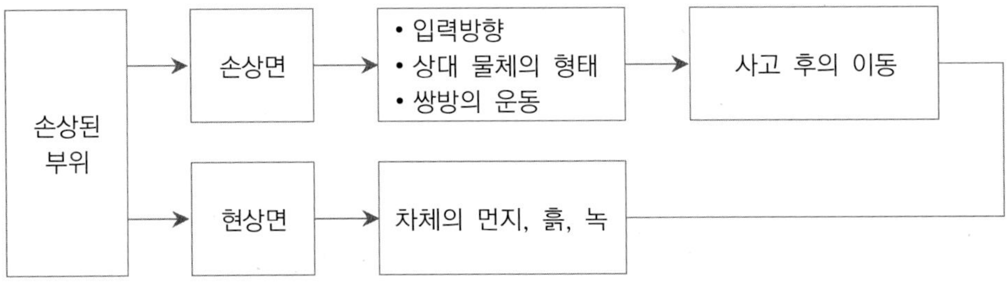

ⓑ 손상면의 거시적 관찰

- 차량의 전체를 관찰한다. : 차량 전체를 볼 수 있는 위치까지 떨어져서 충격을 받은 곳으로부터 충격의 크기, 방향을 추정한다.
- 차량 세부 관찰

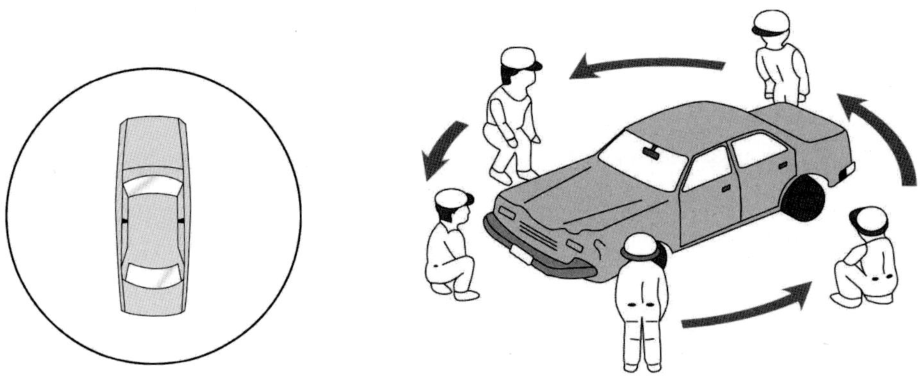

ⓒ 현상면의 거시적 관찰

- 차체 전체에 진흙, 먼지 등이 부착되어 있는지 등을 관찰한다. 이 경우 사고발생일자와 사고조사 일자 사이의 기상조건, 사고 당일의 날씨 등도 확인하는 것이 바람직하다.
- 차체의 손상부에 나타나 있는 녹의 발생 상태를 관찰한다.

ⓓ 손상 부위를 확인하는 경우 고려하여야 할 사항

- 충돌 상대물 : 무엇과 충돌한 것인가? 대상의 크기, 형태, 위치. 강도 등
- 충돌 시의 속도 : 자차 및 대차의 충돌 당시 속도
- 충돌 시의 각도 : 자차 및 대차의 충돌각도, 방향
- 충돌 시의 승차인원 및 승차위치
- 적재물 유무 : 적재물의 크기, 형태, 각도 등

❼ 차량사고의 종류 및 특징

1) 차량사고의 종류

- 충돌사고
  - 지상의 타 물체와 충돌
  - 자동차 상호충돌
    - 자동차 2대의 정면충돌
    - 자동차 2대의 추돌
    - 자동차 2대의 역돌
    - 자동차 2대의 측면충돌
    - 다중충돌
- 고장손해
  - 차량화재
  - 부품의 절손
  - 엔진소결

2) 사고형태별 특징

① 충돌사고

충돌사고는 진행 중인 차량의 앞부분과 상대 물체 또는 상대 차량의 앞부분이 서로 마주 보는 형태로 충격하는 사고를 의미한다. 정면충돌 사고의 경우 충돌 차량과 상대 물체(차량)의 상호 간 운동량 교환 크기(속도 변화)에 따라 손상형태가 달라지며, 다음과 같은 특징이 있다.

• 손상 상태가 심하기 때문에 손해액이 커진다.
• 탑승자에게 큰 상해가 동반되는 경우가 많다.
• 소형 차량은 대파되어 전손이 발생한다.

② 추돌사고

추돌사고는 차량의 앞부분으로 상대 차량의 뒷부분을 충격하는 사고를 의미하며, 추돌사고가 발생하면 뉴턴의 제1법칙인 관성의 법칙에 의해 추돌 당한 차량의 탑승자가 부상(경추·요추 염좌 등)을 입는 경우가 많다.

③ 역돌 사고

- 역돌 사고의 특징

역돌 사고는 차량이 후진하면서 차량 뒷부분으로 상대 차량 또는 물체를 충격하는 사고를 의미한다. 역돌 사고의 경우에는 양 차량이 모두 대물배상 보험에만 가입되어 있고 자기차량손해보험에는 가입되어 있지 않은 상태이거나, 역돌차량은 자기차량손해보험에 가입되어 있으나 상대 차량은 자기차량손해 보험에 가입되어 있지 않은 상황에서, 자기차량 손해 또는 대물배상 보험에만 가입된 차량이 자기차량손해 보험에 가입되어 있지 않은 차량을 역돌한 사고로 보험회사에 사고를 접수한 후 보험처리를 요구하는 사례가 있으므로, 사고조사에 특히 주의를 기울여야 한다.

- 역돌 사고의 초기대응
  - 사고 장소가 구내사고인가, 도로에서의 사고인가를 확인
  - 피해차량의 손상이 차체 전면부에 발생하고 있는 경우는 특히 주의

- 추돌 또는 역돌 사고 판단요령
  - Radiator(F · R차량의 파손상태)
    - 진행 중 사고 : 회전에 의한 원형흔적
    - 정지 중 사고 : 그대로 찍힌 흔적
  - 파손물체의 낙하
    - 추돌 사고 : 파편(window glass)이 차내에 적게 남아 있음
    - 역돌 사고 : 파편(window glass)이 차내에 많게 남아 있음

- 역돌 사고 위장사례
  - 위장사고 개요

    가해자인 덤프트럭이 후진하다가 운전 부주의로 정차중인 피해 차량(덤프트럭)의 앞부분을 역돌하여 사고발생한 것으로 접수됨

- 조사 착안점(피해 차량 중심)
  - 윈도우 유리 파편이 앞으로 튀어나온 점
  - front spring이 앞으로 밀려난 점
  - 연료탱크가 앞으로 밀려난 점
  - 배터리가 앞으로 밀려난 점
  - 달리는 속도에 의한 관성으로 spring U bolt의 이음부분이 앞으로 밀린 점
- 조사결과

  위 현상들은 관성에 의해 나타나는 것이며, 뒤 차량이 앞으로 진행하다가 추돌한 경우가 아니면 이러한 현상은 나타나지 않는다. 본 건 사고는 양 차량 모두 대물배상에만 가입되어 있는 상황에서 뒤 차량이 앞 차량을 추돌 하였으나, 앞 차량에 손해가 없는 것을 기회로 역돌 사고로 위장 접수한 사고이다.

④ 다중 추돌사고

다중 추돌사고는 상대 물체 또는 상대 차량과 한차례 충돌이 아닌 최소한 두 차례 이상 충돌하는 사고를 의미하며, 다중 충돌사고에서 주로 많이 나타나는 사고 유형은 다음과 같다.

• 연쇄 추돌사고

진행 중인 차량이 뒤따라 진행하는 차량으로부터 추돌을 당하면서 충격에 의해 밀려 나가 그 앞 차량들을 연이어 추돌하는 사고 형태를 의미한다.

• 복수 추돌사고

진행 중인 차량이 그 앞 차량을 추돌하는 1차 사고가 발생한 상태에서 뒤따라 진행하는 차량이 1차 추돌사고를 일으킨 차량의 뒷부분을 추돌하므로써 추돌당한 차량이 그 앞 차량을 다시 추돌하는 사고 형태를 의미한다.

• 사고형태 구별요령

다중 추돌사고의 경우에는 사고형태에 따라 손해 배상의 범위가 많이 달라진다.

- 손상 정도(크기)를 확인하는 방법

  연쇄 추돌사고를 당한 B차량의 뒷부분과 앞부분의 손상 정도를 비교해 보면, 뒷부분의 손상 크기가 앞부분의 손상 크기에 비해 훨씬 크게 나타난다. 복수 추돌사고가 발생한 A차량과 B차량의 구조와 강도가 서로 동일한 수준이라고 가정할 때, 연쇄 추돌사고와는 다르게 B차량의 앞부분 손상크기와 A차량 앞부분 손상 크기가 비슷한 정도로 나타난다.

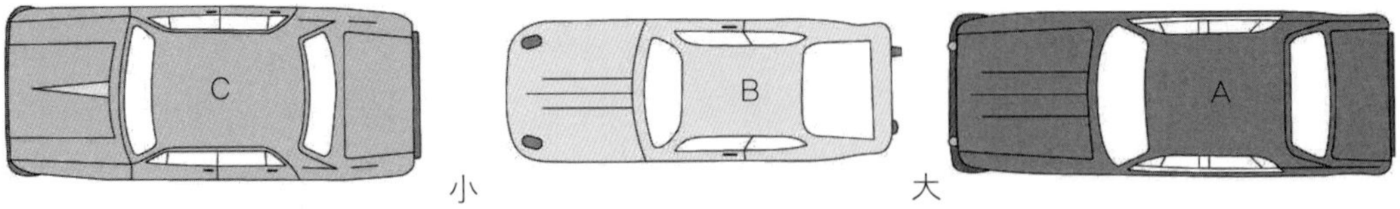

연쇄 추돌사고

- 연쇄 추돌사고의 마지막 차량 탑승자(A)로부터 받은 충격 횟수를 파악하는 방법
  연쇄 추돌사고의 마지막 차량인 C차량의 탑승자가 사고 당시 1회의 충격을 받았다면 연쇄 추돌사고로 해석하고, 2회의 충격을 받았다면 C차량 바로 뒤에서 진행하던 B차량이 추돌할 당시 1회의 충격을 받은 상황에서, 계속해서 마지막에 추돌한 A차량의 충격에 의해 B차량에 전달된 충격이 다시 C차량에 전달됨으로써 C차량의 탑승자는 2회의 충격을 받은 것이므로 복수 추돌사고로 해석한다.

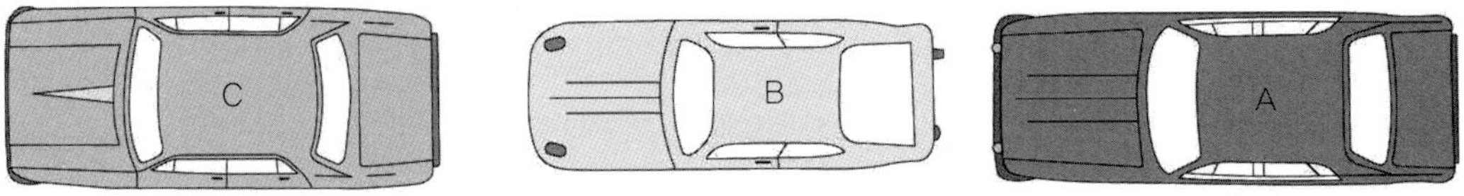

복수 추돌사고

후면 1차 충돌에 의한 손

앞면 2차 충돌에 의한 손상

2 주요 사고조사 요령

① 당일사고

1) 당일사고의 의의

사고발생일자가 보험계약 체결 일자 또는 보험계약 종료 일자와 같거나 직전·직후 기간으로서 계약 체결 전 또는 계약 종료 후 발생된 사고를 유효기간 내 발생된 사고인 것처럼 조작하였을 가능성이 추정(의심)되는 사고를 말한다.

2) 조사요령

① 사고 전후의 계약사항을 확인(계속 계약, 부활계약 여부 등)
② 계약 지점 방문조사
③ 피해자, 피보험자 및 운전자 방문조사
④ 경찰서, 병원 및 정비업체 방문조사
⑤ 현장조사
⑥ 기타 목격자 확인 등

3) 세부내용

① 사고 일자의 전·후 계약을 확인하여 무보험 상태 기간 없이 계속적으로 연결되는지 여부를 확인한다.
② 보험료 영수증이 일련번호별, 계약시차 순으로 연결되는지 여부와 [마감 후 통보접수현황]을 조사하여 보험료 입금일시와 보험료 영수금액의 일치여부를 확인한다.
③ 필요시 모집조직(설계사/대리점 등)을 면담하여 계약 및 입금 경위를 확인하고 모집 경위에 대해 확인한다.
④ 피해자로부터 사고 차량의 차종 및 색상, 사고일시 및 내용에 대하여 사실여부를 확인한 후 가급적 확인서를 받는다.
⑤ 피보험자로부터 보험계약 체결경위 및 사고발생 경위를 구체적으로 청취하고 확인서 또는 녹취 등을 통해 증거자료를 확보한다.

⑥ 사고발생지역 관할 경찰서를 방문하여 사고접수여부를 확인하고 사고 일시, 차량번호, 운전자 인적사항, 사고관련자 진술내용 등을 확인한다.

⑦ 피해자 및 사고차량 운전자의 치료병원을 방문하여 수상 일시, 내원 일시, 가해차량번호, 운전자 인적 사항 등을 확인하고, 특히 1차 치료병원을 숨기고 사고 일시를 조작하는 사례가 있으므로 반드시 사고 장소 및 거주지 주변병원에 대한 탐문조사를 실시한다.(응급일지, 진료기록부, 원무과 업무일지, 방사선과 X-ray Film상 촬영 일자, 촬영일지 등을 확인)

⑧ 차량이 입고된 정비업체로부터 입고 시간, 차량번호, 운전자 인적사항 등을 확인하고 작업지시서, 부품 납품전표와 특히 레커운행일지, 레커 운전자의 확인서를 징구한다.

⑨ 자차나 피해물의 부식상태를 확인하고, 특히 1차로 입고되었던 정비업체를 숨기고 사고일시를 조작하는 사례가 있으므로 반드시 사고 장소 및 거주지 주변 정비업체를 탐문조사하고, 사고 당일 레커가 출동하였는지 여부를 확인한다.

⑩ 사고현장에 출장, 주위 목격자를 탐문조사하고, 사고현장에서 치료병원 또는 입고 정비업체까지의 거리 및 소요시각을 추정한 후 피해자의 내원시각 또는 피해차량의 입고시각 등이 적정한지를 확인한다.

⑪ 기타 사고지점을 경유하는 노선버스가 있는지를 확인하고 해당업체를 방문하여 배차시간, 운행일지 등을 확인하여 사고 상황을 목격한 운전기사가 있는지 여부를 확인·조사하고, 가급적 블랙박스의 영상기록물을 확보한다.

4) 사례

① 사고 개요

교회에 볼일을 보러 가다가 신호 대기 중인 피해 차량을 자차가 빙판에 미끄러지면서 추돌한 사고이다.

② 착안사항

보험계약사항을 확인하여 보니 타인 소유 차량을 양도받은 후 약 1주일이 경과된 시점에서 보험계약이 체결된 '당일 사고'라는 점이다.

③ 적발경위

- 상대방 피해 차량의 연락처를 확인하고자 하였으나 현장에서 현금을 지급하고 합의하였으며, 합의서는 분실하여 연락처를 모르는 상태

- 보험계약은 피보험차량을 확인하지 못한 상태로 계약을 체결한 것으로 확인됨.
- 정비업체에 출장하여 차량 파손 상태를 점검하는 과정에서 다른 차량들은 눈이 많이 쌓여 있는 상태임에도 불구하고, 본 건 사고 차량에는 쌓인 눈이 없다는 점을 확인함.
- 기상청을 통하여 서울지역에 눈이 내린 날짜와 강설량 등을 확인, 보험 가입이 안된 상태에서 사고발생한 것을 보험 가입한 후 차량을 레커를 이용, 다른 장소로 옮겨 놓았다가 며칠 후 다시 사고 장소에 이동시켜 놓은 상태에서 사고 접수한 건임을 조사한 사례이다.

④ 기타

차량의 파손부위에 부식이 진행된 상태 등을 확인하는 방법도 있다.

❷ 음주운전 사고

1) 음주운전 사고의 의의

도로교통법 제44조(술에 취한 상태에서의 운전 금지)에서 규정한 주취 한계를 초과한 상태에서 운전하던 중 발생한 사고를 말한다.

2) 조사요령

① 경찰 조사기록 확인

② 피해자, 탑승자, 운전자 면담조사

③ 병원 방문조사

④ 현장출동요원, 레커 운전자, 목격자 등 면담조사

3) 세부내용

① 경찰 조사기록을 확인하는 경우 음주측정 여부 및 음주기록, 측정 시각 등을 집중적으로 확인한다.

② 피해자로부터 사고 직후 가해 운전자의 행동, 언어 상태, 주취 유무, 술 냄새의 정도 등을 확인하고, 가급적 확인서를 받되 여의치 않은 경우 녹취를 활용한다.

③ 차내 탑승자가 있는 경우 반드시 탑승자를 개별적으로 면담하여 운전자의 음주 여부를 조사하고, 탑승자가 있었음에도 없었다고 할 수도 있으므로 탑승자에 의한 차량 관성손상 여부,

경찰 조사기록 및 사고 관련자를 면담하여 사고 상황에 대한 종합적인 조사를 실시한다.

④ 운전자가 부상을 입어 병원에서 치료를 받는 경우 치료병원의 의사, 간호사, 직원 등으로부터 음주 여부를 확인하고, 진료기록부를 조사하여 의학상 음주상태를 의미하는 "alcohol state"가 확인된 경우라도 또 다른 객관적인 입증자료(운전자의 행적 조사를 통한 음주량 확인, 목격자 확인 등)를 확보한다.

⑤ 음주에 대한 물증이 없는 경우, 조사 내용을 토대로 사고발생 직전 수 시간 동안의 운전자 행적을 조사하여 객관적인 증거확보에 노력한다.

⑥ 기타 사고차량 견인기사, 정비업체 관계자, 대차 운전자 및 탑승자로부터 음주여부에 대해 확인조사를 실시한다.

4) 사례

① 사고 개요

심야(22 : 00~06 : 00분)에 피보험자가 피보험차량을 운행하여 귀가하던 중, 사고장소에 이르러 무단횡단인을 뒤늦게 발견, 무단횡단인을 충격 후 우측 노견으로 추락한 사고이다.

② 착안사항

심야 사고로서 경찰에 사고 신고가 안되고, 퇴근 후 약 4시간 정도의 행적이 명쾌하지 않은 점.

③ 적발 경위

- 사고 현장에 출동한 레커 운전자를 면담, 사고 차량의 운전자가 음주상태였다는 사실을 확인함.
- 좀 더 보완조사를 위해 관할 소방서를 방문하여 구급일지 등을 확인, 운전자가 사고 당시 'Drunken state'였음을 확인하고, 동 내용을 '119 출동대원'으로부터 재확인함.

④ 기타

최근에는 대리운전으로 집 근처까지 도착한 상태에서 대리운전자를 보내고, 자신이 직접 운전 또는 주차하는 과정에서 사고발생하는 경우도 있으므로 이 부분에 대한 조사도 철저히 할 필요가 있다.

③ 무면허운전 사고

1) 의의

도로교통법 또는 건설기계관리법의 운전(조종)면허에 관한 규정을 위반하여 무면허 또는 무자격 운전(조종)을 하던 중 발생한 사고를 말하며, 운전(조종)면허의 효력이 정지 중에 있거나 운전(조종)이 금지 중에 있을 때 운전하는 것을 포함한다.

2) 조사요령

① 경찰 조사기록 확인
② 동승자 유무 확인
③ 자동차 형식·구조장치의 변경 여부
④ 위험물 및 고압가스운반차량의 적정면허소지여부 등

3) 중점조사 사항

① 기명피보험자의 명시적 또는 묵시적 승인 여부 조사

- 무면허 운전자와 기명피보험자와의 관계
- 사고 차량 무면허 운전자가 과거에도 피보험자동차를 운전한 사실이 있는지와 그 횟수 등
- 무면허 운전이 가능하게 된 경위와 운 행목적 및 평소 차량 사용 및 관리 실태 등

② 기명피보험자로부터 포괄적 승인(또는 승낙) 승인 여부조사

- 무면허 운전자가 기명피보험자로부터 차량 사용에 관하여 허락받은 권한의 범위(포괄적 사용승낙 여부)
- 기명피보험자와 허락피보험자, 허락 피보험자와 무면허 운전자와의 구체적인 관계
- 과거 무면허 운전 사실을 기명피보험자가 알고 있었는지 여부
- 무면허 운전이 가능하게 된 경위와 사고당시 운행목적
- 무면허 운전자의 운전에 관하여 평소 기명피보험자 등이 취해온 태도
- 평소 차량사용 및 관리 상태 등

※ 상기 유형은 주로 기명피보험자의 고용운전자 등이 허락피보험자의 지위에서 차량의 사용 또는 관리를 전적으로 하는 경우에 나타나는 유형임

4) 세부내용

① 경찰 미신고건의 경우 운전면허 허위 통보와 관련하여 운전면허 자동응답, ARS확인, 경찰전산망 조회, 운전면허 경력 증명서를 징구한다.

② 사고 당시 동승자가 있었는지 여부 및 그들의 면허소지여부를 확인한다(특히 운전자의 경우 좌측 어깨선에 안전벨트 자국이 남는 경우가 많으므로 수상 부위를 확인하고, 가급적 사진촬영을 해둔다).

③ 자동 차관리법 제34조 규정에 의하여 자동차의 형식구조 또는 장치가 변경, 승인된 경우라 하더라도 차량등록 당시 자동차를 기준으로 면허 종별을 구분한다.

5) 사례

① 사고 개요

피보험차량이 신호 대기 중인 대차를 추돌한 사고

② 착안사항

- 경찰 미신고 건으로 운전자의 운전면허증과 자동차등록증을 제시해 줄 것을 요청하자 피보험자는 Fax를 이용하여 서류를 제출함.
- 면허증이 검게 복사되어 면허번호 식별이 곤란한 점

③ 적발 경위

운전면허 유효 여부에 대해 경찰청에 전산조회를 실시한 결과, 운전자는 본건 사고 이전에 음주 운전으로 인하여 면허가 취소된 상태였음을 확인됨.

④ 기타

운전면허증은 가급적 운전자를 면담하는 과정에서 원본을 확인하여야 함(대부분 팩스 또는 카메라 촬영을 통해 확인하는 사례가 있으나 이런 경우 미리 복사해 두었던 면허증을 사용하는 경우가 많으므로 주의할 필요가 있음)

④ 운전자 바꿔치기 사고

1) 의의

보상받는데 결격사유가 있는 운전자가 사고를 발생시켜 보험처리를 받을 수 없음을 알고, 보험처리를 받을 수 있는 사람으로 바꿔 사고 접수한 것으로 추정(의심)되는 사고를 말한다.

2) 조사요령

① 동승자 유무 확인
② 피해자 및 주변 목격자 확인
③ 자차 및 피해 차량(물) 확인
④ 경찰서 및 병원 등 확인

3) 운전자 바꿔치기 유형

① 타인이 가족 운전 한정특약 가입차량을 운전하던 중, 사고발생한 건을 가족(본인)이 운전한 것으로 사고통보
② 연령 위반자가 연령 운전 한정특약 가입차량을 운전하던 중, 사고발생한 건을 운전 가능한 자가 운전한 것으로 사고 통보
③ 무면허(면허정지·취소포함) 또는 면허 종별 위반자가 운전하던 중, 사고발생한 건을 면허가 유효한 자가 운전한 것으로 사고통보(운전자 바꿔치기 및 무면허 운전 사고 건의 경합)

4) 세부내용

① 사고 당시 차내에 동승자가 있었는지와 동승자의 면허 소지여부 등을 확인하고, 안전벨트에 의한 자국 및 동승 경위를 구체적으로 확인한다.
② 피해자 및 주변 목격자 등으로부터 사고차량 운전자의 성별, 연령, 외모, 부상상태 등을 확인한다.
③ 자차 및 피해물의 파손 정도, 부위, 혈흔의 위치 등을 확인하고, 운전자의 부상 상태와 부상부위를 확인한다.
④ 응급실 진료기록, 원무과 업무일지, 정비업체 업무일지 및 접수대장 등에 기재되어 있는 가해자의 인적 사항, 연락처 등을 확인한다.

⑤ 사고 장소 및 운전자의 거주지 주변 병원에서 치료사실 여부를 확인한다.
⑥ 정비업체 관계자 및 레커 운전자 등을 면담하여 운전자의 인상착의 등을 확인한다.
⑦ 운전자의 행적 및 사고 지역 관할 경찰서를 방문하여 사고 사실을 확인한다.(경찰에는 타인이 운전한 것으로 신고되었음에도 경찰 미신 고건으로 접수하는 사례가 있음)

5) 사례

① 사고 개요

피보험차량이 신호위반한 채 교차로를 진행 중, 정상신호에 따라 진행하는 피해 차량을 충격한 사고로서, 계약 내용은 가족 한정 운전특약 및 만 21세 연령운전 한정특약에 가입된 상태이다.

② 착안사항

신호위반 사고임에도 경찰에 신고되지 않은 점, 가해자가 보험처리를 잘해 달라고 하면서 피해자에게 지나치게 우호적인 점 등

③ 적발경위

- 운전자로부터 사고 경위를 확인하기 위해 가해 운전자를 면담하였으나 사고 정황, 사고 장소, 피해자의 수상 부위에 대해 잘 알지 못하고 있다.
- 피해자에게 가해자의 신체상 특징(안경 착용여부, 대략적인 나이, 키, 얼굴형, 모발 상태 등)을 질문하자 얼버무리면서 정확한 답변을 회피한다.
- 치료병원의 가해자 인적 사항이 사고 접수내용과 다른 점을 확인한다.
- 상기 내용을 가해자에게 설명하고, 사실관계를 집중적으로 조사하자 만 20세인 피보험자의 아들이 운전하다가 사고가 발생되어 보험처리를 받을 수 없음을 알고, 보험처리를 받고자 자신의 배우자가 운전한 것으로 위장한 사실을 확인한다.

⑤ 차량 바꿔치기 사고

1) 의의

보험처리를 받을 목적으로 보험처리가 되지 않는 차량에 의해 발생된 사고를 보험처리가 가능한 차량에 의해 사고가 발생한 것으로 위장, 통보된 것이 추정(의심)되는 사고를 말한다.

2) 조사요령

① 신속한 현장조사

② 피보험자 및 운전자 면담조사

③ 주변 목격자 확인

④ 자차 및 피해차량(물) 확인

3) 세부내용

① 배당 즉시 신속하게 사고현장에 출장하여 사고 잔흔(사고의 잔해, 고정물의 파손 흔적, 일부 남아있는 도료의 색상확인 등)을 세밀하게 조사, 확인한다.

② 피보험자(피보험회사) 소유의 차량보유대수 및 보험가입여부를 확인한다.

③ 차량이 다수일 경우 사고당일 배차일지 등을 확인하고, 사고현장을 운행한 차량을 추적 조사한다.

④ 차량의 운행목적과 운행경위를 확인하고, 특히 차량 다수보유업체에 대하여는 각 차량별로 고정운전자를 지정하는 경우가 대부분임을 감안하여 사고차량과 타 차량의 고정운전자를 확인한다.

⑤ 사고현장 목격자를 수소문하여 평소에도 사고차량이 사고현장 부근에서 운행한 사실이 있는지 여부 및 사고차량의 차종, 색상, 사고정황 등에 관하여 목격자 진술과 CCTV 등을 확인한다.

⑥ 자차 및 피해물의 파손형태를 대사하여 사고정황과 파손부위 등이 일치하는지 여부와 가해차량의 차대번호, 차량번호가 일치하는지 여부를 조사한다(보험가입 차량의 번호판을 보험 미가입 차량에 부착하여 위장하는 사례도 있음).

4) 차량 바꿔치기 유형

① 군부대차량 바꿔치기

군 차량에 의하여 사고가 발생하는 경우, 피해자 측에서도 상대가 군부대라는 특수성 때문에 보험처리만 원만히 받기를 원하는 경향이 있고, 조사자가 사고조사를 수행함에 있어서도 어려움을 겪는 경우가 많다.

② 차량번호 바꿔치기

무보험 차량이 사고를 발생시킨 것을 보험에 가입한 다른 차량의 차량번호로 교체 후 사고통보

③ 파손부위 바꿔치기

무보험차량의 파손부위(전·후 범퍼 등)를 보험에 가입한 다른 차량의 동일부위와 교체 후 사고통보

④ 면허종별 위반차량 바꿔치기

2종 보통면허를 소지한 운전자가 12인승 승합자동차를 운전하다가 사고발생한 경우, 사고통보를 9인승 승합자동차를 운전하던 중, 사고가 발생한 것으로 바꿔서 사고통보

⑤ 공기호 부정사용

차량번호판을 분실신고한 후 번호판을 재교부 받아 보관하다가 무보험차량이 사고발생하는 경우, 보관시켜 두었던 번호판을 부착하고 보험금을 청구

⑥ 할증회피 목적으로 차량을 바꿔치기

피보험자가 다른 자동차를 운전하다가 사고발생하는 경우, 실제 사고차량의 할증을 회피할 목적으로 본인차량을 운전 중, 사고발생한 것으로 사고통보(피해자로부터 사고차량의 파손상태 등을 확인하여 사고 접수된 차량이 실제 사고차량인지 여부를 확인·조사한다)

⑥ 도난사고

1) 도난의 정의

도난이란 형법상의 절도, 강도를 말하는 것이며, 불법영득의 의사가 요건이 된다. 그러므로 단순한 점유의 침해는 영득의 의사가 없는 것으로서, 절도, 강도죄가 성립되는 것은 아니다. 따라서 일시 무단 사용은 도난으로 보지 않는다.

2) 도난사고 특징

① 자차보험금 수령을 목적으로 위장 접수될 가능성이 높다.

② 외제차 또는 차량 가액이 고액인 건, 차량 연식이 오래된 건은 위장사고의 개연성이 많다.

③ 차량도난사고는 여러 가지 형태의 사기 또는 횡령에 의해 발생되는 경우도 많으므로 이에 대해 철저한 조사가 요구되며, 차량 도난사고는 도난사실을 경찰관서에 신고한 날로부터 30일이 지난 때에 보험금 청구권이 발생되므로 보험회사에서의 사고조사 기간을 제한하기 위해 사고 접수를 의도적으로 지연하는 경우도 있다.

3) 조사요령

① 피보험자로 하여금 즉시 관할 경찰서에 신고토록 하고, 신속하게 현장조사 및 사고관련자 면담을 실시하여 입증자료를 확보한다.

② 도난 장소가 피보험자의 자택 또는 사무실 부근인 경우에는 피보험자로부터 주차경위 등을 확인한 후 즉각 도난장소에 출장하여 인근주민들로부터 도난당하기 전 주차 여부와 평소 주차장으로 사용하는지 여부를 조사하고, 주변 CCTV 등을 면밀히 조사한다.

③ 도난장소가 위 ②이외인 경우에는 피보험자로부터 주차 장소까지 운행한 목적과 만난 사람 및 주차시간 등을 확인하고, 주위의 목격자 등이 있는지 조사한다.

④ 경찰 기록 확인 및 차량 가액 등 모집 경위를 확인한다.
피보험자가 경찰에 진술한 내용과 조사자가 조사한 내용을 대사 확인하고, 또한 보험 모집자로부터 보험계약을 체결할 때 실제 차량을 확인했는지, 차량 가액은 적정하게 산정되었는지 등을 확인한다.

⑤ 견인차량 보관소나 구·군·시 등에서 장기주차 방치차량으로 견인하였는지 여부를 확인하는 등 회수 여부를 확인한다.

⑥ 차량의 도난이 피보험자와 제3자 간의 채권채무와 관련하여 채무의 대가로 제공된 것은 아닌지 조사한다.

⑦ 도난 장소가 주차장(도로 주차장, 빌딩 내의 주차장, 유료주차장) 등으로서, 주차장 관리자에게 구상이 가능한지 여부를 면밀히 조사한다.

⑧ 도난 이전 사고경력을 확인한다.

⑨ 보험금 지급 후에도 사후관리를 철저히 한다.

- 보험금 지급 후에도 조사 계획을 수립하여 허위 도난신고 및 차량회수 가능성에 대해 예의주시한다.
- 경찰에서의 차량수배 해제 여부, 불법주차 견인차량보관소 보관 여부, 피보험자 거주지 주변 탐문조사 등을 정기적으로 실시한다.

❼ 기타 사고 조사요령

사고조사는 사고접수, 계약확인, 피해차량(물) 확인, 사고관련자 면담, 현장 확인, 경찰조사기록 확인, 과실비율, 구상성립여부 등을 판단하기까지 여러 단계에 걸쳐 광범위하게 이루어지는데 그 요령들은 다음과 같다.

사고 유형별 특징	조사 요령
• 심야사고(22 : 00~06 : 00) ① 심야사고는 차량단독사고가 많으며, 음주개연성이 높다. ② 경찰미신고건의 경우, 운전자 및 차량 바꿔치기 가능성이 높다.	① 신속한 현장조사 및 운전자 면담을 통해 관련 자료를 확보한다. ② 경찰신고 여부 및 사고 사실관계를 확인한다.
• 차량단독사고 ① 차량단독사고는 차량 바꿔치기, 운전자 바꿔치기 사고 가능성이 높다. ② 비 보험사고를 보험사고로 조작할 가능성이 높다(가해자 불명사고 등). ③ 사고일시를 조작하는 당일사고의 가능성이 높다.	① 신속하게 현장조사를 실시하고, 사고 관련자를 면담하여 입증자료를 확보한다. ② 정비공장, 병원 등 방문조사를 통해 정확한 사고일시를 확인, 조사한다. ③ 모집조직을 통해 모집경위 및 관련 서류를 확인한다.
• 경찰 미신고 사고 ① 사고내용이 조작될 가능성이 있다. ② 운전자 또는 차량을 바꿔치기할 가능성이 있다. ③ 운전자 무면허 또는 음주운전일 가능성이 있다.	① 신속하게 현장조사 및 사고관련자 면담을 실시하여 입증자료를 확보한다. ② 가·피해차량의 파손상태를 확인한다(가·피해차량의 파손상태를 확인, 대사하면 쉽게 차량 바꿔치기를 알 수 있다). ㉮ 사고접수내용과의 일치여부 확인 ㉯ 운전자 및 동승자, 목격자 등을 면담하여 사고사실여부 확인

1) 현장 확인단계

① 도로 및 신호등 체계

② 목격자 확인 및 확보

③ 사고 잔흔 및 파손물 확보

• 타이어 자국

사고해석을 하는데 있어서 가장 중요한 자료중의 하나로서, 스키드마크(skid mark), 스커프마크(scuff mark), 프린트마크 등이 있으며, 이러한 자료들은 차량속도, 충돌지점, 차량의 운동형태 등을 파악하는데 매우 유용한 자료들이다.

- 스키드마크(skid mark) : 노면에서 타이어가 잠긴 상태로 미끄러질 때 나타난다.
- 스커프마크(scuff mark) : 노면에서 타이어가 잠기지 않고 구르면서 옆으로 미끄러지거나 하중에 눌려 끌린 형태로 나타난다. 요마크(yaw mark), 가속타이어마크(acceleration scuff), 플랫타이어마크(flat tire mark) 등이 여기에 속한다.
  - ‣ 요마크(yaw mark) : 요마크는 차체가 바깥쪽으로 미끄러질 때 타이어의 측면이 노면과 마찰되면서 발생된다.
  - ‣ 가속타이어마크(acceleration scuff) : 차량이 정지된 상태에서 급가속 또는 급출발할 때 타이어가 노면과 슬립하면서 헛바퀴를 돌때 나타난다.
  - ‣ 플랫타이어마크(flat tire mark) : 타이어의 형상이 노면에 그대로 박혀 나오는 현상으로서, 눈길이나 진흙길 등을 진행할 때 나타나며, 사고현장에서는 오일이나 냉각수 등을 밟고 지나갔을 때 나타난다.
- 프린트마크(print mark) : 타이어의 접지면 형상이 도로면에 그대로 찍혀 나타난다.

• 노면의 긁힘, 패인 현상

• 파손 잔존물

• 액체 잔존물

④ 사고 장소 주변 환경 등

2) 경찰기록 확인·조사단계

① 접수내용과의 일치여부

② 조사내용과의 일치여부

③ 운전자 및 피해자 관련사항

④ 음주, 면허·차량번호 등 확인

3) 구상성립여부 검토

① 공동불법행위 사고여부

② 도로, 신호등, 공작물, 영조물 등의 하자 여부

8 보험사기방지 특별법

1) 보험사기방지 특별법 제정목적

보험사기행위의 조사·방지·처벌에 관한 사항을 정함으로써 보험계약자, 피보험자, 그 밖의 이해관계인의 권익을 보호하고, 보험업의 건전한 육성과 국민의 복리증진에 이바지함을 목적으로 법률 제14123호로 2016. 3. 29. 신규제정되어 2016. 9. 30부터 시행된 특별법이다.

2) 보험사기 행위

① 보험사기 행의의 정의(법 제2조)

"보험사기 행위"란 보험사고의 발생, 원인 또는 내용에 관하여 보험자를 기망하여 보험금을 청구하는 일체의 행위를 말한다.

- 보험사고의 "발생"을 조작하는 행위 유형(예)
  인위적으로 보험사고를 유발한 후 우연한 사고로 조작하는 행위 등

- 보험사고의 "원인"을 조작하는 행위 유형(예)
  - 보험가입 전 사고를 보험가입 후 사고로 조작하는 행위
  - 운전자를 바꿔치기하는 행위
  - 차량을 바꿔치기하는 행위 등

• 보험사고의 "내용"을 조작하는 행위 유형(예)

- 차량 수리비를 부풀려서 과다 청구하는 행위
- 교환하지 않은 부품 등을 교환한 것으로 조작하는 행위 등

② 보험사기 행위의 분류

• 경성사기(hard fraud)

보험금을 편취할 목적으로 처음부터 의도를 가지고 보험에 가입하여 고의로 사고를 유발시키거나 조작하는 등의 행위로 보험자를 기망, 허위로 보험금을 편취하는 행위를 말한다.

• 연성사기(soft fraud)

처음부터 의도적 목적이 있었던 것은 아니지만 우연히 발생한 사고를 계기로 원래 받아야 하는 보험금보다 많은 보험금을 받기 위해 사고내용 등을 과장하거나 수리비 등의 보험금을 과장 또는 확대하여 보험자에게 청구하는 행위를 말한다.

③ 보험사기 행위의 보고(법 제4조)

보험회사는 보험계약의 보험계약자, 피보험자, 보험금을 취득할 자, 그 밖에 보험계약 또는 보험금 지급에 관하여 이해관계가 있는 자의 행위가 보험사기행위로 의심할 만한 합당한 근거가 있는 경우에는 금융위원회에 보고할 수 있다.

④ 수사기관 등에 대한 통보(법 제6조)

- 금융위원회, 금융감독원, 보험회사는 보험계약자 등의 행위가 보험사기 행위로 의심할 만한 합당한 근거가 있는 경우에는 관할 수사기관에 고발 또는 수사의뢰하거나 그 밖에 필요한 조치를 취하여야 한다.
- 제1항에 따라 관련 수사기관에 고발 또는 수사의뢰를 한 경우에는 해당 보험사고와 관련된 자료를 수사기관에 송부하여야 한다.

⑤ 보험사기죄(법 제8조)

보험사기 행위로 보험금을 취득하거나 제3자에게 보험금을 취득하게 한 자는 10년 이하의 징역 또는 5,000만원 이하의 벌금에 처한다(미수범도 처벌함. 법제10조참조).

⑥ 개선과제

- 대국민 홍보활동 강화 필요
- 보상직원의 자질과 능력을 제고하고, 과학적인 조사기법 개발 필요

관계법규

보험사기방지특별법 제1조 [목적]

이 법은 보험사기행위의 조사·방지·처벌에 관한 사항을 정함으로써 보험계약자, 피보험자, 그 밖의 이해관계인의 권익을 보호하고 보험업의 건전한 육성과 국민의 복리증진에 이바지함을 목적으로 한다.

보험사기방지특별법 제2조 [정의]

이 법에서 사용하는 용어의 뜻은 다음과 같다.

1. "보험사기행위"란 보험사고의 발생, 원인 또는 내용에 관하여 보험자를 기망하여 보험금을 청구하는 행위를 말한다.
2. "보험회사"란 「보험업법」 제4조에 따른 허가를 받아 보험업을 경영하는 자를 말한다.

보험사기방지특별법 제3조 [다른 법률과의 관계]

보험사기행위의 조사·방지 및 보험사기행위자의 처벌에 관하여는 다른 법률에 우선하여 이 법을 적용한다.

보험사기방지특별법 제4조 [보험사기행위의 보고 등]

보험회사는 보험계약의 보험계약자, 피보험자, 보험금을 취득할 자, 그 밖에 보험계약 또는 보험금 지급에 관하여 이해관계가 있는 자(이하 "보험계약자등"이라 한다)의 행위가 보험사기행위로 의심할 만한 합당한 근거가 있는 경우에는 금융위원회에 보고할 수 있다.

보험사기방지특별법 제5조 [보험계약자등의 보호]

① 보험회사는 보험사고 조사 과정에서 보험계약자등의 개인정보를 침해하지 아니하도록 노력하여야 한다.

② 보험회사는 대통령령으로 정하는 사유 없이 보험사고 조사를 이유로 보험금의 지급을 지체 또는 거절하거나 삭감하여 지급하여서는 아니 된다.

보험사기방지특별법 제6조 [수사기관 등에 대한 통보]

① 금융위원회, 금융감독원, 보험회사는 보험계약자등의 행위가 보험사기행위로 의심할 만한 합당한 근거가 있는 경우에는 관할 수사기관에 고발 또는 수사의뢰하거나 그 밖에 필요한 조치를 취하여야 한다.

② 제1항에 따라 관할 수사기관에 고발 또는 수사의뢰를 한 경우에는 해당 보험사고와 관련된 자료를 수사기관에 송부하여야 한다.

보험사기방지특별법 제7조 [수사기관의 입원적정성 심사의뢰 등]

① 수사기관은 보험사기행위 수사를 위하여 보험계약자등의 입원이 적정한 것인지 여부(이하 "입원적정성"이라 한다)에 대한 심사가 필요하다고 판단되는 경우 「국민건강보험법」 제62조에 따른 건강보험심사평가원(이하 "건강보험심사평가원"이라 한다)에 그 심사를 의뢰할 수 있다.

② 건강보험심사평가원은 제1항에 따른 의뢰를 받은 경우 보험계약자 등의 입원적정성을 심사하여 그 결과를 수사기관에 통보하여야 한다.

보험사기방지특별법 제8조 [보험사기죄]

보험사기행위로 보험금을 취득하거나 제3자에게 보험금을 취득하게 한 자는 10년 이하의 징역 또는 5천만원 이하의 벌금에 처한다.

보험사기방지특별법 제9조 [상습범]

상습으로 제8조의 죄를 범한 자는 그 죄에 정한 형의 2분의 1까지 가중한다.

보험사기방지특별법 제10조 [미수범]

제8조 및 제9조의 미수범은 처벌한다.

보험사기방지특별법 제11조 [보험사기죄의 가중처벌]

① 제8조 및 제9조의 죄를 범한 사람은 그 범죄행위로 인하여 취득하거나 제3자로 하여금 취득하게 한 보험금의 가액(이하 이 조에서 "보험사기이득액"이라 한다)이 5억원 이상일 때에는 다음 각 호의 구분에 따라 가중처벌한다.

1. 보험사기이득액이 50억원 이상일 때 : 무기 또는 5년 이상의 징역
2. 보험사기이득액이 5억원 이상 50억원 미만일 때 : 3년 이상의 유기징역

② 제1항의 경우 보험사기이득액 이하에 상당하는 벌금을 병과할 수 있다.

보험사기방지특별법 제12조 [비밀유지의무]

보험사기행위 조사업무에 종사하는 자 또는 해당 업무에 종사하였던 자는 직무수행 중 취득한 정보나 자료를 타인에게 제공 또는 누설하거나 직무상 목적 외의 용도로 사용하여서는 아니 된다.

보험사기방지특별법 제13조 [권한의 위탁]

금융위원회는 필요한 경우에는 이 법에 따른 권한의 일부를 대통령령으로 정하는 바에 따라 금융감독원의 원장에게 위탁할 수 있다.

보험사기방지특별법 제14조 [벌칙]

제12조를 위반하여 직무수행 중 취득한 정보나 자료를 타인에게 제공 또는 누설하거나 목적 외의 용도로 사용한 자는 3년 이하의 징역 또는 3천만원 이하의 벌금에 처한다.

보험사기방지특별법 제15조 [과태료]

① 제5조제2항을 위반하여 보험금의 지급을 지체 또는 거절하거나 보험금을 삭감하여 지급한 보험회사에게는 1천만원 이하의 과태료를 부과한다.

② 제1항에 따른 과태료는 대통령령으로 정하는 바에 따라 금융위원회가 부과·징수한다.

보험사기방지특별법 제16조 [준용규정]

제11조를 위반하여 처벌받은 사람에 대하여는 「특정경제범죄 가중처벌 등에 관한 법률」 제14조(무고죄)를 준용한다.

※ 무고죄는 3년 이상의 유기징역에 처한다.

보험사기방지특별법 부칙 제1조 [시행일] 〈법률 제14123호, 2016.3.29.〉

이 법은 공포 후 6개월이 경과한 날부터 시행한다.

보험사기방지특별법 부칙 제2조 [벌칙 등에 관한 경과조치]

이 법 시행 전의 행위에 대한 벌칙과 과태료의 적용에 있어서는 종전의 규정에 따른다.

3 구상 기초조사

보험자 대위에 근거한 구상금청구권은 초동조사를 신속하고도 철저히 시행하여 입증자료를 확보하지 않으면 구상금 환입이 매우 어렵게 된다. 따라서 본 절에서는 사고유형별 조사요령에 대해 기본적인 사항을 소개하기로 한다.

1 교차로 사고

① 신호기 설치 및 작동상태 등을 확인한다.
신호기가 고장 난 경우에는 신속히 사진촬영 후 주변 목격자 등으로부터 본 사고 이전에 다른 사고가 있었는지, 고장 난 상태로 방치된 시간 정도 등에 대해 증거자료를 확보한다.

② 교차로의 도로사정, 신호기 설치여부, 신호기 작동상태, 차량파손 부위 등을 확인한 후 증거자료로서 사진을 촬영한다.

판 례

국가배상법 제5조 제1항 소정의 영조물의 설치 또는 관리의 하자라 함은 영조물이 그 용도에 따라 통상 갖추어야 할 안전성을 갖추지 못한 상태에 있음을 말하는 것으로서, 영조물이 완전무결한 상태에 있지 아니하고 그 기능상 어떠한 결함이 있다는 것만으로 영조물의 설치 또는 관리에 하자가 있다고 할 수 없는 것이고, 위와 같은 안전성의 구비 여부를 판단함에 있어서는 당해 영조물의 용도, 그 설치 장소의 현황 및 이용 상황 등 제반 사정을 종합적으로 고려하여 설치 관리자가 그 영조물의 위험성에 비례하여 사회통념상 일반적으로 요구되는 정도의 방호조치 의무를 다하였는지 여부를 그 기준으로 삼아야 할 것이며, 객관적으로 보아 시간적·장소적으로 영조물의 기능상 결함으로 인한 손해 발생의 예견가능성과 회피가능성이 없는 경우, 즉 그 영조물의 결함이 영조물의 설치 관리자의 관리행위가 미칠 수 없는 상황 아래에 있는 경우에는 영조물의 설치 관리상의 하자를 인정할 수 없다고 할 것이다.(대법원 1992. 9. 14. 선고 92다3243 판결, 1994. 10. 28. 선고 94다 16328 판결, 1997. 5. 16. 선고 96다 54102 판결 등 참조)

→ 원심이 확정한 서울특별시 전역의 신호기 설치 상황, 신호등이 소등되는 경우 대처할 수 있는 방법, 한편 이 사건 신호기의 고장 신고가 이 사건 사고발생 전까지 접수되지 아니한 점 등 그 판시와 같은 사실관계와 교차로 진행 방향의 신호기가 소등되었다 하더라도 좌우의 다른 신호기에 의하여 신호기의 내용을 확인할 수 있을 뿐만 아니라 차의 운전자로서는 신호기에 의한 교통정리가 행하여지고 있지 아니하는 교차로에 들어가려는 경우에도

도로교통법 제22조 제4항 내지 제7항 소정의 교차로 통행방법을 준수하여야 하는 점 등에 비추어 보면, 피고가 이 사건 신호기의 적색신호가 단선으로 소등되었다는 것을 바로 알 수 있었음에도 이를 알지 못한 잘못이 있다거나 그 소등으로 인하여 사고가 발생하리라는 것을 예측하고 이를 회피하지 못한 잘못이 있다고 할 수도 없으며, 더욱이 피고가 이 사건 교통신호기의 고장 사실을 바로 알 수 있었다고 볼 수도 없는 이상 사회통념상 이러한 경우까지 피고에게 이로 인한 사고의 발생을 방지할 수 있는 방호조치를 기대할 수도 있었다고 할 수는 없을 것이므로, 이 사건 신호기의 적색신호가 소등된 기능상 결함이 있었다는 사정만으로는 이 사건 신호기의 설치 또는 관리상의 어떠한 하자가 있었다고 할 수 없다.(대법원 2000. 02. 25. 선고 99다54004 판결)

판　례

가변차로에 설치된 신호등의 용도와 오작동 시에 발생하는 사고의 위험성과 심각성을 감안할 때, 만일 가변차로에 설치된 두 개의 신호기에서 서로 모순되는 신호가 들어오는 고장을 예방할 방법이 없음에도 그와 같은 신호기를 설치하여 그와 같은 고장을 발생하게 한 것이라면, 그 고장이 자연재해 등 외부요인에 의한 불가항력에 기인한 것이 아닌 한 그 자체로 설치·관리자의 방호조치 의무를 다하지 못한 것으로서 신호등이 그 용도에 따라 통상 갖추어야 할 안전성을 갖추지 못한 상태에 있었다고 할 것이고, 따라서 설령 적정 전압보다 낮은 저전압이 원인이 되어 위와 같은 오작동이 발생하였고 그 고장은 현재의 기술 수준상 부득이한 것이라고 가정하더라도 그와 같은 사정만으로 손해 발생의 예견 가능성이나 회피 가능성이 없어 영조물의 하자를 인정할 수 없는 경우라고 단정할 수 없다고 한 사례.(대법원 2001. 07. 27. 선고 2000다56822 판결)

❷ 추돌사고

① 급정지한 대차의 과실 유무를 확인하고, 연쇄 추돌사고의 경우 1차 사고 후 2차 사고가 발생한 복수 추돌사고 여부를 정확히 확인한 후 관련 운전자 및 탑승자로부터 확인서를 징구한다.

② 고속도로 및 자동차 전용도로에서 복수 추돌사고가 연속해서 발생한 경우, 1차 사고 운전자 등의 후발 사고 예방을 위한 조치가 있었는지 여부에 대해 확인을 철저히 한다.

판 례

구 도로교통법(2006. 7. 19. 법률 제7969호로 개정되기 전의 것, 이하 같다) 제64조에 의하면 고속도로에서 정차 또는 주차할 수 있도록 안전표지를 설치한 곳이나 정류장에서 정차 또는 주차시키는 경우(제2호), 고장이나 그 밖의 부득이한 사유로 길 가장자리 구역(갓길을 포함한다)에 정차 또는 주차하는 경우(제3호), 교통이 밀리거나 그 밖의 부득이한 사유로 움직일 수 없는 때에 고속도로의 차로에 일시 정차 또는 주차시키는 경우(제7호) 등 특별한 사정이 있는 경우를 제외하고는 차를 정차 또는 주차하여서는 아니 되고, 구 도로교통법 제66조, 구 도로교통법 시행규칙(2006. 10. 19. 행정자치부령 제350호로 개정되기 전의 것) 제40조에 의하면 자동차의 운전자는 고장이나 그 밖의 사유로 고속도로에서 자동차를 운행할 수 없게 된 때에는 도로교통법 시행규칙이 정하는 '고장자동차의 표지'를 그 자동차로부터 100m 이상의 뒤쪽 도로 상에 설치하여야 하며, 그 자동차를 고속도로 외의 곳으로 이동하는 등의 필요한 조치(이하 '안전조치'라 한다)를 하여야 한다.(대법원 2004. 02. 27. 선고 2003다 6873 판결, 대법원 2008. 5. 29. 선고 2008다 17359 판결 등 참조)

→ 선행차량이 사고 등의 사유로 고속도로에서 안전조치를 취하지 아니한 채 주행차로에 정지해 있는 사이에 뒤따라온 자동차에 의하여 추돌사고가 발생한 경우에, 안전조치를 취하지 아니한 정차로 인하여 후행차량이 선행차량을 충돌하고 나아가 그 주변의 다른 차량이나 사람들을 충돌할 수도 있다는 것을 충분히 예상할 수 있으므로, 선행차량 운전자가 정지 후 안전조치를 취할 수 있었음에도 과실로 이를 게을리하였거나, 또는 정지 후 시간적 여유 부족이나 부상 등의 사유로 안전조치를 취할 수 없었다고 하더라도 그 정지가 선행차량 운전자의 과실로 발생된 선행사고로 인한 경우 등과 같이 그의 과실에 의하여 비롯된 것이라면, 그 안전조치 미이행 또는 선행사고의 발생 등으로 인한 정지와 후행 추돌사고 및 그로 인하여 연쇄적으로 발생된 사고들 사이에는 특별한 사정이 없는 한 인과관계가 있다고 할 것이며, 손해의 공평한 분담이라는 손해배상제도의 이념에 비추어 볼 때에 선행차량 운전자의 과실은 후행사고들로 인한 손해배상책임에 관한 분담범위를 정할 때에 참작되어야 한다.(대법원 2009. 12. 10. 선고 2009다 64925 판결, 대법원 2012. 3. 29. 선고 2011다 110692 판결 등)

❸ 중앙선 침범 사고

① 중앙선 침범 사고에 있어서 신뢰의 원칙이 적용되는 경우를 정확하게 판단하여 피해 차량에게도 과실이 있는지 여부를 확인한다.

② 도로 형태, 포장상태, 사고시각 등을 종합적으로 파악하여 피해차량의 과실 혐의점을 확인한다.

③ 특히 피해 차량의 과속 여부와 피양의무를 게을리한 사실이 있는지 여부를 확인하여 입증자료를 확보한다.

판 례

일반적으로 중앙선이 설치된 도로를 자기 차선을 따라 운행하는 자동차 운전자로서는 마주 오는 자동차도 제 차선을 지켜 운행하리라고 신뢰하는 것이 보통이므로, 상대방 자동차가 도로의 중앙선을 침범하여 들어올 것까지 예상하여 특별한 조치를 강구하여야 할 주의의무는 없는 것이나, 다만 마주 오는 차가 이미 비정상적으로 중앙선을 침범하여 진행하여 오는 것을 미리 목격한 경우라면, 그 차가 그대로 비정상적으로 운행을 계속함으로써 진로를 방해할 것에 대비하여 경음기나 전조등을 이용하여 경고 신호를 보내거나 감속하면서 도로 우측단으로 피행하는 등으로 그 차와 자기 차와의 접촉 충돌에 의한 위험의 발생을 방지하기 위한 적절한 방어운전 조치를 취하여 이에 충분히 대처할 수 있는 상황이었음에도 불구하고 그러한 제반 조치를 게을리 한 경우에 한하여 그에게 상대방 자동차와 자기 차의 충돌에 의한 사고의 발생에 대하여 과실이 있다고 인정할 수 있는 것이다.(대법원 1994. 09. 09. 선고 94다 18003 판결, 1996. 12. 6. 선고 96다 39318 판결 등 참조)

(출처 : 대법원 1997.11.28. 선고 97다31618 판결[손해배상(자)] 〉 종합법률정보 판례)

④ 주·정차 사고

① 주·정차 위치 및 도로상태, 비상등 작동여부 등을 확인하고, 입증자료들을 확보한다.

② 경찰에서 주·정차 위반에 따른 행정처별(범칙금)이 있었는지 여부를 확인한다.

판 례

① 이 사건 사고 당시는 일몰 후 이미 약 16분이 경과된 때였고, 1시간에 강수량 11mm 정도의 비까지 내리고 있어 원고 보조참가인이 원고 차량의 전조등을 켜야 할 정도로 어두웠으며, 사고 지점에는 가로등이 없었던 점,

② 도로교통법 제37조 제1항 및 같은 법 시행령 제19조 제2항에 의하면 소외인은 밤(해가 진 후 부터 해가 뜨기 전까지를 말한다)에 도로의 가장자리에 자동차를 주차하는 자로서, 그곳이 관계법령에 따라 주차가 금지된 장소가 아니라고 하더라도 미등과 차폭등을 켜 두어 다른 차의 운전자가 주차사실을 쉽게 식별할 수 있도록 하여야 함은 물론 다른 교통에 장애가 되지 아니하도록 주차하여야 할 법령상의 의무가 있는데도, 이를 어긴 채 피고 차량의 미등 및 차폭등을 켜지 않은 채 피고 차량의 왼쪽 뒷바퀴가 2차로의 오른쪽 차선 위에 걸쳐진 상태로 피고 차량을 주차한 점 등을 종합하면, 이 사건 사고는 소외인이 비가 내리는 야간에 피고 차량을 갓길에 주차함에 있어 미등 및 차폭등을 켜지 않은 등의 과실에 의하여 발생하였다고 판단하였다.

→ 관계 법리 및 기록에 비추어 살펴보면, 비가 내리는 야간에 미등과 차폭등을 켜지 않은 채 갓길에 피고 차량을 주차한 소외인의 위 과실과 이 사건 사고 사이에 상당인과관계가 있다는 취지의 원심의 판단은 정당한 것으로 수긍이 가고, 거기에 상고이유의 주장과 같은 채증법칙 위반이나 상당인과관계에 관한 법리오해 또는 심리미진 등의 위법이 없다.

(출처 : 대법원 2010.01.28. 선고 2009다 78948 판결[구상금] 〉 종합법률정보 판례)

⑤ 공작물(영조물)의 설치·보존 및 관리하자로 인한 사고

공작물의 설치 또는 관리상의 하자만이 손해 발생의 원인이 되는 것만을 의미하는 것이 아니고, 다른 자연적 사실이나 제3자의 행위와 결합하여 손해가 발생되었다고 하더라도 공작물의 설치 또는 관리상의 하자가 공동 원인이 되는 이상 그 손해는 공작물의 설치 또는 관리상의 하자에 의하여 발생한 것으로서, 조사를 통해 증거자료 확보에 유의하여야 한다.

1) 공작물의 정의

인공적 작업에 의하여 제작한 물건이나 또는 재료에 기계적인 가공을 통해 조립하여 만든 물건 등을 말한다.

2) 영조물의 정의

국가 또는 공공단체에 의하여 공공의 목적에 공용되는 인적·물적 시설의 동일체를 말하며, 실정법에서는 행정주체에 의하여 공공의 목적에 사용되는 건조물 등의 물적 설비를 의미한다.

3) 공작물(영조물)의 설치·보존 및 관리하자로 인한 사고의 의미

공작물(영조물)의 설치·보존 및 관리하자로 인한 사고라 함은 공작물(영조물)의 설치 또는 관리상의 하자만이 손해 발생의 원인이 되는 경우만을 의미하는 것이 아니고, 다른 자연적 사실이나 제3자의 행위 또는 피해자의 행위와 경합하여 손해가 발생하더라도 공작물(영조물)의 설치 또는 관리상의 하자가 공동 원인의 하나가 되는 이상 그 손해는 공작물(영조물)의 설치 또는 관리상의 하자에 의해 발생한 사고로 해석한다(대법원 1994. 11. 22 선고 94다 32924 판결).

4) 구상 및 과실적용 근거

민법 제758조(공작물 등의 점유자·소유자 책임)와 국가배상법 제5조(공공시설 등의 하자로 인한 책임)

관계법규

국가배상법 제5조 [공공시설 등의 하자로 인한 책임]

① 도로·하천 그 밖의 공공의 영조물의 설치나 관리에 하자가 있기 때문에 타인에게 손해를 발생하게 하였을 때에는 지방자치단체는 그 손해를 배상해야 한다.

판 례

국가배상법 제5조 제1항 소정의 '영조물의 설치 또는 관리의 하자'라 함은 영조물이 그 용도에 따라 통상 갖추어야 할 안전성을 갖추지 못한 상태에 있음을 말하는 것으로서, 영조물이 완전무결한 상태에 있지 아니하고 그 기능상 어떠한 결함이 있다는 것만으로 영조물의 설치 또는 관리에 하자가 있다고 할 수 없고, 위와 같은 안전성의 구비 여부는 당해 영조물의 용도, 그 설치 장소의 현황 및 이용 상황 등 제반 사정을 종합적으로 고려하여 설치·관리자가 그 영조물의 위험성에 비례하여 사회통념상 일반적으로 요구되는 정도의 방호조치 의무를 다하였는지 여부를 그 기준으로 삼아 판단하여야 하고, 다른 생활 필수시설과의 관계나 그것을 설치하고 관리하는 주체의 재정적, 인적, 물적 제약 등을 고려하여 그것을 이용하는 자의 상식적이고 질서 있는 이용 방법을 기대한 상대적인 안전성을 갖추는 것으로 족하며, 객관적으로 보아 시간적·장소적으로 영조물의 기능상 결함으로 인한 손해 발생의 예견 가능성과 회피 가능성이 없는 경우 즉 그 영조물의 결함이 영조물의 설치관리자의 관리행위가 미칠 수 없는 상황 아래에 있는 경우에는 영조물의 설치·관리상의 하자를 인정할 수 없다.(대법원 2000. 2. 25. 선고 99다54004 판결, 대법원 2007. 10. 25. 선고 2005다62235 판결 등 참조)

(출처 : 대법원 2008.09.25. 선고 2007다88903 판결[손해배상(기)] 〉 종합법률정보 판례)

판 례

① 영조물인 도로의 설치·관리상의 하자는 도로의 위치 등 장소적인 조건, 도로의 구조, 교통량, 사고 시에 있어서의 교통 사정 등 도로의 이용 상황과 본래의 이용 목적 등 제반 사정과 물적 결함의 위치, 형상 등을 종합적으로 고려하여 사회통념에 따라 구체적으로 판단하여야 하는바, 도로의 설치 후 집중호우 등 자연력이 작용하여 본래 목적인 통행 상의 안전에 결함이 발생한 경우에는 그 결함이 제3자의 행위에 의하여 발생한 경우와 마찬가지로, 도로에 그와 같은 결함이 있다는 것만으로 성급하게 도로의 보존상 하자를 인정하여서는 안 되고, 당해 도로의 구조, 장소적 환경과 이용 상황 등 제반 사정을 종합하여 그와 같은 결함을 제거하여 원상으로 복구할 수 있는데도 이를 방치한 것인지 여부를 개별적·구체적으로 심리하여 하자의 유무를 판단하여야 한다.

② 종단면상 유(U)자형 도로의 가운데 부분에 빗물이 고여 있어 그 곳을 진행하는 차량이 그 고인 빗물을 피하려고 중앙선을 침범하여 교통사고를 일으킨 사안에서, 도로관리청이 사고지점 도로에 빗물이 고여 차량의 통행에 장애가 되는 것을 막을 수 있었는데도 이를 방치한 것인지 여부를 심리하여야 함에도 불구하고 이에 이르지 않은 채 사고가 운전자의 일방적 과실로 인하여 발생한 것이라고 판단한 원심판결을 파기한 사례.

(출처 : 대법원 1998.02.13. 선고 97다 49800 판결[구상금] 〉 종합법률정보 판례)

판 례

가로수가 쓰러지면서 때마침 그곳을 통과하던 원고 소유 자동차의 지붕 중간부분을 덮쳐 자동차가 파손된 사실, 그 무렵은 장마철로서 비가 많이 내리고 태풍마저 불어 닥칠 위험이 있었으므로, 많은 사람과 차량이 통행하는 위 도로의 가로수를 관리하는 업무를 담당하고 있던 피고로서는 오랜 비바람으로 가로수의 지반이 약해져 쓰러지면서 그 옆을 통행하는 사람과 차량에 위험을 가하는 일이 없도록 가로수의 뿌리가 비바람에 버틸 힘이 있는지의 여부를 수시로 점검하여 쓰러질 위험이 있으면 뽑아내거나 지지대를 세워 주는 등의 안전조치를 취하여 위와 같은 사고를 미연에 방지하여야 함에도 불구하고, 잦은 비바람으로 지반이 약해진데다가 뿌리마저 넓게 뻗지 못한 위 가로수를 그대로 방치한 잘못으로 이 사건 사고를 초래하게 한 사실 등을 인정할 수 있는바, 위 인정사실에 의하면 이 사건 사고는 지방자치단체인 피고가 국가배상법 제5조 소정의 공공의 영조물인 위 가로수의 설치 또는 관리를 잘못함으로써 발생하였다고 할 것이라고 판단한 다음, 이 사건 사고가 발생할 당시 호우주의보가 발효된 상태로 7.20. 12 : 00경의 강수량은 시간당 13mm이고, 그날의 순간 최대풍속은 초당 15.4m(강풍에 해당, 수목전체가 흔들리고 바람을 향하여 보행하기 곤란함)로서 피고가 관할하는 가로수 등의 나무들이 쓰러지는 등 재해가 발생한 사실 등은 인정되지만, 매년 집중호우와 태풍(초당 32.6m)이 동반되는 장마철을 겪고 있는 우리나라와 같은 기후의 여건 하에서 그와 같은 정도의 비바람을 예측할 수 없는 천재지변이라고 볼 수는 없는 것이라고 판단하였는바, 관계 증거 및 기록과 관계법령의 규정내용에 비추어 볼 때, 원심의 위와 같은 인정판단은 정당한 것으로 수긍이 되고, 원심판결에 소론과 같이 채증법칙을 위반하여 사실을 잘못 인정한 위법이나 영조물의 하자에 관한 법리를 오해한 위법이 있다고 볼 수 없으므로, 논지는 이유가 없다.

(출처 : 대법원 1993.07.27. 선고 93다 20702 판결[손해배상] 〉 종합법률정보 판례)

❻ 기타 사고

1) 도로 침수 및 결빙 사고

도로배수시설 하자로 인한 침수 또는 결빙 사고의 경우, 노면이 불량한 상태를 방치해둔 시간, 제설작업을 한 시간 등을 확인한다.(필요시 주변 목격자나 증인확보)

판 례

① 국가배상법 제5조 소정의 영조물의 설치·관리상의 하자라 함은 영조물의 설치 및 관리에 불완전한 점이 있어 이 때문에 영조물 자체가 통상 갖추어야 할 안전성을 갖추지 못한 상태에 있는 것을 말하는 것이다.
② 지방자치단체가 관리하는 도로 지하에 매설되어 있는 상수도관에 균열이 생겨 그 틈으로 새어 나온 물이 도로 위까지 유출되어 노면이 결빙되었다면 도로로서의 안전성에 결함이 있는 상태로서 설치·관리상의 하자가 있다고 한 사례.
③ 국가배상법 제5조 소정의 영조물의 설치·관리상의 하자로 인한 책임은 무과실책임이고 나아가 민법 제758조 소정의 공작물의 점유자의 책임과는 달리 면책사유도 규정되어 있지 않으므로, 국가 또는 지방자치단체는 영조물의 설치·관리상의 하자로 인하여 타인에게 손해를 가한 경우에 그 손해의 방지에 필요한 주의를 해태하지 아니하였다 하여 면책을 주장할 수 없다.
④ 영조물의 설치 또는 관리상의 하자로 인한 사고라 함은 영조물의 설치 또는 관리상의 하자만이 손해 발생의 원인이 되는 경우만을 말하는 것이 아니고, 다른 자연적 사실이나 제3자의 행위 또는 피해자의 행위와 경합하여 손해가 발생하더라도 영조물의 설치 또는 관리상의 하자가 공동원인의 하나가 되는 이상 그 손해는 영조물의 설치 또는 관리상의 하자에 의하여 발생한 것이라고 해석함이 상당하다.

(출처 : 대법원 1994.11.22. 선고 94다32924 판결[손해배상(기)] 〉 종합법률정보 판례)

판 례

이 사건 사고가 일어난 지점의 부근은 산중턱을 깎아 도로의 부지를 조성하였으므로, 비가 많이 올 때 등에 대비하여 깎아내린 산비탈부분이 무너지지 않도록 배수로를 제대로 설치하고 격자블록 등의 견고한 보호시설을 갖추어야 됨에도 불구하고, 이를 게을리 한 잘못으로 위 산비탈부분이 1991.7.25. 내린 약 308.5nn의 집중호우에 견디지 못하고 위 도로 위로 무너져 내려 차량의 통행을 방해함으로써 이 사건 사고가 일어난 사실을 인정할 수 있으므로, 이 사건 사고는 피고의 위 도로의 설치 또는 관리상의 하자로 인하여 일어난 것이라고 보아야 한다고 판단한 다음, 매년 비가 많이 오는 장마철을 겪고 있는 우리나라와 같은 기후의 여건 하에서 위와 같은 집중호우가 내렸다고 하여 전혀 예측할 수 없는 천재지변이라고 보기는 어렵다고 판단하였는바, 사실관계가 원심이 확정한 바와 같다면, 원심판결에 소론과 같이 공공시설 등의 하자로 인한 책임에 관한 법리를 오해한 위법이 있다고 볼 수 없으므로, 논지는 이유가 없다.

(출처 : 대법원 1993.06.08. 선고 93다 11678 판결[손해배상(자)] 〉 종합법률정보 판례)

2) 교각 충돌사고

도로상에 설치된 교각(고가도로, 지하차도 기둥 등)에 운전자의 시야확보를 위한 검정색과 노랑색이 혼용된 약 45도 방향의 사선이 1.5m의 높이로 도색이 되어 있는지를 확인하고, 이러한 조치가 없는 경우 과실에 따른 구상을 진행한다.

3) 가드레일 충돌사고

과거 가드레일을 설치하지 않아 차량이 추락하는 사고가 발생하였거나 동물 등 확인이 어려운 물체가 출현하여 사고가 발생한 전력이 있는 장소의 경우, 사고가 위 사항과 인과관계가 있으면 해당 지자체를 상대로 구상이 가능하다.

판 례

국가배상법 제5조 제1항에 정해진 영조물의 설치 또는 관리의 하자라 함은 영조물이 그 용도에 따라 통상 갖추어야 할 안전성을 갖추지 못한 상태에 있음을 말하는 것이며, 다만 영조물이 완전무결한 상태에 있지 아니하고 그 기능상 어떠한 결함이 있다는 것만으로 영조물의 설치 또는 관리에 하자가 있다고 할 수 없는 것이고, 위와 같은 안전성의 구비 여부를 판단함에 있어서는 당해 영조물의 용도, 그 설치 장소의 현황 및 이용 상황 등 제반 사정을 종합적으로 고려하여 설치·관리자가 그 영조물의 위험성에 비례하여 사회통념상 일반적으로 요구되는 정도의 방호조치 의무를 다하였는지 여부를 그 기준으로 삼아야 하며, 만일 객관적으로 보아 시간적·장소적으로 영조물의 기능상 결함으로 인한 손해 발생의 예견 가능성과 회피 가능성이 없는 경우, 즉 그 영조물의 결함이 영조물의 설치·관리자의 관리행위가 미칠 수 없는 상황 아래에 있는 경우임이 입증되는 경우라면 영조물의 설치 관리상의 하자를 인정할 수 없다고 할 것이다(대법원 2001. 7. 27. 선고 2000다 56822 판결 참조).

➜ 기록에 비추어 살펴보면, 이 사건 도로는 사고 현장 직전인 동일여자고등학교 앞부터 내리막 기울기가 약 18%, 사고 현장에 형성되어 있는 왼쪽 커브길의 내리막 기울기가 약 11.5%에 이를 정도의 급경사 내리막길로 제한 속도가 시속 30km에 불과하고, 커브길이 시작되는 부분은 도로면이 오히려 오른쪽으로 약 3% 정도 기울어져 있는 역편구배가 형성되어 도로 이탈 사고의 위험성이 큰 곳이며, 원고들이 거주하던 건물 및 그 주변은 이 사건 도로보다 낮은 지대에 위치하고 있어 차량이 도로를 이탈하는 경우 대형 사고가 발생할 위험성이 대단히 높은 곳임에도 폐타이어가 부착된 가드레일만 설치되어 있고, 그 가드레일만으로는 덤프트럭 등 대형차량의 도로 이탈을 방지하기에는 미흡한 반면, 건설교통부의 도로 안전시설 및 관리 지침(기록 286면 이하)에 의하면, 비탈면이나 비탈 기슭에 건물 등 장애물이 위치한 구간과 곡선부 전후의 경사가 4%를 넘는 내리막 구간에는 차량이 도로 밖으로 이탈하는 것을 방지하기 위하여 도로 및 교통 상황에 따라 방호울타리를 설치하는 것을 원칙으로 한다고 규정하고 있는 점 등에 비추어 이 사건 도로는 통상 갖추어야 할 안전성이 객관적으로 결여되어 있었다고 인정할 수 있고, 한편 이 사건 사고 현장과 같은 지점에서 1998. 4.경 같은 유형의 교통사고가 발생한 사례가 있는데다가 재개발사업에 따른 대규모 아파트단지 건설을 위하여 덤프트럭 등 공사차량의 출입 증가로 교통량이 많아지고 도로 확장공사

까지 이루어져 인근 주민들이 안전대책 수립을 요구하자, 피고가 1998. 7.경 직접 이 사건 도로에 점멸식 갈매기(방향유도) 표시판, 가드레일, 장방형 경광등, 안내표지판을 설치하고, 2000. 3. 17. 재개발조합 및 벽산건설에 대하여 이 사건 도로에 과속방지턱 설치, 예비신호기 설치, 미끄럼방지포장 설치, 도로 편구배(최대 6%)로 조정, 안전방호벽(옹벽) 설치 등의 교통안전시설 개선방안의 시행을 지시하기까지 한 점에 비추어 이 사건 사고 및 이로 인한 손해의 발생에 대한 예견가능성이 없었다고 할 수 없으며, 재개발조합 및 벽산건설에 교통안전시설 개선방안의 시행을 지시한 후 8개월 이상 경과한 이 사건 사고 당시까지 개선방안의 시행이 전혀 이루어지지 않았음에도 그 시행 여부를 확인하거나 이를 독촉하였음을 인정할 증거가 없고, 재개발조합 및 벽산건설에 지도한 교통안전시설 개선방안 시행에 소요되는 비용 및 노력이 지나치게 과도하여 피고가 부담하기 불가능하다고 볼 자료도 없어 이 사건 사고 및 이로 인한 손해의 발생에 대한 회피가능성이 없었다고 단정할 수도 없으므로, 이 사건 도로의 설치·관리자인 피고가 사회통념상 일반적으로 요구되는 정도의 방호조치를 다하였다고 보기 어렵다. 그럼에도 불구하고, 이 사건 도로에 설치·관리상의 하자가 없다고 판단한 원심판결에는 영조물의 설치·관리상 하자의 의미 및 그 판단기준에 관한 법리를 오해하거나 이에 대한 심리를 다하지 않은 위법이 있고, 이는 판결에 영향을 미쳤음이 분명하다. 그러므로 원심판결을 파기하고, 사건을 다시 심리·판단하게 하기 위하여 원심 법원에 환송하기로 하여 관여 법관의 일치된 의견으로 주문과 같이 판결한다.

(출처 : 대법원 2004.06.11. 선고 2003다 62026 판결[손해배상(기)] 〉 종합법률정보 판례)

4) 과속 방지턱 충돌사고

① 과속 방지턱 설치기준

규격 및 형상은 높이 10cm, 폭 3.6m의 원호 형으로 설치토록 규정되어 있다(도로안전시설 설치 및 관리지침, 도로교통관리공단).

5) 맨홀과 충돌한 사고

맨홀과 도로면과의 높이 차이, 맨홀이 절단되면서 튕겨 올라와 차량과 충돌한 사고, 맨홀이 개방되어 있어 사고가 발생한 경우 등도 지자체 또는 시공업체를 상대로 구상한다.

6) 안내표지판 사고

공사구간 등에 안내표지판을 설치하지 않았거나 야간 야광표지판 또는 라바콘 등을 설치하지 않은 경우 과실 책임을 물을 수 있다.

7) 전기·전주 등 사고

높이 표시와 실제 높이를 실측하여 '전기설비기술기준의 판단기준'(지식경제부 공고 제 2012-32호, 2012. 01. 31.)에 적합한지 여부를 확인한다.

8) 철도건널목 등 사고

건널목설치 및 설비기준 규정(철도청훈령 제6847호)에 적합한지 여부 및 열차와 횡단차량이 서로를 인식할 수 있는 가시거리 내에서 발생한 사고 여부 등을 조사한다.

판　례

철도건널목의 보안설비에 영조물의 설치·관리상의 하자가 있다고 할 수 있는 것인지 여부는 건널목이 설치된 위치, 통행하는 교통량, 부근의 상황 특히 건널목을 건너려는 사람이 열차를 발견할 수 있는 거리, 반대로 열차의 운전자가 건널목을 건너려는 사람이나 차량 등을 발견할 수 있는 거리 등 모든 사정을 고려하여 사회통념에 따라 결정하여야 한다.

[참조조문]
국가배상법 제5조제1항, 건널목개량촉진법 제2조제1호, 건널목설치 및 설비 기준규정(철도청훈령 제6847호)제2조제1항[2] 국가배상법제5조제1항, 건널목개량촉진법 제2조제1호, 건널목설치 및 설비기준규정(철도청훈령 제6847호)제2조제1항, 철도법제78조, 국유철도건설규칙 제65조, 철도용지 및 퇴거 지역의범위에관한규정, 도로교통법 제21조[3] 철도법 제3조, 국유철도운전규칙 제17조, 제40조

(출처 : 대법원 1998.05.22. 선고 97다 57528 판결[손해배상(기)] 〉 종합법률 정보 판례)

9) 제조물 책임

① 입법취지

제조자 또는 도·소매상으로부터 판매되는 상품(제조물)에 통상적으로 기대되는 안전성의 결함으로 인하여 소비자나 이용자 등에게 인적·재산상 손해를 입힌 경우, 제조자 또는 유통자에 대하여 손해배상책임을 부담케 함으로써 피해자를 보호하고, 국민생활의 안정과 국민경제의 건전한 발전을 위해 제정된 법이다.

관계법규

제조물 책임법 제2조 [정의]

이 법에서 사용하는 용어의 뜻은 다음과 같다.

1. "제조물"이란 제조되거나 가공된 동산(다른 동산이나 부동산의 일부를 구성하는 경우를 포함한다)을 말한다.
2. "결함"이란 해당 제조물에 다음 각 목의 어느 하나에 해당하는 제조상·설계상 또는 표시상의 결함이 있거나 그 밖에 통상적으로 기대할 수 있는 안전성이 결여되어 있는 것을 말한다.
   가. "제조상의 결함"이란 제조업자가 제조물에 대하여 제조상·가공상의 주의의무를 이행하였는지에 관계없이 제조물이 원래 의도한 설계와 다르게 제조·가공됨으로써 안전하지 못하게 된 경우를 말한다.
   나. "설계상의 결함"이란 제조업자가 합리적인 대체설계(대체설계)를 채용하였더라면 피해나 위험을 줄이거나 피할 수 있었음에도 대체설계를 채용하지 아니하여 해당 제조물이 안전하지 못하게 된 경우를 말한다.
   다. "표시상의 결함"이란 제조업자가 합리적인 설명·지시·경고 또는 그 밖의 표시를 하였더라면 해당 제조물에 의하여 발생할 수 있는 피해나 위험을 줄이거나 피할 수 있었음에도 이를 하지 아니한 경우를 말한다.
3. "제조업자"란 다음 각 목의 자를 말한다.
   가. 제조물의 제조·가공 또는 수입을 업(업)으로 하는 자
   나. 제조물에 성명·상호·상표 또는 그 밖에 식별(식별) 가능한 기호 등을 사용하여 자신을 가목의 자로 표시한 자 또는 가목의 자로 오인(오인)하게 할 수 있는 표시를 한 자[전문개정 2013. 05. 22]

판 례

제조물책임이란 제조물에 통상적으로 기대되는 안전성을 결여한 결함으로 인하여 생명·신체나 제조물 그 자체 외의 다른 재산에 손해가 발생한 경우에 제조업자 등에게 지우는 손해배상책임이고, 제조물에 상품 적합성이 결여되어 제조물 그 자체에 발생한 손해는 제조물책임의 적용 대상이 아니므로, 하자 담보책임으로서 그 배상을 구하여야 한다.

(출처 : 대법원 2000. 07. 28. 선고 98다 35525 판결[구상금] 〉 종합법률정보 판례)

06 손상진단과 복원수리기법

1 손상진단

① 손상진단의 목적

자동차 사고에 의해 발생되는 손상은 그 사고 형태와 차량의 종류(구조)에 따라 현저하게 다르다. 바디 외판에 주로 발생되는 경미한 접촉사고로 인한 손상으로부터 바디 각 부분과 기능 장치까지에도 영향을 주는 대형 손상, 더욱이 전륜 구동(FF)차량과 고성능 차량에서 볼 수 있는 구조 및 장치의 앞부분 집중화에 따른 손상 부위의 확대 경향 등에 이르기까지 매우 복잡 다양하게 나타난다. 그리고 이러한 손상은 시각과 촉각을 이용하여 쉽게 파악할 수 있는 경우도 있지만, 계측/분해/검사 등을 하지 않고서는 확인할 수 없는 경우도 있다.

따라서 견적서 작성의 중심이 되는 작업 항목과 교환 부품을 결정하는데 있어서 그 손상 부위 및 범위를 정확히 진단·확인하는 것이 중요하므로 손상 진단의 의미는 매우 크다고 할 수 있다.

② 사고원인별 손상

① 자동차 사고에 의한 손상
② 화재, 침수, 태풍, 해일 등에 의한 손상
③ 사용으로 인한 자연 마모 등의 손상
④ 보수, 정비의 결함으로 인한 손상
⑤ 제조 과정에서의 가공, 조립 또는 재료 등의 결함에 기인된 손상

③ 손상의 발생과 판단의 기본요건

사고로 인한 자동차의 손상은 소성 충돌에 의한 손상으로서, 자동차가 일정 속도 이상으로 진행하다가 타차 또는 타 물체와의 「충돌」이라는 기계적 부하를 받게 되면 손상이 생기게 된다. 즉 손상을 발생시키는 조건은 주행 중인 자동차가 가지고 있는 「운동에너지」와 타 물체와의 「충돌」이라는 현상에 의해 충돌 순간의 에너지 소비(충격력)가 차량과 타 물체인 구조물에 작용하여 손상이라는 「일」을 한 결과라고 생각할 수 있다. 따라서 사고 부위의 형태는 자동차의 구조 및 강도와 충격력이 가해지는 힘의 크기에 따라 각각 다르게 나타나게 되는 것이다.

④ 자동차 충돌손상의 종류

손상이란 이론적으로 재료의 '응력-변형 선도'에 나타난 소성변형 영역 내에서 발생되는 것으로 생각되지만, 재료의 종류에 따라서는 탄성변형 및 파손 절단의 손상을 가져오는 경우도 있다.

1) 충격력이 작용된 경로에 따른 분류

① **직접손상**

타 물체(차종 등)와의 충돌(추돌) 또는 접촉에 의해 외력을 직접적으로 받은 차량의 각 부위에 발생된 손상을 의미한다.

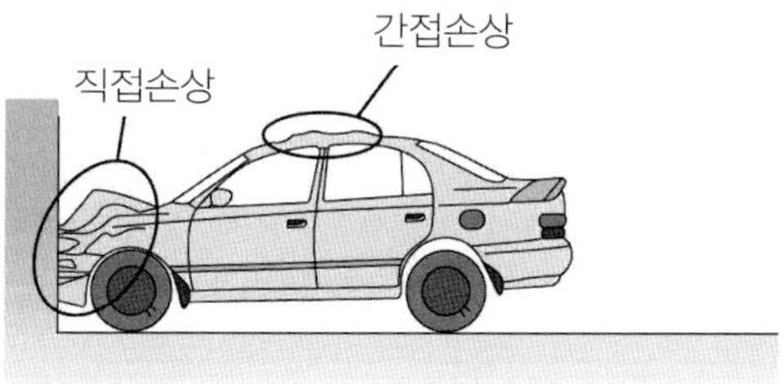

② **간접손상**

차량에 작용된 외력이 직접손상 부위를 경과하여 다른 부위에도 전달됨으로써 발생된 손상을 의미한다.

③ 파급손상

차량의 직접손상 부위에 외력이 압축 응력으로 작용할 때, 주변 패널이나 멤버가 압축 응력이 작용된 부위 방향으로 꺾이거나 또는 반대방향으로 꺾어짐으로써 발생된 손상을 의미하며, 주로 용접으로 부착된 패널이나 멤버 등에 발생한다.

예 용접 부착된 바디 패널의 손상

④ 유발손상

차량에 작용된 외력에 의해 직접손상 및 파급손상 등이 발생되면서 부품 상호 간 또는 패널 상호 간 당김 작용이나 누름 작용 등에 의해 볼트로 체결된 차량 부품 등에 주로 발생하는 손상을 의미한다.

예 볼트 체결 바디 부품의 손상

⑤ 관성손상(2차 손상)

충돌 당시의 급격한 속도 변화로 인해 탑승자, 적재 물품, 차체에 부착된 부품 등이 관성운동에 의해 이동하면서 차량 실내 또는 바디패널과 2차로 충돌하여 발생되는 손상을 의미한다.

2) 차체 강판의 성질에 의한 분류

① 탄성변형

도어나 펜더의 표면을 손으로 가볍게 누르면 변형되어 약간 들어가는 현상이 나타나지만 손을 떼어 힘을 제거하면 변형되었던 부분이 원래의 상태로 되돌아온다. 이 같은 변형을 「탄성변형」이라고 말하며, 이때 되돌아오려는 성질을 「탄성」이라고 한다.

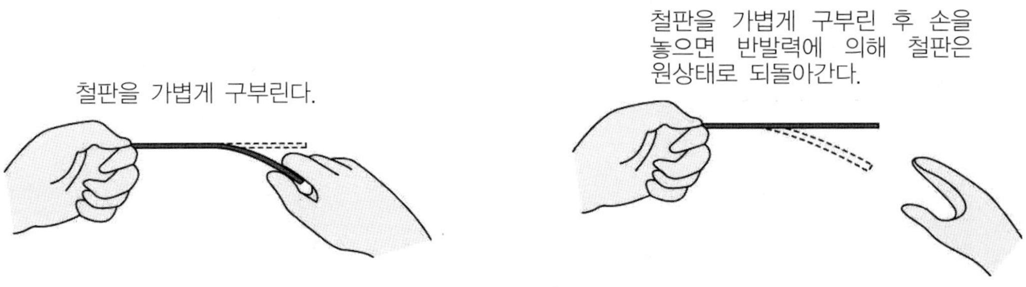

탄성변형

② 소성변형

도어나 펜더의 표면을 손으로 가볍게 눌렀다 떼면 원래의 상태로 되돌아오지만, 더욱 힘을 가해 강하게 누르면 패널이 변형되어 손을 떼어도 원래의 상태로 되돌아오지 않고 변형이 남는다. 이것을 「소성변형」이라고 하며, 변형된 채 원래의 상태로 되돌아오지 않는 성질을 「소성」이라고 한다. 강판을 구부렸다가 손을 떼는 순간 되돌아오는 현상을 「스프링 백」이라고 한다.

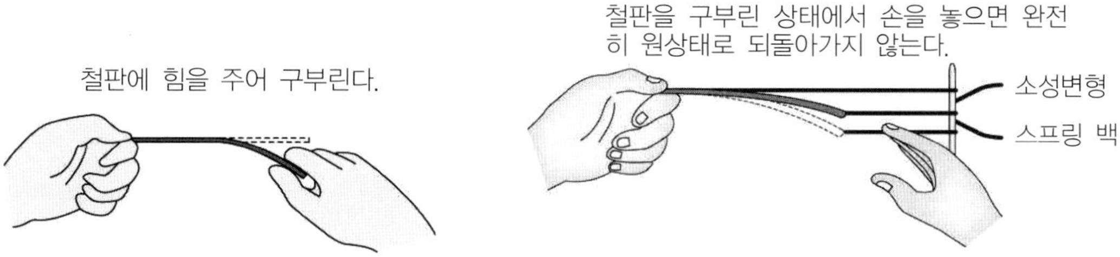

소성변형

③ 응력 변형선도

• 일반 강철

응력변형선도는 규정의 규격으로 가공한 재료(시편)를 인장(temsile) 시험기에서 잡아당겨 파단되기 까지의 과정을 표시한 것이다. 선도는 점 O에서 점 A까지 직선으로 시작되며, 이것은 응력과 변형률이 비례하고 있다는 것을 의미한다. A점을 지나서는 응력과 변형률 사이의 선형적인 관계가 없어지는데, 이때 A점에서의 응력을 비례한도(proportional limit)라 하고, 원점 O에서 A점까지 직선의 기울기를 탄성계수(modulus of elasticity)라 한다.

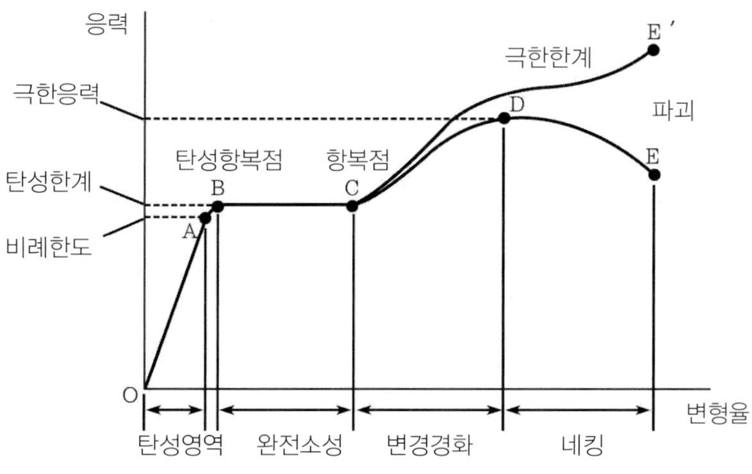

응력변형선도

비례한도를 넘어 하중을 계속적으로 증가시키면 변형률이 응력의 증가분보다 훨씬 빨리 증가되기 시작한다. 응력변형선도는 곡선이 수평으로 되는 점 B에 도달하게 되면 이 지점부터는 인장력의 증가가 거의 없더라도 신장은 계속 일어나게 된다(B-C). 이런 현상을 재료의 항복이라고 하며, B점을 항복점(yield point)이라고 한다. B점에서 C점까지는 재료가 완전소성(perfectly plastic) 상태가 되어 작용되는 하중의 증가가 없어도 변형이 일어나게 된다. B-C영역의 항복과정 중 큰 변형률이 생긴 후에는 변형경화(strain hardening)가 시작되는데, 이 때 재료는 변형에 대한 저항력이 증가된다.

따라서 인장력을 계속 가하게 되면 재료의 변형이 생기면서 하중은 최대치에 도달하게 되며, 이때의 응력을 극한응력(ultimate stress)이라 하고, 이 점을 넘어서면 하중이 감소함에도 시험재료의 인장은 계속되어 E점에 이르러 파괴(fracture)가 일어난다.

- 알루미늄합금
  - 알루미늄합금의 경우 연성은 높은 편이나 확실한 항복점을 가지지 않는다.
  - 알루미늄합금의 전형적인 응력변형률 선도는 다음 그림과 같다.

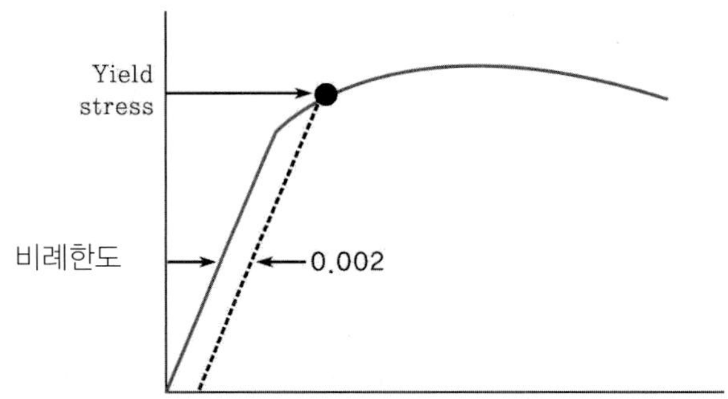

알루미늄합금

④ 가공 경화

강판을 늘리거나 줄이는 작업을 하면 소성변형을 일으켜 재질이 단단해지는데 이러한 현상을 '가공 경화'라 하며 재료가 소성변형을 하는 경우 반드시 발생된다.

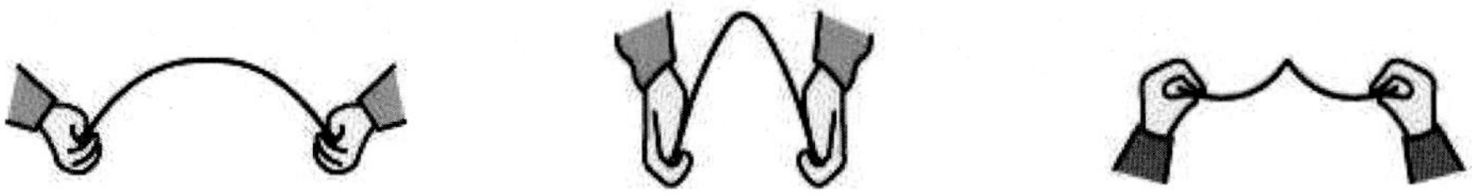

가공경화

위 그림은 가공경화를 설명한 것으로서, 똑바른 철사를 탄성한계를 넘어서 구부렸다가 다시 펴기를 해도 구부러져 접혔던 부분이 원래의 상태대로 돌아오지 않고 각이 되어 남아 있다. 이러한 현상은 소성변형되었던 부분이 경화되어 다른 부분보다 강해졌다는 것을 의미한다. 차체 패널을 프레스 성형할 때나 충돌사고 등에 의해 변형되었을 때, 해머링으로 수정하는 경우에도 강판에 가공경화가 발생한다.

⑤ 열 변형

강판은 열의 영향을 받게 되면 팽창, 수축, 연화, 경화 등의 현상이 발생한다. 따라서 이러한 현상을 효과적으로 이용하게 되면 손상차량의 복원수리를 빨리 진행할 수 있고 작업시간도 줄일 수 있게 된다.

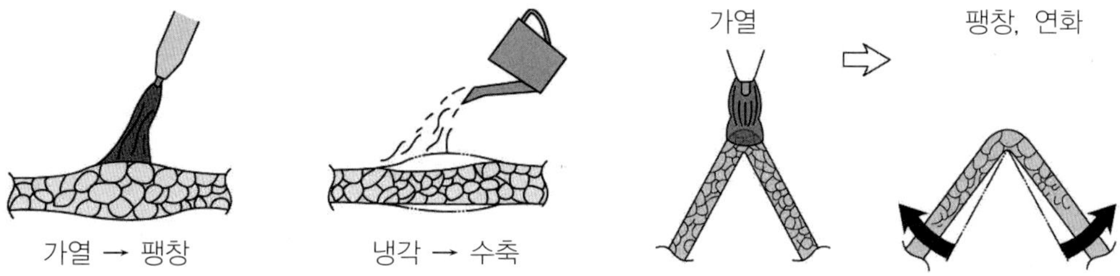

열변형

- 팽창, 수축

강판은 가열하면 늘어나고 냉각하면 수축된다.

가열에 의한 패널의 수축작업은 이러한 현상을 이용한 것으로서 충돌로 인하여 변형된 부분(늘어난 부분)을 고온으로 가열하여 팽창시킨 후 급랭하면 가열 전의 상태보다 수축된다.

- 가공경화 제거

패널의 가공경화는 열처리로서 제거될 수 있으며, 변형으로 인한 가공경화된 부분을 가열하는 경우 연화 및 연화시키는 것에 의해 감소되었던 탄성력을 회복시켜 원래의 상태로 되돌리는 방법이 있다. 즉 강판은 가열하면 팽창함과 동시에 연화된다.

가공경화된 부분을 제거하는 기법은 이러한 성질을 이용한 것으로서, 가열 후 천천히 식히는 것을 서랭이라고 한다.

⑥ 열처리 작업

• 담금질

강판을 약 800℃ 전후로 가열하여 물이나 기름에 급랭하는 방법으로 강판이 단단해진다.

• 풀림

소성가공으로 인하여 가공 경화된 강판을 연화시켜 원래의 상태로 되돌리기 위해 어느 일정 온도 이상으로 가열(약 700~800℃)하였다가 서서히 냉각시켜 가공경화현상의 내부 응력을 제거하는 작업을 말한다.

• 뜨임

강판 내부의 불안정한 조직을 600℃ 전후의 온도로 가열 후 서서히 냉각하여 강판에 질긴 성질(인성)을 부여하는 작업을 말한다.

• 불림

단조 등에 의하여 가공된 것은 강판의 조직이 일정하지 않고 거칠어져 있으므로 풀림 온도보다 조금 높게 가열(약 800~900℃)한 후 서서히 냉각시켜 조직을 표준화하는 작업을 말한다.

3) 외관에 의한 분류

신장, 찌그러짐, 꺾임, 잘라짐, 구부러짐, 요철 등.

예로서, 다음의 그림과 같이 크게 손상된 패널은 A부의 소성변형을 제거해 주면 강판의 자체 탄성으로 인하여 원래대로 되돌아온다. 따라서 패널의 수정에 있어서는 탄성의 성질을 유효하게 이용하는 것이 중요하다.

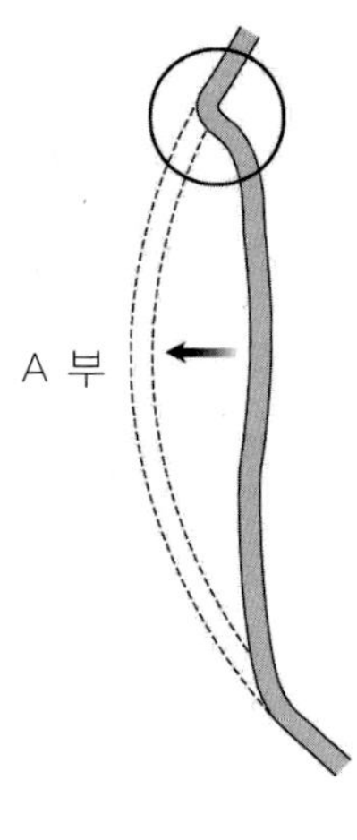

4) 사고유형별 손상

① 지상 고정 물체와의 충돌

차량이 지상에 고정되어 있는 물체와 충돌한 경우 상대 물체의 크기, 재질, 형태에 따라 사고 차량에 나타나는 손상은 커다란 차이가 있다.

• 충격력 입력방향이 차량의 중심인 경우

충격력이 차체 중심으로 가해져 차량 운동 에너지 전부가 소비된 사고에서는 충돌부위가 뒤로 밀린 형상의 손상이 나타나고, 상대 물체의 형태가 손상 부위에 나타나게 된다.

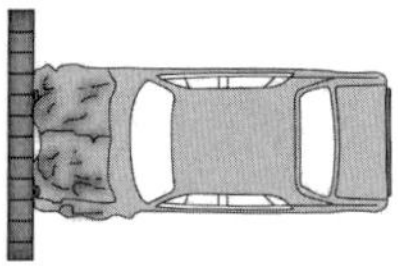

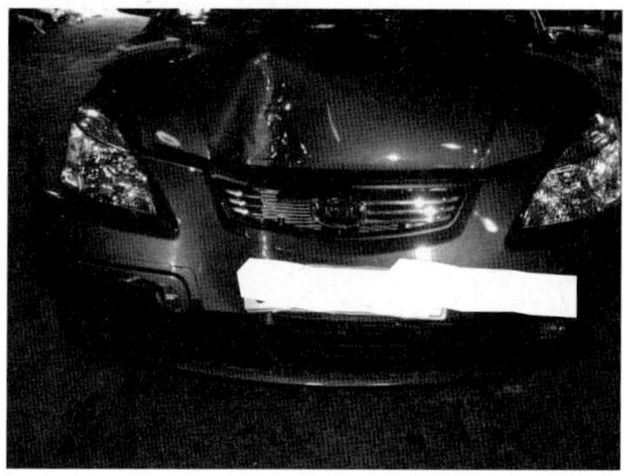

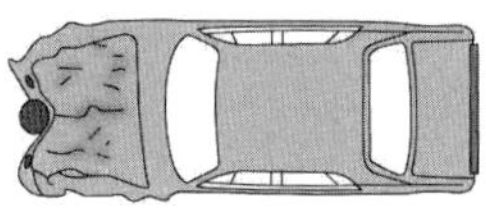

• 충격력 입력방향이 차량의 중심이 아닌 경우

충격력 입력방향이 차량의 중심이 아닌 편심 충돌인 경우에는 차량이 중심을 잃고 회전운동을 하게 되고, 차체에는 상대 물체와의 마찰에 의한 손상이 발생하게 된다.

② 차량상호간의 충돌

• 정면충돌

정면충돌 상황에서는 양 차량의 중심이 동일선상에 있게 되므로 양 차량 모두 차체의 앞부분이 뒤로 밀리는 손상이 발생한다.

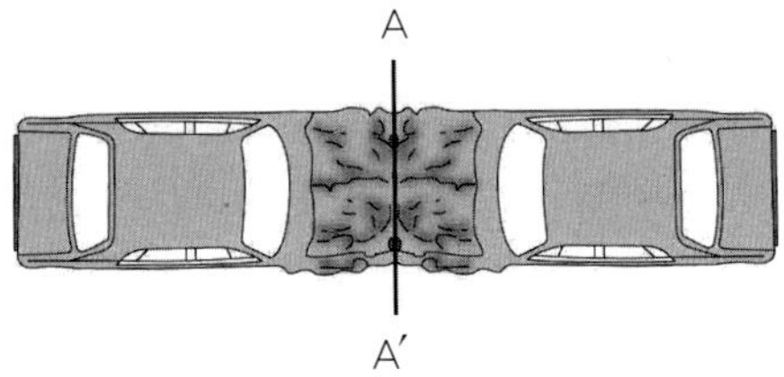

완전 정면충돌(전면 100% 오버랩)

• 편심 정면충돌

손상방향이 전면부에서 후면부로 나타난다.

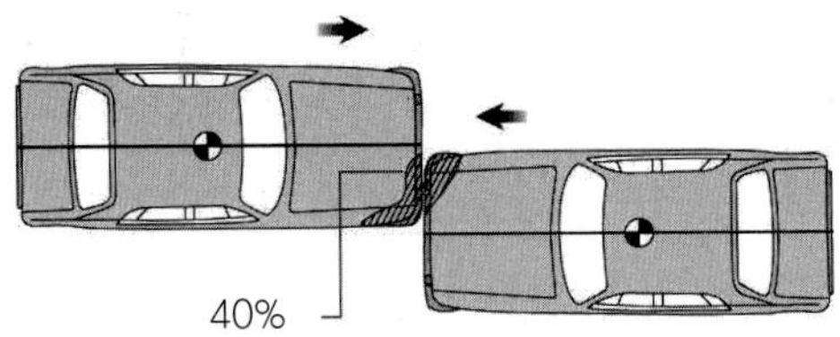

편심 정면충돌(정면 40% 오버랩)

• 추돌

추돌차량에 나타나는 손상은 정면충돌과 거의 같은 경향으로 나타난다.

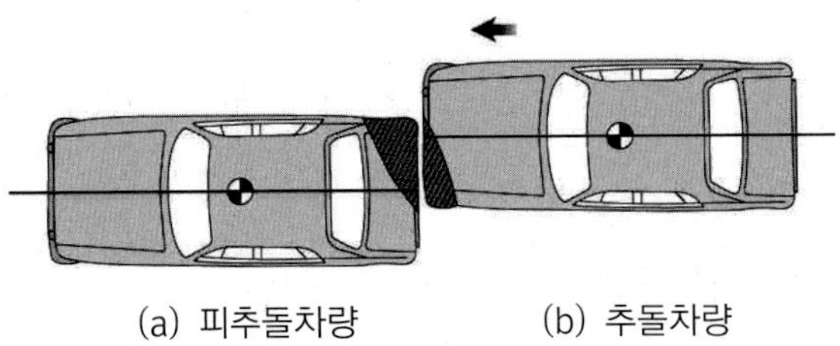

추돌

• 측면충돌

90° 직각 방향이나 경사진 방향에서 양 차량이 충돌하는 사고의 경우 양 차량 모두 차량 운동 에너지가 소진될 때까지 병진운동과 회전운동을 하면서 진행하게 된다.

- 직각 충돌
  ⓐ 차량 a가 차량 b에 직각으로 충돌하는 경우. 충돌 순간 발생한 마찰력에 의해 차량 a의 앞부분이 차량 b의 진행 방향으로 변형되는 손상이 생긴다.
  ⓑ 피해 차량인 b의 우측 옆 부분에는 종축 방향으로 손상이 생긴다.
- 경사 충돌

  충돌 후 운동에너지가 남아 있는 경우. 양 차량은 회전하면서 진행하거나 또 다른 2차 충돌을 하게 된다.

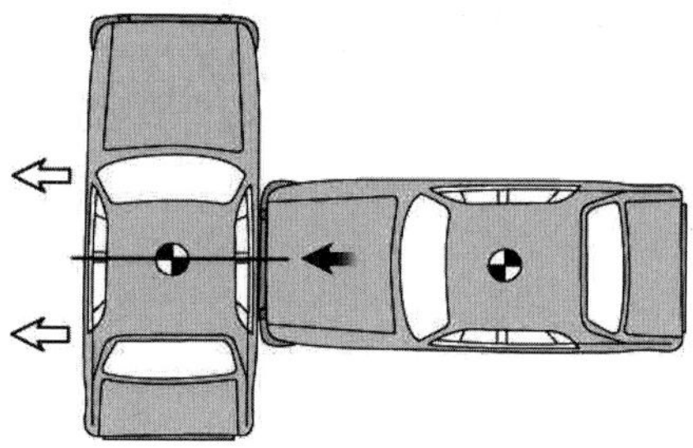

(a) 중심충돌

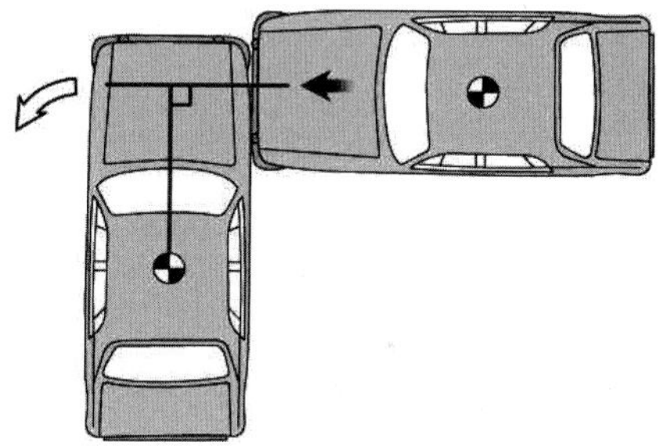

(b) 편심충돌

충돌

• 다중충돌

다중 충돌사고에 의한 손상 형태는 복잡하고 다양하므로 충돌 상대물과의 충돌 부위 및 충돌 횟수와 차량의 진행 상태 등을 고려하여 손상 상태를 파악해야 한다.

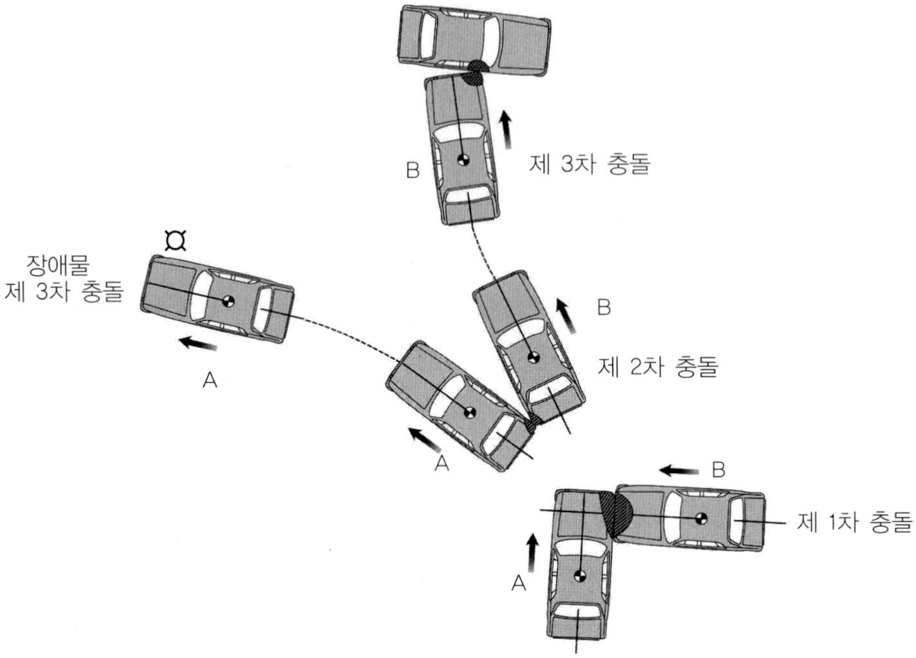

다중충돌

• 기타 충돌사고

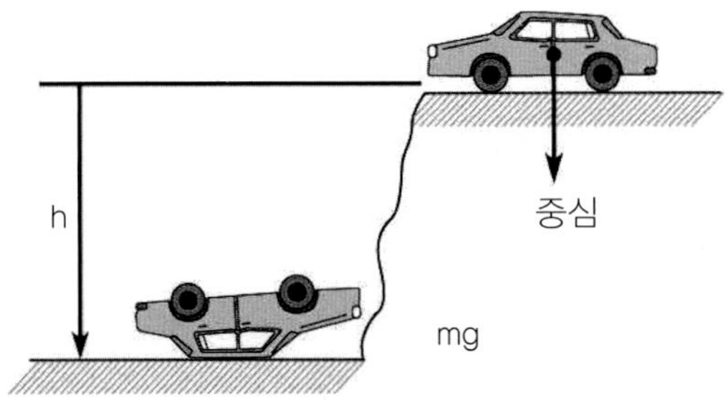

전복

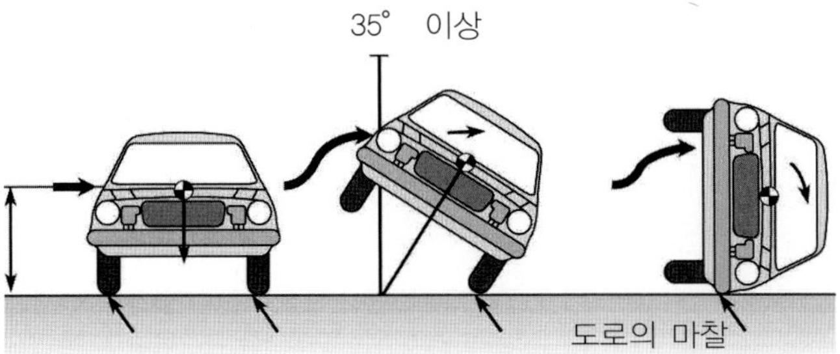

전도

⑤ 손상진단 기법

1) 손상상태의 파악

① 손상진단의 기초

- 손상상태의 파악을 위해서는 사고형태와 자동차의 운동상태에 대한 조사가 선행되어야 한다.
- 자동차사고에 의해 발생한 손상상태는 다음 여러 가지 요소에 따라 각각 다르게 나타난다.
  - 충돌 상대물
  - 충돌 당시 속도
  - 충돌 위치(각도)
  - 충돌 당시 관성

2) 손상진단의 실무상 적용(5W 1H)

① 언제(when) : 사고발생일

- 관찰 유의점 : 손상부위 및 기능부품 등의 녹슨 상태, 차 내외의 오염, 먼지 등의 부착상태
- 실무적용 포인트 : 당일사고 여부

② 어디서(where) : 사고발생장소, 도로상황, 기후

- 관찰 유의점 : 손상부위 및 차내 외의 부착물
- 실무적용 포인트 : 사고 장소 위장 여부

③ 누가(who) : 사고발생시의 운전자, 동승자의 수

- 관찰 유의점 : 충돌 후 관성 작용이 수반된 2차적 손상의 유무
- 실무적용 포인트 : 운전자 바꿔치기 여부

④ 무엇을(what) : 사고 상대(사람, 차, 물건)

- 관찰 유의점 : 손상정도와 그 상태의 분석, 손상부위의 높이, 부착물
- 실무적용 포인트 : 파손부위와 사고와의 인과관계 확인

⑤ 왜(why) : 사고발생 원인

- 관찰 유의점 : 원인에 따른 구조, 기능상의 고장 유무
- 실무적용 포인트 : 고장손해 여부

⑥ 어떻게(how) : 사고발생시의 사람, 차, 환경 등의 상태

- 관찰 유의점 : 직접손상과 간접손상 등의 관련성 조사
- 실무적용 포인트 : 1, 2차 충돌여부, 관성손상 여부

3) 사고차량의 관찰

① 외관의 관찰
② 내판, 골격의 관찰(충격의 입력, 파급경로에 따른 점검)
③ 구조적 측면에서의 관찰
④ 계측에 의한 파악
⑤ 손상형태에 의한 파악

4) 사고차량의 관찰방법

① 차량을 둘러보고 해당 사고에 의한 손상과 그 외의 손상유무를 관찰한다.
② 차량 전후에서 차량 전체를 시야에 넣고 관찰한다.
③ 차량 외부를 전(후), 좌우 측면 방향, 좌우 경사 45° 방향 등에서 관찰한다.
④ 인접한 외판패널 간 간격의 변화 유무를 관찰한다.

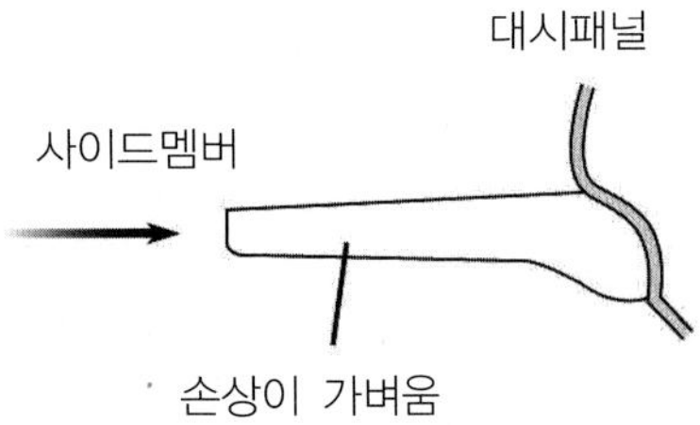

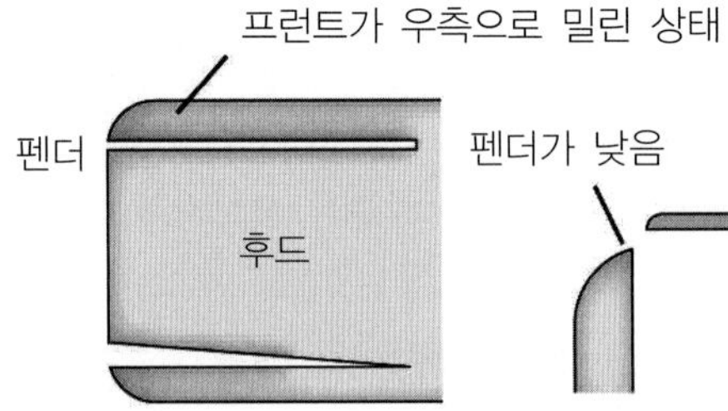

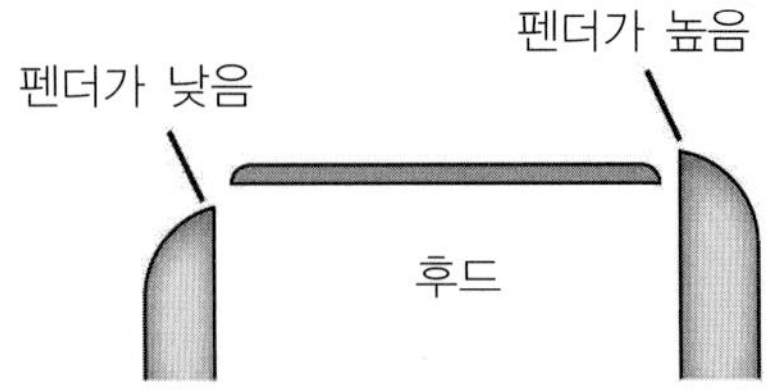

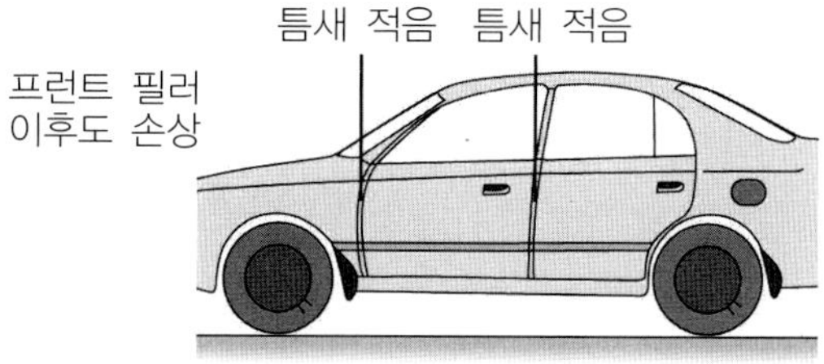

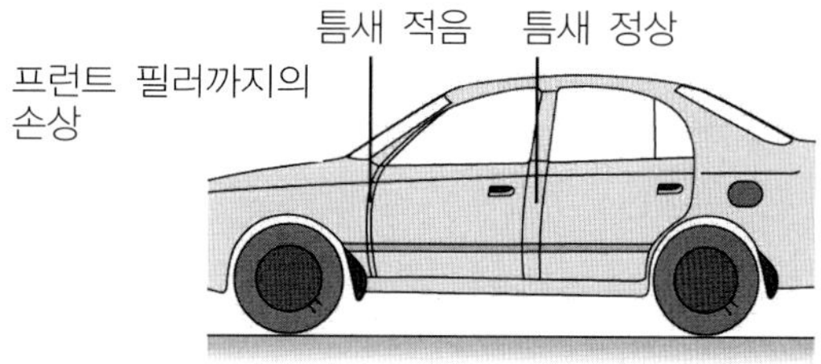

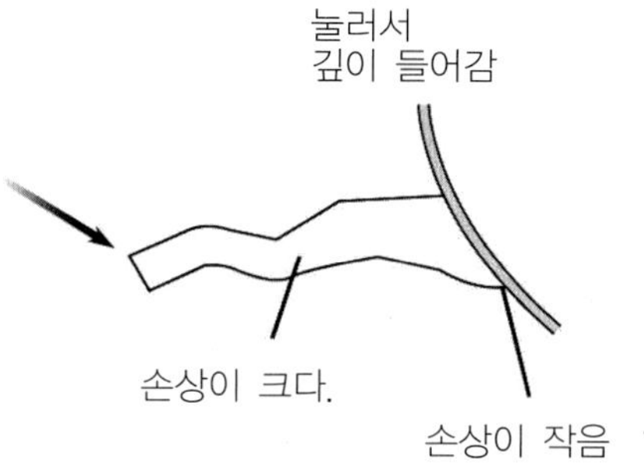

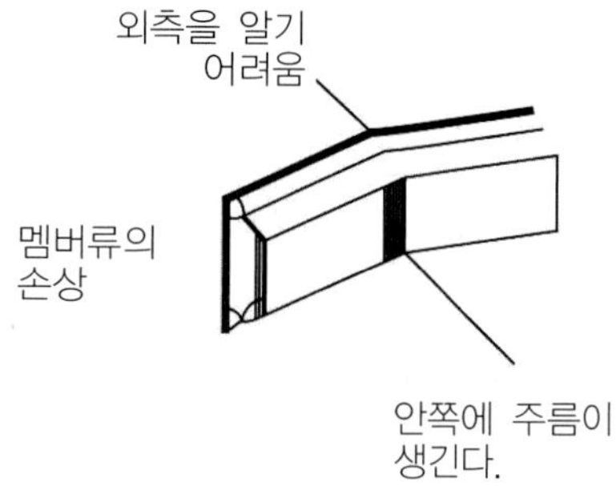

⑤ 힘이 가해진 부위를 관찰하고, 힘의 3요소와 중심의 관계에서 손상의 파급 상황을 고찰한다.

⑥ 후드, 도어, 트렁크 등을 열거나 또는 바디를 올려 내부손상을 확인한다.

⑦ 탑승자 또는 적재 물품에 의한 관성손상 유무를 관찰한다.

⑧ 계측 가능한 골격 부위는 계측하여 관찰 결과를 보완한다.

| 충돌요소별 손상 진단 |

충돌요소	손상 진단의 요점
충돌 상대물	•「무엇과 충돌했는가?」 • 차량에 발생한 직접손상부위의 손상형태, 흔적 등에 따라 분석한다.
충돌 속도	•「충돌 시의 차량속도는 대략 몇 km/h 정도인가?」 • 손상의 정도와 범위를 좌우하는 요소인 직접손상부위의 변형된 량으로 추측한다.
충돌 위치	•「외압의 작용점과 방향(각도)은?」 • 손상파급 경로를 따라 확인한다.
충돌시의 관성	•「관성 작용점(부위)에 관한 2차적 손상의 유무」 • 손상범위를 결정하는 요소인 차량속도, 사고당시 탑승인원, 적재물품의 종류, 구동방식(F·F, F·R) 등의 요건에 따라 분석, 확인한다.
다중 충돌	•「입력수와 입력순서」 • 동일사고에 의한 손상범위를 결정하는 요소로서 각각의 직접손상부위의 상태와의 사고형태의 상관관계를 분석, 확인한다.

5) 바디의 손상진단

① 바디의 재료 및 외판패널

자동차의 바디는 생산성이나 외관, 안전성, 가격 등의 여러가지 조건을 만족시키기 위해 여러 종류의 재료로 구성되어 있으며, 0.6~2.5mm 정도의 박강판을 주로 사용한다.

• 강판의 종류

- 강판
  - 냉간압연 강판
    - 고장력 강판
    - 보통 강판
  - 열간압연 강판
    - 고장력 강판
    - 보통 강판

- 냉간압연 강판

강을 열간압연한 후 다시 냉간압연을 시키면 판 두께의 정밀도 및 표면품질 등이 우수하고, 프레스 가공성이 우수해지기 때문에 0.6~1.2mm 정도까지 바디 부품에 대부분 사용되고 있다.

- 열간압연 강판

재결정온도 이상(800~900℃)에서 열간가공된 것으로, 표면조직이 거칠고 판의 두께도 1.6~6mm가 표준범위이다. 자동차에는 프레임, 멤버 등 비교적 두꺼운 부품에 사용되고 있다.

- 고장력 강판

고장력 강판은 보통 강판에 비교해 인장 강도가 크고 항복점이 높다는 특징을 가지고 있다. 따라서 박판(얇은 판)이라도 같은 정도의 강도를 얻을 수 있고 경량화가 가능하다.

- 고장력 강판의 사용목적

ⓐ 경량화 : 최대목적은 경량화이다. 같은 강도를 필요로 한다면 사용하는 강판을 얇게 할 수 있고, 얇게 한 만큼 차체는 가벼워진다.

ⓑ 내구성 확보 : 장기적인 사용에 견딜 수 있는 자동차로 만들기 위해 항상 힘을 받기 쉬운 부분에 사용된다.

ⓒ 충격에 대한 강도 확보 : 사고가 발생한 경우 승객을 보호하기 위해 차체의 골격으로 된 부분에 사용된다.

ⓓ 외부패널의 국부변형 방지 : 외부패널과 같이 외부에서 힘을 받고 변형되기 쉬운 부분에 사용되며, 국부적인 외부의 힘에 대해서 소성변형의 발생을 방지한다.

• 외판패널의 크라운

바디패널에는 바디 전체의 강도를 높이면서 바디 스타일을 개선하기 위해 여러 가지 곡면이 만들어져 있다. 이와 같은 곡면을 크라운이라 하는데, “패널의 일정한 곡률”이라고 정의할 수 있다.

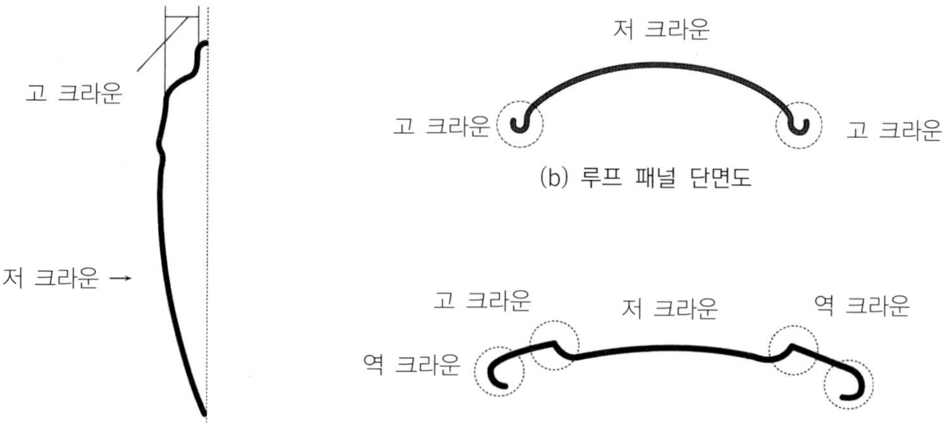

(a) 도어패널 단면도 (c) 후드 패널 단면도

외판패널의 크라운

- 저 크라운 : 패널의 곡면이 매우 완만한 것으로, 차량의 루프 패널(roof panel)에 반영되어 있는데 루프 패널의 끝부분은 고 크라운으로 마무리되어 있고, 패널의 중앙부분이 완만한 곡률로 구성되어 있다.
- 고 크라운 : 패널의 곡면 변화를 매우 크게 부여한 것으로, 차량의 펜더(fender) 패널에 주로 반영되어 있으며, 고 크라운과 저 크라운이 같이 반영된 패널이 대부분이다.
- 콤비네이션 크라운 : 한 장의 패널에 저 크라운과 고 크라운이 같이 형성되어 있는 것으로, 차량의 도어(door) 패널에 주로 반영되어 있으며, 외부로부터의 충격이 차량 내부까지 전달되는 것을 최소화하기 위해 강한 구조로 제작되어 있다.
- 역 크라운 : 펜더나 후드(hood) 패널 안쪽의 끝부분(마무리된 부분)과 같이 패널이 급격하게 꺾인 형태로 제작된 구조이며, 패널의 강도가 집중되어 있기 때문에 외부로부터의 충격에 쉽게 손상되지 않으나, 일단 손상되면 판금작업을 통한 수정이 곤란하다.

② 바디의 구조 및 특성

• 바디의 기본 구조

승용차의 바디는 바디와 프레임이 독립된 프레임부착 바디와 프레임(멤버)과 바디가 일체로 된 모노코크 바디의 두 가지로 크게 분류된다.

- 모노코크 바디(Monocoque Body)

모노코크 바디란 비행기의 바디설계를 응용한 것으로서, 달걀의 형상이 예로 잘 인용된다. 달걀을 손바닥 부분으로 감싸 쥐고 힘을 가해도 쉽게 깨지지 않는 것은 손으로 가하는 힘이 한부분에 집중되지 않고 달걀 전체에 효율적으로 분산되기 때문이다.

자동차의 바디는 완전한 응력외피구조로 되어 있지는 않으나, 일반적으로 바디자체가 외력을 받는 경우 힘이 분산되도록 프레임과 바디가 일체로 만들어져 있으며, 이러한 구조를 모노코크 바디라 한다. 특징은 다음과 같다.

ⓐ 높은 강성을 얻을 수 있다.

ⓑ 부착 정밀도가 높다.

ⓒ 차체 높이를 낮게 할 수 있고 실내가 넓다.

ⓓ 경량화를 꾀할 수 있어 소형차에 적합하다.

ⓔ 서스펜션(suspension)과 파워트레인(power train)이 직접 바디에 부착되어 있기 때문에 방진, 방음이 어렵다.

ⓕ 프레임 부착 바디에 비하여 수리하기가 어렵다.

- 프레임부착 바디

프레임부착 바디란 프레임에 engine, suspension, steering system 등이 부착되어 하중과 노면에서의 진동, 충격 등에 잘 견디도록 만들어진 구조를 프레임 부착 바디라 한다. 특징은 다음과 같다.

ⓐ 프레임에서 진동이 흡수되므로 조용하고 승차감이 좋다.

ⓑ 바디수리가 쉽다.

ⓒ 후면충돌 시 안전도가 좋다.

ⓓ 차량 중량이 늘어난다.

③ 바디구조와 크럼플(crumple)의 특성

차량의 전면 또는 후면에 충격이 가해졌을 때 충격의 대부분은 프런트 사이드 멤버 또는 리어 사이드 멤버에서 흡수되도록 설계되어 있다.

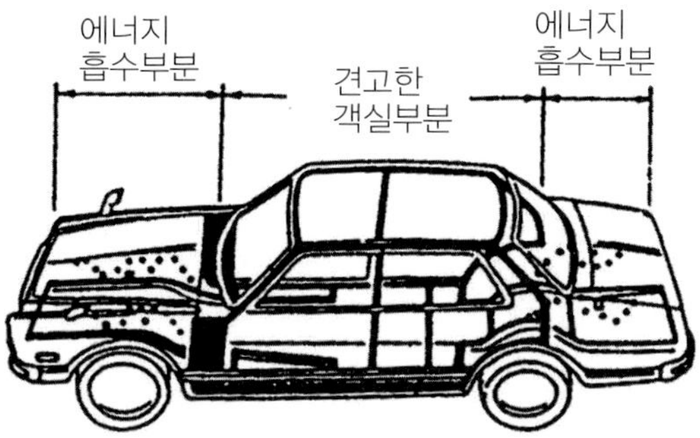

사이드 멤버에는 주요 중량의 메커니즘 부품들이 장착되고 차체의 기본 골격을 유지해야 하기 때문에 강성이 커야 하지만, 탑승자의 안전과 보호를 하기 위해서는 외부로부터 전달되는 충격력의 대부분을 흡수해야 하므로, 사이드 멤버에 충격흡수부위(crash point)를 설정하여 외부로부터 충격이 가해졌을 때 충격력의 전달경로에 따라 순차적으로 충격을 흡수하도록 설계·제작되어 있다. 따라서 손상을 진단하는 경우에는 이 부분을 집중적으로 관찰하는 것이 필요하며, 이처럼 외부로부터 전달되는 충격을 흡수할 수 있도록 부품의 단면상에 변화를 준 것을 위크 포인트라고 한다.

ⓐ 사이드멤버의 각진 모서리 부분에 Notch를 추가한다.
ⓑ 사이드멤버의 단면 방향으로 홈을 추가한다.
ⓒ 사이드멤버의 특정한 부위에 주름을 지게 한다.
ⓓ 사이드멤버에 홀(구멍)을 설치한다.
ⓔ 사이드멤버의 단면을 변화시킨다(큰 단면 → 작은 단면 → 큰 단면).

상기 ⓐ, ⓑ, ⓒ, ⓓ는 비교적 작은 충격력을 흡수하는데 필요한 구조이며, ⓔ는 큰 충격을 흡수하는데 필요한 구조이다. 충격흡수를 위해서는 앞부분에서 뒷부분으로 위크 포인트가 순차적으로 손상되어 흡수되는 것이 중요하며, 가장 좋은 충격흡수상태는 아코디언 형상처럼 위크 포인트가 순차적으로 접혀져야 최적의 충격흡수 효과를 낼 수 있다. 아래 그림은 크래시 대비책으로 프런트 바디의 강도부재에 설치되고 있는 충격 흡수 부위(크래시 포인트(crush point), 위크 포인트(weak point))를 나타낸 것이고, 손상에 대한 조사를 할 때 착안부위가 되는 곳이다.

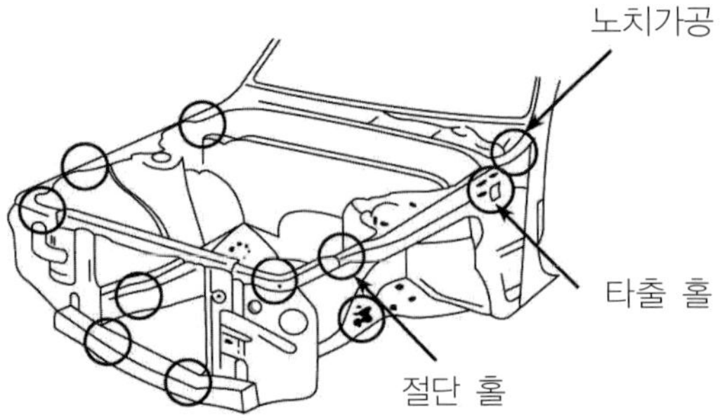

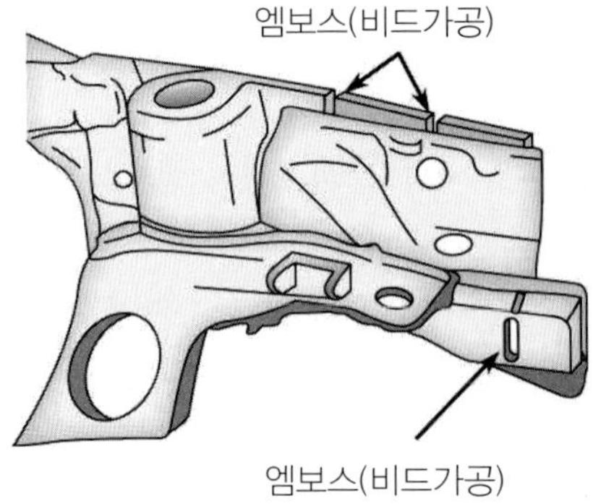

그림은 프런트 바디의 강도부재에 대한 크래시 포인트가 되는 각종 가공 홀(가공구멍)과 그 부위를 예시한 것이다. 이와 같이 바디에는 각종 크래시 포인트가 설치되어 있고, 이곳에 손상이 집중적으로 발생하기 때문에 손상부위와 손상범위를 조사, 파악하는데 중요한 착안점이 된다.

• 크래시 대책 및 손상여부 착안부위

- 부재형태의 변화부위

  부재의 형태를 굴곡 시킴으로써 충격력의 파급방향이 축 중심에 이르러 전환되면서 충격력이 집중되기 때문에 이곳에서 변형이 일어나기 쉽다.

- 단면 형태, 단면적의 변화부위

  절단, 구멍 뚫기, 비드 가공작업 이외에 보강재에 의한 2중 구조로 연결부위를 제작함으로써 충격력의 집중. 즉 응력집중에 의해 변형이 일어나기 쉽다.

- 충격력의 집중부위

  프런트 사이드 멤버와 대시패널의 부착부분, 서스펜션 멤버의 부착부분 등은 충격력의 전달과정에서 자동차 바디의 구조상 응력이 집중되는 부위이므로 이곳에서 변형이 일어나기 쉽다.

• 각종 크래시 대책의 종류

- 가공경화

강판에 외력을 가하여 구부린 경우, 구부러진 부위는 가공 전의 상태보다 더욱 강하고 단단하게 되어 연신율이 떨어지게 된다.

- 플랜징(Flanging)

평판을 거의 직각으로 구부리는 가공법으로서, 구부러진 부분은 다른 부분보다 더욱 강도가 높아진다(적용 예 : 프런트 펜더의 휠 아치, 사이드 멤버 등).

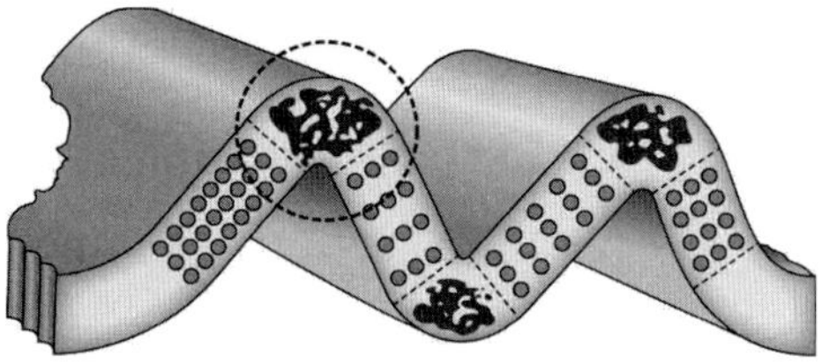

가공경화

플랜징

- 비딩(Beading)

성형되어 있는 재료의 일부에 보강과 장식의 목적으로 돌기 또는 요철을 추가하는 프레스 가공법이다.

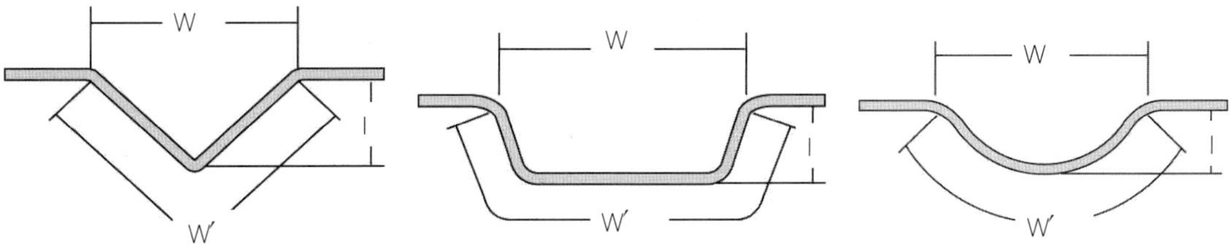

(a) (b) (c)

비딩

- 버링(Burring)

도어패널, 물 빼기 홀 등의 주위에 채택하는 프레스 가공법, 홀 주위가 길게 빠져 나오는 모양으로 성형하면 이 부분의 강도가 증가하게 된다.

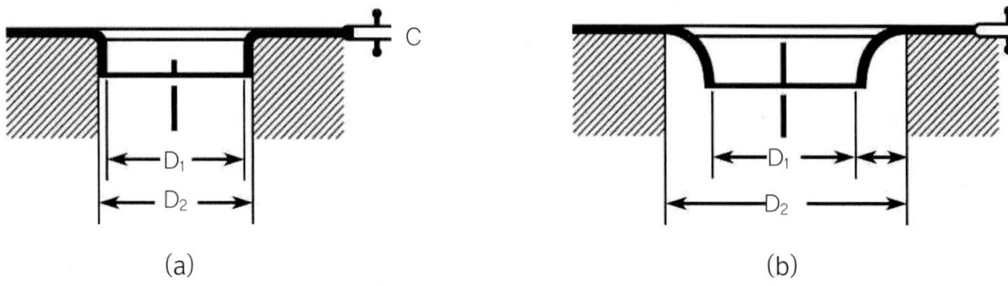

버링

- 헤밍(Heamming)

도어 및 후드 등의 아웃 패널과 내부패널을 조립하기 위한 프레스 가공법이다.

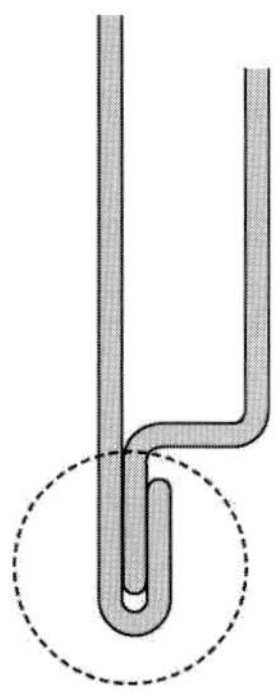

해밍

6) 바디의 충격흡수와 손상형태

① 프런트바디의 충격흡수와 손상

바디의 강도부재에는 충격흡수를 위한 여러 가지 구조적인 방법이 강구되고 있지만 충격력의 방향(입력의 요소)과 구조상의 차이(F·R차와 F·F차), 그리고 충격의 흡수부위와 힘의 전달과정 등의 차이에 따라 손상부위와 범위, 손상 정도와 형태가 다르게 나타난다.

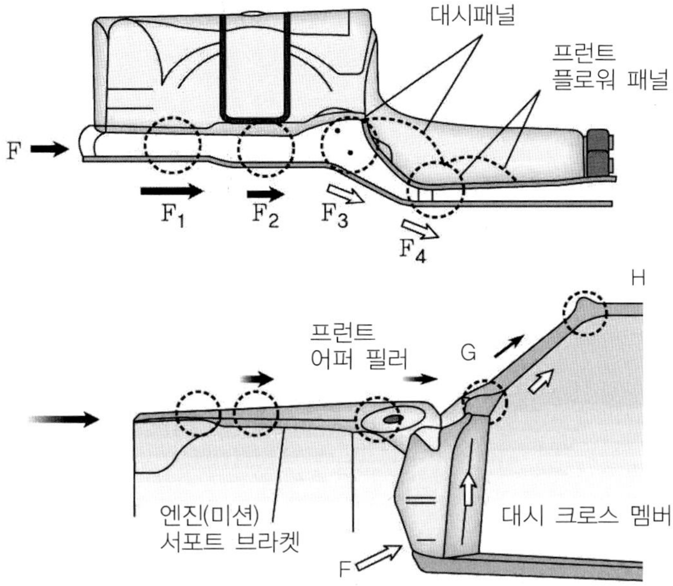

F·R차 프런트 사이드멤버의 충격파급

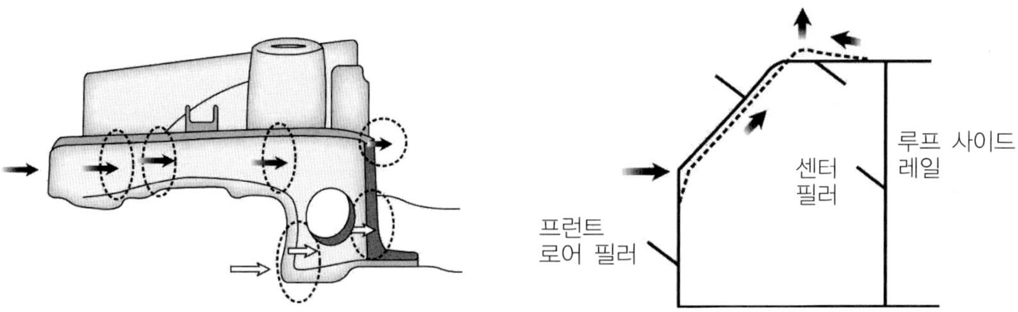

F·F차 사이드멤버의 충격파급

| F·R차량과 F·F차량의 비교 |

	F·R차	F·F차
증량배분 및 조향력	엔진, 미션, 디퍼렌셜이 각각 분산되어 있기 때문에 전, 후륜의 균일한 중량 배분이 이루어져 조향력이 가볍다.	앞 차륜의 중량 배분이 F·R차량에 비하여 크기 때문에 서스펜션이나 앞 타이어에 부하가 크게 걸려 조향력이 무겁다.
차량중량 및 실내 공간	후륜의 구동장치가 필요하기 때문에 F·F차량에 비해 중량이 무거워지며 차 바닥에 터널부가 필요하기 때문에 실내 공간이 좁다.	미션과 디퍼렌셜의 일체화, 프로펠러 샤프트와 같은 후륜 구동장치가 필요 없기 때문에 중량이 가벼워지며, 바닥 부위에 프로펠러 샤프트가 지나가는 터널이 없어 실내 공간이 넓다.
엔진의 지지	엔진은 차량에 대하여 종으로 설치되어, 사이드 멤버에 볼트로 체결된 서스펜션에 지지된다.	엔진은 차량에 대하여 횡으로 설치되는 경우가 많고, 사이드 멤버의 양 사이드 및 라디에이터 코어 서포트, 로어 대시 크로스 멤버의 4점에 지지된다. 센터 사이드 멤버가 있는 차량에는 전, 후의 지지를 센터 사이드 멤버가 담당하는 것도 있다. 최근에는 대시 로어 크로스 멤버에 지지하지 않고 엔진 및 서스펜션을 사이드 멤버 및 서스펜션 멤버에 지지하는 경우가 증가하고 있다.
진동·소음	프로펠러 샤프트가 뒤 차축에 동력을 전달하여 후륜을 구동하기 때문에 진동 및 소음이 앞뒤에서 존재한다.	엔진 및 구동장치가 탑재된 앞부분에 진동 및 소음이 집중된다.
바디수리의 용이성	F·F차량에 비하여 엔진, 서스펜션, 디퍼렌셜 등을 단독으로 설치 가능하기 때문에 작업성이 좋다.	엔진, 미션, 디퍼렌셜이 집중된 앞부분은 전방에서의 충격에 대해 관성 중량은 FR차량보다 크며, 바디 설치부의 부하가 증가하여 손상을 입기 쉽다.

② 프런트바디의 손상형태

프런트바디의 손상형태는 다음과 같이 크게 4종류의 손상패턴으로 집약할 수 있다.

• M형 손상

차량의 전면중앙부에 집중적인 수직입력을 받아 프런트바디 전체가 M형으로 변형되는 손상패턴이며, 입력의 크기에 따른 손상정도를 3종류의 손상형태로 세분화 할 수 있다. 그림의 왼쪽은 프런트바디 전체의 손상형태를 나타낸 것으로 언더바디 골격 부재의 손상형태와 거의 유사한 손상을 나타내는 상부의 구성부재를 예시하고 있고, 그림의 오른쪽은 왼쪽 그림에 대한 바디 프레임의 손상형태를 나타낸 것이다.

- A형 손상형태(소손상)

차량의 앞부분 부착부품인 후드 및 바디 앞부분 구성부품 등에 나타나는 비교적 소규모의 손상으로, Engine, Suspension 등에 영향을 미치지 않는 정도의 손상이고, 주행에도 지장이 없는 상태의 손상이다.

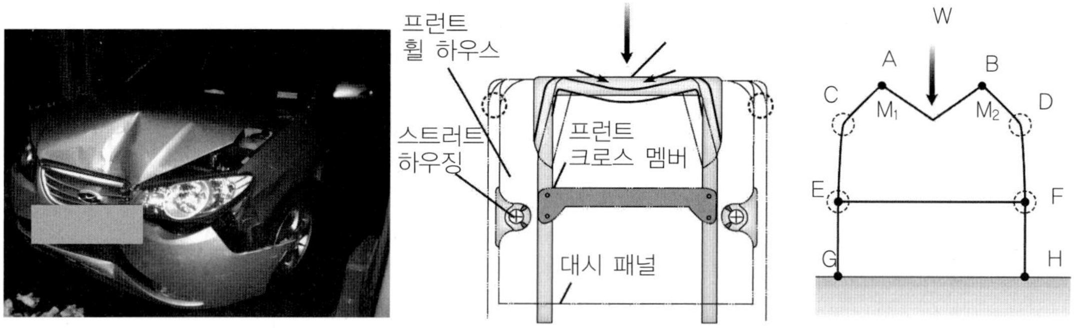

A형 손상형태

이러한 손상형태는 프런트 크로스 멤버에 집중하중 W를 받고 이에 의해 굽힘 모멘트가 작용하는 힘 M1, M2와 멤버의 강도, 즉 지점 A, B를 고정시킨 크로스 멤버가 손상된 형태이다. 이 경우 좌우의 사이드 멤버는 크래시 포인트의 C, D를 기점으로 내측에는 당김에 의한 힘이 작용하여 C, D가 약간 안쪽으로 구부러지는 파급손상이 발생하게 된다. 수리방법으로서는 Engine, Transmission, 및 Suspension을 탈착하지 않고, 앞부분 구성부재의 일부와 Front Cross Member를 교환하여 좌우의 Side Member와 Wheel House를 수리하는 것이 표준적이다.

- B형 손상상태(중손상)

이 손상형태는 더욱 강한 하중(입력) W가 작용함으로써 A형 손상이 확대된 것으로 E, F를 기점으로 Side Member가 안쪽으로 구부러져 C, D부의 손상과 함께 다음 단계로 손상이 확대된 상태를 나타낸 것이다. 또 Wheel House부분에는 스러스트 하우징의 앞부분 ③, ④를 기점으로 앞부분이 안쪽으로 구부러진 형태이다. 이 손상형태는 좌우가 같은 정도로 손상된 경우와 한쪽이 「A형 손상」의 형태인 경우도 있고, F·R차량인 경우는 Engine이 뒤로 밀리면서 힘(가압)에 의한 dash panel의 중앙부분에 경미한 손상이 나타나는 경우도 있다.

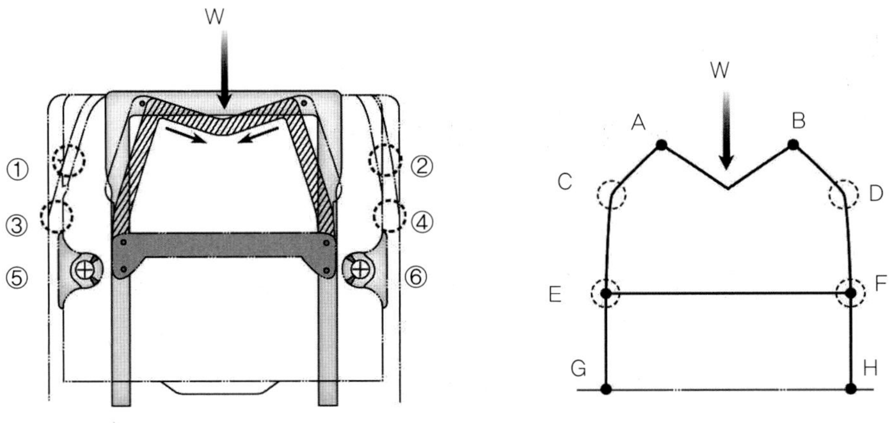

B형 손상형태

수리방법으로서는 Engine, Transmission과 Suspension Member를 탈착하고 앞부분 구성부품 모두를 교환한다. 또 좌우 Side Member를 수리하거나 또는 한쪽만 교환하고 좌우의 Wheel House는 수리하거나 또는 앞부분만 교환하는 방법을 채택한다. 이 타입은 E, F부와 스트러트 하우징 상부 ⑤, ⑥의 변위를 계속 조사하여 적절한 수리방법을 선정할 필요가 있다.

- C형 손상형태(대손상)

이 손상형태는 입력 W의 심도가 가장 깊은 경우로서, Front Body가 전체적으로 수축을 받아 「B형 손상형태」에 의한 사이드 멤버의 C, D지점 및 E, F지점의 손상이 더욱 심해져 복잡한 굽움을 나타내고, 그 뒷부분인 G지점 또는 H지점과 Wheel House 뒷부분의 ⑤, ⑥지점까지 손상되어 스트러트 하우징에도 변형이 생기기 쉽다.

또한 엔진이 뒤로 밀리면서 ⑦지점 또는 미션 시프트레버와 플로어 패널과의 접촉손상, 프런트 서스펜션 크로스 멤버 등의 손상을 유발하고 있는 형태이다. 수리방법으로는 엔진, 미션, 프런트 서스펜션 어셈블리, 파워스티어링 기어 등 엔진룸 내에 장착된 부품 거의 모두를 탈착해야 하고, 프런트바디의 구성 부품을 교환하거나 또는 좌우 어느 쪽이든 한쪽을 수리하는 방법이 있다.

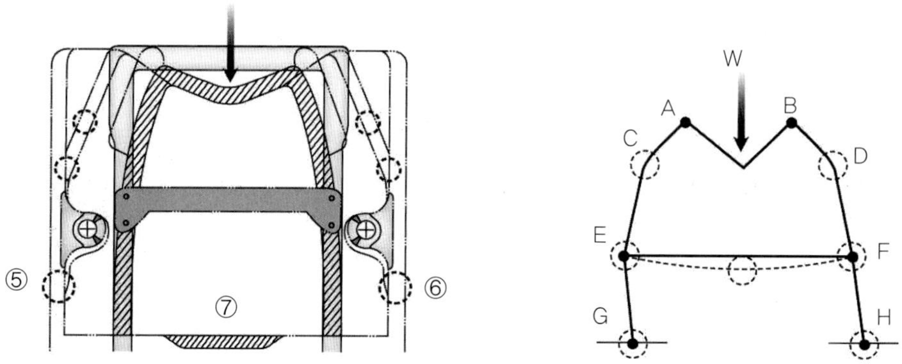

C형 손상형태

• D형 손상(경사형 변형)

충격력이 차량 앞부분 우측 또는 좌측으로 치우쳐 작용하여 충격력을 받은 부분이 수축되면서 그 다른쪽 부품들이 인장응력에 의해 구부러져 프런트바디가 우측 또는 좌측으로 기울어진 변형패턴을 나타낸다. 이 손상의 특징은 한 방향으로만 외력이 작용하기 때문에 분력효과가 없고, 일반적으로 충격력이 가해진 뒷부분까지 손상이 파급되는 경향이 있다. 또한 동시에 프런트 휠까지 충격력이 전달되어 그 충격에 의해 프런트 휠이 밀리면서 바디 손상이 확대되는 경우도 있다. 이러한 변형 패턴은 입력의 크기에 따른 손상정도 크기를 다음의 3종류로 분류할 수 있다.

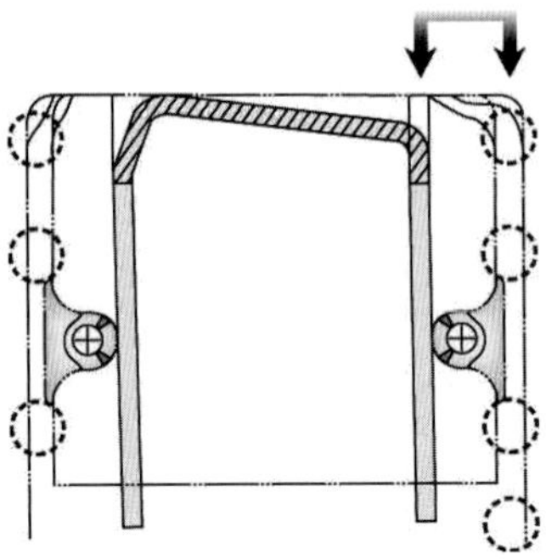

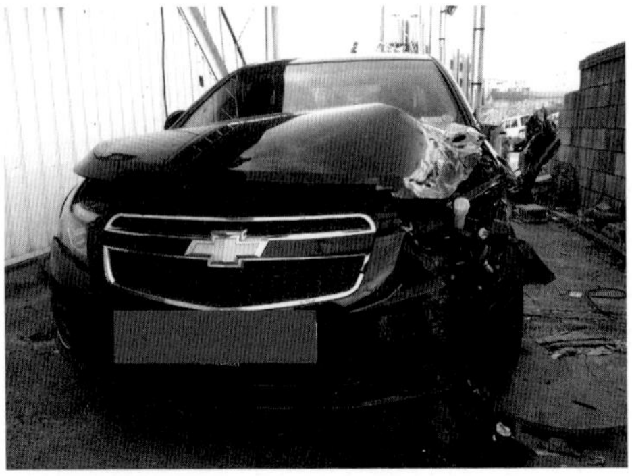

D형 손상(경사형 변형)

- A형 손상형태(소 손상)

좌우 어느 한쪽의 프런트 사이드 멤버와 휠 하우스가 집중적으로 충격을 받아 크래시 포인트인 A부분이 압축응력에 의해 손상되면서 프런트 크로스멤버 C부분에 당김 작용이 발생하여 다른 쪽의 사이드 멤버 B부분이 약간 안쪽으로 구부러지는 파급손상이 발생한다. 동시에 휠 하우스의 앞부분 ① 또는 ②에 약간의 손상이 발생한다.

수리방법은 전술한 「M형 손상」의 「A형」과 같이 엔진 및 서스펜션을 부착한 상태에서 직접적으로 충격을 받은 앞부분 패널을 교환하고 다른 부분은 모두 수리하는 방법을 표준으로 한다. 단, 프런트 크로스 멤버는 손상정도 및 작업성에 따라 교환하는 경우도 있다.

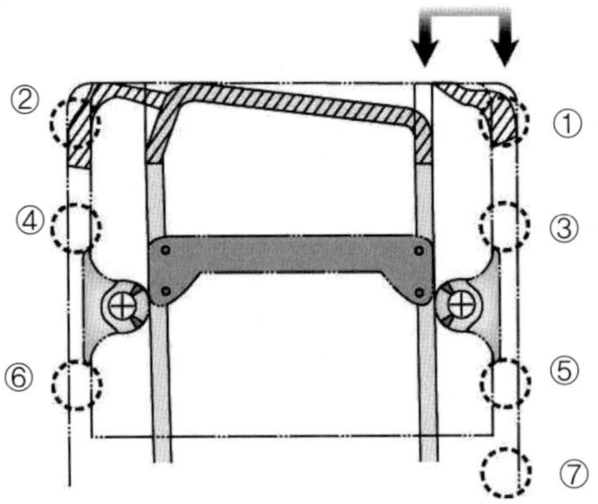

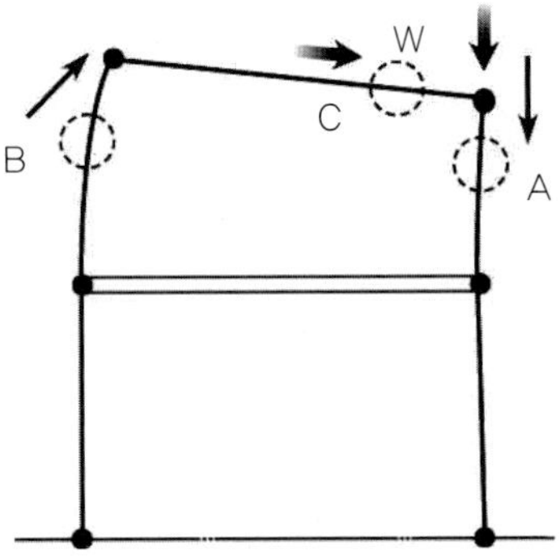

A형 손상(소손상)

- B형 손상형태(중손상)

입력이 커짐에 따라 「A형 손상형태」보다 손상부위가 크게 나타나는 동시에 B부분과 D부분에는 파급손상이 발생하는 손상 형태이다. D부분에 외관으로도 확인 가능한 정도의 손상이 발생한 경우에는 E부분에도 파급손상이 발생할 수 있으므로 관련부위를 정밀하게 조사하여야 한다.

수리방법은 우측 전면부품과 프런트 크로스멤버는 교환하고 다른 것은 수리하는 방법과 우측의 사이드멤버와 휠 하우스(앞부분)를 함께 교환하는 방법이 있다. 전자의 방법에서는 엔진, 미션을 부분탈착하고, 서스펜션의 탈착을 필요하지 않으므로 작업효율을 꾀할 수 있다.

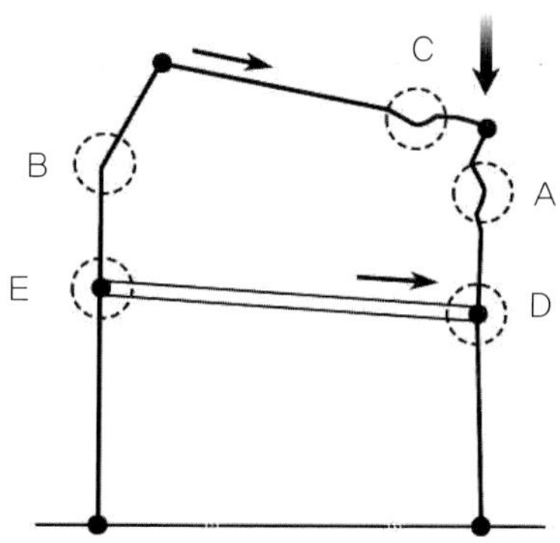

중 손상

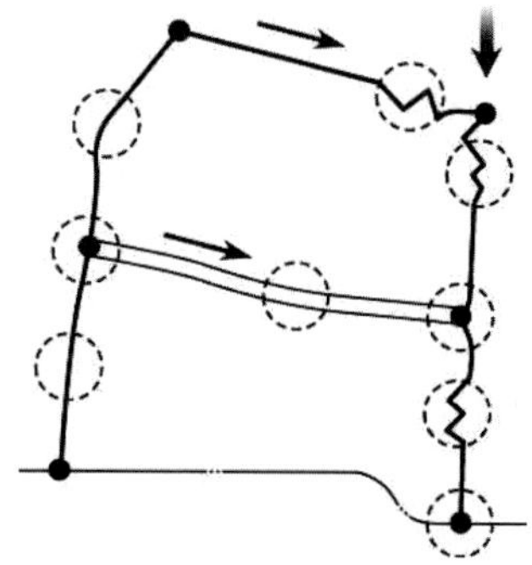
대손상

- C형의 손상(대손상)

「B형 손상형태」가 진행, 확대된 것으로 외압이 작용된 부위의 뒷부분에 대한 파급손상은 대시패널과 사이드 멤버의 결합부분 H와 카울 패널 사이드(휠 하우스 상단 뒷부분)부분까지 이르고, G와 ③에도 손상이 발생하여 좌우 모두 복잡한 손상형태를 나타내고 있다. 동시에 프런트 휠에 외압을 받는 경우가 있고, 이에 따라 사이드 멤버와 대시패널, 플로어 부분까지 손상을 확대시키게 되고 부수적으로 에어컨 에바포레이터 및 히터의 손상을 유발하는 경우도 있다.

수리방법으로는 프런트바디의 구성부재를 모두 교환하되 경미한 손상을 입은 한쪽 부위는 수리하면서 카울 사이드 패널 및 대시패널과 플로어 패널도 수리하는 것이 일반적이다. 이 경우에서는 엔진, 미션, 프런트 서스펜션, 파워스티어링 기어 및 엔진룸 내의 부속품 탈착과 대시패널 내부 장착품의 탈착을 필요로 한다.

• S형 손상(좌우 마름모꼴 변형)

차량 앞부분의 우측 또는 좌측 대각선 방향으로 외력이 가해져서 프런트바디에 부분적으로 변형이 발생하거나, 앞부분 전체가 좌우 어느 한쪽으로 구부러진 상태, 즉 마름모꼴 변형이 발생된 형태이다. 이 손상의 특징은 입력 각도에 따라 손상형태의 차이가 현저하며, 또한 프런트 휠 부분에 연속적으로 외력이 작용할 확률이 높아서 이것에 의해 손상이 확대되는 경우도 있다.

그림에서는 압력방향이 차량의 축 방향에 가까운 경사각(향심충돌)인 경우를 나타내며, 이 힘 F의 분력이 뒤쪽의 힘 F'와 왼쪽의 힘 F"로 작용하여 그 쌍방의 힘에 의해 복합된 손상형태를 나타낸다. 즉 이 입력각도에서 F'에 의한 손상이 크게 나타나고 앞에서 언급한 D형 손상(경사형 변형)패턴과 유사한 손상형태가 나타나지만 분력 F"의 효과에 의해 외력이 작용한 쪽(우측)에 당김에 의한 구부러짐이 나타나면서 좌측에도 손상이 발생된다. 이 경우 압력이 증대되면서 압력을 받는 사이드멤버와 휠 하우스 뒷부분에 파급손상이 커지고 동시에 반대방향 사이드멤버도 손상되어 복잡한 손상형태가 나타난다.

그림 (c)와 같은 입력방향에서는 좌측으로의 충격효과(F")에 따라 좌우 사이드멤버 및 휠 하우스에 변형이 크게 나타나지만 뒷부분까지 파급되는 경향(F")은 비교적 적다. 또 같은 방향으로 프런트 휠 부분에 충격이 가해지는 경우에는 서스펜션 크로스 멤버를 거쳐 왼쪽의 사이드 멤버까지 굽힘 변형을 가져온다.

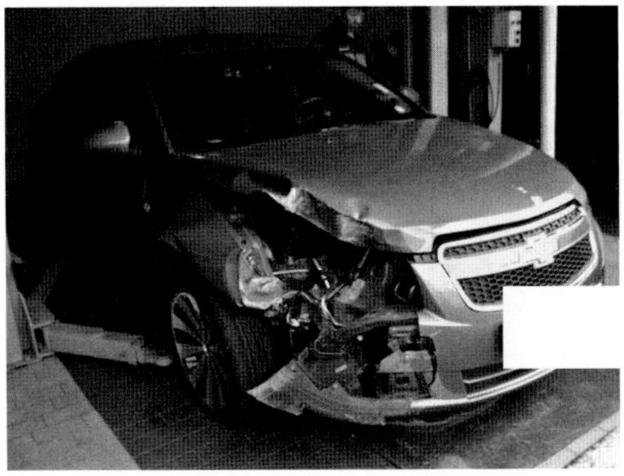

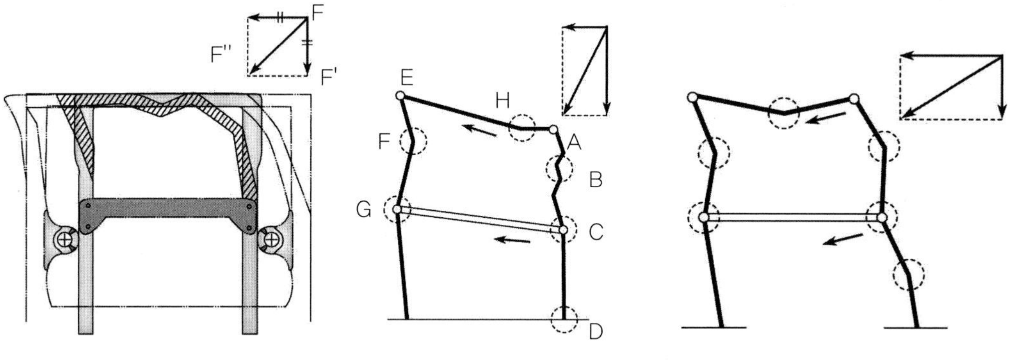

(a) (b) (c)

S형 손상

이 경우 손상부위는 패널과 멤버 등이 신장에 의해 변형된 경우가 많으므로, 손상패턴의 세분화에 따른 적절한 수리방법의 선택은 전술한 「M형 손상」과 「D형 손상」의 응용으로 충분히 대응할 수 있다.

- 전륜의 직접손상

외관적으로 소손상인 것처럼 보이나 서스펜션부품을 사이에 두고 바디골격부위에 손상이 파급되는 경우가 많다.

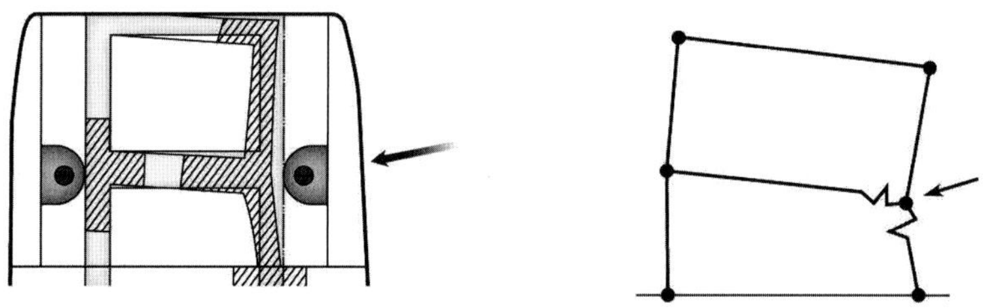

③ F·F차량 특유의 손상형태

- 사이드 멤버와 엔진 및 부수부품의 간격이 줄어들고 직접손상과는 다른 관성에 의한 영향으로 인하여 발생되는 손상도 있다.

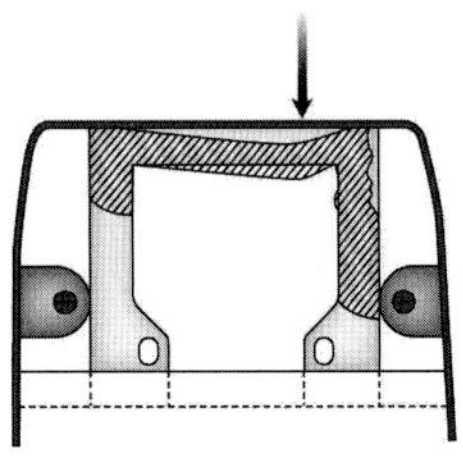

(a) 다이렉트 마운틴 방식

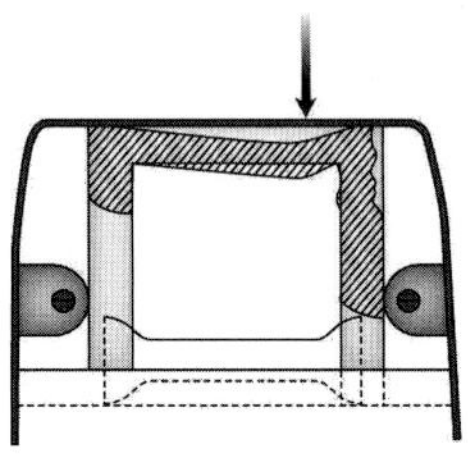

(b) 크로스멤버방식(센터멤버 없음)

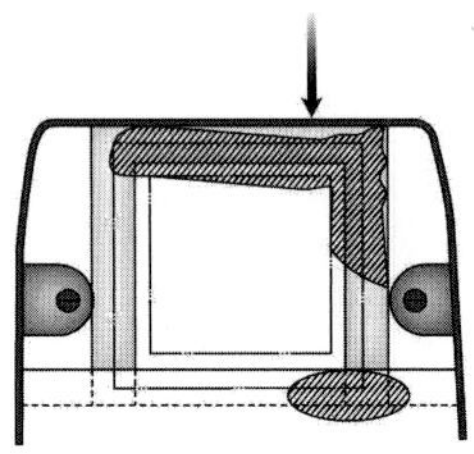

(c) 서브프레임방식

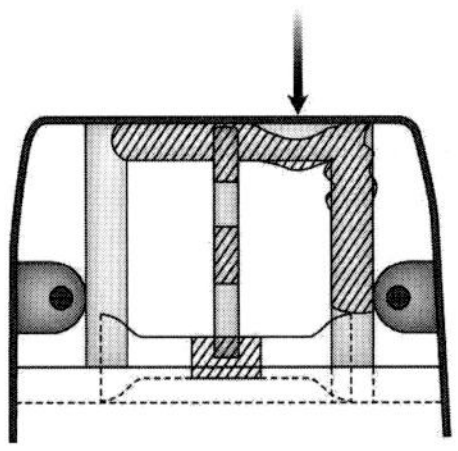

(d) 크로스멤버방식(센터멤버 있음)

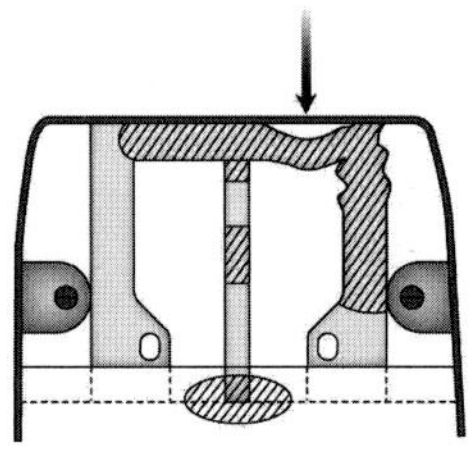

(e) 센터멤버방식(센터멤버 뒷부분 플로어 지지)

프런트 골격 레이아웃의 차이에 의한 손상 예(정면 오프셋 12시 방향 입력)

- 바디변형이 파워트레인의 각 지지부에 영향을 주기 쉬우므로 주의가 필요하다.
- 센터멤버의 유·무와 뒷부분 지지부위의 차이에 따라 대시 및 플로어 패널 주변 손상에 차이가 발생한다.
- 서스펜션에 직접 충격을 받은 경우 로어 암 부착구조의 차이에 따라 사이드 멤버 및 플로어 주변 손상에 차이가 발생된다.

④ 리어바디의 손상형태

리어 바디는 뒤 패널과 뒤 펜더 패널, 뒤 바닥 패널이 용접에 의해 연결된 것으로 하나의 외피 구조를 구성하고 있으며, 뒷부분에 충격력이 가해지는 경우 뒤 패널과 뒤 사이드 멤버, 뒤 바닥 크로스 멤버 및 바닥 패널에서 각각 충격을 흡수하도록 제작되어 있다.
그러나 강한 충격력이 작용하는 경우에는 분산된 충격력이 뒤 사이드 멤버의 킥업 부위에서 상당 부분 흡수됨으로써 뒷부분 트렁크 실이 변형되고, 뒤 필러와 루프까지도 손상이 발생하게 된다.

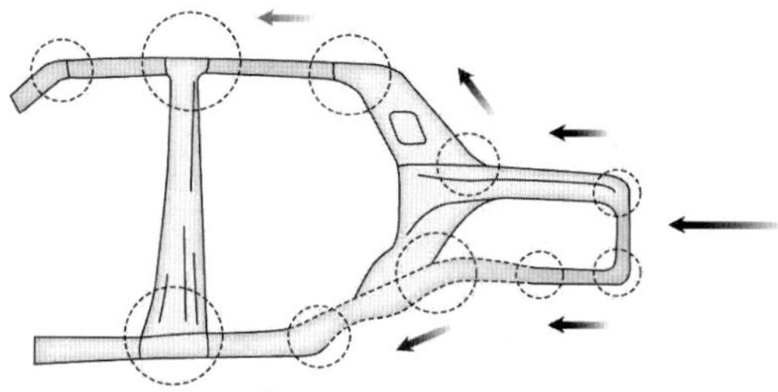
리어바디의 손상형태

⑤ 사이드 바디의 손상형태

4도어 세단차량 사이드 바디의 기본구조는 프런트 플로어 패널을 기초로 그 측면에 사이드 스텝 패널을 두고, 루프사이드 레일과 스텝 패널사이를 각 필러로 연결한 구조로 되어 있으며, 측면에서의 충격력을 흡수하는 역할을 한다. 또 플로어 패널에는 여러 개의 크로스 멤버를 배치하는 한편, 앞부분을 견고한 카울 패널, 뒷부분을 패키지 트레이 패널과 리어 휠 하우스로 고정한 뒤 윗부분을 패널로 둘러 싼 정육면체 구조로 되어 있다.
사이드 바디에 충격력이 작용하는 경우 손상형태는 외력이 작용한 부위(작용점)에 따라 다른 형태를 나타내지만, 대략 다음 4가지의 손상패턴으로 집약된다.

- 스텝 패널부의 손상
- 프런트 필러부의 손상
- 센터 필러부의 손상
- 리어 필러부의 손상

6) F·F차량과 F·R차량의 손상진단

F·F차량은 F·R차량에 비해 프런트 부위에 기계장치가 집중되어 있고 엔진룸에서의 작업공간이 협소하기 때문에 외관을 관찰하는 것만으로는 손상진단이 곤란하다. 또한 F·R차량에서는 볼 수 없는 독특한 손상이 발생하기 때문에 수리계획을 수립할 경우에는 상세한 관찰과 고찰을 통하여 정확한 손상진단을 실시하는 것이 필요하다.

따라서 외관적 관찰만으로는 손상진단에 한계가 있기 때문에 어느 정도 작업이 진행되면 필요에 따라 분해 또는 점검을 통한 손상부품에 대한 확인이 요구된다.

① F·F차량의 경우

- 프런트 사이드멤버의 변형에 따른 워터펌프와 알터네이터의 손상 유무
- 프런트 사이드멤버와 드라이브 샤프트의 이상 유무
- 프런트 사이드멤버의 변형과 관성력에 의한 실린더 블록 또는 미션의 손상 유무

이러한 부품에 대해서는 재확인해야 할 부품으로 분류하고 기술적 신뢰를 위해서는 입회활동을 반복적으로 시행하는 등 신중히 대응하여야 하며, 필요시 O/H을 의뢰한다.

② 동력전달장치 및 현가장치의 손상진단

- CV 조인트

앞바퀴에 충격을 받으면 굽힘 손상이 발생할 수 있다. 손상진단 방법으로는 액슬을 회전시켜 검사하는 방법이 있고, 적은 양의 굽음을 확인하기 위해서는 다이얼 지시기를 이용하여 검사하는 방법이 있다. 특히 충격에 의한 흔적이 있는지 여부와 부츠와 연결된 부위에 누유 현상이 있는지 여부를 확인하는 방법도 있다.

- 쇼크 업소버

누유 및 샤프트나 하우징의 굽음 여부를 진단한다. 상하로 힘을 주어 진동을 일으켜 약 3회의 진동이 일어나면 양호한 것으로 본다.

2 복원수리기법

① 복원수리기법의 개요

1) 사고차량 복원수리

| 일반차량의 고장정비와 사고차량의 복원수리와의 차이점 |

구분		사고차량의 복원수리	고장차량의 정비
상황	원인	외적요인	내적요인
	주변부위	사고 직전까지 정상	거의 같은 정도의 손상, 마모
	현상	여러 가지로 복잡	정형적
수리의 목적		사고 직전의 상태로 원상복구	성능회복, 소비자의 의사에 따름
작업방법		소비자의 의사가 배제된다.(약관에 의거하고 자의는 허용되지 않는다)	소비자의 의사에 따른다.
작업조건	작업요령	① 변형의 수량적 파악을 위하여 계측작업이 필요하다. ② 현품맞춤을 필요로 하는 경우가 있다.	정비지침서에 의한다.
	관련 작업	비교적 많음	비교적 적음

2) 자동차보험의 복원수리

① 수리비(수리비용)란?

피보험자동차를 사고발생 직전의 상태로 원상회복하는데 소요되는 필요 타당한 실제 수리비를 말한다.

② 원상회복이란?

현재 일반적으로 행해지고 있는 수리방법에 의해 외관상, 기능상, 사회통념상 사고발생 직전의 상태로 원상회복 되었다고 인정되는 정도로 복구하는 것을 말한다.

3) 복원수리의 요건

① 안전성 확보

「자동차 및 자동차부품의 성능과 기준에 관한규칙」과 「자동차 안전기준 시행세칙」에서 규정하고 있는 안전기준에 적합하도록 손상된 차량을 복원수리 하여야 한다.

② 성능 확보

본래 자동차가 가지고 있는 여러 장치들의 성능이 복원 수리하는 과정에서 저하되거나, 상실되지 않도록 하여야 한다.

③ 미관 확보

복원수리의 마지막 단계인 보수도장의 경우 도료의 재료와 작업공정 등을 기준에 맞도록 시행하여 사고발생 전에 손상차량이 가지고 있던 미관을 원상 복구하여야 한다.

④ 내구성 확보

자동차 바디의 대부분이 모노코크 형식이므로 각종 패널과 멤버를 복원수리하는 경우, 각각의 부재가 가지고 있는 강성과 수리부위의 부식방지 등을 통해 내구성을 확보하여야 한다.

⑤ 경제성 확보

복원수리를 함에 있어서 과잉수리나 편승수리가 있어서는 안 되므로, 부품교체 수리와 부품교체 없이 수리하는 두 가지 방법이 있다면 가장 경제성이 좋은 방법을 선택하는 것이 경제성을 확보하는 것이다.

❷ 복원수리 절차

사고차량의 복원수리는 각각의 부품에 대한 교체여부, 판금·수정에 대한 판단이 기초가 된다.

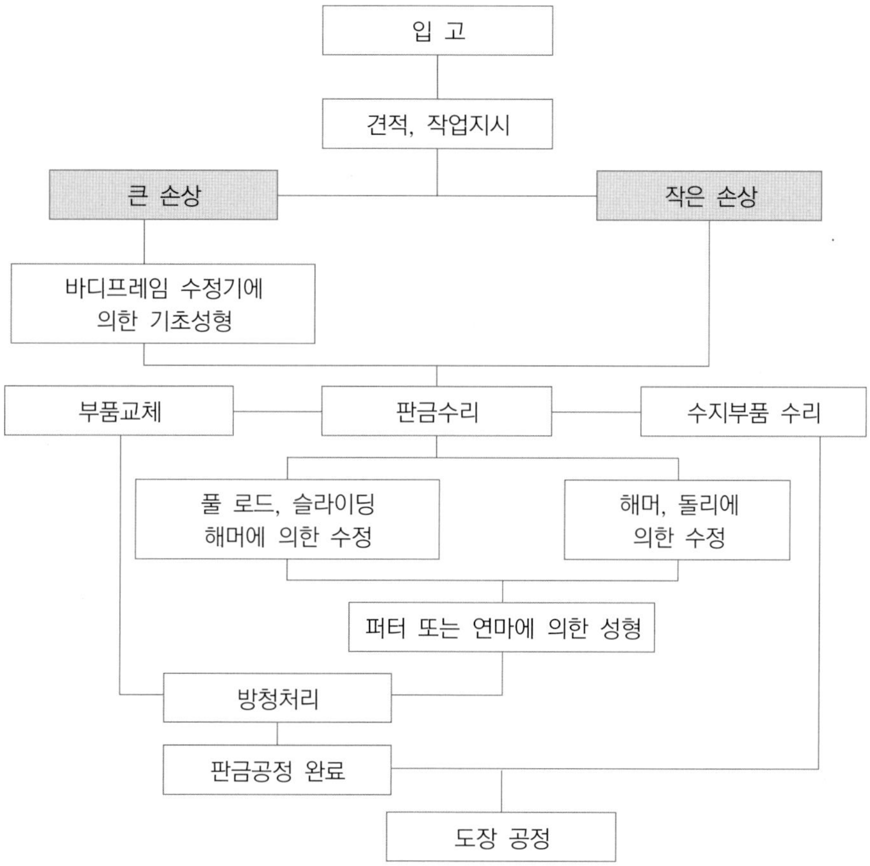

❸ 외판 패널의 복원수리

1) 외판 패널 판금작업 공정

① 손상진단

외판 패널의 손상상태와 손상부분에 대한 최적의 수리방법을 찾기 위한 조사

② 기초 수정작업

손상된 패널을 원래 형태로 대략 수정하는 작업으로서 구 도막을 벗겨 낼 때까지의 작업을 말한다.

③ 중간 마무리작업

구 도막 제거후의 작업으로 패널에 남아있는 요철부분을 제거하거나 패널의 늘어난 부분을 수축, 제거하고 작업을 말한다.

④ 최종 마무리작업

패널의 뒤틀림을 제거하고 패널의 표면을 매끈하게 원래의 형태로 복원시키는 작업을 말한다.

2) 기초 수정작업

① 기초 수정작업의 의미

기초 수정작업이란 바디를 구성하고 있는 복수의 부재(주로 용접 접합의 골격 구조강판)가 손상된 경우, 바디 프레임 수정기에 바디를 고정하고 적절한 당김작업을 하여 손상부위를 대강 원형으로 복원시킬 목적으로 실시하는 작업이며, 대강 펴기작업이라고도 한다. 기초 수정작업은 복원 수리작업의 최초 작업이며 복원수리작업에 큰 영향을 미치는 중요한 작업이다.

② 기초 수정작업 요령

충격력의 시작점, 충격력의 방향, 충격력 파급의 최종점, 손상 정도 등을 정확하게 파악하고, 바디의 구조상의 특징을 감안하여 바디 프레임 수정기의 능력을 최대한 발휘시켜 단시간에 정확하게 기초 수정작업을 행해야 한다.

정확한 기초 수정작업은 다음 공정에 실시되는 부분 수정작업, 판금 수정작업, 부품교환, 계측작업 등 각 작업에도 큰 영향을 미치며, 각각의 작업수행을 용이하게 할 수 있도록 해준다.

③ 기초 수정작업의 유의사항

변형이 복잡한 경우에 전체 손상파악이 불충분한 상태에서 작업을 하는 것은 반드시 피해야 하며, 수리착수 전에 계측의 필요성 여부도 검토해야 한다. 모노 코크바디는 자동차의 주행성능을 좌우하는 서스펜션이 바디에 직접 부착되어 있으므로 바디치수가 변형되면 휠 얼라인먼트에도 이상이 생겨 주행에 중대한 영향을 준다.

따라서 사고에 의해 손상된 바디 각부의 응력과 변형을 제거하고 바디 골격부위를 본래의 치수로 복원시킬 필요가 있는 것이다. 이러한 응력과 변형을 제거하기 위해서는 변형을 발생시킨 힘보다 더 큰 힘이 필요하며, 수정작업은 유압 기기 등을 이용한 바디 프레임 수정기를 사용함과 동시에 계측작업을 병행하여 보다 정밀한 바디 수정이 이루어지도록 해야 된다. 바디 프레임 수정기에 의한 수정은 바디 골격부의 대강 수정이 목적이지만 모노 코크바디의 경우 강판이 서로 용접되어 있는 부분이 많으므로 어느 한부분에 대한 당김 작업을 통해 인접부위의 수리를 동시에 할 수 있다는 장점이 있다, 작업상 주의사항으로는 너무 당기지 않을 것, 당기는 방향이 틀리지 않을 것, 산소 용접기에 의한 가열은 수정부분의 재질변화를 가져오고, 강도상 좋지 않으므로 될 수 있는 한 피해야 한다는 것 등이 있다.

④ 작업항목별 수리의 종류

1) 주체작업

차량을 구성하는 주요 부분에 대한 작업과 이것에 부대 또는 관계되는 비교적 작업량이 소규모인 작업을 포함하는 작업으로서, 반드시 공임에 계상되는 작업을 말한다.

예 프런트 펜더의 탈착 또는 교체

2) 부대작업

작업량이 비교적 적어 주체작업 범위 내에 포함되는 것을 말한다. 별도의 작업 항목을 설정하여 단독으로 공임을 계상하지 않는다.

예 프런트 펜더에 부착된 휠 가드, 머드 가드와 몰딩 등의 탈착 또는 교체

3) 부수작업

주체작업을 수행하는데 필요한 비교적 작업량이 큰 다른 작업을 말하며, 별도의 작업항목을 설정하여 공임을 계상한다.

예 뒤 펜더 교체의 주체작업에 대해서 뒤 유리, 뒷좌석 시트, 뒤 범퍼의 탈착 또는 교체

4) 관련 작업

2개 이상의 주요 부품을 교체하는 복합 주체 작업의 경우, 작업이 관련 또는 중복되어 별개의 작업으로 인정하지 않는 작업 범위를 말하며, 이러한 작업에 대한 공임은 작업시간이 줄어든 만큼 감액하게 된다.

예 프런트 패널과 한쪽의 휠 하우스, 프런트 사이드 멤버를 동시에 탈착하는 경우 각 부품이 용접으로 연결된 부분 3곳이 관련, 중복된다.

5) 커트작업

보급된 부품 전체를 사용하여 교체하지 않고 부품 일부만을 절단하여 교체하는 작업을 말한다.

예 1. 프런트 필러나 리어 펜더 교체작업의 경우에는 루프 접합부의 일정부분 아래를 절단하여 교체작업하는 경우 공임을 산정할 때 생략된 작업과정에 해당하는 작업시간을 공제한다.
2. 스텝패널 외판이 부분 손상된 경우 손상된 일부분만을 절단하여 교체작업을 하는 경우에도 생략된 작업시간에 대해 공제한다.

6) 선택작업

어떤 주체작업을 할 때 손상정도나 손상부위 등을 감안하여 일반적인 작업방법과는 다르게 작업내용과 작업 범위를 판단해서 진행하는 작업을 말하며, 경우에 따라 부대작업과 부수작업을 생략하기도 한다.

예 도어 패널의 수정작업에서 도어의 탈착 또는 오버홀(O/H) 없이 작업을 하는 것으로서, 상황에 따라 도어의 탈착 또는 오버홀(O/H)이 필요함에도 기술적으로 선택작업을 한 경우에는 그에 대한 공임을 보전한다(차체에 부착된 부품상태, 내부 부품의 구조에 따라 분해 수리여부를 선택한다).

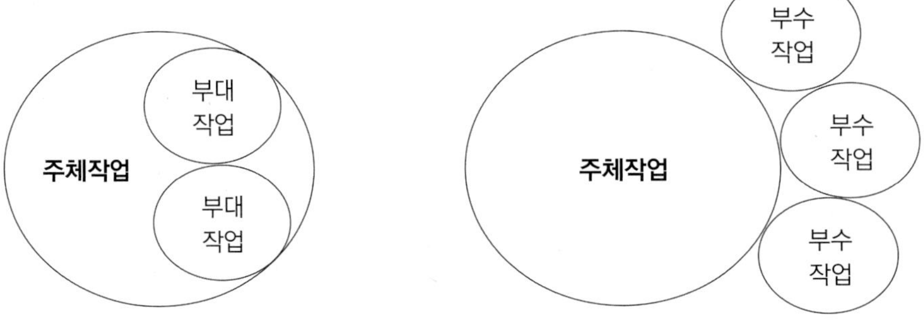

| 예 | 제 |

01 그림에서 좌측 뒤 펜더 측면을 교체작업하는 경우 주체작업, 부대작업, 부수작업은?

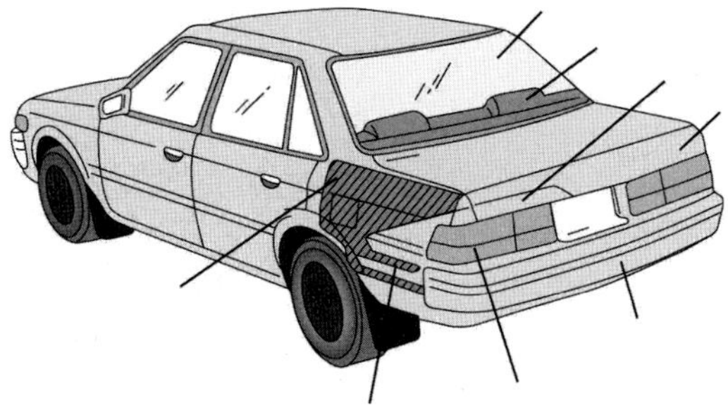

① 주체작업 : 뒤 펜더 교체
② 부대작업
- 트림계통 탈착 또는 교체
- 몰딩 탈착 또는 교체

③ 부수작업
- 뒤 범퍼 탈착 또는 교체
- 뒤 유리 탈착 또는 교체
- 뒤 시트 탈착 또는 교체
- 연료탱크 탈착 또는 교체
- 트렁크 리드 탈착 또는 교체
- 콤비네이션 램프 탈착 또는 교체

02 최근에 부수작업을 생략하고도 도어패널과 뒤 펜더를 수정하는 방법이 개발되었다. 그 방법은?

① 다양한 퍼티에 의한 방법
② 손상된 패널의 표면에 강제로 핀과 와셔를 용접해 놓고 그 핀을 슬라이딩 해머에 걸어 당겨 펴는 방법

03 라디에이터 서포트 패널의 판금수정작업에 있어서 부수작업인 에어컨 콘덴서나 라디에이터 탈착작업의 판단기준은?

① 먼저 손상크기 및 손상부위를 고려하며
② 각 지지부위를 상세히 점검하여 판단한다.
③ 또한 지지부위 외측에 손상이 발생한 경우는 슬라이딩 해머(당김작업) 및 포트파워(밀기작업)의 사용가능성에 따라 결정한다.

04 프런트 휠 하우스 수정작업에 따른 엔진 및 프런트 서스펜션의 탈착여부 판단기준은?

① F·R 차량의 경우(손상이 지지부위 전면부위에 끝난 경우)
- 프레임 수정기에 의한 당김 작업을 중심으로 작업이 이루어진다.
- 엔진과 서스펜션의 부착상태에서도 계측이 가능하다.

∴ 탈착하지 않고 수정작업을 할 수 있다.

② F·F 차량의 경우(손상이 지지부위 전면부위에 끝난 경우)
- F·R 차량에 비해 작업성이 나쁘고 계측이 곤란하다(엔진룸 내 기계부품이 밀집되어 있음).
- F·R 차량에 비해 앞 패널 지지부가 쉽게 뒤로 밀리는 구조상 특성이 있다.

∴ 전면부의 손상임에도 불구하고 때로는 이것을 탈착하는 경우가 있다.

05 프런트 휠 하우스 상부에서 충격력이 프런트 필러에 파급되는 경우에 프런트 윈도실드 글라스의 탈착여부에 대한 판단기준은?

승용차는 「자동차 및 자동차부품의 성능과 안전기준에 관한 규칙」과 「자동차 안전기준 시행세칙」에서 규정하고 있는 안전기준과 FMVSS(미연방 자동차 안전기준)에 적합하도록 바디 전면부와 후면부가 부위별로 설계되어 전방에서 큰 충격이 작용해도 이 충격이 프런트 필러까지 파급되는 경우는 매우 드물다.

- 파급 손상이 있어도 프런트 필러의 밀림은 매우 작은 경우가 대부분이고 프런트 윈도실드 글라스에 파손이 없는 한 일반적으로 글라스 탈착은 불필요하다.

06 그림과 같이 F·F차량의 우측 앞 휠 하우스 및 사이드 멤버를 교체하기 위한 부수작업은?

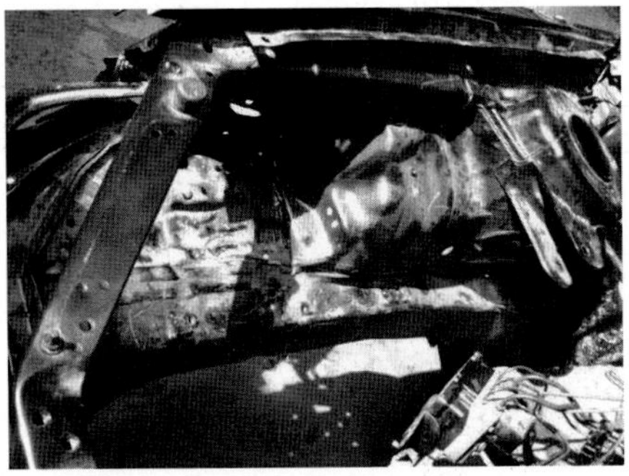

탈착작업을 필요로 하는 3가지 관점
부착상태, 부품보급형태, 부분절단교체(Cut)작업
① 엔진 탈착
② 프런트 서스펜션 탈착

07 그림은 좌측 앞 휠 하우스를 교체하기 위해 히터 블로어 및 에바포레이터를 탈착한 상태이다. 이러한 작업의 필요성은?

① 프런트 사이드 멤버와 엔진과의 조립상태에 따른 교체작업 용이성
② 휠 하우스를 대시 패널에 용접하는 경우 작업성
③ 트림 계통의 화재위험을 방지하는 등의 목적

08 그림과 같이 뒤 펜더를 교체하기 위한 작업으로 인접한 뒤 유리를 탈착하는 이유는?

① 교체해야 할 부품과 인접한 부품의 위치관계 및 조립상태를 감안하였다.
② 특히 교체부품을 용접한 경우는 용접작업성과 계측작업성을 감안하였다.
③ 작업안정성의 관점에서 탈거한 것이다. 즉, 교체부품의 조립상태(볼트로 체결 또는 용접 부착)에 따라 교체
부품의 작업 범위에 큰 차이가 있다.

09 SM 5시리즈 라디에이터 서포트 패널의 부품보급 형태를 보면 그림과 같다. 여기서 좌측 헤드램프 서포트 패널 B에 큰 손상이 발생하고 좌 어퍼 서포트 패널과 로어 좌측 서포트 멤버에 작은 손상이 발생한 경우 부수작업의 범위는?

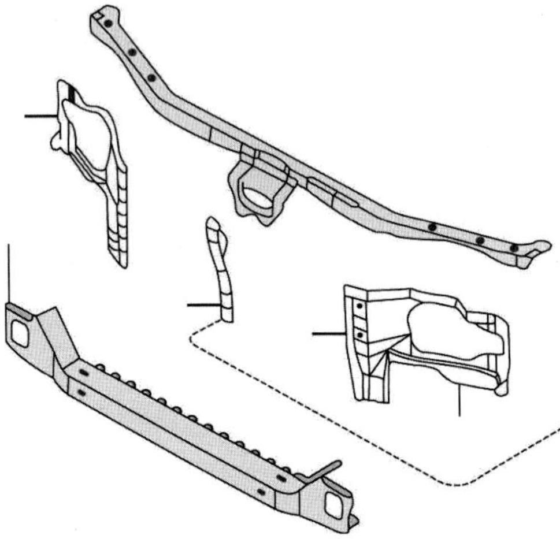

① 라디에이터 서포트 패널 어셈블리를 교체할 경우 : 라디에이터, 에어컨 콘덴서 등
② 라디에이터 서포트 패널을 part부품(B)으로 교체할 경우 : 라디에이터와 에어컨 콘덴서의 탈착이 필요 없다.

부수작업에 대한 정확한 판단을 내기 위한 조건

① 자동차 구조와 기능 ② 부품보급 형태 ③ 수리기법 등을 숙지

↓

정비공장의 설비 및 기술수준 감안

↓

합리적인 수리계획 수립

↓

적절한 견적을 산출

⑤ 수리방법의 판단

손상진단				
• 손상부위 파악 • 손상범위 파악 • 손상정도 파악	→	수리방법의 결정	→	종합적인 수리계획 수립

1) 수리계획 검토

현재 정비업체의 수리기술로 복원수리가 가능한 것인지? 수리비 총액이 차량 가액(시가)을 초과하지는 않는지 등에 대한 종합적인 검토가 필요하다.

2) 수리계획을 수립하는 경우 검토 및 판단하여야 할 사항

① 손상부분의 수정, 교체여부

② 수리범위와 인접한 부품과 관련된 기능부품의 탈착여부

③ 파급손상 부분에 대한 수리 후 예상되는 구성품의 성능 및 안전도에 대한 점검 필요성(부착상태에서와 탈착, 분해한 상태에서의 정밀 점검 필요성)

④ 능률적인 작업이 가능한 공구와 기기 선택 및 작업 순서에 대한 판단

⑤ 보수도장의 범위와 도료의 종류

3) 수리방법의 판단요소

① 손상상태

충격력이 작용한 부위, 충격력의 전달 경로를 따라 손상상태를 파악하여 복원 가능성 여부를 판단한다.

② 부품보급형태

수리대상 부품의 공급형태(일체 또는 분할 공급)를 파악한다.

③ 조립구조

손상차량의 구조(모노코크 바디·프레임 부착 바디)와 조립 형태를 파악한다.

④ 재질

변형부분의 재질(예 : 플라스틱, 유리, 스틸 등)에 따라 수리여부를 판단한다.

⑤ 부품가격

부품가격을 어떻게 적용할 것인지를 판단한다.

⑥ 수리설비

정비업체가 보유하고 있는 수리설비와 수리기술에 따라 작업 방법을 판단한다.

4) 부품 교체여부에 대한 판단

일반적으로 수리업체에서는 수리기술자가 감소되고 있고, 부품을 교체하는 것이 이익이 많으며, 수리기간을 단축할 수 있다는 이유를 들어 부품을 교체하고 있으나 부품교체의 인정기준은 다음과 같다.

① 손해사정실무 참고서에 의한 기준

• 기술적 판단

파손부품의 수리가 곤란하거나 판금, 교정, 용접 등의 방법으로 수리하더라도 부품의 기능 및 그 내구성이 상당히 저하되는 경우

- 차체의 외판, 골격부재가 충격력 때문에 크게 찌그러지거나 늘어나는 등 소성변형이 현저한 경우
- 부품의 일부 또는 대부분이 파손되고 떨어져 나간 경우
- 구조상 손상부위의 수정을 위하여 절개가 필요하지만 이것이 부적절한 경우

• 보안부품

수리함으로써 주행 안전도가 크게 저하되거나 보안기준에 미달하는 경우

• 경제적 판단기준

손상부품이 기술적으로 수정이 가능하다 하더라도 수정작업이 어려워 작업시간이 길어지고, 이로 인해 공임(수리비)이 높아져서 교체 수리를 할 경우보다 수리비가 고액이 되는 경우

② 실무적인 판단기준

- 패널손상이 굽힘인 경우
  손상 면이 매끄럽고 손상 면과 손상되지 않은 부분이 연속적으로 되어 있는 경우에는 영구적인 변형이 아니므로 수리가 가능하다.

- 패널손상이 꺾임인 경우
  손상 면의 꺾인 반지름이 주름진 형태로 매우 작고 수정작업을 하는 경우 상당한 열을 가해야만 하며, 작업완료 후에도 작업흔적이 남을 것이 예상되는 경우에는 교체한다.

③ 기타 판단요소

- 부품 조달과 관련된 사항
- 수정부품 이외의 부품 활용에 관련된 사항
- 간접손해와 관련된 사항 등

6 외판패널의 전형적인 손상종류 및 복원수리기법

1) 넓고 완만한 변형

평면에 가까운 넓은 면을 가진 패널(후드, 루프, 도어, 펜더 등)에 주로 많이 나타난다. 이러한 변형은 대부분 탄성 변형이지만 일부 소성 변형된 부분이 패널의 복원을 방해하고 있는 경우가 있다. 따라서 복원수리를 하는 경우 소성 변형부위를 중심으로 해머와 돌리를 이용하여 복원하여야 한다.

외형상 소성 변형여부를 판단하는 방법으로는 예각으로 굽어 있는 부분과 도막이 벗겨진 부분, 프레스 라인 등에 걸려 있는 부분 등이 될 수 있다.

해머와 돌리를 이용한 복원수리기법

① 소성 변형부분에 돌리를 가깝게 대고 수정하되 타력과 돌리의 압력을 잘 조정해야 한다(심하게 타격하면 패널이 늘어나 수정이 곤란함).
② 타순은 한쪽부터 원을 그리면서 수정한다.

2) 좁고 깊으며 예각적인 변형

심한 곡면, 코너부분, 강성이 높은 부위에 나타나는 변형으로서 손상을 받거나 수정작업을 할 때 늘어나기가 쉽다. 따라서 해머링 만으로는 복원이 어려워 핀과 와셔 등을 이용해 당김작업을 하지만 변형이 없는 다른 부위까지도 영향을 줄 수 있으므로 신중히 작업을 해야 하고, 변형 량에 비해 강한 힘으로 당겨내야 한다.

핀과 와셔 용접기를 이용한 복원수리기법

① 용접할 면의 도막과 부식을 제거하고 핀을 용접한 후 핀과 와셔를 당기면서 소성 변형된 부분을 해머로 가볍게 두드려 수정한다.
② 좁고 깊은 변형은 다른 부위의 영향을 방지하기 위해 강한 힘으로 단숨에 당겨낸다.
③ 넓고 완만한 변형은 약한 힘으로 천천히 당겨낸다.

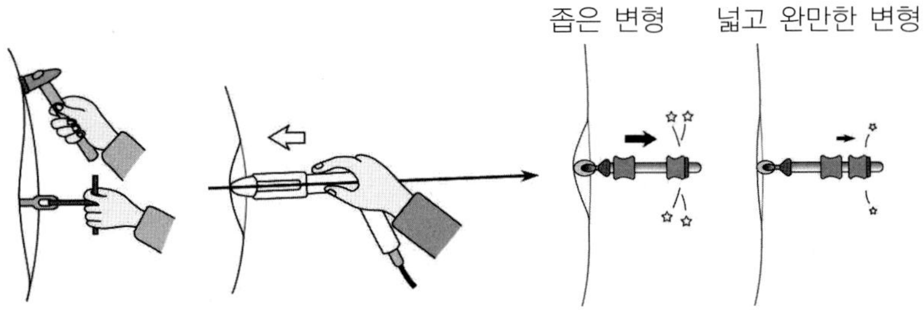

3) 길고 가느다란 변형

폭이 좁고 긴 가느다란 변형은 외판패널 및 사이드 스텝 등에 발생하며, 위아래는 소성변형, 좌우는 탄성 변형형태로 나타난다. 해머와 돌리를 이용한 수정작업이 곤란하므로 수개의 와셔를 이용해 복원수리하는 편이 훨씬 수월하다.

수개의 와셔를 이용한 복원수리기법

① 당김작업을 할 때는 일반적으로 변형부위의 끝부분부터 중앙을 향해 수정하나 수개의 와셔를 이용한 복원수리기법은 몇 개의 와셔를 동시에 당겨내어 대략 원래의 형태로 복원한 후 다시 하나씩 당김작업을 통해 수정작업을 완료한다.

② 핀의 제거는 컷 팅 플레이어를 사용하고 와셔는 후크를 와셔의 구멍 난 부분에 걸어 돌리면 제거된다.

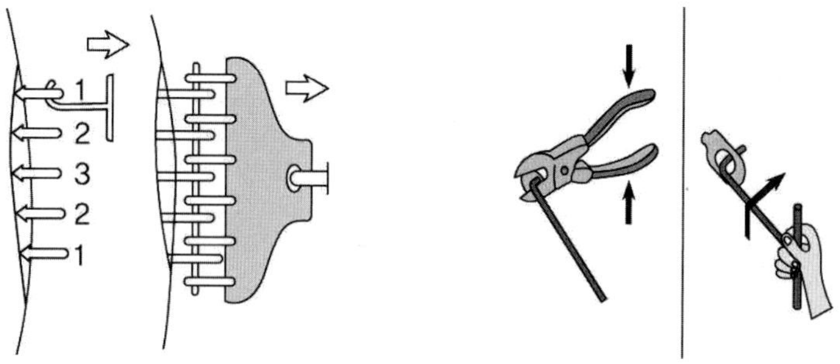

4) 주름 형태로 된 변형

패널이 앞뒤방향으로 힘을 받았을 때 나타나는 변형으로서, 복원할 때는 반대로 패널의 앞뒤방향에서 당겨내는 수정을 하면 대부분 변형이 복원된다. 수정하는 경우에는 힘이 걸린 그대로 변형된 부분을 해머링하면 된다.

라인(프레스 라인)부분의 수정

프레스 라인과 같이 각으로 된 부위는 폭이 넓은 정이 아니고는 수정작업이 상당히 곤란하다. 따라서 변형부분의 면적에 따라 다음과 같이 복원 수리한다.

1. 변형부분의 면적이 정(라인치즐)의 폭보다 좁은 경우

라인치즐을 변형부분의 중앙에 대고 해머로 쳐서 수정한다. 이때 힘이 너무 과하면 원래의 형태보다 높아져 수정이 곤란하므로 주의해야 된다.

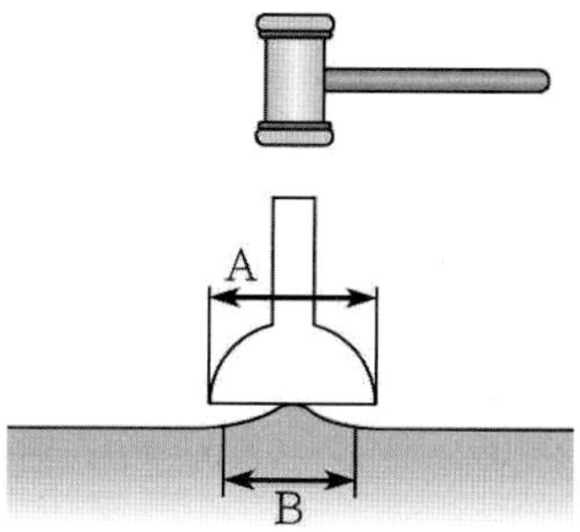

2. **변형부분의 면적이 라인치즐의 폭보다 넓은 경우**
변형부분의 중앙부터 직접 작업하지 않고 끝부분부터 천천히 수정한다.

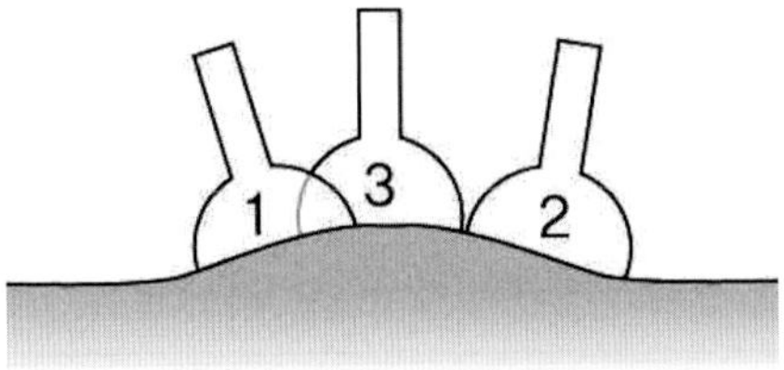

❼ 내판·골격부위의 복원수리

차량에 가해진 충격력이 크면 외판패널뿐만 아니라 내판·골격부위 까지도 충격력이 전달되어 손상되기 때문에 이 부분에 대한 복원수리기법에 대해서도 충분히 이해할 필요가 있다.

1) 복원수리 절차

① 기초수정작업

바디프레임 수정기를 이용하여 내판·골격에 발생된 손상을 대강 수정하는 작업으로서 다음과 같이 작업이 구분된다.

- 사전 계측작업
  충격력의 입력 방향, 손상의 범위, 변형 정도 등을 계측을 통해 파악하는 작업

- 준비작업
  바디프레임 수정기에 손상차량을 고정시키거나 작업 완료된 차량을 분리하는 작업

- 내판·골격부위의 치수 복원작업
  바디프레임 수정기를 이용하여 당김과 밀기 등의 방법으로 내판과 골격 부위 등을 원래의 상태로 복원하는 작업

- 확인 계측 및 맞춤 작업
  치수 복원작업 과정에서 반복하여 치수를 계측하고 맞춤작업을 통해 원래의 치수를 복원하는 작업

② 부분 수정작업

기본 수정작업을 완료한 후 잔존해 있는 손상흔적을 제거하는 작업

③ 부품교체작업

• 교체

손상된 부품을 떼어내고 순정부품과 재생부품 및 중고부품을 조립, 조정 등의 과정을 통해 부착하는 것을 말한다.

• 수리

손상된 부품을 수정 가공하여 형태, 기능을 회복시키는 것을 말한다.

④ 보수 도장작업

차체의 보호와 차체미관을 회복시킬 목적으로 보수도료를 도포하고, 건조 및 경화를 통해 도막을 형성시키는 작업

2) 바디프레임 수정기

모노코크 바디에 큰 충격력이 작용된 경우 손상된 부분을 수정하기 위해서는 바디프레임 수정기 사용이 필수라고 할 수 있다. 현재 개발된 바디프레임 수정기의 종류로는 이동식 바디프레임, 마루식 바디프레임, 작업대식 바디프레임 등이 있다.

3) 특수재료의 바디부품의 복원

① 합성수지(범퍼 및 라디에이터 그릴)

- 크게 손상된 부품은 복원이 곤란하다.
- FRP(Fiberglass Reinforced Plastics) : FRP(유리섬유 강화 플라스틱)재의 바디부품은 손상 정도가 큰 경우에는 교환해야 하지만 성형작업이 용이하므로 비교적 간단히 복원 수리를 할 수도 있다. 국부적으로 손상되어 구멍이 뚫어진 것 등도 복원이 가능하며, 신품으로 교환하는 것만이 최선의 선택은 아니다.

② 비철금속(도어몰딩 등)

- 복원이 어렵다.
- 광택의 재현이 어렵다.
- 복원작업 비용보다 신품 가격이 싼 것도 있다.

07 자동차 도장과 견적기법

1 자동차 도장

❶ 자동차 보수도장

1) 자동차 보수도장의 목적

① 차체 보호

사고 또는 녹 발생으로 인한 차량의 안정성과 내구성이 저하되는 것을 방지하여 차량의 기능과 수명을 향상시킨다.

② 미관 향상

광택감소 또는 변색된 중고차의 가치를 향상시키거나 유행하는 색상으로 도장하여 외관을 향상시킨다.

③ 가치 유지

손상부위를 손상 전의 상태로 원상복구시킴으로서, 차체가치를 유지시킨다.

2) 도료의 구성요소

① 수지

도막을 형성하는 주요소로서 도료에 광택성, 내구성, 부착성을 부여한다.
도료의 성능은 수지에 의해서 대부분 결정된다.

- 천연수지

  니스, 래커 등의 도료에 사용

- 합성수지

  열가소성 수지와 열경화성 수지로 구분된다.

② 안료

도료에 색상을 부여해 주는 물질, 즉 색깔을 지니고 있는 분말형태로서, 입자상태로 분산된다.

- 착색안료

  색상부여

- 방청안료

  녹 발생 방지

- 체질안료

  단단한 도막, 즉 도막의 분해를 방지하여 내구성을 좋게 한다.

안료의 기능

① 도료 색상 부여
② 도막 은폐력 부여
③ 도막의 경도 및 강도 보강
④ 광택 조절

③ 용제

용제는 수지와 경화제를 녹이는 성분으로 안료를 분산시키거나 작업성, 건조성을 조절하기 위해 사용되며, 도료에 희석되었다가 도포하면 증발되는 성분이다.

• 진용제

단독으로 용질을 용해하는 성질이 있다.

• 조용제

단독으로 용질을 용해하지 않지만 진용제와 병용하면 용해력을 갖는다.

• 회석제(시너)

진용제를 혼합하더라도 용해력은 없으나 점도를 조절하는 기능이 있다.

용제의 기능

① 도장작업이 쉽게 될 수 있도록 유동성을 부여
② 도료 중의 수지를 녹여 액상화 하는 기능

④ 첨가제

도료에 극히 소량 첨가되는 화학 물질로서, 도막의 물성을 보완하는 기능을 수행한다.(건조성, 흐름성 조절, 침전방지 등)

• 가소제

도막에 유연성과 노화를 방지시켜 내구성을 향상시킨다.

• 건조제

Dryer라고도 하며, 도료에 첨가하여 건조를 촉진시킨다.

• 분산제

안료와 수지가 잘 분산되도록 하며, 재 응집을 방지한다.

• 자외선 흡수제

자외선을 차단하여 변색을 막아준다.

• 침강방지제

안료의 침전을 방지한다.

• 색 분리 방지제

여러 안료가 혼합될 때 안료의 분리현상을 방지한다.

3) 자동차 보수용 도장의 종류

① 상도도장 안료(색상)에 따른 분류

- 도장종류
  - 1코트 도장 — 솔리드 도장
  - 2코트 도장
    - 메탈릭 도장
    - 펄 마이카 도장
    - 솔리드 도장
  - 3코트 도장 — 펄 마이카 도장

• 1코트(1coat) 도장

상도도장을 한 가지 종류의 도료만으로 작업을 완료하는 도장을 말하며, 일반적으로 솔리드 도장이 이에 속한다.

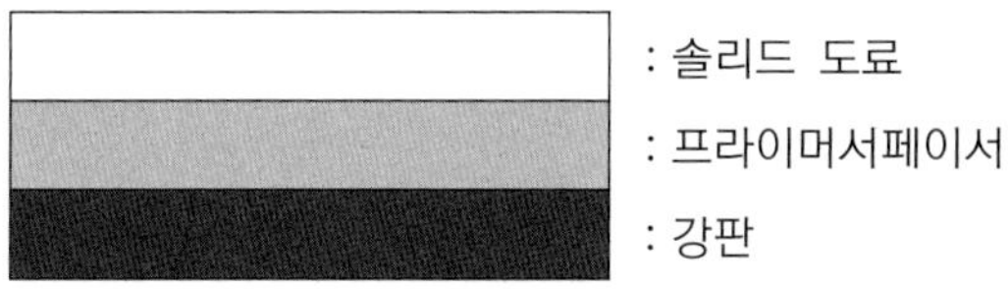

1코트(솔리드) 도장

• 2코트(2coat) 도장

상도도장을 칼라베이스 도료 및 클리어(투명) 도료 두 가지를 사용하여 2단계로 작업하는 도장을 말하며, 메탈릭 도장, 펄 마이카 도장 및 일부의 솔리드 도장이 여기에 해당된다. 메탈릭 도장은 안료에 알루미늄입자가 함유된 것으로서, 도막의 아래층 알루미늄입자에 의해 금속 특유의 빛을 발생한다. 펄 마이카 도장은 안료와 운모입자의 표면을 이산화티탄이 코팅된 펄 마이카 입자를 첨가한 것으로서, 솔리드칼라, 메탈릭 칼라와는 다른 진주색 광택을 갖는 아름다운 도막을 얻을 수 있다.

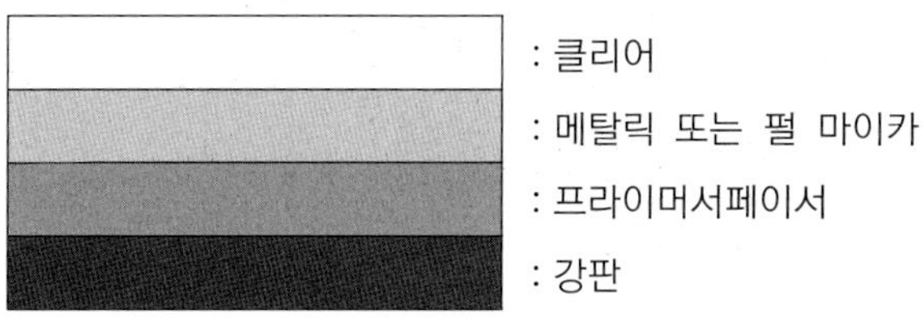

2코트(메탈릭) 도장

• 3코트(2coat) 도장

상도도장을 칼라베이스 도료, 펄 베이스 도료, 클리어(투명) 도료를 사용하여 3단계로 작업하는 도장을 말하며, 특정 차종의 일부색상에만 적용하고 있다.

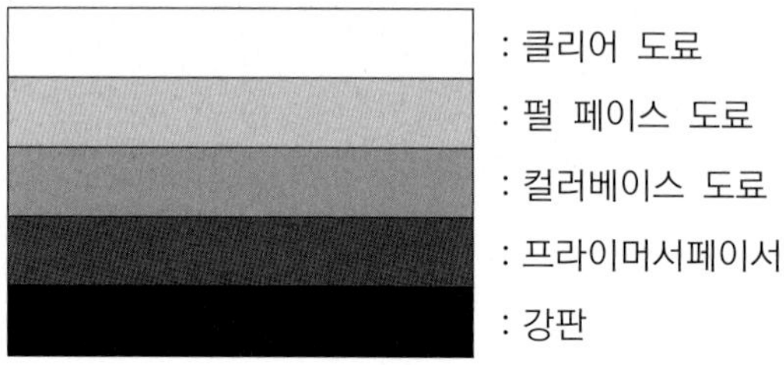

3코트(펄) 도장

② 도막기능에 따른 분류

작업 단계	도료명	요구특성
하처리	퍼티	눈 메꿈성
하도 도장	프라이머(워시 프라이머, 플라스틱 프라이머)	부착성, 연마성, 방청성, 방수성, 살 오름성
상도 도장	솔리드 도료 메탈릭 칼라 클리어	은폐성, 내 변색성, 고른 색상, 퍼짐성, 광택성, 내산성, 내연마성
기타	희석제(시너)	희석성, 작업성

• 솔리드 도료

도료에 다른 입자(메탈릭, 펄 마이카 등)를 포함하지 않고 밀도가 높은 순수 안료만으로 도막을 형성하는 도료를 솔리드 도료라고 한다. 일반적으로 상도 도장을 1Coat 도장 방식으로 작업하는 경우가 대부분이나 최근에는 기능성 클리어(내 스크래치 성질)를 도장한 2Coat 도장방식도 증가하고 있는 추세다.

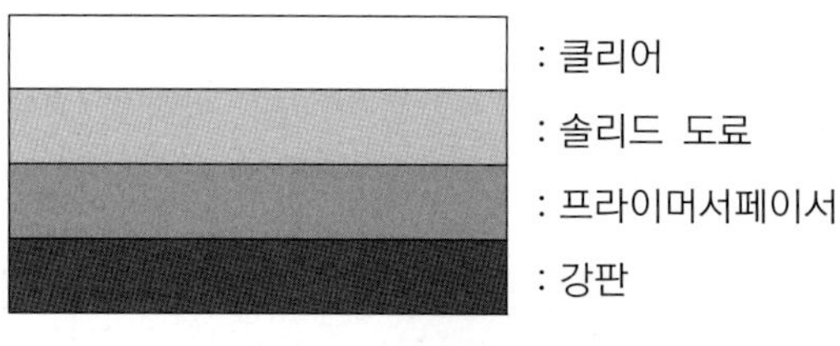

2Coat 솔리드 도장

• 메탈릭 도료

색을 나타내는 안료에 은분(알루미늄 입자)을 혼합한 안료와 알루미늄 도료만을 도장하는 방식 모두를 메탈릭 도료라고 한다. 메탈릭 도료는 안료와 내부에 있는 알루미늄 입자가 반사하여 도막을 관찰하는 위치에 따라 본래의 색상과 다른 독특한 광택효과가 있다. 상도 도장의 2Coat 컬러베이스에 사용되며, 그 표면에는 클리어를 도장한다.

• 착색 펄 마이카 도료

색을 나타내는 안료에 은분(알루미늄 입자)을 대신해 운모(마이카) 안료를 첨가한 도료를 마이카(운모) 도료라고 한다. 반투명체 운모의 특성을 활용한 것으로서, 메탈릭 도료와는 다른 우아한 색상을 나타낸다. 상도 도장의 2Coat 컬러베이스에 사용되며, 그 표면에는 클리어를 도장한다.

• 간섭 펄 마이카 도료

색을 나타내는 안료에 은분(알루미늄 입자)을 대신해 운모(마이카)를 이산화티탄으로 코팅한 입자를 안료에 혼합시킨 도료를 간섭 펄 마이카(운모) 도료라고 한다. 간섭 펄 마이카(운모) 도료는 안료를 함유하고 있지 않기 때문에 빛이 투과하여 반사되는 굴절로서, 보는 각도에 따라 진주 빛과 무지개 색의 빛을 발한다. 상도 도장의 3Coat 컬러베이스에 사용되며, 그 표면에는 클리어를 도장한다.

4) 보수도장작업 범위(도장 면적)별 구분

① 부분도장

후드, 도어 등 외판패널 부품의 부분적인 손상에 대한 보수도장을 말하며, 보수도장하는 지점의 색상이 주변부의 색상과 차이가 나지 않게 하는 것이 기술 포인트이다. 특히, 3코트 및 일부 색상의 2코트 상도 도장을 하는 경우 보수도장 부분과 그 주의의 색상을 일치시키기 위해 도장범위를 넓게 오버래핑 하여 색 맞춤도장(보카시 도장, 브랜드인 도장)을 한다.

② 블록도장(패널 단위 도장)

펜더와 도어 등 별도의 단위부품은 경계선으로 구분되므로 일반적으로 색 맞춤 작업을 하지 않고 패널 단위로 보수 도장하는데 이를 블록 도장이라 한다. 그러나 펄 마이카, 메탈릭 도장 등색을 맞추기 어려운 컬러의 도장에서는 인접한 패널에도 색 맞춤작업을 하는 경우도 있고, 뒤 펜더와 루프 패널 인접부 등 경계선이 없는 경우에도 부분적으로 색 맞춤 기법을 이용해서 보수도장을 하고 있지만 이 경우도 블록 도장이라 할 수 있다.

③ 그룹도장

프런트 펜더에서 리어 펜더까지 측면전체를 복원 수리한 경우에는 일반적으로 색 맞춤작업을 하지 않고 한쪽 면 전체를 그룹단위로 보수도장을 하는데 이를 그룹도장이라 한다.

④ 전체도장

차량 전체를 다시 칠하는 도장을 말한다.

5) 보수도장작업 공정

① 보수도장작업 구분

• 하처리 작업

하처리 작업이란 방청, 방수작업은 물론 작업부위를 평평하게 다듬고 구도막 보호용인 워시 프라이머를 도장하여 도료의 부착성을 증대시키는 작업이다.

작업 내용은 구도막 제거 및 에지 형성 → 금속표면 처리 → 기초연마 → 중간 연마 → 마무리 연마로 진행하며, 샌드페이퍼는 점차적으로 연마입자가 가늘고 번호가 높은 것부터 사용한다.

• 하도 도장작업

하도 도장작업은 패널 면을 녹슬지 않게 하고 후속 공정인 프라이머서페이서가 잘 부착되도록 하기 위해 작업한다.

작업 내용은 마스킹 → 프라이머서페이서 도장 → 마무리 퍼티 바르기 → 프라이머서페이서 연마 → 숨김 도장작업 주변부 연마의 순으로 진행된다.

• 상도 도장작업

도장할 부위에 색상을 입히고 광택을 부여하는 작업공정으로 미관 및 컬러 매칭이 가장 중시된다.

작업 내용은 마스킹 → 베이스 코트 도포 → 클리어 코트 도포 → 가열 건조의 순으로 진행된다.

• 마무리작업

마무리 공정은 마스킹을 제거하고 도장이 미진한 곳에 대한 보완 도장 및 도장면의 먼지나 오물을 깨끗이 청소하는 작업단계이다. 작업내용은 가열도막 냉각 → 마스킹 제거 → 붓칠 및 마무리 작업 → 세차의 순으로 진행된다.

• 기타 플라스틱 부품의 도장

플라스틱 부품에 대한 도장 역시 다른 패널의 도장과 동일하나 다만 방청처리는 하지 않는다. 대신에 부착성을 높이기 위해 전용 프라이머서페이서를 사용하며, 도막에 유연성을 주기 위해 클리어에 유연제를 첨가하기도 한다.

6) 도료의 건조방법

① 용제 증발형 건조법(자연건조방식)

용제와 시너가 증발하면서 도막을 형성하며, 자연건조 또는 상온건조 방식이라고도 한다. 에나멜계의 도료, 래커 계통의 도료가 해당되며, 도료를 피도물에 도장하고 그대로 상온 상태에서 도막내의 용제를 증발시켜 건조하는 방식이다.

② 반응 건조형 건조법

수지가 경화제와 결합하여 화학반응에 의해 경화하는 도료로서, 2액형 도료의 대부분이 여기에 해당된다.

• 열반응형 건조

특정온도 이상으로 가열하면 수지성분이 반응을 일으켜 경화하는 건조방식을 말하며, 열처리 도장이라 불리기도 한다. 건조온도는 약 120℃~150℃에 달하며 주로 신차 도장라인에서 사용된다.

• 2액형 중합건조

도료와 경화제를 일정비율로 혼합시켜 수지와 경화제의 화학반응에 의해 도막을 형성하는 것으로 스프레이 작업 직전에 경화제를 혼합하여 사용하며, 통상 20~30분이 경과되면 도료를 사용할 수 없다.

건조시간의 단축을 위해 도장부스에서 60℃~80℃의 온도로 가열하여 중합을 촉진시키는 작업방법이며, 보수도장에 가장 많이 사용된다.

• 소부 건조법

고온으로 가열하여 수지의 구조를 변화시켜 경화하는 열경화성 도료로서 열을 가하지 않으면 도막이 형성되지 않는다. 신차라인에서의 도장은 모두 여기에 해당되며, 약 120℃~160℃의 고온으로 약 20분 정도를 건조시킨다.

7) 신차 도장과 보수도장의 비교

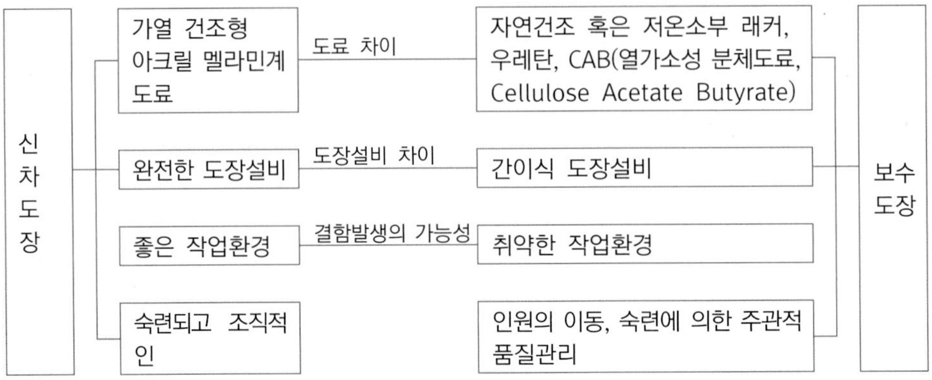

❷ 자동차 신차도장

1) 신차도장 공정

승용차의 경우 신차라인에 대표적인 도장공정은 다음과 같다. 차종에 따라서는 중도 도장이나 수연마 공정이 생략되는 경우도 있다.

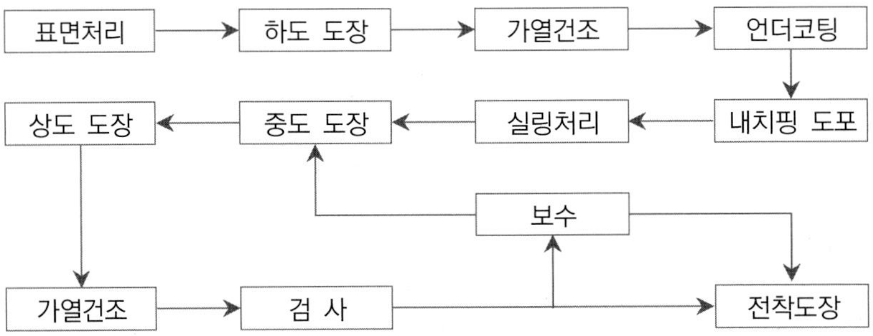

2) 신차 상도 도장의 종류

① 솔리드컬러 도장

② 메탈릭 컬러 도장

③ 펄 마이카 컬러 도장

3) 자동차 컬러와 도장의 종류를 구분하는 방법

자동차 컬러 및 도장종류를 구분하는 방법에는 상도도막을 육안으로 확인하고 도장종류를 판별하는 방법과 차체컬러코드를 조사하여 컬러조견표를 통해 컬러명과 도장종류를 판별하는 방법이 있다.

① 육안판단법

1코트 도장은 색상이 단색이며 도료의 입자성분이 함유되어 있지 않아 보는 각도에 관계없이 동일한 색상을 나타내므로 판별이 용이하다. 주로 백색, 흑색, 적색, 하늘색, 노란색 등이 있다.

2코트 도장의 도막구성은 유색의 컬러베이스코트 위에 투명한 클리어코트가 도포되어 있고, 유색도료에는 메탈릭 또는 펄 입자가 함유되어 있어 보는 각도에 따라 색상이 변화한다. 메탈릭입자는 펄 입자에 비해 상대적으로 굵은 모양의 형체를 가지고 있어 육안으로도 식별이 가능하다. 펄 입자는 무지개 빛을 띠며 반짝이는 특성을 가진다.

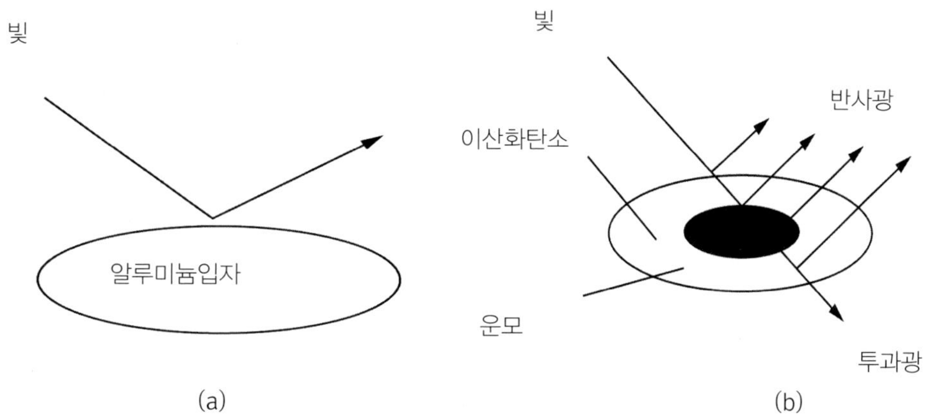

도장봉류별 빛의 굴절상태

3코트 도장은 컬러베이스코트 위에 펄 입자가 함유된 펄 코트를 도포하고 클리어 코트로 마감처리 하는 도장 방식으로, 2코트방식보다 더 미려한 도막을 얻을 수 있으나 비교적 작업하기 어렵다.

② 컬러코드에 의한 판별법

먼저 카울 패널 또는 앞 패널에 부착되어 있는 차량인식표(VIN : Vehicle Inden- tification Number))에서 차체의 컬러코드를 찾거나 도료 제작회사에서 제공하는 '차종별 색상 조견표'

에서 해당 컬러코드의 명칭과 도장종류를 찾는다. 컬러코드의 코트구분은 다음과 같다.

- 1코트 도장
S(solid)

- 2코트 도장
M(metallic), P(pearl)

- 3코트 도장
3P(3coat pearl)

③ 기타 도장기법

1) 수용성 도장

① 정의

대기 중으로 방출되는 VOC(volatile organic compounds ; 휘발성 용기용제 화합물)로 인한 환경보호를 위해 유용성 도료를 수용성 도료로 대체하여 차량 보호용 도장에 사용하는 것을 말한다.

② 수용성 도장과 유성도장의 차이점

- 유성도료는 용제를 혼합하여 사용하고 수용성 도료는 물을 혼합하여 작업한다.
- 수용성도료는 안료입자가 미세하므로 은폐력이 뛰어나다.
- 수용성 도료는 스프레이 작업방법에 따라 입자배열이 다르게 나타나므로 도장 면을 눈으로 직접 확인하면서 적정한 속도를 유지하여야 한다.
- 수용성 도료는 용제를 사용하지 않으므로 세밀한 교반이 요구되며, 유성도료에 비해 교반시간이 다소 길다.
- 수용성 도료의 경우 건조가 느리기 때문에 에어드라이 젯을 사용해야 한다.
- 스프레이건 이용 후 세척할 때 유성도료는 용제를 사용하나 수용성 도료는 물을 이용한다.
- 수용성 도료는 사용 후 남은 도료를 밀봉상태로 상온에서 보관하면 재사용이 가능하다.
- 수용성 도료의 재료비는 유성도료에 비해 비싼 편이다.

③ 수용성 도장의 주요 작업공정

- 퍼티 부착 및 건조
- 프라이머서페이서 도포 및 플래시 타임
- 프라이머서페이서 열처리 건조
- 베이스 코트 도장
- 드라이젯 건조
- 클리어 도포 및 플래시 타임
- 도장 부스 가열건조

2) 숨김(보카시) 도장

① 정의

새로 도장할 부분의 컬러와 구도막의 컬러와의 차이를 자연스럽게 연결시켜 주는 도장으로 숨김 도장, blend in system, fade out이라고도 한다.
도장작업 대상 부위에서 멀어질수록 도막이 엷어지게 하는 도장작업으로서, 새로 도장한 부분의 색상 차이를 구분하지 못하게 할 목적으로 사용된다. 주로 패널의 꺾인 부분이나 패널의 끝부분을 이용하며, 동일한 색깔의 패널이라 하더라도 면이 바뀌면 달리 보이는 사람의 착시현상을 이용한 도장기술의 일종이다.

② 숨김 도장사용 원인

- 메탈릭 및 펄 도장 사용차량 증가

자동차 보수도장에 주로 사용되는 도료로서 메탈릭이나 펄 입자가 함유된 2Coat, 3Coat 도장시스템이 적용된 차량은 조색에 있어서 난이도가 높아 작업시간이 지연되고 숨김 도장을 해야 하는 상황이 자주 발생된다.

- 노후 차량에 대한 도장

노후된 차량이 손상되어 도장을 하는 경우 색 맞춤이 곤란한 경우가 많아 숨김 도장을 해야 하는 경우가 많이 발생되는 상황이다.

- 교체부품의 증가

자동차 사고로 인한 패널의 교체가 증가될수록 도장작업이 증가되고, 그에 따라 숨김 도장을 해야 하는 경우도 동반하여 증가된다.

• 도료의 색상차이

자동차 색상의 다양화, 고급화 추세가 가속화되면서 똑같은 색상 코드를 가진 차량이라 하더라도 출고되는 계절과 시간의 경과 등에 따라 색상이 각기 다르게 나타날 수 있다.

- 자동차 제작사 및 도료 제작사에서의 색상 차이
- 차량 노후에 따른 변색, 도막 손상, 모델 연식별 색상변화 등
- 보수도장 작업환경 요인
- 작업자의 도장기술력 차이

3) 불소 도장

종래의 아크릴수지 계통의 클리어를 불소수지 클리어로 변경한 것으로 종전의 도장에 비해 내후성이 뛰어나 자외선 등에 의한 열화가 적고, 발수성 및 광택을 오랜 기간 유지할 수 있는 특징이 있다.

① 특징

• 왁스프리

물 세척만으로 왁스를 칠한 것과 같은 윤기, 발수성을 얻을 수 있다.

• 초고 내후성

윤기, 색조 모두 일반도장에 비해 매우 높은 내후성(부식에 강한 성질)이 있다.

• 기계 세차 가능

일반도장과 같이 기계세차나 왁스칠을 할 수 있다.

② 불소수지 클리어

• 태양광선, 화학반응에 대한 안정성이 높고 변화하지 않는 특성이 있다.

• 발수성이 높고 먼지 등이 부착하지 않는다.

③ 우레탄 불소수지 클리어

우레탄 도료에 불소수지를 첨가한 것으로 우레탄 수지가 가지는 광택과 불소수지의 내후성을 모두 갖춘 특성이 있다.

④ 도막구성

하도, 중도, 솔리드 컬러(컬러 메탈릭 베이스), 불소수지 클리어 순으로 구성된다.

4) 2톤 도장

일부 승용차 및 RV차량에 적용되는 도장으로 한 개의 패널을 상, 하로 나누어 서로 다른 컬러로 도장된 것을 말한다.

5) 폴리싱

① 정의

도장작업 공정에 있어서 마무리 작업공정에 속하며, 상도 도장 후 도막에 붙은 먼지, 이물질, 흘러내림 등을 제거하는데 목적을 둔 도장을 말한다.

② 광택의 원리

균일한 도막 표면에서 정반사가 일어날 경우 광택이 잘나고, 난반사가 일어날 경우 광택도가 저하되는 것이다. 이런 원리를 이용하여 광택작업은 도막을 깎아내어 매끈한 표면을 만드는 것으로서, 오렌지 필(도막의 표면이 오렌지 껍질과 같은 상태)을 잘 제거해야만 광택이 오래도록 지속된다.

③ 광택작업을 필요로 하는 경우

- 도막하자를 없애고자 할 때
  먼지, 이물질, 흐름현상, 오버스프레이, 긁힘 등
- 고급차의 마무리작업
  도장 후 거울 같은 평면을 얻고자 할 때

④ 광택작업 공정

- 샌드페이퍼(#1500)로 하자 부위 샌딩(손연마)
- 컴파운드 #2000 샌딩
- 컴파운드 #3000 샌딩
- 왁스(광택제)를 이용한 코팅(광택)작업

⑤ 주의사항(과도한 광택작업을 할 경우)

- 베이스코트 및 펄의 경우 투명이 벗겨져 밑칠이 드러나 산성비, 이물질 등에 의해 여러 가지 현상이 발생할 수 있다.
- 솔리드칼라의 경우 밑칠이 벗겨져 무늬 변형 및 산성비, 이물질 등에 의해 여러 가지 현상이 발생할 수 있다.

6) 카멜레온(chameleon) 도장

① 정의

카멜레온 도장은 투명한 금속 옥사이드로 안료를 5겹 코팅하여 만든 특수 안료를 페인트에 응용하여 개발한 도장이다. 일반적으로 안료는 선택적으로 빛을 흡수하지만 카멜레온 컬러에 사용되는 특수 안료는 빛을 반사하거나 프리즘과 같이 많은 빛을 굴절시켜 다른 메탈릭 안료나 펄 안료에서 보여주는 효과와는 달리 확연히 다른 넓은 범위의 색채를 광원의 각도와 시각의 각도에 따라 색채가 변화하는 특징이 있다.

② 도장방법

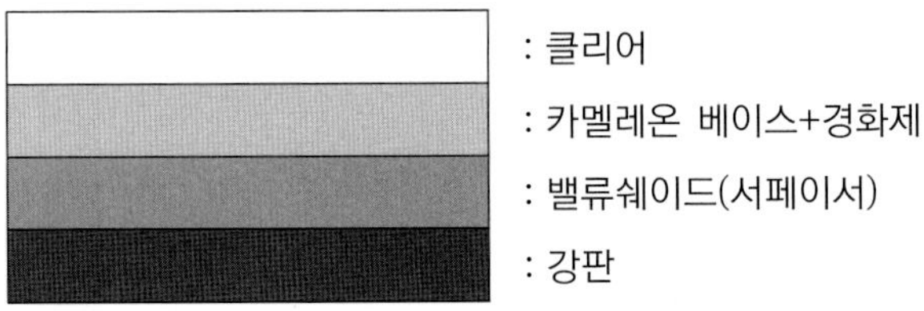

- 표면처리

  방청, 방수작업은 물론 작업부위를 평평하게 다듬고 서페이서를 도포해야 하는 경우에는 밸류쉐이드를 사용하고, 연마할 때에는 연마자국이 남지 않도록 고운 샌드페이퍼를 사용한다.

- 베이스 코트와 경화제 혼합

  카멜레온 베이스 코트에는 경화제를 반드시 사용해야 하므로 점도와 혼합비율이 사용목적에 맞게 잘 혼합한다.

- 카멜레온 베이스 코트 도장

  카멜레온 베이스 코트를 도포한 경우 반드시 플래시 타임을 주되 강제로 건조하는 방법은 적합하지 않다.

- 투명도장

7) 마이카 도장

① 정의

마이카(mica)란 인조 펄(pearl)을 말하는 것으로서 운모를 잘게 쪼개어 인조 코팅을 한 것을 도장하여 진주색 광택을 나게 한 도장을 말한다. 운모코팅의 안료로는 이산화티탄(TiO_2)이 가장 많이 사용된다.

② 마이카 도료의 구성

일반 메탈릭 도료와 도료의 조성(수지, 안료, 용제, 첨가제)에 있어서는 유사하나 알루미늄 대신 마이카를 사용한다.

③ 마이카 입자의 특성

마이카는 메탈릭 도료에 사용되는 알루미늄 입자와는 다른 광학적인 성질(빛의 다중반사, 산란, 간섭)을 가지고 있기 때문에 알루미늄 입자에서는 볼 수 없는 독특한 색감을 갖는다. 즉 알루미늄 입자는 빛을 받으면 거의 반사되는데 반해 마이카 입자는 빛이 투과되면서 굴절이 생겨 이러한 굴절 차이가 빛의 산란 및 간섭현상을 유발하여 독특한 색감을 나타나게 한다.

④ 도장방법

- 3코트 마이카

솔리드(칼라베이스), 펄 마이카, 클리어 순으로 도색하며, 펄 안료와 간섭 마이카 도표를 사용할 때 쓰는 방법이다.

- 2코트 마이카

마이카 베이스(착색 마이카 안료 + 착색 안료), 클리어 순으로 도장한다.

❹ 도장요금 산출

1) 도장요금의 원가구성 요소

도장요금의 원가는 재료비, 도장시간, 가열 건조비로 구성된다.

① 재료비

- 재료비는 도장작업에 소요되는 도료, 시너 등 주재료와 샌드페이퍼, 마스킹 등 부재료 일체를 포함하며, 도장작업이나 보관과정에서 손실되는 분량도 포함된다.
- 도장재료비는 재료소요량에 재료단위당 가격을 곱하여 산출한다.
- 상도 도료의 재료비는 각 차종에 사용되는 해당 도료의 가격을 적용한다.

② 도장시간

실제 도장작업에 소요된 시간(소수점 이하 두 자리까지 인정)에 1시간당 공임을 곱하여 산출한다. 도장작업의 특성에 따라 기본시간, 공통시간, 할증률 등으로 구분한다.

- 기본시간

도장한 부품의 개수와 작업면적에 비례하여 증가되는 특성을 가지고 있고 연마, 퍼티 바르기, 스프레이 도포, 마스킹, 세척 등 실제 도장작업에 소요된 시간으로서 소수점 이하 두 자리까지 표기한다.

- 공통시간

도장할 부품의 개수나 작업면적에 관계없이 도장할 때 1회의 과정만 시행하는 작업으로서 퍼티, 프라이머서페이서 등의 건조, 조색 및 도료배합작업, 가열 건조작업을 위한 부스 가동 등에 소요된 작업시간을 말하고, 시간은 소수점 이하 두 자리까지 표기한다.

- 할증률

- 보통의 일반적인 도장작업과는 별개로 보수도장 특성상 추가로 작업이 이루어진 경우 이에 소요된 비용을 할증률(%)로 표기한 것으로서, 할증률에는 작업에 소요된 재료비, 공임, 장비사용료 등이 반영되어 있다.
- 할증률을 적용하는 도장작업에는 2톤 도장, 폴리싱, 숨김 도장이 해당되며, 작업을 시행한 패널에 대해서만 정해진 할증률을 적용한다.
- 폴리싱과 숨김 도장의 경우 모럴 리스크를 방지하기 위해 차량의 기술적 특성에 의해 발생된 특별한 경우에만 보상담당자와의 사전 협의를 거쳐 처리한다.

③ 가열 건조 비용

- 열처리를 위하여 부스를 1시간동안 가동하는데 소요되는 제비용이 포함된 1시간당 열처리 원가를 산출하고, 실제 소요된 작업시간을 곱하여 산출한다.
- 1시간당 열처리 원가에는 부스 감가비용, 인건비, 연료비, 필터 교체비용, 제잡비, 이윤 등을 포함한다.
- 부스 가동시간은 부스 예열시간, 건조시간, 플래시타임, 냉각시간 등을 포함한다.

2) 구성 요소별 도장요금 산출방법

① 도장재료비 산출

- 해당차량의 도장종류(1코트. 2코트, 3코트)별 도장테이블을 선택한다.
- 도장부품이 교환된 패널인지 판금한 패널인지를 확인하고, 시간테이블에서 해당 부품의 재료비를 찾는다.
- 각 부품들의 재료비를 합산하여 재료비 총액을 산출한다.

② 도장시간 산출

- 기본시간 산출
  - 도장 대상 차량의 도장종류별 테이블(1코트, 2코트, 3코트)을 찾는다.
  - 도장 대상 패널이 교체패널인지 또는 판금 패널인지를 확인하여 해당되는 부품의 도장기본시간을 적용한다.
  - 할증적용 도장이 없는 경우 : 각 부품의 기본시간을 합산하여 총 도장시간을 산출한다.
  - 할증적용 도장이 있는 경우 : 각 부품의 기본시간에 할증률을 곱하여 총 도장시간을 산출한다.
  - 복수의 패널을 도장하는 경우 할증률은 할증 작업을 시행한 패널의 기본시간에만 적용한다.

- 공통시간 산출
  - 공통시간 테이블에서 도장종류에 해당되는 시간을 찾는다.
  - 공통시간은 부품 수에 관계없이 1회만 가산하며, 교환패널의 경우와 판금패널의 경우를 각각 구분하여 적용한다.

- 할증률

할증률 테이블에서 해당되는 할증률을 찾는다.(2톤 30%, 폴리싱 : 10%, 숨김 도장 : 20%)

④ 열처리(가열건조)비용 산출

열처리 비용은 도장종류에 적합한 가열건조작업이 시행된 것인지를 확인하고, 가열건조비용 테이블에 기재된 비용을 적용한다.(시간당 공임×0.75시간 기준)

❺ 도장 결함의 종류

1) 크레이터(craters)

도장표면에 조그만 분화구 모양의 작은 구멍들이 보이는 현상

2) 오렌지 필(orange peel)

도막의 표면이 평활하지 않고 오렌지 껍질과 같은 형상의 모습을 나타내는 현상

3) 은폐 불량(poor covering)

도막이 완전히 은폐되지 않아 부분적으로 하도 도장의 색이 보이는 현상

4) 색 번짐(bleeding)

하도 도장의 착색안료가 상도 도료의 용제에 의해 도막위로 올라와 상도의 색이 다른 색으로 보이는 현상

5) 낙진(dust inclusion)

도막이 건조되기 전에 먼지 등의 이물질이 상도 표면에 떨어져 박혀 있거나 돌출되어 있는 현상

6) 벗겨짐(poor adhesion)

도막이 전체 또는 부분적으로 분리되어 벗겨지는 현상

7) 스톤 칩(stone chip)

작은 돌 등의 물체가 도막 표면에 부딪혀 흠집이 발생한 현상

8) 흐름(sagging, running)

수직면에 도장한 도료의 일부가 흘러내린 현상

9) 부풀음 현상(blistering)

도막의 표면에 작은 수포들이 부풀어 오르는 현상

10) 솔벤트 팝(solvent pops)

갓 건조된 도장표면에 작은 구멍이나 기포가 발생하는 현상

11) 핀 홀(pin hole)

도장 표면에 바늘구멍 같은 구멍이 생기는 현상

12) 투명도 저하(clouding)

메탈릭 도장에서만 발생하며 넓은 부위에 얼룩이 지는 현상

13) 색 분리(floating)

도막의 색이 두 가지 이상의 안료로 배합된 경우 각 안료의 비중이 다른데 따른 두 가지 색 이상의 얼룩이 나타나는 현상

⊘용어해설

가사시간(pot life)
2액형 도료를 혼합한 후 사용할 수 있는 시간(사용가능 시간)

건조(drying, baking)
젖은 도막이 용제에 증발, 전색제 내부의 화학적 반응 등에 의하여 고체상의 도막으로 되는 과정으로서 도막의 건조 상태에 따라 다음과 같이 구분한다.

- 지촉건조 : 도막을 손가락으로 살짝 눌렀을 때, 점착성은 있으나 손가락에 묻지 않는 상태
- 경화 건조 : 도막을 손가락 끝으로 힘껏 눌러서 마찰시켜도 흠집이 생기지 않는 상태
- 완전 건조 : 손톱으로 도막을 긁어내기가 힘든 상태

경도(hardness)
도막의 단단한 경도

경화(curing)
어떤 물질을 가열하거나 화학적 방법으로 축합 또는 중합 시키는 과정

경화제(curing agent)
도막의 경화를 촉진시키는 촉매

고형분(solids)
도료 중의 불휘발성 물질(도막형성 요소)

광택(gloss)
물체의 표면에서 빛으로 느끼는 감각의 속성으로 무광, 반광, 유광으로 구분된다.

균열(cracking)
도막이 노화되어 갈라진 현상

내구성(durability)
도막이 주어진 조건에 견디어내는 정도

내후성(weathering)
자연의 작용에 저항해서 잘 변화하지 않는 도료의 성질

평활성(leveling)
젖은 도막 자체가 유동해서 평탄하고 매끄러운 도막이 되는 성질

리무버(remover)
도막을 벗기는데 사용되는 재료

리타더 시너(retarder thinner)
도막의 백화현상을 방지하는 시너로 건조가 느리다.

리프팅(lifting)
위에 도장한 도료 중의 용제가 밑의 도막을 연화시켜 주름이 생긴다.

마스킹(masking)
도장 안할 부분을 테이프와 종이로 씌우는 것

백화(blushing)
도막을 건조시킬 때 뿌옇게 되는 현상

벗겨짐(peeling)
도막의 부착성이 약해 밑층에서 부분적으로 벗겨지는 것

변색(discoloration)
도막의 색상, 명도, 채도 중의 어느 한 요소가 변화하는 것

부분도장(touch up)
손상 부위가 작은 곳에 부분적으로 칠하여 보수하는 것

부풀음(blistering)
도막이 부풀어 오르는 현상

불휘발분(non volatile)
도막을 형성하는 도료 중의 성분(고형분이라고도 함)

브리딩(bleeding)
도료를 겹칠 했을 때 하도의 안료 일부가 상도 도장 표면으로 나와 색이 다르게 보이는 현상

세팅(setting)
도료를 칠한 후 유동성이 없어질 때까지 방치하는 것

상용성(compatibility)
두 종류 또는 그 이상의 도료를 혼합했을 때 서로 친화성을 갖고 있는 성질

습식 도장(wet-on-wet)
밑의 도막이 건조되기 전에 재도장하는 방법

안료(pigment)
도료 등에 분산시켜 사용하는 불용성 착색 물질(색을 나타냄)

연마(sanding)
재도장하기 위해서 도막을 갈아내는 것

광택(polishing)
최종 공정으로 광택을 내기 위한 것

인화점(flash point)
연소가 일어나는데 필요한 최저 온도

열가소성(thermoplastic)
열을 가열하면 연해지고 냉각되면 단단해지는 성질

열경화성(thermosetting)
가열되면 굳어지는 성질

오렌지 필(orange peel)
도막이 귤껍질처럼 된 현상(점도와 깊은 관계임)

용매(solvent)
도막 형성 물질을 녹이거나 분산시키는 휘발성 액체

은폐력(covering power)
도막이 바탕을 덮어 숨기는 능력

이액형(two-park paint)
사용하기 전에 두 가지 액을 혼합하여 도장하는 도료

조색(color matching)
도료를 혼합해서 희망하는 색이 되도록 하는 작업

자연건조
도료가 상온의 공기 속에서 산화 혹은 증발에 의한 건조

적외선 건조
적외선을 조사하여 가열 건조시키는 방법

전색제(vehicle)
도료의 속에서 안료를 분산시키고 있는 액상의 성분(수지)

전착 도장(electro coating)
피도체를 수용성 도료 통 속에 넣고 전류를 통하게 하여 도료를 칠하는 방법(자동차의 하도 도장)

점도, 점성(viscosity)
도료의 흐름에 대한 내부 저항, 즉 도료의 끈끈한 정도

점착성(stickiness)
도막 표면의 끈기

정전 도장(electrostatic spraying)
분무된 도료와 피도물 사이에 정전기를 발생시켜 도장하는 방법

침전 도장(dipping)
피도체를 도료에 담갔다가 꺼내는 도징 방법

치핑(chipping)
도막으로부터 작은 조각이 부분적으로 박리되는 현상

초킹(chalking)
도막 표면이 분필가루처럼 묻어나는 현상

크레이터(craters)
도면에 분화구 모양의 패임이 생기는 현상

퍼티(putty)
균열, 패임, 굴곡 등의 현상을 평탄하게 하기 위한 살붙임 도료로서 안료를 많이 함유하고 있음

폴리싱 컴파운드
도막을 연마해서 광택을 내기 위한 재료

피막(skinning)
용기속의 도료가 공기와 접촉으로 표면에 막을 형성하는 것

핀 홀
도료를 도장하여 건조할 때, 도막에 생기는 극히 작은 바늘 구멍

황변(yellowing)
도막의 색이 누렇게 변하는 현상

후점착(after tack)
한번 건조된 도면에 끈적끈적한 현상이 다시 나타나는 것

희석재(thinner, reducer)
도료의 점도를 낮추기 위하여 사용하는 휘발성 액체

2 견적기법

① 견적

1) 견적의 일반적 개념

상거래를 할 때 발주자가 수주자에게 어떤 상품의 구입 또는 물품의 제작수리 등의 거래신청에 대하여 수주자가 그 상품의 발매나 물품의 제작수리에 관한 금액 및 납품기일 또는 품질 등의 거래조건을 발주자에게 명시하는 행위를 말한다.

2) 자동차수리비 견적

자동차수리비 견적은 고장차량에 대한 수리비 견적과 사고차량에 대한 복원수리비 견적으로 나눌 수 있고 자동차정비업체에서는 해당차량에 대한 수리의 범위 및 방법, 각 항목별 부품금액 및 재료비, 공임 등의 수리비용과 수리 소요일수를 산출하여 차량소유자에게 서식으로 제시하거나 또는 구두로 설명한다.

자동차소유자는 제시된 내용을 검토하여 수리여부를 결정하게 되는데 이 때 견적서는 자동차소유자와 정비업체간 계약 또는 계약서의 의미를 갖는다고 할 수 있다. 한편 사고차량을 자동차보험으로 처리하는 경우 정비업체에서는 작성된 견적서를 보험회사에 제출하고, 제출된 견적서에 의해 보험회사와 정비업체가 자동차 수리비를 협의하는 경우 견적서는 지급보험금 산정의 기초가 되기도 한다.

또한 견적서는 사고차량에 대한 수리의 범위 및 방법, 각 항목별 부품금액 및 재료비, 공임 등의 수리비용과 수리 소요일수 및 수리완료 예정일 등이 기재된 정비업체의 작업지시서 역할도 하게 되는데 작업 현장에서는 견적 내용을 참고하여 작업에 필요한 인원, 부품수급, 수리공구 및 장비, 작업장 확보 등을 하게 된다. 따라서 견적서를 작성하는 것은 정비업체의 당연하고도 필수적인 업무라고 할 수 있다.

3) 정비업체 견적과 손해사정사 견적의 차이점

① 정비업체 견적

- 차량의 손상정도와 필요한 수리내용 파악
- 수리에 필요한 공임, 부품금액, 도장요금의 산정
- 거래과정에서의 분쟁방지를 위한 계약상 자료의 역할
- 부품발주를 위한 자료
- 현장작업자에 대한 작업지시서
- 공장경영에 필요한 정보자료
- 차주의 요구에 의해 작업·수리범위의 결정

② 보상직원(손해사정사)의 견적

- 손상차량의 조사, 확인(보험약관에 기초한 조사가 목적)
- 손상부위의 조사, 확인
- 수리방법 및 비용의 타당성 조사, 확인
- 사고와 인과관계에 의해 작업, 수리범위를 결정

4) 견적서 작성의 자세

① 같은 컨디션 유지

- 정신적 요소
  냉정한 사고력과 판단력을 유지할 것
- 신체적 요소
  장시간에 걸친 작업 상황에서도 같은 컨디션을 유지할 것

② 노고를 아끼지 않을 것

형식적인 손상파악 지양

③ 안일한 생각을 버릴 것

- 견적작업을 사실과 경험에 비추어 추측하는 자세 지양(신뢰성과 설득력이 결여될 우려가 있다)
- 자신이 보유한 기능과 경험을 토대로 한 확고한 판단을 한 것이라는 자신감이 특히 중요함

④ 독선적인 생각은 금물이다.

- 자신의 식견이 절대적이라는 태도 및 양보를 거부한 독선적인 생각 지양
- 타인의 의견 청취 및 신기술 습득 노력 필요
- 판단 오류의 경우 곧바로 솔직하게 시정하는 것이 중요

5) 견적의 5대 요소

① 자동차 구조

자동차의 메커니즘과 부품의 재질, 구조와 보급 형태를 파악하고, 작업의 난이도 등에 대하여 정확히 판단해야 한다.

② 복원수리기법

다양한 수리기법과 효율적인 정비기기에 대한 지식을 습득하여 교환, 수정 등의 방법을 정확히 판단해야 한다.

③ 손상진단 및 사고해석

사고 상황에 기초하여 공학적인 기초이론을 응용하여 충격과 그 영향을 분석하여 판단해야 한다.

④ 견적기법

간단한 추측, 관찰만으로 결정하지 않고 탈착 또는 분해 작업 중에 재 입회 확인하여 적절한 판단을 내려야 한다.

⑤ 공임 산정 지식

공임산출은 표준작업시간에 공임률을 곱하여 산정한다.

② 견적산출 Flow

손상상태의 파악	정보수집
	사고차량의 관찰
↓	
수리방법의 판정	손상상태의 분류
	수리방법의 판정요소
↓	
견적항목의 설정	부품항목
	작업항목
↓	
견적서 기재	견적서 양식
	기재순서

1) 손상상태의 파악

자동차 사고는 여러 가지 형태로 발생되고, 그에 따라 손상의 범위, 정도 등이 다양하게 나타나게 된다. 따라서 사고 상황에 대하여 정확히 파악하지 않으면 손상부위를 발견하지 못한다거나 또는 사고와 인과관계가 없는 부위에 대해서도 견적에 포함 시키는 오류가 발생할 수 있으므로, 특히 보험사고건의 경우에는 사고와 손상과의 관계에 있어서 상당인과관계 여부에 대해 정확히 파악할 필요가 있다.

2) 정보 수집

병원에서 환자를 진단할 때 의사가 먼저 질문을 통해 환자의 자각증세를 알고 난 뒤 각종 검사를 통해 상 병명을 파악하여 치료 하듯이, 차량에 대한 손상진단도 정확하게 하기 위해서는 사고발생 상황에 대해 운전자 등으로부터 잘 파악하는 것이 매우 중요하다.

3) 사고차량의 관찰

① 외관의 관찰
② 내판, 골격의 관찰(충격의 입력, 파급경로에 따른 점검)
③ 구조적 측면에서의 관찰
④ 계측에 의한 파악
⑤ 손상형태에 의한 파악

③ 견적작성

1) 견적항목의 설정

견적서에 설정되는 항목은 주로 작업항목과 부품항목이다.

① 작업항목

- 주체작업
- 부대작업
- 부수작업
- 관련 작업
- 기타작업

② 부품항목

부품항목은 보통 교체되는 부품과 필요로 하는 자재. 오일류 등을 항목으로 설정하고 동시에 사용량과 가격을 산정한다.

- 명확성과 정확성

견적에는 부품이 어디에 붙어 있고 어떠한 명칭의 부품이라는 명확성과 부품가격의 정확성이 요구된다. 특히 주의를 요하는 것은 다양한 차종 중에서 적정한 부품을 정확하게 선택하는 것이다. 만약, 이것이 틀리면 사고차량에 대응하지 못할 뿐 아니라 부품가격도 차이가 생기게 된다.
예컨대 라디에이터는 같은 차종에 있어서도 탑재하는 엔진과 트랜스미션에 의해 각각 다르게 된다. 또 다른 부품에서도 상하, 좌우, 전후방향에 따라 부품의 형태와 가격이 다르다. 따라서 부품선정에 있어서는 상하, 좌우, 전후 등의 위치관계와 자동차제작사의 정식 부품명칭을 기입해서 정확한 가격을 산정해야만 한다.

- 유닛(unit)부품의 활용

교환부품에는 어셈블리로 공급되는 것 이외에 구성되는 부품이 각각 부분품으로 공급되는 경우가 있기 때문에 손상부위를 정확하게 하여 부품교체를 최소한으로 할 필요가 있다.

2) 견적서 기재내용과 순서

① 견적작성의 요건

- 손상부위를 정확히 살펴보아야 한다.
  관성 손상 유무 및 메커니즘이나 바디의 충격전달경로 등 확인
  예 탑승자와 적재물품, 엔진의 이동 등
- 견적서는 정확하고 보기 쉬어야 한다.

② 견적서 기재내용

- 누구차
  차량소유자의 주소, 성명, 전화번호 등
- 어떤 차
  차명, 연식, 등록번호, 차대번호, 최초등록연월일, 차량형식, 바디형태, 엔진형식, 배기량, 미션형식, 등급(그레이드), 특장품, 도장(색상), 주행거리, 시가 등
- 어떻게 수리
  작업항목(어느 곳을 어떻게 하는지), 교환부품
- 예상 수리비용
  부품대금, 공임, 도장비용, 부대비용(견인·구난 비용, 기타) 등의 합계금액
- 기타
  입고관계(입고일, 입고방법), 수리일수 등

③ 기재순서

- 기점을 정해서 차량을 일순하는 방법
- 작업 내용에 따라 부위별, 기능별로 구분하는 방법
- 직접 충격을 받은 부분에서 시작하여 충격의 진행방향에 따르는 방법
- 차의 앞부분에서 뒷부분으로, 뒷부분에서 앞부분으로 이동하는 방법

• 견적서 기재 순서

[3] ①의 방법으로 차량일순 확인	전체적인 손상상태를 정확히 파악하고 적절한 수리방법을 예측한다.
↓	
[3] ③의 방법을 기준으로 최초 기재순서결정	앞에서 뒤로 또는 뒤에서 앞으로 기재할 것인가에 대한 판단을 한다.
↓	
[3] ②의 방법으로 그룹화	작업순서를 기준으로 그룹화 한 후 견적항목을 기재순서에 의해 견적서에 기재한다.

• [3]의 방법을 기준으로 최초 기재순서를 결정하는 방법
- 차량의 앞부분이 파손된 경우 : 앞 → 뒤, 외 → 내, 좌 → 우로 기재
- 차량의 뒷부분이 파손된 경우 : 뒤 → 앞, 외 → 내, 좌 → 우로 기재

④ 기재방법

• 부품명칭은 제작사 정식명칭을 원칙으로 한다.
• 상하, 좌우, 전후 등 부착위치의 표시는, 주체부품에는 부품명칭의 앞에 부착위치를 기재한다. 부대부품은 주체부품과 구별해서 표시하고 부품명칭의 앞에 부착위치를 기재하며, 주체부품명칭의 기재는 생략해도 좋다.
• 수량, 용량, 중량(1세트, 1리터 1kg) 등도 정확하게 기재한다.
• 타이어, 배터리 등은 규격을 명기한다.
• 부품가격은 정확하게 기재한다(정가와 시가의 차이가 큰 부품은 실거래 가격을 조사하여 기재한다).

| 수리내용의 표시용어 |

용어	약호	작업 내용
점검	I	부품의 불량, 파손 또는 마모된 곳을 점검하는 작업, 특별한 지시가 없는 한 다른 작업을 포함하지 않음
조정	A	작업상의 기능에 대하여 조정 완료할 때까지의 작업
수정	R	부품의 구부러짐, 면의 찌그러짐 등에 대한 수정, 절단, 연마 등의 작업
탈착	R/I	부품을 단순하게 떼어내고 부착하는 작업(점검, 조정 포함)
교체	X	조정 또는 수정을 할 수 없는 상태로 있는 것을 탈착하여 교체하는 작업(점검, 조정 포함)
분해·점검 조립	W	어셈블리 또는 유닛을 완전히 분해하여, 각 구성부품의 점검, 교체, 조립, 조정을 완료할 때까지의 작업

용어	약호	작업 내용
오버홀	O/H	어셈블리 또는 유닛을 완전히 분해하여, 각 구성부품의 점검, 조립, 조정을 완료할 때까지의 작업(탈착을 포함하지 않음)
부품교체		어셈블리의 상태로 탈착해서 주체부품을 교체 또는 Over Haul하는 경우에 일부 사용가능한 부품을 사용하여 조립하는 작업(점검, 조정 포함)
판금	B	부품의 변형 등을 수정하는 작업
절개		부품의 일부를 절단하거나 잘라내는 작업
절단		타 부품을 잘라 맞추는 작업
용접		가스 또는 전기에 의해 부품을 용접하는 작업
도장	P	선택방법에 따라서 도장하는 작업
측정		단일작업으로 측정 기구를 가지고 측정하는 방법

※ 이 외에 제작, 보강 등이 있다.
I : inspection, A : adjustment, R : repair, R/I : remove and install, X : exchange, O/H : over haul, P : paint

| 주요부품의 각 회사별 명칭 |

구분	현대자동차	기아자동차	대우자동차
철판계통 (Steel Panel)	라디에이터 서포트 패널 (radiator support panel)	앞 쉬라우드 패널 (front shroud)	앞 패널 (front panel)
	앞 사이드 멤버 (front side member)	앞 프레임 (front frame)	앞 롱지튜디널 패널 (front longitudinal panel)
	펜더 에이프런 (fender apron)	휠 에이프런 (wheel apron)	휠 하우스 (wheel house)
	쿼터 패널 (quarter panel)	뒤 펜더 (rear fender)	쿼터 패널 (quarter panel)
	사이드 실 아우터 패널 (side sill outer panel)	사이드 실 아우터 패널 (side sill outer panel)	로커 아우터 패널 (rocker outer panel)
	백 패널 (back panel)	리어 엔드 패널 (rear end panel)	백 어퍼 패널 (back upper panel)
	리어 패키지 트레이 패널 (rear package tray panel)	리어 패키지 트레이 패널 (rear package tray panel)	백 어퍼 패널 (back upper panel)
	뒤 사이드 멤버 (rear side mebmber)	뒤프레임 (rear frame)	뒤 롱지튜디널 패널 (rear longitudinal panel)
	테일 게이트 (tail gate)	백 도어/리프트 게이트 (back door/lift gate)	테일 게이트 (tail gate)

구분	현대자동차	기아자동차	대우자동차
외장부품 (Exterior Trim)	범퍼 커버 (bumper cover)	범퍼 페이스 (bumper face)	범퍼훼시아 (bumper facia)
	범퍼 레일 (bumper rail)	범퍼 리인포스먼트 (bumper Reinforcement)	임팩트 빔 (impact beam)
	휠 가드 (wheel guard)	머드 가드 (mud guard)	펜더 라이너 (fender liner)
	머드 가드 (mud guard)	플랩 (flap)	머드 가드 (mud guard)
	사이드 씰 가니쉬 (side sill garnish)	사이드 실 가니쉬 (side sill garnish)	로커 몰딩 (rocker molding)
	백 패널 몰딩 (back panel molding)	백 피니셔 (rear finisher)	리어 어플리케 (rear applique)
	리어 콤비네이션 램프 (rear combination lamp)	리어 콤비네이션 램프 (rear combination lamp)	테일 램프 (tail lamp)
	웨스트 라인 몰딩 (waist line molding)	도어 프로텍트 몰딩 (door protect molding)	도어 프로텍트 몰딩 (door protect molding)
	헤드램프 가니쉬 (head lamp garnish)	헤드램프 가니쉬 (head lamp garnish)	스페이서 (spacer)
	크래시 패드 (crash pad)	대시 보드 (dash board)	i/p (instrument panel)
	클러스터 페시아 (cluster facia)	미터 후드 (meter hood)	i/p 몰딩 하우징 (i/p molding housing)
	스티어링 컬럼 쉬라우드 (steering cloumn shroud)	스티어링 컬럼 커버 (steering column cover)	스티어링 컬럼 커버 (steering column cover)
	카울 사이드 드림 (cowl side trim)	프런트 사이드 크림 (front side trim)	대시 사이드 트림 (dash side trim)
	패키지 트레이 트림 (package tray trim)	패키지 트레이 트림 (package tray trim)	백 셀프 트림 (back shelf trim)
	러기지 사이드 트림 (luggage side trim)	트렁크 사이드 트림 (trunk side trim)	리어 사이드 트림 (rear side trim)
	리어 트랜스버스 트림 (rear transverse trim)	트렁크 엔드 트림 (trunk end trim)	백 로어 패널 커버 (back lower panel cover)
	헤드 라이닝 (head lining)	톱 실링 (top ceiling)	헤드 라이닝 (head lining)
	플로어 매트 (floor mat)	플로어 매트 (floor mat)	카페트 (carpet)

⑤ 견적서의 점검

• 조사 자료의 종합적 점검

- 목적이 일치 하는가?
- 차종명세를 판별할 수 있는가?
- 수리비가 차량가액을 초과하지는 않는가?
- 계산착오는 없는가?
- 수리 소요일수
- 손상부위는 확인하였는가?

• 조사 자료의 명료성

- 판독하기 쉬운가?
- 견적순서는 체계적으로 기재되었는가?
- 정확한 부품명칭을 사용하고 있는가?
- 작업 항목표시의 누락, 착오기재 사항은 없는가?
- 위치, 수량의 표시는 정확한가?
- 부품대, 공임의 누락은 없는가?

• 사고 상황과 손상의 일치성 점검

- 주행 중 사고 또는 정차, 주차 중 사고여부
- 추돌, 역돌사고 여부
- 충돌물체 형태와 자차 손상상태의 일치여부
- 사고 상황과 2차 손상
- 직접손상과 파급손상

• 조사 자료의 기술적 점검

ⓐ 작업항목 설정의 적정 여부

- 부품 교체작업의 전체 그룹교환수가 적용여부(일괄 공임의 산정) : 한쪽의 펜더는 탈착이 불필요함에도 불구하고 앞 패널그룹으로 일괄하여 견적하는 경우가 있다. 이 경우 개별 작업항목을 적산하는 방식이 저렴하다.
- 관련 작업의 분할산정 : 관련부품을 동시에 탈착하거나 교체하는 경우에는 관련 작업을 공제해야 함에도 개별공임의 적산으로 중복 산정하는 경우가 있다.

- 부대작업을 별도산정 : 주체작업 내의 부대작업을 별도공임으로 산정하는 경우로서, 예컨대 뒤 펜더 교체에서 트림류, 램프 등의 탈착 또는 교체나 앞 펜더 교체작업에서 미러, 마크류의 탈착 또는 교체 공임을 별도항목으로서 설정하여 공임을 중복 산정하는 경우를 말한다.
- 불필요한 부수작업의 산정 : 작업범위에서 불필요한 것을 산정하는 경우로서, 뒤 펜더 교체작업에서 루프 헤드 라이닝의 탈착작업이나 반대편에 주입구가 위치해 있는 연료탱크의 탈착작업 등이 있다.
- 완전히 불필요한 작업의 산정 : 작업방법, 손상의 파급상황 등을 고려할 때 실시하지 않아야 하는 작업이나 도장작업을 할 때 마스킹이 된 부위에 대한 도장 요금산정 또는 사고와는 관련이 없는 도어의 조정 등을 산정하는 경우가 있다.

ⓑ 공임의 적정 여부

- 교정 및 판금공임의 과다책정 여부 : 교정 및 판금공임이 과다 책정되어 오히려 부품을 교체하는 경우(부품대+교체공임)보다 고액이 되는 경우가 있다.
- 도장범위의 과대책정 : 1개의 패널만을 도장하면 되는 것을 다른 패널까지 범위를 확대하여 산정하는 경우가 있다.
- 도장작업 내용의 과다평가 : 패널의 극히 일부만 판금작업을 하였음에도 불구하고 작업하지 않은 다른 패널 부위까지도 금액을 전부 산정하는 경우가 있다.

ⓒ 부품교체 여부의 판단

일반적으로 판금이나 수정보다도 부품을 교체할 때 고액이 된다.

- 수리공장에서 부품을 교체하는 이유
  - 수리기술자의 감소
  - 부품을 교체할 때 이익이 더 많다.
  - 부품을 교체하면 수리를 신속히 할 수 있다.
- 부품교체 요건
  - 손상부품의 복원이 불가능할 때
  - 기술적으로 복원이 곤란할 때
  - 안전성 확보가 곤란할 때
  - 복원 작업하는데 소요되는 비용이 부품교체보다 가격이 비쌀 때
  - 떼어내면 복원할 수 없을 때

④ 자동차 부품

1) 보수용 부품의 종류

① 순정부품

자동차 제작사에서 공급하는 부품으로서 각사마다 차종별 목록표가 있고 여기에는 부품번호와 명칭이 있으며, 부품 번호에 의한 부품 가격표가 있다.

② 사제부품

사제부품은 자동차 제작사의 보증이 없는 부품으로 품질 불량이나 가공 결함이 있는 것도 있으며, 가격 면에서도 순정부품 가격보다 싸므로 수리과정에서 부품을 비 순정부품이나 사제부품으로 교체하였을 경우에는 그 부품 가격을 조사하여 인정하여야 한다. 단, 기능부품을 사제부품으로 사용하는 것은 좋지 않다.

③ 중고품, 재활용 부품

중고품 재활용 부품은 재생전문 업체에서 수리 가능한 부품을 수집하여 판금 또는 부분품교체를 통해 기능과 성능을 다시 원래의 상태로 복구한 부품이다. 중고품이나 재활용 부품을 사용하는 경우는 다음과 같다.

- 판금하거나 잘라서 잇는 것보다는 외관도 좋고 수리 기간도 단축되는 경우(중고품으로 교체하는 것이 나을 때)
- 신제품의 구입이 곤란할 때
- 파손된 부품이 원래 중고품이거나 재생품인 때
- 신제품 교체에 따른 감가상각액의 부담이 너무 클 때

④ 제작부품

대형차량의 탑, 특수부품 등 구입이 곤란한 부품을 제작하여 수리하는 경우를 말한다.

⑤ 소부품(Short Parts)

볼트, 너트, 나사, 와셔 등은 낱개로 계상하는 것이 번잡하므로 통상 통합하여 계상하며 수리비의 1%범위(약 10,000원)에서 인정한다.

2) 부품별 유통경로

① 순정부품

순정부품의 유통경로는 제작사 또는 부품 생산업체로부터 생산된 부품이 생산 직매장, 직영 정비사업소(A/S센터)를 거쳐 부품대리점과 정비공장 또는 최종 소비자에게 유통된다.

② 비 순정부품

비 순정부품은 부품 생산업체로부터 제작사 또는 계열 서비스(A/S)를 경유하지 않고 자사의 독립된 판매망(1차 또는 2차 도매상)을 거쳐 제작사 부품대리점 또는 별도의 대리점을 통해 정비공장 및 최종 소비자에게 유통된다.

③ 중고, 재활용 부품

중고, 재활용 부품은 폐차업 또는 정비공장 등으로부터 수집된 재활용 가능한 부품이 재생업체 및 중고부품 판매상을 거쳐 일정한 단계를 통하여 제작사 부품 대리점이나 정비공장 또는 최종 소비자에게 유통된다.

3) 사용빈도가 높은 중고, 재활용부품

① 보디, 외장

앞·뒤 범퍼, 도어, 펜더, 후드, 트렁크리드, 캐빈, 적재함, 헤드램프 등

② 메커니즘

- 에어컨 콘덴서, 에어컨 컴프레서
- 라디에이터, 라디에이터 팬, 스타팅 모터, 알터네이터, 트랜스미션(오토포함)
- 전자제어장치(각종센서 및 ECU 등)

③ 주행 및 현가장치

등속조인트, 쇼크업소버, 판스프링, 엑슬 샤프트 등

④ 흡기 및 배기장치

인터쿨러, 터보차저 등

4) 법규상 재사용이 금지된 주요 자동차 장치

① 차대번호가 표기된 차대 또는 차체

② 조향장치 중 조향기어기구

③ 제동장치 중 마스터실린더와 배력장치

④ 내압용기 다만, 법 제35조의 6 제1항에 따라 내압용기 검사를 받은 날부터 8년 이하인 압축 천연가스 및 액화 천연가스 내압용기는 제외한다.

⑤ 에어백 모듈

부품유통 및 재활용 관련법규

1. 부품에 부착된 검사필증 또는 포장지에 부착된 상표권을 침해한 경우

- 상표법 제1조, 제2조, 제93조에 저촉
- 부정경쟁방지법 제1조, 제2조, 제18조에 저촉

2. 폐차대상 부품의 재사용 및 수리사용

자동차관리법 제2조 제5호(시행규칙 제138조) 및 제35조(시행규칙 제57조)에서 폐차 대상장치 및 해체금지 대상장치 등을 규정하고 있으며, 동 법규에 금지 대상 부품으로 명시된 부품 이외의 장치(부품)는 재사용 및 재활용이 가능함

5) 순정부품에 부착된 검사필증 및 상호 식별방법

① 검사필증 식별방법

- 홀로그램 선명도가 높고 고급화된 특징이 있다.
- 현대는 H로로 바탕 위에 MOBIS 글자를 색인, 기아는 KIA로고 바탕 위에 MOBIS 글자를 색인
- 홀로그램을 떼어내면 홀로그램이 붙어있던 자리에 MOBIS라는 글자가 나타난다.

② 제조업체 상표 및 제품 포장지 식별방법

위조된 포장지는 마크 인쇄가 다소 조잡하고 칼라가 다른 점을 확인함으로써 식별할 수 있으나 최근에는 위조품이 정밀하게 인쇄되어 확인이 곤란한 경우도 있다.

6) 주요 부품별 순정부품 및 비 순정부품, 재활용부품 식별기법

① 등속조인트(CV) 식별기법

• 순정부품의 체크포인트

- 부품 포장지의 포장상태, 제조업체 상표, 시리얼 넘버, 검사필증(홀로그램)을 확인
- 부품의 포장이 제조업체 상표가 명확한 포장지로 포장되어 있다.

• 재활용부품의 체크포인트

- 부품 포장지의 포장상태, 제조업체 상표 등을 확인한다.(정상적으로 포장이 어렵다)
- 등속조인트 슬리브 부위 및 너트체결 부위에 마모나 긁힘 흠집이 있다.
- 고무 부트 밴드 체결상태가 조잡하거나 밴드 체결위치가 일직선으로 고르지 못하다.

② 스티어링 기어박스 식별기법

• 순정부품의 체크포인트

- 부품 포장지의 포장상태, 제조업체 상표, 시리얼 넘버, 검사필증(홀로그램)을 확인
- 부픔의 포장이 제조업체 상표가 명확한 포장지로 포장되어 있다.

• 재활용부품의 체크 포인트

- 고무 부트 밴드 체결상태가 조잡하고, 밴드 체결위치가 일직선으로 고르지 못하다.
- 스티어링 축이 조립되는 슬리브 부위와 엔드 파이프 체결 부위에 마모나 흠집이 있다.
- 기어박스 바디에 충돌흔적이나 재 도장 흔적이 있으며, 기어박스를 부착하는 브래킷에 볼트체결 흔적이 있거나 오일파이프 연결지점에 이물질이 묻어 있다.

※ 현행 법규상 스티어링 기어박스와 등속조인트를 재활용하는 것은 법규에 위배되는 사항이다.

③ 라디에이터 식별기법

• 라디에이터는 재활용이 매우 일반화 되어 있는 부품으로 재활용 업체의 상표로 공급된다.

• 승합차 및 화물차용 라디에이터는 황동재질로 되어 있고, 라디에이터 코어가 별도로 공급되므로 신품과 유사한 형태로 재생이 가능하다.

• 승용차용은 코어가 알루미늄 재질이고 부분 손상된 중고부품을 분해하여 재사용 가능한 부분품을 조립하여 재활용하는 것이 일반적이다.

• 재활용 부품은 라디에이터 코어 부위의 방열판이 조밀하지 못하고 긁힘 흔적이 있으며, 전체적으로 재도장한 흔적이 나타나고 라디에이터 호스 연결구와 오일냉각 파이프(자동변속기용) 끝단 또는 수온센서 장착부위 주변에 이물질이 묻어 있다.

④ 에어컨 콘덴서 식별기법

• 비순정부품의 체크포인트

- 일반 사제품에 비해 코어의 방열 핀 개수가 조밀하며, 포장상태가 양호하고 제조업체 상호 표기 및 검사필증이 부착되어 있다.
- 에어컨 파이프 연결부위가 원형 또는 타원형이고, 고무 캡이 씌워져 있는지 여부 및 콘덴서 장착 브래킷 형상이 둥글거나 사각형태 여부를 통해 제조업체를 구별한다.

• 재활용부품의 체크포인트

- 에어컨 콘덴서는 재활용이 매우 일반화되어 있는 부품으로 경미하게 손상된 부품을 수리하여 재활용하는 형태이다.
- 재활용 부품은 코어 부위의 방열 핀이 고르지 못하고 긁힘 흔적이 있으며, 전체적으로 재도장한 흔적이 나타나고 에어컨 파이프 연결구 및 주변부품 부착부에 도장흔적이나 이물질이 묻어있다.
- 제품의 포장상태가 조잡하고 제조업체 상호나 품질검사필증이 부착되지 않는다.

⑤ 기타 부품 유통실태

• 헤드램프전구, 브레이크 라이닝, 머플러, 에어클리너 필터 등 주로 소모성 부품의 경우 비 순정부품이 매우 광범위하게 유통되고 있으며, 독자적인 브랜드로 신뢰성을 얻고 있는 제품도 있다.

• 비 순정부품을 순정부품으로 포장하여 유통되는 경우도 종종 있으며, 이 경우 상표법에 위배되어 처벌을 받게 된다.

⑤ 수리공임

1) 수리공임의 정의

기술적인 요소인 표준작업시간(SOT : standard operation time)과 사회적, 경제적 요소인 공임률(labor rate)의 적산방식에 의하여 산출되는 금액을 말한다.

2) 수리공임의 종류

① 탈착, 교체, 분해, 조립, 조정공임

• 탈착

부품을 단순하게 떼어내고 장착하는 작업이며 별도로 정하지 않는 한 다른 작업을 포함하지 않는다.

• 교체

부품을 교체하는 작업이며, 교체 후의 조립 및 조정 등을 완료할 때까지의 모든 작업을 포함한다.

• O/H(오버홀)

어셈블리를 분해하고 각 구성부품의 점검, 수정, 교체, 조립, 조정 등을 포함하여 완료할 때까지의 모든 작업을 말한다.

• 조정

작동상의 기능에 대하여 조정하는 작업이며, 완료시에 필요로 하는 시험 등을 포함한다.

탈착·교체 공임 = 탈착·교체 공임 표준작업시간×탈착·교체 공임률

② 판금작업공임

판금작업공임은 수리업체의 판금작업 시간에 공임률을 곱하여 산출한다.

③ 도장공임

도장공임은 「도장료 테이블」의 차명별, 도장코트별, 도장부위별로 판금의 경우와 교체의 경우를 구분하여 명기된 도장요금 인정기준(재료비+도장공임+가열 건조비)을 적용하고 있다.

3) 수리공임 산출의 기초 지식

① 작업시간의 개념

근로기준법에서 정한 근로시간은 실제 일하는데 소요된 실제 근로시간과 휴식 시간으로 구분된다. 그러나 실제 근로시간도 자세히 살펴보면 손상자동차의 수리에 몰두하고 있는 직접작업시간과 공장청소 및 훈시, 교육 등에 소요되는 간접작업시간, 수주나 부품대기 등에 소요되는 작업대기 시간(필요한 준비시간 포함)으로 구분된다.

② 직접작업시간

작업시간은 정미작업시간과 여유시간으로 구성된다. 정미작업시간은 실제로 수리작업에 소요된 시간으로서 준비시간을 포함한다.

여유시간은 정미작업을 수행함에 있어 인적, 물적으로 필요한 시간으로서 일반적으로 그 발생이 불규칙적이고 우발적이기 때문에 편의상 발생율과 평균시간 등을 조사하고 측정하여 정미작업시간에 부가시키는 방법을 채택하고 있으며 세부적으로는 다음과 같이 분류된다.

4) 표준작업시간(SOT : standard operation time)

① 표준작업의 개념

동일한 작업이라도 공장설비나 작업자의 기능, 작업속도 등에 따라 작업에 소요되는 시간은 상당한 차이가 발생하게 된다. 이러한 상황을 손해사정사가 case by case로 대응하기에는 문제가 있으므로 실무에서는 표준작업시간을 정하여 운용하고 있는데, 표준작업시간이란 수리작업에 필요한 작업절차, 공법 등의 기술적인 문제를 표준화한 것을 말한다.

② 표준작업시간의 정의

일정기술수준에 있는 작업원이 어느 표준화된 작업환경, 작업용구 및 작업방법에 의해 통상의 작업속도로 특정작업을 완성하는데 소요되는 작업시간을 말한다.

③ 필요성

- 적정한 공임산출을 위해

표준작업시간×공임률 = 공임

- 작업관리를 위해 : 표준작업시간에 의해 수리완료일이 산정된다.
- 경영합리화를 위한 참고자료로 활용하기 위해서이다.

④ 필요조건(표준 5조건)

• 표준작업자

자동차정비 경력 5년 이상 또는 자동차정비기능사 2급 이상의 자격을 보유한 작업자를 말한다.

• 표준공장

손상차량을 복원 수리하는데 필요한 일정수준의 작업장 설비, 장비 및 공구 등을 갖추고, 자동차관리법상의 인가기준에 따라 설립된 소형자동차 및 종합자동차 정비공장을 말한다.

• 표준차량

국내자동차 등록대수, 자동차 보유기간, 차량 모델별 생산대수 및 판매기간 등을 고려하여 선정한 차량으로서 출고 후 운행기간이 1~3년 정도이고, 주행거리가 2~5만km/h인 경미한 손상상태의 차량을 말한다.

• 표준부품

자동차제작사에서 수리용 부품으로 직접 출하된 것으로서, 제작사 발행의 카탈로그 및 부품에 부품번호가 수록된 순정부품을 말한다.

• 표준 작업속도

표준작업자가 처리해야 할 작업량의 누적 또는 업무실적에 따른 수당지급 등을 통하여 작업속도를 높이려고 자극하거나 육체적, 정신적으로 컨디션이 저하되어 작업속도가 늦어지는 등의 요인을 배제한 평상시의 작업속도를 말한다.

⑤ 표준작업시간의 구성

표준 작업시간 = 준비 작업시간 + 정미 작업시간 + 여유 작업시간
= (정미작업시간 × 준비율) + 정미작업시간 + (정미작업시간 × 여유율)
= 정미 작업시간 × (1 + 준비율 + 여유율)

• 준비 작업시간

정미작업을 하기 위하여 꼭 필요한 준비사항을 시간적으로 표준화한 것이며, 차량의 입고 및 출고, 작업지시서의 읽고 쓰기, 공구준비, 수납, 부품준비, Scrap 폐기 등에 소요되는 시간이다.

• 정미 작업시간

순수하게 생산에 직접 기여한 작업시간을 표준화한 것이며, 탈착, 분해, 검사, 교체, 수리, 조립, 조정, 중간검사 등의 작업시간을 말한다.

• 여유 작업시간

정미작업을 하면서 불규칙적으로 발생하는 물적, 인적사유에 의하여 지연되는 시간을 표준화한 것이며, 공장여유, 작업여유, 생리여유, 피로여유 등으로 구분된다.

⑥ 표준작업시간 산출시 고려하여야 할 사항

• 기본 조건

- 신뢰성 : 과학적 방법을 이용함으로써 신뢰를 확보하여야 한다.
- 보편성 : 작업자의 작업속도가 일반적 수준이어야 한다.
- 용이성 : 작업난이도가 분명하고 작업방법 설정이 용이해야 한다.
- 경제성 : 작업시간 산출기산이 적절하여야 한다.
- 공정성 : 작업기법 등의 변화가 작아야 한다.

• 손상성과 수리성 반영

일반정비에 대한 표준작업시간 산출은 정상적인 상태에서 부품을 교체하는데 소요되는 작업시간을 산출하나, 자동차 수리에 대한 표준 작업시간 산출은 손상된 차량을 손상되기 전의 상태로 복원수리해야 하는 복잡성을 내포하고 있으므로 손상부위와 손상정도 등에 따라 인접부위에 대한 눌림, 간섭, 비틀림 등에 대해서도 작업시간 산출에 적절하게 반영되어야 된다.

• 중복작업시간 반영

작업시간은 수리비에 결정적인 영향을 주게되므로 손상차량에 대한 표준작업시간을 산출하는 경우 작업부위에 대해 실측을 통해 조립구조, 부품위치 등을 파악, 수리범위에 따라 중복되는 작업시간을 반영하여야 한다.

5) 가동률

작업자의 전체 근로시간 중 직접작업시간이 차지하는 비율을 말하며, 가동률에 의해 공장전체의 가동상황을 알 수 있다. 즉 정비업체의 경영에 있어서 가동률은 매우 중요한 지표 중의 하나이다.

가동률(%) =(직접 작업시간/실제 근로시간)×100%

6) 작업능률

표준 작업시간과 작업자의 직접작업시간과의 비율을 말하며, 작업자의 효율성을 나타내는 척도라고 할 수 있다.

작업능률(%) = (표준 작업시간/직접 작업시간)×100%

| 상관관계 |

작업 예정시간 (5시간)	실제 작업시간	
	4시간	6시간
작업능률	좋음	나쁨
가동률	나쁨(50%)	좋음(75%)
상관관계	① 입고량이 많을수록 가동률이 상승됨 ② 공임매출이 증가	① 입고량이 많을수록 가동률이 하락됨 ② 공임매출 감소

7) 공임률

① 공임률의 정의

공임률이란「정비업체의 시간당 정비원가에 적절한 이익률을 반영한 것, 즉 정비업체를 운영하기 위해 필요한 총 경비에 의하여 산출되는 작업자 1인당, 1시간당 공임 매출」을 말한다. 따라서 정비업체별 투입된 원가의 규모(시설, 장비, 인건비 등)에 따라 공임률이 산정되므로 정비업체별로 공임률은 다르게 산정될 수밖에 없다.

결론적으로 표준작업시간은 수리비를 산출함에 있어서 기술적인 기준이 되고 공임률은 정비업체의 경영상 기준이 된다.

[월간 공임 총원가 계산]

1시간당 공임 총원가 = 공임 총원가(월간)/실제 가동시간(월간) × 가동률

= 작업자 1인의 1시간당 평균공임 총 원가(월간)

② 공임 총원가

- 직접노무비(작업자 인건비 등)

  작업자의 급여, 상여, 퇴직급여, 복리후생비, 제 수당 등

- 공장 관리비

  수도광열비, 공장시설물의 수선비, 임차료, 제세공과비, 화재보험료, 기타 소모품(왁스, 석유 등) 등 공장관리에 관한 모든 경비

- 공장 감가상각비

  정비부문에 속하는 고정자산(공장건물, 정비용기기, 테스터 등)의 감가상각비의 합계

- 일반 관리비

  사업전반에 소요되는 비용으로서 매출분류의 공임매출, 부품재료매출, 외주매출, 겸업매출 등에 소요되는 경비를 말한다. 일반 관리비에는 임원의 보수, 공장 간접인원과 사무직원의 인건비, 보험료, 사무용품대, 여비, 교통비, 공장 이외의 감가상각비 등이 있다.

③ 이익률

이익률을 산출하는 방법으로는 두 가지의 이익관리방법이 있다.

- 매가에 대한 이익률

  매가대비 이익률 : (매출매가 - 매출원가)/매출매가 × 100

- 원가에 대한 이익률

  원가대비 이익률 : (매출매가 - 매출원가)/매출원가 × 100

⊘용어해설

- **AFS**(air flow sensor) : 에어 플로어 센서
- **ADS**(active damper suspension) : 능동제어 현가장치
- **ABS**(anti lock brake system)
- **ABD**(automatic brake differential) : 자동 차동 브레이크장치
- **ASR**(acceleration slip regulator) : 미끄럼 방지장치
- **ACC**(automatic climate control) : 자동온도 조절장치
- **ALC**(automatic level control) : 자동수준 조절장치
- **AQS**(air quality sensor) : 흡입공기 청정센서
- **BAPS**(barometric absolute pressure sensor) : 대기 절대 압력센서
- **CDP**(compact disk player)
- **CTS**(crankshaft position sensor) : 크랭크샤프트 포지션센서
- **CDC**(continuous variable damping control) : 무단 전자제어 서스펜션
- **CV**(constant velocity joint) : 등속조인트
- **CAN-BUS**(controller area network bus) : 다중통합 전자제어장치
- **CCCS**(central comfort control system) : 중앙집중식 편의기능 종합제어장치
- **DOHC**(double overhead cam shaft)
- **DIS**(direct ignition system), DLI(distributorless ignition system) : 직접점화방식
- **DICS**(door integrated control system) : 개폐 및 운행 안전기능 제어장치
- **ECS**(electronic control suspension) : 전자제어 현가장치
- **ECS**(electronic chassis control system)
- **EHEU**(electro hydro control unit)
- **ESIMS**(electronic steering & inside mirror control system) : 조향 및 실내 미러 조정장치
- **ECM**(electronic chrome mirror) : 전자식 크롬 조광 미러
- **ECU**(electronic control unit) : 전자제어장치
- **ELR**(emergency locking retractor) : 시트벨트 비상 잠금장치
- **ECS**(emission locking retractor) : 배기가스 제어장치
- **EGR**(exhaust gas recirculation) : 배기가스 재순환장치
- **EFI**(electronic fuel injection) ; 전자제어 연료 분사장치
- **EST**(electronic spark timing) : 전자 점화시기
- **ETC**(electronic temperature control) : 전자 온도조절
- **EPS**(electronic power steering) : 속도 감응형 조향장치
- **EEM**(electronic engine mounting) : 전자제어 엔진 마운팅
- **ECM**(electronic control module) : 전자제어 모듈
- **ETACS**(electric time alarm control system)
- **EBD**(electronic brake force distribution) : 제동력 분배장치
- **FWD**(front wheel drive/four wheel drive) : 전륜구동/4륜구동
- **FF**(front engine front drive) : 전면 엔진 전륜구동
- **FR**(front engine rear drive) : 전면 엔진 후륜구동
- **GPS**(global positioning system) : 인공위성 자동위치 측정시스템
- **HFM**(hot film meter)
- **ISC**(idle speed control)

- **LSD**(limited slip differential) : 차동 제한장치
- **LHD**(left hand drive)
- **LCD**(liquid crystal displayer) : 액정계기판
- **MAP**(manifold absolute pressure sensor) : 맵 센서
- **MSDOS**(memorized super diving position system) : 시트 및 운전석 조향장치 제어장치
- **MPI, MPFI**(multi point fuel injection) : 다중 연료분사 방식
- **PCSV**(purge control solenoid valve)
- **PPDS**(passenger presence detect sensor) : 승객감지센서
- **PCV**(positive crankcase ventilation) : 크랭크케이스 블로바이 가스 재순환장치
- **PWI**(pad wear indicator) : 브레이크 패드 마모 체크장치
- **RHD**(right hand drive)
- **REKES**(remote keyless entry system) : 라디오 주파수를 이용한 원격 개폐장치
- **SRS AIR-BAG**(supplemental restraint system air-bag)
- **SOHC**(single overhead cam shaft)
- **SIPS BAG**(side impact protection system air bag) : 측면충돌 보호 사이드 에어백
- **STICS**(super time & integrated control system) : 다기능 시간제어 전자 경보장치
- **T/A**(trans axle), T/M(transmission) : 변속기
- **TCS**(traction control system)
- **TPS**(throttle position sensor) : 스로틀 포지션센서
- **TCU**(transmission control unit) : 전자제어 기어 변속장치
- **VATS**(vehicle anti-theft system) : 차량도난 방지장치
- **VIN**(vehicle identification number) : 차량 확인번호
- **VICS**(variable inertia charging system) : 가변 관성 흡기장치
- **VSS**(vehicle speed sensor) : 차량속도센서
- **WOT**(wide open throttle) : 스로틀개도 완전 열림

07 연습문제

선택형

01 도료라 함은 물체의 보호, 미관, 상품가치의 향상표시 등을 위해 다음의 물질 등을 써서 만든 액체 또는 고체이다. 그 물질에 들지 않는 것은?

① 수지
② 유지
③ 안료
④ 첨가제

02 도료는 물체를 어떤 목적에서 피복하기 위하여 수지, 안료, 첨가제 등을 써서 만든 액체나 고체이다. 그 목적에 들지 않는 것은?

① 보호
② 미관
③ 상품가치 향상
④ 강도

03 다음 중 도료의 용제가 아닌 것은?

① 진용제
② 조용제
③ 희석제
④ 휘발제

04 도장에서 상도도장을 한가지 종류의 도료 만으로 작업을 완료하는 도장은?

① 메탈릭 도장
② 1코트 도장
③ 2코트 도장
④ 3코트 도장

01 ② 02 ④ 03 ④ 04 ②

05 건조가 빠르고 작업성은 좋으나 광택이 적고 황변현상을 일으킬 때가 있는 도료는?

① 에나멜 ② 아크릴
③ 래커 ④ 우레탄

06 우레탄 수지도료의 특징을 설명한 것 중 틀린 것은?

① 내후성이 좋다. ② 광택성이 좋다.
③ 경고가 우수하다. ④ 가솔린에 대한 내구성이 약하다.

07 보험사고의 경우, 견적의 정도와 내용에 있어 사고차량의 수리는 차량을 사고발생 직전의 상태로 복원하는 것을 의미한다. 맞는 것은?

① 시장가격과 모든 경계적 손실을 완전히 회복하는 것이다.
② 외관적, 기능적으로 사고직전의 상태로 복원하는 것은 아니다.
③ 외관적, 기능적으로 사고직전의 상태로 복원함으로써 견적도 당연히 이에 따른 수리범위와 내용으로 실시되어야 한다.
④ 자동차 정비공장, 손해보험회사 양자가 검토, 협의해서 결정할 필요는 없다.

08 어셈블리 부품보다 유닛부품을 사용하는 이유는?

① 부품교체을 최소화하기 위하여 ② 이익률을 높이기 위해
③ 기술력의 부족 ④ 작업능률을 높이기 위해

09 다음 중 표준작업시간의 필요조건이 아닌 것은?

① 표준작업자 ② 표준공장
③ 표준작업속도 ④ 표준공구

10 견적작성시 갖추어야 할 자세가 아닌 것은?

① 같은 컨디션을 유지한다. ② 노고를 아끼지 않는다.
③ 독선적으로 해야 일이 제대로 된다. ④ 안일하게 생각하지 않는다.

05 ③ 06 ④ 07 ③ 08 ④ 09 ④ 10 ③

11 다음은 중고부품이나 재생부품을 사용하는 경우이다. 틀린 것은?

① 신제품의 구입이 곤란할 때
② 신제품 교환에 따르는 감가액의 부담이 클 때
③ 파손된 부품이 신품일 때
④ 차량가액 또는 시가 범위 내에서 수리가 불가피하고 차주가 동의한 때

12 정미작업시간이 아닌 것은?

① 수입검사
② 주체작업
③ 완성검사
④ 여유시간

13 간접작업시간이 아닌 것은?

① 수주대기
② 훈시 및 교육
③ 공장청소
④ 공장정비

14 다음 중 여유시간이 아닌 것은?

① 생리여유
② 피로여유
③ 작업여유
④ 부품대기

15 표준작업시간의 구성이 아닌 것은?

① 표준 정미작업시간
② 표준 준비 작업시간
③ 표준 여유시간
④ 표준 작업 대기시간

16 다음 중 맞는 것은?

① 가동률 = (직접 작업시간 ÷ 표준 작업시간) × 100
② 작업능률 = (직접 작업시간 ÷ 표준 작업시간) × 100
③ 가동률 = (직접 작업시간 ÷ 실제 근로시간) × 100
④ 작업능률 = (직접 작업시간 ÷ 실제 근로시간) × 100

11 ③ 12 ④ 13 ① 14 ④ 15 ④ 16 ③

17 공임의 총원가에 포함되지 않는 것은?

① 작업자 인건비
② 공장관리비
③ 공장의 감가상각비
④ 공장의 총매출

18 공임이익에 크게 좌우되지 않는 것은?

① 작업능률의 개선
② 가동률
③ 작업시간의 연장
④ 출근율

19 공임의 분류가 아닌 것은?

① 탈착, 교체
② 판금수정
③ 도장
④ 구난 및 견인

20 사고차량의 관찰방법이 아닌 것은?

① 구조적 측면에서의 관찰
② 계측에 의한 관찰
③ 손상형태에 의한 파악
④ 견적에 의한 관찰

21 견적서 기입의 순서 중 수리항목의 누락방지에는 도움이 되지만 손상 파급실태의 파악이 결여될 수 있는 방법은?

① 기점을 결정하여 차량을 한 번 순회하는 방법
② 작업내용에 따라 부위별 및 기능별로 구분하는 방법
③ 직접 충격을 받은 부분부터 시작하는 방법
④ 차의 전반부에서 후반부, 후반부에서 전반부로 이동하는 방법

22 작업항목이 아닌 것은?

① 주체작업
② 부대작업
③ 부수작업
④ 견적작업

17 ④ 18 ③ 19 ④ 20 ④ 21 ① 22 ④

23 수리방법의 판정요소가 아닌 것은?

① 손상상태 ② 부품 보급형태
③ 조립구조 ④ 견적금액

24 수리공장에서 부품교체의 이유가 아닌 것은?

① 수리기술자의 감소 ② 부품교체쪽이 이익이 많다.
③ 부품교체쪽이 수리가 신속하다. ④ 부품교체쪽이 수리비가 적게 든다.

25 다음 중 부품교체의 요건이 아닌 것은?

① 손상부품의 복원 불가능시 ② 안정성 확보에 자신이 없을 때
③ 복원작업이 부품교체보다 비쌀 때 ④ 기술자 부족시

26 견적서에 들어가는 내용이 아닌 것은?

① 차량번호 ② 수리내용
③ 사고로 인한 부상자 수 ④ 입고일

27 수리방법의 판정요소가 아닌 것은?

① 손상상태 및 부품 보급형태 ② 조립구조 및 재질
③ 부품가격 및 수리설비 ④ 이익의 극대화

28 다음 중 틀린 것은?

① 견적은 계약과 약정의 성격을 지닌다.
② 견적이란 수주자가 발주자에게 어떤 상품의 구입 또는 물품의 제작, 수리에 관한 금액 및 납기일 또는 품질 등의 거래조건을 수주자에게 명시하는 행위이다.
③ 견적은 일의 흐름을 생각하고 계산하여 예측을 세우는 것이다.
④ 견적을 작성하면 계약은 성립된다.

23 ④ 24 ④ 25 ④ 26 ③ 27 ④ 28 ④

29 어셈블리를 완전히 분해하고, 각 구성품의 점검, 수정, 교체, 조립, 조정 등을 포함하여 완료할 때까지의 작업을 표시하는 것은?

① 분해
② 교체
③ 수정
④ O/H

30 사고차량의 관찰방법이 아닌 것은?

① 사고차량의 탑승자에게 문의한다.
② 차량 외관을 전후, 좌우, 좌우경사 45° 방향에서 관찰한다.
③ 힘이 가해진 부위를 관찰하고 힘의 3요소와 중심의 관계에서 손상의 파급상황을 고려한다.
④ 인접한 외판패널간의 간격의 변화 유무를 관찰한다.

31 견적기재순서로 사용되지 않는 방법은?

① 기점을 정해서 차량을 일순(순회)하는 방법
② 작업내용에 따라서 부위별, 기능별로 구분하는 방법
③ 직접충격을 받은 부분에서 시작하여 충격의 진행방향에 따르는 방법
④ 작은 부위에서 큰 부위로 이동하는 방법

32 수리비에 대해 가장 바르게 설명한 것은?

① 자동차가 사고로 손상된 경우 원상회복시키는 것을 말한다.
② 견적대로 고친 금액을 말한다.
③ 자동차소유자의 요구대로 차를 수리한 금액이다.
④ 현재의 일반적 수리방법에 의해 사회통념상 손상직전의 상태로 원상회복 되었다고 인정되는 정도의 수리에 소요된 비용을 말한다.

33 순정부품이란?

① 자동차제작사에서 공급하는 부품
② 사제부품
③ 제작부품
④ 재생부품

29 ④ 30 ① 31 ④ 32 ④ 33 ①

논술형

34 신차 도장과 보수도장과의 차이점을 비교 설명하시오. [10점]

35 유통되고 있는 자동차부품의 종류를 나열하고 그에 대해 약술하시오.

34 1. 신차 도장
① 도료
② 도장설비
③ 결함발생의 가능성
2. 보수도장
① 도료
② 도장설비
③ 결함발생의 가능성

35 1. 시중에 유통되고 있는 부품의 종류
① 순정부품
② 비 순정부품
③ 중고, 재활용부품
④ 제작부품
⑤ 소부품
2. 부품별 유통 경로
① 순정부품
② 비 순정부품
③ 중고, 재활용부품
3. 사고차량 수리시 재사용 빈도가 높은 부품
① 바디, 외장
② 메카니즘
③ 주행 및 현가장치
④ 흡기 및 배기장치
⑤ 스티어링 기어박스
4. 법규상 재사용이 허용된 주요 부품 및 장치
① 바디, 외장
② 메카니즘
③ 주행 및 현가장치
④ 흡기 및 배기장치
5. 비 순정부품 및 중고, 재생부품 유통 원인
① 구입가격 저렴
② 부품 대리점 및 정비업체의 상도덕 결여
③ 순정부품 공급부족
④ 감가비용 및 과실상계 등으로 인한 수리비 부담 보전 목적
⑤ 수리비 부담을 줄여 보상한도 내에서 수리를 원하는 경우 등

appendix

대물손해사정사

1 제3종 차량

제34회 기출문제 [2011년도 시행]

01 보상직원들이 정비업체에서 보험사고차량을 확인하는 행위, 즉 현장입회를 통해 피해물을 확인하는 업무에서 다음 사항들을 서술하시오. [20점]

(1) 현장입회(피해물 확인)를 하는 목적 [5점]

(2) 현장입회시 중요 체크포인트를 ① 수리 전 입회, ② 수리 중 입회, ③ 수리 완료 후 입회로 구분하여 각각 설명하시오. [15점]

02 우물 정(井)자형 타입의 서브 프레임(sub frame)을 장착한 국산 승용차량이 도로상 운행 중 충돌속도 : 약 25km/h, 충돌 상대물 : 다리교각, 충돌 높이 : 운전석(L/H)앞부분, 프런트 사이드멤버 정면, 충돌방향 : 운전석 정면 12시 방향, 40% 옵셋(운전석 쪽으로 편심충돌)으로 충돌사고가 발생한 경우 다음 사항들을 서술하시오. [20점]

(1) 서브 프레임이 손상될 수 있는지 [7점]

(2) 서브 프레임 손상진단 기법 [13점]

03 국산 승용차량이 전면부 헤드램프 높이까지 빗물에 침수된 경우 운행 중 침수된 차량과 주차 중 침수된 차량의 피해물에 나타난 현상과 일반적인 침수차량의 손상특성을 약술하시오. [10점]

04 자기차량 손해에서 적용되는 자기부담금에 대하여 정률제와 정액제로 비교하여 약술하시오. [10점]

05 손상된 자동차의 복원수리 원칙에 대하여 약술하시오. [10점]

06 2011. 7. 20일 사고발생으로 2010. 9. 19일 구입과 동시에 등록된 피해차량이 수리비 400만원, 대차료 60만원의 손해가 확정되었다. 이때 피해차량 소유자에게 지급하여야 하는 시세하락 손해에 대하여 지급기준을 설명하고 금액을 산출하시오(사고시 중고시세가액 : 1,200만원) [10점]

07 가솔린엔진용 점화장치의 기본구성 요소와 그 역할에 대하여 약술하고, 접점식 점화장치, 트랜지스터식 점화장치 및 디스트리뷰터리스식 점화장치의 차이점에 대하여 기술하시오. [10점]

08 트랙션 컨트롤시스템(TCS : traction control system)이란 무엇이며, TCS의 특징에 대하여 기술하시오.

제35회 기출문제 [2012년도 시행]

01 승용자동차가 세차기에 진입 중 세차원의 안내부족으로 세차기와 충돌하여 승용자동차와 세차기 일부가 파손되는 사고가 발생하였다. 이 경우 보상직원이 현장에 임하여 조사할 사항과 조사 후 보상처리에 대하여 서술하시오. [20점]

02 손상자동차 수리비의 정의, 종류, 인정범위, 구성요소, 부당수리비 유형을 기술하시오. [20점]

03 다음 사고로 피견인차량이 파손된 경우, 대물보상 처리기준에 대하여 약술하시오. [10점]

(1) 렉카로 견인 중 사고
(2) 화물차로 견인 중(Chain, Rope, Wire Rope 등) 사고

04 도장료 산출구성 요소 중 '할증률'에 대하여 약술하시오. [10점]

05 보험정비 수리비 분쟁 해소방안으로 마련된 수리개시 전(前) 견적서 작성에 관한 내용을 약술하시오. [10점]

06 대물배상 간접손해 중 세법상 입증자료가 있는 경우'영업손실 인정방법'에 대하여 약술하시오. [단, 제세액 계산 방법은 생략] [10점]

07 HID(High Intensity Discharge) System이란 무엇이며 HID System 구성에 대하여 기술하시오. [10점]

08 승용자동차 에어컨 컨덴서의 구조 및 기능과 사고에 의한 손상에 대하여 기술하시오. [10점]

제36회 기출문제 [2013년도 시행]

01 자동차 대물배상『보상하지 않는 손해』중“피보험자가 사용자의 업무에 종사하고 있을 때 피보험자의 사용자가 소유·사용·관리하는 재물에 생긴 손해”에 대하여 서술하시오. [20점]

02 자동차 대물보상 실무에서 탑승자와 통행인의 분실 또는 도난으로 인한 소지품에 생긴 손해는 보상하지 않으나, 훼손된 소지품에 대해서는 보상을 한다. 그 이유와 보상범위, 보상한도, 감가율 적용 요령에 대하여 서술하시오. [20점]

03 자동차보험 자기차량손해담보의 일부보험에 대하여 서술하시오. [10점]

04 선행 차량이 신호변경으로 정지하는 순간 후속차량에 의한 3중 추돌사고에서 충격 순서를 구분하기 위한 조사 방법을 서술하시오. [10점]

05 자동차 보디 손상진단에서 외판패널은 크라운부위 구조로 되어 있다. 이러한 구조로 만드는 이유는 무엇이며, 크라운 종류를 열거하고 약술하시오. [10점]

06 자동차 도장작업의 일부분으로 광택(폴리싱)작업이 이루어지고 있는데, 폴리싱 작업이 필요한 경우와 작업방법에 대하여 약술하시오. [10점]

07 가솔린엔진과 디젤엔진에서의 노크발생 현상과 그 방지책에 대하여 비교 약술하시오. [10점]

08 자동차용 일반 타이어 구조에 대한 구성 요소(트레드 등)를 열거하고 각 요소에 대하여 약술하시오. [10점]

제37회 기출문제 [2014년도 시행]

01 민법상 불법행위의 정의와 성립요건, 손해의 발생과 상당인과 관계, 통상(보통) 손해와 특별손해를 각각 서술하고 통상손해와 특별손해 사례를 제시하시오. [20점]

02 종합보험(대물, 차량)에 가입한 A차량과 무보험의 B차량이 교차로에서 충돌 사고로 B차량은 정지하지 못하고, 진행방향의 반대 차선에서 신호대기중인 C차량을 2차 접촉한 사고에서 B는 변제능력이 없어 A차량의 보험사에서 C차량의 손해를 우선 보상 하였다. 이때 A차량의 보험사가 취득한 대위권에 대하여 서술하시오. (단, 인사사고 제외, A차량은 전손, B, C차량은 분손) [20점]

03 대물배상에서 피해차량의 수리비용이 가액을 초과하는 경우, 교환가액 인정기준과 대체하는데 소요되는 비용의 인정범위와 방법에 대하여 약술하시오. [20점]

04 손상된 자동차 판금작업 후 마무리 작업공정으로 도장작업을 한다. 도장작업 중 발생되는 결함의 종류를 나열하고 각각에 대하여 약술하시오. [10점]

05 자동차보험 도덕적 위험(Moral Risk) 사고가 증가하고 있다. 이러한 사고 중 운전자 바꿔치기 유형과 조사요령에 대하여 약술하시오. [10점]

06 손상차량의 원상복구 시 부품의 교환기준을 정의하고, 유통과정별 부품의 종류와 약관에서 정한 친환경(Eco) 부품을 나열하시오. [10점]

07 아래와 같이 A보험사에서 B보험사로 갱신계약이 체결된 피보험자동차의 대물사고에 대하여 A보험사가 지급하여야 할 보험금과 보험기간의 원칙과 예외에 대하여 약술하시오. (단, 피보험자동차의 100%과실 사고) [10점]

> • 사고일시 : 2014. 8. 31. 13 : 00, 대물 손해액 300만원(간접손해 포함)
> [A보험사]
> - 보험기간 : 2013. 8. 31. 24 : 00 ~ 2014. 8. 31. 24 : 00
> - 대물담보 가입한도 : 5,000만원(의무보험 1,000만원)
>
> [B보험사] (영수일시 : 2014. 8. 29. 10 : 30)
> - 보험기간 : 2014. 8. 31. 00 : 00 ~ 2015. 8. 31. 24 : 00
> - 대물담보 가입한도 : 1,000만원(의무보험 1,000만원)

제38회 기출문제 [2015년도 시행]

01 아파트 자하 주차장에서 시동을 켜고 정차 중 엔진과열로 화재가 발생하여 차량이 전소되었고, 화염에 의해 주차장 내부시설에 연소손해가 발생하였다. 화재 당시 주차장 내부 소방설비(스프링클러) 고장으로 손해가 확대되었을 때, 손해배상 책임에 대하여 서술하시오. [20점]

02 장마철 또는 폭설 이후 포트 홀(pot hole)에 의한 사고가 빈번하다. 노면에 포트 홀이 생성되는 원인과 포트 홀에 의한 사고시 차량 손상형태와 사고조사 요령 및 보상처리 과정을 서술하시오. [20점]

03 주유소에서 주유를 하고 주행 중 엔진이 정지하는 상황이 발생되어 보험회사에 사고접수를 하였다(혼유 사고). 이러한 상환에서 초동조사 및 자기차량손해의 보상처리 여부에 대하여 서술하시오. [20점]

04 A캐피탈 소유차량을 B가 리스(lease)계약을 체결하고 자동차종합보험을 가입할 경우, 리스자동차의 종류와 피보험자 산정방법 및 질권설정 차량의 보험금 지급시 유의사항에 대하여 약술하시오. [10점]

05 대체부품 및 대체부품 인증제도의 도입 배경에 대하여 약술하고, 현행 대체부품 인증품목으로 선정된 부품을 열거하시오. [10점]

06 다른 자동차운전담보 특별약관에서 보상책임 요건과 피보험자 범위를 약술하고, 보상하지 않는 손해를 5가지 이상 열거하시오. [10점]

07 자동차 사고 시 인양 및 견인비 인정기준과 견인료 할증기준에 대하여 약술하시오. [10점]

제39회 기출문제 [2016년도 시행]

01 자동차보험 대물배상에서 피보험자, 피해자, 보험자의 책임관계를 설명하고, 피해자가 보험자에게 청구하는 행위의 법률근거와 요건 및 청구절차에 대하여 서술하시오. [20점]

02 자동차보험 보험금 산정방식에 있어서 일부보험과 중복보험에 대해 서술하고, 다음 예제의 보험금을 산출하시오. [20점]

[예제 1] 일부보험금(전손사고)

보험가입금액	보험가액	손해액	잔존물가액	보험금
600만원	1,000만원	700만원	50만원	

[예제 2] 중복보험

구 분	보험가입금액	손해액	보험금
A회사	2,000만원	1,000만원	
B회사	3,000만원		

03 자동차 보험사고 차량수리비 견적의 정의와 견적내용, 다음 약호에 대하여 설명하시오. [15점]

I, A, R, R/I, X

04 최근 급증하는 보험사기에 대처하기 위하여 "보험사기방지 특별법"(법률 제14123호)이 2016년 3월 29일 제정되었다. 이와 관련하여 차량사고 보험사기의 특징과 유형 및 방지대책을 약술하시오. [15점]

05 "B"차의 일방과실사고로 "A"차에 전부손해가 발생하였다. "A"차에 입은 손해에 대하여 자기차량손해와 "B"차 보험 대물배상금의 차이가 발생할 경우, 그 이유를 약술하시오 (단, 간접손해는 제외). [10점]

06 기명피보험자가 차량사고로 사고접수 후 손해사정사가 사고 조사 중, 음주운전사고로 의심이 되었다. 이러한 사고의 음주운전을 정의하고, 측정방법과 조사요령을 약술하시오. [10점]

07 자동차 사고에서 과실의 정의와 상계조건을 설명하고, 자동차의 현저한 과실과 중과실에 대하여 약술하시오. [10점]

제40회 기출문제 [2017년도 시행]

01 2016년 7월 1일 이후 자동차보험 약관개정에 의해 시행되고 있는 "경미 손상"에 대한 약관개정 의미와 수리기준 및 수리방법 등을 서술하시오. [20점]

02 국산 승용차량(2,000cc급 가솔린 세단형, 3년 경과)이 정차중인 선행 동종 차량을 뒤늦게 발견하고 급제동하면서 우측 1시 방향으로 핸들을 조향하였으나, 좌측 전면 코너 부위로 선행차량 우측후미를 충격한 경우 자기차량손해에서 다음 질문사항을 각각 서술하시오. [20점]

> [조 건]
> ① 날씨 맑음, 주간, 아스팔트, 충돌당시 속도 약 25km/h
> ② 프런트 범퍼에서 도어필러(또는 A필러)까지만 손상범위로 함
> ③ 충격 높이는 프런트 사이드 멤버 위치

(1) 차량 전면에 대한 손상형태 [5점]
(2) 엔진, 에어컨 컨덴서, 서브프레임 각각의 손상진단 방법 [5점]
(3) 외판패널과 내판 골격패널(메카니즘 부품은 제외)에 대한 손상진단 방법 [5점]
(4) 예상 수리범위 [5점]

03 자동차보험 대물배상 지급기준 중 대차료와 휴차료에 대해 서술하고, 아래의 사례에 대해 대차료를 산출(산출과정 포함)하시오. [20점]

> [사 례]
> ① 사고일자 : 2017. 8. 10
> ② 피해차량 등록일자 : 2009. 3. 10
> ③ 피해차량 차종 및 배기량 : 벤츠S500(3,500cc)
> ④ 수리기간 : 총 10일(통상의 수리기간 적용)
> ⑤ 대여차량 : 최초 5일간 제네시스3.3, 이후 5일간 그랜져HG2.4 사용
> ⑥ 1일 렌트요금(통상의 요금기준)
> • 제네시스3.3 : 250,000원
> • 그랜져HG2.4 : 150,000원
> ⑦ 피해차량 과실 : 20%

04 공작물, 영조물의 개면과 영조물 설치·보존 및 관리하자로 인한 자동차 사고 사례를 5개 이상 나열하고 국가배상 청구요건을 약술하시오. [10점]

05 차량손해사정사 업무와 독립손해사정사의 금지행위에 대해 정의하고 손해사정사를 선임할 수 있는 자의 범위에 대해 약술하시오. [10점]

06 고속도로(자동차 전용도로 포함) 주정차시 안전조치의무(도로교통법)와 주정차중 발생한 사고에 대해 초동조사 요령을 약술하시오. [10점]

07 자기차량손해 보상책임 중 타차 또는 타 물체와의 충돌, 접촉, 추락, 전복 또는 차량의 침수와 관련하여 다음과 같은 사고로 손해가 발생한 경우 각 항목별 면부책을 판단하고 사유를 설명하시오. [10점]

(1) 엔진 커넥팅로드가 절손되면서 실린더블록을 충격하여 엔진이 파손된 경우
(2) 견인고리가 빠지면서 트랙터와 트레일러가 접촉하여 파손된 경우
(3) 웅덩이에 빠지면서 에어클리너로 물이 흡입되어 엔진이 파손된 경우
(4) 엔진 헤드개스킷이 파손되어 실린더 내에 물이 들어간 것을 모르고 시동 중 엔진이 파손된 경우
(5) 급제동 등으로 적재 중인 물체 또는 탑승자가 밀리거나 넘어지면서 차체와 충돌, 접촉하여 차체가 파손된 경우
(6) 적재함 U볼트의 이완으로 적재함이 밀려 운전대와 접촉하여 파손된 경우
(7) 주차중인 자차를 주행하던 타 차량이 접촉하여 자차의 타이어에만 손상이 발생한 경우
(8) 동파로 인해 실린더헤드가 균열된 경우

[판단 및 사유]
(1) 면책 (　　　), 부책 (　　　) / 사유 :
(2) 면책 (　　　), 부책 (　　　) / 사유 :
(3) 면책 (　　　), 부책 (　　　) / 사유 :
(4) 면책 (　　　), 부책 (　　　) / 사유 :
(5) 면책 (　　　), 부책 (　　　) / 사유 :
(6) 면책 (　　　), 부책 (　　　) / 사유 :
(7) 면책 (　　　), 부책 (　　　) / 사유 :
(8) 면책 (　　　), 부책 (　　　) / 사유 :

제41회 기출문제 [2018년도 시행]

01 차량손해사정사의 업무를 정의하고 손해사정절차 및 각 단계별 실행내용을 서술하시오. [20점]

02 자동차보험 사고차 수리 표준작업시간 산출요건과 구성요소에 대해 서술하시오. [20점]

03 가족 한정 특약에서 사실혼 관계의 성립요건과 조사요령을 약술하고 다음에 해당하는 자가 운전한 경우 보험사의 보상책임을 판단하시오.

(1) 기명피보험자와 법률상 이혼하였으나 사실혼관계에 있는 배우자
(2) 기명피보험자의 어머니와 사실혼관계에 있는 배우자
(3) 기명피보험자의 아들과 사실혼관계에 있는 배우자
(4) 기명피보험자와 중혼적 사실혼관계에 있는 배우자
(5) 기명피보험자와 사실혼관계에 있는 배우자의 자녀(전처와의 관계에서 출생)

04 2018년 5월 자동차보험 표준약관의 "보험가액"을 정의하고 자동차보험 차량가액표 적용기준과 세분란의 기호를 5가지 이상 약술하시오. [15점]

05 2018년 5월 변경된 자동차보험의 "사고발생 시의 조치의무위반"을 정의하고 다음 (　　) 의 보상책임 판단 및 자기부담금액을 쓰시오(단, 자기차량손해의 경우 물적 할증기준 200만원). [10점]

구 분		음주	무면허	사고발생시의 조치의무위반	자기부담금 (만원)
대물 배상	2천만원 이하	(①)	(②)	(③)	(④)
	2천만원 초과	(⑤)	(⑥)	(⑦)	(⑧)
자기차량손해		(⑨)	(⑩)	(⑪)	(⑫)

06 자동차취급업자를 정의하고 개인용 자동차보험 누구나 운전(운전자 연령제한 및 범위제한 특약 미적용)에서 대리운전자가 운전 중 자기차량손해와 대물 배상사고가 발생한 경우 보험사의 보상책임과 구상여부를 판단하시오(대리운전 중 사고보상 특별약관 미가입). [10점]

07 자동차보험 대물배상과 자기차량손해에서 보험금청구권자의 소멸시효 기산점과 소멸시효의 완성기간별 주요유형을 약술하시오. [10점]

제42회 기출문제 [2019년도 시행]

01 자동차보험 사고차량의 원상회복 개념과 수리비 산출을 위한 견적작성 업무 프로세스 및 손해사정 시 수리비 인정기준을 서술하시오. [25점]

02 자동차보험 대물배상담보에서 시세하락손해를 보상하는 취지와 지급기준 및 보상실무상의 문제점을 서술하고, 다음 사례에 대해 시세하락손해를 산출(풀이과정을 기재)하시오. [20점]

> [사 례]
> 2019년 5월 2일 보험가입한 그랜저 차량이 신호대기 중인 K7차량 후미를 추돌한 사고로 K7차량의 수리비는 다음과 같다.
> ① 사고직전 피해물 가액 : 3,000만원
> ② 사고일자 : 2019년 5월 14일
> ③ 최초 등록일 : 2018년 5월 15일(출고일 : 2018년 5월 8일)
> ④ 부품 : 450만원, 공임 : 250만원, 견인비 : 5만원, 대차료 : 35만원(부가가치세가 포함된 금액임)

03 2019년 5월 개정된 "차동차사고 과실비율 인정기준"중 "긴급자동차 직진 신호위반 사고"와 관련, 아래 질문 (1) ~ (3)항의 내용에 대해 약술하고, 기본과실 및 수정요소별 과실비율을 기재하시오. [15점]

> [사고내용]
> 신호가 정상적으로 작동하고 있는 동일 폭의 교차로에서 A차량은 6시에서 12시 방향으로 직진신호에 따라 진행하고, 긴급자동차인 B차량은 3시에서 9시 방향으로 적색신호에 직진하던 중 발생한 사고임. 단, 긴급자동차는 본래의 용도에 맞게 사용 중.

(1) 개정취지
(2) 기본 과실비율 적용에 대한 해설(이유 설명)
(3) 긴급자동차의 정의, 도로교통법에서 정한 긴급자동차의 종류 및 우선 통행방법

[기본과실 및 수정요소별 과실비율]

기본 과실	A : (①)	B : (②)
수정요소		
A 선행자동차 정지	(③)	
A 현저한 과실	(④)	
A 중과실	(⑤)	
A 간선도로 주행	(⑥)	
B 현저한 과실		(⑦)
B 중과실		(⑧)
B 서행		(⑨)
B 명확한 선진입		(⑩)

※ "수정요소 가산시 +, 감산시 −" 의 비율로 표시

04 자동차사고 과실비율 분쟁을 원만하게 해결하기 위해 보험·공제사업자가 협정을 맺어 시행하고 있는 "자동차 사고 과실비율 분쟁 심의"와 관련하여 재심의 청구 절차, 협정 위반에 따른 제재규정 및 결정금 지급에 대해 약술하시오. [10점]

05 자동차보험 사고차량 수리비를 결정할 때 부가가치세 인정기준에 대해 약술하시오. [10점]

06 도로 정체구간에서 선행차량의 급정거로 인해 발생하는 다중 추돌사고의 유형과 사고 형태별 배상책임 여부를 구별하는 조사요령을 약술하시오. [10점]

07 A차량의 불법행위로 B차량에 손해가 발생하였으나, A차량 소유자는 보험사고 접수를 거부하고 있다. 이때 B차량 소유자가 A차량이 가입한 보험자에게 손해배상청구를 하기 위한 법적근거와 요건, 제출서류 및 청구 절차를 약술하시오. [10점]

제43회 기출문제 [2020년도 시행]

01 대물배상담보에서 자가용 승용차가 교환가액을 초과하는 손해가 발생한 경우 전손의 유형과 교환가액 산정요령 및 항목별 보험금 지급기준, 손해배상자의 대위, 잔존물 처리방법에 대하여 설명하시오. [25점]

02 자동차보험 대물배상에서 기명피보험자 본인의 무면허 운전, 음주운전, 사고발생 시의 조치의무 위반에 대한 정의 및 대물배상담보 사고부담금 납입 내용을 서술하고, 다음 사례의 경우 피보험자가 납입하여야 할 사고부담금과 그 사유를 쓰시오. [20점]

- 보험기간 : 2020. 6. 10 24 : 00 ~ 2021. 6. 10 24 : 00
- 사고일시 : 2020. 9. 21 22 : 10
- 사고내용 : 아파트 주차장에서 출차 중 주차 차단기 앞에서 정지하는 선행차량을 후미 추돌한 사고
- 운전자 : 기명피보험자(운전면허 정지 기간 중 사고)
- 대물손해액 : 2,400만원(간접손해 포함)

03 개인용 자동차보험 자기차량손해 및 대물배상담보의 “보상하지 아니하는 손해” 중 약관에서 규정하고 있는 “유상운송”의 개념과 범위, 면책 취지에 대해 서술하고, 약관상 면책에서 예외되는 내용을 쓰시오. [15점]

04 최초등록일일 2015년 9월 1일인 2.5톤 자가용 화물차가 2020년 9월 5일 추락사고로 자기자량손해가 발생하여 수리를 하는 경우, 감가율 적용 근거를 설명하고, 대상 부품 및 적용 감가율과 계산식을 쓰시오. (단, 내용연수 15년, 최종 잔존율은 10%임) [10점]

05 기후 변화로 인하여 태풍에 의해 발생하는 자기차량손해의 사고유형을 설명하고, 각 유형별 사고조사 요령 및 보상처리 절차에 대해 약술하시오. [10점]

06 자동차보험 대물보상 및 자기차량손해 담보에서 보험가입금액과 관계없이 보상하는 “비용” 항목에 대해 약술하고, 담보별 지급보험금 계산 시 다음 빈칸에 들어갈 내용을 쓰시오. [10점]

> • 대물배상
> 지급보험금 = [①] + 비용 − [②]
> • 자기차량손해
> 지급보험금 = [③] + 비용 − [④]

07 개인용 자동차보험 특별약관 중 보험소비자의 선택권 확대 및 수리비 부담을 줄이기 위해 도입한 “품질인증부품 사용 특별약관”과 “친환경 부품 사용 특별약관”의 가입대상과 보상내용을 설명하고, 차이점에 대해 약술하시오. [10점]

01 도로상의 속도를 제한하기 위해 설치한 과속방지턱을 충돌한 사고에서 자기차량손해에 대한 사고조사요령, 손상형태(승용차량 전면부로 한정), 보상책임 및 보상처리절차에 대해 서술하시오. [20점]

02 2020년 10월 1일 개정된 "구난형 특수자동차 운임·요금"과 관련하여, 다음 내용에 대해 약술하고, 괄호(㉠ ~ ㉧) 안에 들어갈 내용을 쓰시오. [15점]

(1) 견인 및 구난작업 시 피견인 차량 상태에 대한 정의 [4점]

(2) 피견인 차량의 구간별 차량중량(공차상태) 톤수 기준 [3점]

(3) 돌리 사용 인정기준 [3점]

(4) 할증 및 기타 적용기준 [3점]

- 호우경보 등 기상특보가 발효된 경우 할증률 (㉠ %)
- 고속도로 본선구간 할증률 (㉡ %)
- 할증대상 항목 3가지 (㉢), (㉣), (㉤)
- 윈치사용료는 구난장비 사용료의 (㉥ %)
- 1회 보관료 한도금액 (㉦ 원)
- 야간시간(: ~ :) – ㉧
- 돌리사용 요금 (㉨ 원)
- 구난장비사용 인정 기본시간 (㉩ 시간)

03 개인용자동차보험 보통약관 대물보상 담보에서 "보상하지 않는 손해"를 두는 취지와 약관 내용(8가지 이상)을 약술하시오. [15점]

04 중형 승용차간 후미추돌 사고에서 추돌 차량의 전면부가 중손상(전면부 내판패널과 좌, 우측 사이드 멤버 및 휠 하우스가 변형)인 경우 직접손상 및 간접손상으로 인한 주요 파손부품을 열거하고, 복원수리 시 내판패널의 판금 작업공정을 약술하시오. [15점]

05 대기환경보전법 강화에 따라 자동차 보수도장이 유용성에서 수용성으로 대체되고 있다. 이와 관련 "유용성"과 "수용성" 도장의 차이점을 설명하고, 수용성 도장의 작업공정을 약술하시오. [15점]

06 자동차 교통사고에서 사고운전자가 져야 하는 책임 종류와 민사상 책임의 배상의무자에 대해 약술하시오. [10점]

07 다음 자동차보험 보통약관 용어의 정의에 대해 약술하시오. [10점]

(1) 휴대품
(2) 통상의 수리기간
(3) 부속기계장치
(4) 보험가액
(5) 자동차취급업자

제45회 기출문제 [2022년도 시행]

01 보험사고로 손상된 자동차의 복원수리에서 수리비와 원상회복에 대해 정의하고, 복원수리의 요건과, 확대 · 과잉 · 편승 수리 시 조사 및 대응 요령을 기술하시오. [20점]

02 자동차 보험 임직원운전자한정특별약관에서 임직원에 해당하는 사람을 개인용과 업무용으로 구분하여 열거하고, 보상하지 않는 손해와 사고조사 요령을 약술하시오. [15점]

03 도심지 도로변 주 · 정차 사고에 대해 적용하는 과실 수정요소에 대한 해설과 정차 또는 주차를 금지하는 곳을 열거하고, 도로 가장자리에 표시되어 있는 차선의 종류와 의미를 약술하시오. [15점]

04 자동차 차체수리에 사용되는 아래 방청부품의 사용용도에 대해 설명하고, 손해사정 시 유의사항을 약술하시오. [15점]

(1) 바디 씰런트
(2) 스프레이 씰런트
(3) 테이프형 씰런트
(4) 알루미늄 스프레이
(5) 인너왁스
(6) 언더코팅

05 자동차보험 대물배상 담보에서 영업손실 지급기준을 설명라고, 아래 사례에 제시괸 기준경비율을 적용하여 영업손실액을 산출하시오. (산식 및 산출과정 기재) [15점]

> [사례]
> (1) 사고 발생일시 : 2022.06.05. 23:00
> (2) 수리기간(휴일일수) : 2022.06.06.~06.20.(15일간 휴업)
> (3) 사업개시일 : 2020.11.01.~현재
> (피해자 1인 일반과세사업자로 본인 소유 상가)
> (4) 2021년도 연간 부가가치세 확정 신고금액
> : 매출금액 100,000,000원 / 매입금액 52,800,000원(제 경비 포함)
> (5) 국세청 기준경비율 : 10.7%

06 국제운전면허증에 대해 정의하고 이 면허증으로 운전이 가능한 자동차 및 사고조사 요령에 대해 약술하시오. [10점]

07 보험사기 행위 중 경성사기와 연성사기에 대해 설명하고, 각 사기 행위별 사례(유형)를 2가지씩 쓰시오. [10점]

제46회 기출문제 [2023년도 시행]

01 자기차량손해 보통약관과 〈차량단독사고 보장 특별약관〉의 '보상하는 손해'에서 말하는 사고를 각각 기술하고, '침수사고'에 대한 정의와 사고 유형별 조사요령 및 보상처리 절차를 서술하시오. [20점]

02 보험사고 차량 수리비 견적서 작성 및 처리 등과 관련하여 손해사정사가 숙지해야 할 다음 항목에 대해 설명하시오. [20점]

(1) 사고차량의 관찰내용
(2) 작업항목 설정 시 고려할 사항
(3) 도장비용 산정 시 확인해야 할 사항
(4) 부품교체 판단요건

03 공정한 손해사정 업무수행을 위해 〈보험업감독규정〉에서 정한 '손해사정서 접수 및 처리절차'와 〈보험업감독업무시행세칙〉의 '손해사정서 기재 및 설명사항'에 대해 서술하시오. [15점]

04 교통사고처리특례법 제4조(보험 등에 가입된 경우의 특례)와 관련하여 특례가 되지 않는 경우를 설명하고, 도로교통법에 따른 12개 중대법규위반 행위에 대해 기술하시오. [15점]

05 자동차 수리 작업시간의 종류 중 표준작업시간(자동차손해배상보장법)과 표준정비시간(자동차관리법)의 차이점을 설명하고, 관측법에 의해 표준작업시간을 산출하는 경우의 표준 5조건에 대해 약술하시오. [10점]

06 현행 대물차량보상 실무상의 과실상계 기본 조건을 기술하고, '차대 차 비접촉사고'에 대한 설명과 긴급피난 행위 판단 조건 및 사고인과관계 성립에 대해 약술하시오. [10점]

07 자동차보험 자기차량손해 표준약관의 '경미한 손상'을 설명하고, 그 유형별 손상상태 및 수리기준에 대해 각각 약술하시오. [10점]

저자 약력

한영규

자동차 정비기사 자격
자동차 검사기사 자격
제3종(대물·차량)손해사정사 자격
자동차기술연구소 강사역임
미국 I-CAR COLLISION REPAIR 과정이수
경원전문대학 자동차과 겸임교수 역임
동부손사 업무지원 파트장 역임
보험연수원 전임강사
강동대학교 자동차과 교수

자동차보험 보상 실무

초판 인쇄 2022년 8월 22일
초판 발행 2022년 8월 31일
초판 2쇄 발행 2024년 4월 10일

저 자 한영규
발 행 인 조규백
발 행 처 도서출판 **구민사**
(07299) 서울시 영등포구 문래북로 116, 604호(트리플렉스 604호)
전 화 (02)701-7421
팩 스 (02)3273-9642
홈페이지 www.kuhminsa.co.kr
신고번호 제2012-000055호(1980년 2월4일)
I S B N 979-11-6875-079-1 (93550)
정 가 28,000원